兩性關係與教育

陳金定　著

兩岸關係與教育

周祝瑛　著

作者簡介

陳金定

學歷：國立台灣師範大學教育心理學系學士

國立台灣師範大學教育心理與輔導研究所碩士

國立台灣師範大學教育心理與輔導研究所博士（輔導學組）

美國 University of Kentucky 諮商與教育心理研究所哲學博士（教育心理學組）

現任：國立台灣體育大學（桃園）師資培育中心副教授

諮商心理師

作 者 序

　　人從出生即進入兩性構築的世界，學習如何跟另一性別和平共處，互助合作。可是，如此長時間的耳濡目染與學習，卻依然擺脫不了兩性問題的糾纏。人世間的一切煩惱，很少脫離兩性問題的藩籬；即使表面上看似跟兩性無關的主題，也往往摻雜兩性加注的恩怨情仇。

　　傳統「男尊女卑」的觀念，貶抑女性的存在價值，將女性打入悲劇性的角色。男性雖然頂著「男尊」的光環，卻在過度被注意與被膨脹之下，世世代代承載過重的壓力。一直以來，兩性之間的積怨成仇，跟傳統錯誤的兩性觀念不無關係。

　　性別平等的風潮意圖破除「男尊女卑」錯誤的傳統觀念，以構築平等的新兩性關係；不過，舊觀念尚未除根，新理念尚未著根，加上一般人對性別平等的意涵模糊不清，因此，讓原本僵化的兩性關係更陷入混沌的膠著狀態。

　　兩性關係是一門終身必修的科目，尤其在外遇、離婚、性開放、性騷擾、情殺、情傷、一夜情、援助交際猖獗的現今。兩性相關的主題繁多，本書僅挑選十七個最常見、最熱門的議題加以剖析，並且透過相關迷思之澄清、故事引導、問題討論，以及相關研究資料的輔助，以提高每個主題的閱讀性，並擴展每個主題的深度與廣度。

　　兩性的問題沒有單一的絕對答案，讀者閱讀時，不必完全同意相關的研究結果或作者的觀點。如果能夠透過小組討論、意見交流與批判答辯的方式進行，更能擴展思考的廣度與深度，建構出自己的看法，形成自己的價值觀，有效率地處理兩性問題。這也是本書的最終目的。

　　本書各章的「迷思」，是作者與修課學生課堂討論的成果，在此感謝所有參與的學生。最後，謝謝心理出版社的鼎力支持，讓本書能夠早日付梓。

陳金定

二〇〇四年六月

目　　　錄

圖　表　目　錄

【第一章】

性別刻板化印象
與性別平等

　　有句話說「男女有別」，這個「別」的差異在哪裡？生理上、心理上，還是行為上？顯然地，傳統社會期望兩性生理、心理與行為上涇渭分明。例如，兩性除了性器官不同（生理上）外，男性最好威武剛猛、女性溫柔婉約（心理上與行為上）；男性主外、女性主內（行為上）。

　　雖然傳統社會期待男女有嚴格的區別，但是仍然有不少人擾亂規矩，偏離傳統架好的軌道。花木蘭代父從軍、武則天統治天下、梁紅玉擊鼓撼動士氣，這些違逆社會期望的異類，讓「男女有別」的傳統觀念落入貶抑女性潛能的謬論。

　　歷代文人除了擁有一股灑脫、斯文的氣質外，感情的細膩豐富、想像力的浪漫瑰麗，讓女人們大嘆不如；中國男寵的嬌嗔媚行，服侍陪伴工夫之到家，足讓女人大失顏色。將男人定位在粗獷、威猛、剛強、豪放、不拘小節的粗心上，似乎有失公平。男人也擁有女性化的潛能，有能力跟女性一爭長短。

　　換言之，以生物性別規範兩性的行為，似乎過於武斷。

　　直到性別平等的今日，「性別」被重新定位。「性別」不再侷限於生理上的差異，「性別」可以由當事人自由選擇。生理上的性別，不再等於心理上或行為上的性別，即使以前無法改變的「生理性別」，現在可以藉由手術來偷龍轉鳳或偷鳳轉龍。這是個雌雄難辨的時代，也是個「性別」自由的時代。

　　另一方面，以多元文化為主的今日社會，性別不再只有「兩性」，每個人的性別角色或性別化行為也不再恆定不變，而是依據情境需要而轉換。

　　本章論及性別刻板化印象與性別平等之相關迷思、自我性別確立之歷程、性別角色與性別刻板化印象之發展歷程、性別化取向與適應、性別平等之意涵，以及掙脫傳統性別角色與性別刻板化印象之途徑。

第一節
性別刻板化印象與性別平等之相關迷思

　　落實性別平等理念的障礙之一，來自於性別刻板化印象，以及對性別平等相關概念模糊不清。所謂性別刻板化印象（sex stereotypes），是指將男人與女人冠上一些特質與角色（Williams, Bennett, & Best, 1975），這些特質與角色不是經過個人親身體驗，也不是以事實為根據，而是透過一些間接資料或個人一己之見，對某事、某人給予武斷的評定（張春興，民78），例如，「男主外，女主內」。這些性別刻板化印象普遍存在社會各階層中。

　　雖然「性別平等」的口號甚囂塵上，許多人也樂見台灣性別平等化，不過，對性別平等的意涵有一些錯誤的看法。以下是常見的性別刻板化印象與對性別平等概念的誤解，請加以修正：

　　1.娘娘腔的男人、男人婆的女人不會有人喜歡。

　　2.男人適合讀理工科，女人適合唸文科。

　　3.男人適合領導、管理的角色，女人適合服從、執行的角色。

　　4.女人需要男人保護，男人有責任保護女人。

　　5.男人好動，女人文靜。

　　6.女人流淚令人憐，男人流淚令人厭。

　　7.女人撒嬌嫵媚動人，男人撒嬌幼稚可笑。

　　8.男人個性膽大，女人個性膽小。

　　9.女人含蓄保守，男人開放大方。

　　10.一家之主是男人，一家之輔是女人。

　　11.性別平等會引發男女奪權，造成家庭失和、社會失序等問題。

　　12.性別平等是將男人的權利剝奪讓給女人。

　　13.性別平等後，男人再也無法駕馭女人。

　　14.性別平等後，柔弱、溫順的女人會變成強勢的女人。

問題與討論

問題一至問題十：娘娘腔的男人、男人婆的女人不會有人喜歡……一家之輔是女人。

以上都是性別刻板化印象。這些刻板化印象將兩性極端性別化，使得男女的行為表現受限，潛能無法發揮。

問題十一：性別平等會引發男女奪權，造成家庭失和、社會失序等問題。

性別平等不會引發男女奪權，而是男女各憑能力的良性競爭與合作，因此不會造成家庭失和、社會失序等問題。

人的潛能各有差異，這差異不是因為性別之不同，而是遺傳與成長環境所致。性別平等後，每個人有更多的方向發揮潛能，即使有競爭存在，這種競爭只會刺激彼此的成長與合作，家庭與社會也會因為兩性之間的合作與競爭更加進步。

問題十二：性別平等是將男人的權利剝奪讓給女人。

性別平等不是將男人的權利剝奪給女人，而是帶給兩性更多的權利與機會。性別平等後，男人有機會涉足以往女人專屬的領域，女人有機會邁進以往男人專屬的場域。因此，兩性的權利與機會比以往增加許多。

問題十三：性別平等後，男人再也無法駕馭女人。

「男人駕馭女人」的想法，是性別刻板化印象的產物。性別平等給予男人與女人同等的地位，要求男人與女人相互尊重，而不是相互駕馭。

問題十四：性別平等後，柔弱、溫順的女人會變成強勢的女人。

性別平等後，女人不但保留以往柔弱、溫順的特質，也同時具有另一性別的特質。換句話說，不管是男人或女人，會具有更多同性別與不同性別的特質，因此，更能因應環境、情境的變化。

第二節
自我性別確立之歷程

　　人剛出生時，沒有「我」的概念，更沒有「性別」的概念。人到底如何知道不同性別的存在，又如何知道自己的性別？自我性別如何確立？

　　諸多學者的觀點與研究結果似乎有些出入，包括：⑴自我性別確立之歷程階段；⑵各階段與年齡之關係。不過，他們的看法仍有一些共同點，包括：⑴自我性別確立之歷程呈階段性；⑵各階段之發展與年齡有關。以下介紹幾位學者的看法與研究結果。

一、自我性別確立之歷程階段

　　Kohlberg（1966）沿襲 Piaget 的看法，認為自我性別確立的歷程是認知發展的結果，並將其過程分為兩個階段，分別為「性別認定（gender identity）階段」與「性別恆定（gender constancy）階段」。「性別認定階段」出現在二歲至三歲，此時兒童能夠正確說出自己與他人的性別。「性別恆定階段」出現在六歲至七歲，這時兒童已具有物體保留概念，知道性別是無法被改變。

　　Wehren 與 de Lisi（1983）的研究，進一步擴展了 Kohlberg（1966）的看法。他們認為：在「性別恆定階段」之前，應先出現「性別穩定階段」（亦即，性別認定階段→性別穩定階段→性別恆定階段）；而「性別穩定階段」的發展，是隨著年齡由「性別不穩定」經「性別假穩定」到「性別真穩定」（假穩定是指還沒有能力整合社會規範與性別標示之關係）。

　　Beal 與 Lockhart（1989）的研究更進一步擴展 Wehren 與 de Lisi（1983）的看法，他們認為：「性別穩定階段」到「性別恆定階段」之間，應該有一個過渡階段（亦即，性別認定階段→性別穩定階段→

過渡階段→性別恆定階段）。例如，未達性別恆定階段的兒童，容易受到外表與名字的誘導，而對性別產生誤解。

Eaton 與 von Bargen（1981）跟以上學者的觀點不謀而合，將自我性別確立的歷程分為四個時期：⑴標示期（labeling）：兒童知道自己被標示為女孩或男孩，然後學會標示別人為男孩或女孩；⑵穩定期（stability）：兒童知道性別不會因為時間不同而有所改變；⑶動機期（motive）：兒童了解到性別是無法被改變，即使他想改變也沒有辦法；⑷恆定期（constancy）：兒童了解到改變一個人的外表，如衣服、活動等，也無法改變一個人的性別。

Slaby 與 Frey（1975）不贊同四個階段的劃分方法，而贊同將性別自我確立的歷程分為：⑴性別認定階段；⑵性別穩定階段；⑶性別恆定階段。在一些後來的研究中（例如，Bhogle & Seethalakshim, 1992），也得到類似的結果。

二、自我性別確立歷程與年齡之關係

除了以上階段劃分的差異外，各階段與年齡的關係也未獲一致的看法。

有一些研究結果不贊同 Kohlberg（1966）將「性別恆定階段」界定在六歲左右。例如，Miller（1982）的研究發現：三歲兒童已表現性別恆定的特徵。Eaton（1983），以及 Leonard 與 Archer（1989）的研究顯示：有一部分學前學童的發展已達「性別恆定階段」。類似的研究結果也出現在 de Lisi 與 Gallagher（1991）、Bem（1989）等人的研究中。Yee 與 Brown（1994）從其研究得到的結論是：性別恆定的程度是隨年齡而提高，但不是呈直線效果。

換言之，兒童「性別恆定階段」的發展年齡可能比 Kohlberg（1966）所認定的年齡更早。

綜合以上的理論與相關研究，可以得到以下的結論：⑴兒童自我

性別確立的歷程呈階段性，其歷程是：無法區分性別→性別認定→性別穩定→性別恆定等階段；(2)「性別恆定階段」的年齡可能橫跨各階段，不過隨著年齡的增長，性別恆定的程度就愈高。

第三節
性別角色與性別刻板化印象之發展歷程

故事一

假日那天，爸爸、媽媽帶著子湖（兒子）、子葶（女兒）到玩具店買玩具。子湖、子葶目前是某所幼稚園中班的學生。

到玩具店後，爸爸、媽媽各自帶著子湖、子葶到不同架子上挑玩具。

爸爸要子湖從獅子、老虎、花豹、鱷魚、飛機、棒球、籃球、手槍、蛇、猩猩、刀、箭、戰車等雄性味道較強的玩具中挑一項；媽媽則要子葶從陰柔氣息較濃的玩具中挑一項，例如，蝴蝶、兔子、娃娃、綿羊、小鹿、花朵、魚兒等。突然，子湖跑到媽媽身旁，告訴媽媽他想挑跟妹妹一樣的玩具。爸爸聽完，馬上將子湖拉開，告訴子湖，男生不應該挑選女生的玩具，否則會被別的小朋友恥笑。

問題與討論

1. 爸爸、媽媽的作法，會讓子湖、子葶形成哪些性別刻板化印象？
2. 如果爸爸、媽媽允許子湖挑選女性化玩具，子葶挑選男性化玩具，這對子湖、子葶的未來發展會造成什麼影響？

故事二

　　子湖目前是國小中年級學生，每天晚上寫完功課後，爸爸會允許他看一個小時的電視。他本來想看卡通，不過當他寫完功課後，都沒有卡通可看，因此，只好跟爸爸一道看新聞節目或推理、偵探影集。這時候，媽媽總在廚房做家事，媽媽通常要求子葶一起幫忙，因為媽媽常說，女孩子如果不會做家事，將來找不到老公。其實，子湖也想幫媽媽，不過，爸爸告訴子湖，家事是女生的事，男生要立志做大事，就像影集中的男主角一樣：勇敢、機智、獨立、冒險、剛強、胸懷大志，這樣才會出人頭地。

　　子葶跟媽媽做完家事後，通常會坐在客廳休息，這時，正好是子湖與爸爸看電視影集的時間。媽媽對爸爸與子湖看的電視節目雖然沒有興趣，不過，劇中女主角的衣著、打扮、動作與個性，倒是相當吸引她。於是，她邊看邊告訴子葶，哪些女主角的衣著、打扮、動作與個性會討人喜歡。

問題與討論

1. 爸爸、媽媽的行為會讓子湖、子葶形成哪些性別刻板化印象？
2. 台灣目前電視節目的內容呈現哪些性別刻板化印象？

故事三

　　子湖和縈茜為了婚後的生活規劃吵得不可開交。子湖認為婚後他將是一家之主，需要努力衝刺事業，他希望縈茜以家庭為重，生兒育女、相夫教子，讓他沒有後顧之憂。他的成功也是她的榮耀。

　　縈茜的想法卻不是這樣。她想要有自己的事業，不想這

麼年輕就埋沒在柴米油鹽醬醋茶中；更何況她的能力強，又有規劃好的理想。她期待子湖幫助她創一番事業。

子湖認為縈茜的想法不可思議，幾千年來都是「男主外，女主內」，男人在外面打拚，女人在家照顧老小，這是天經地義的事。

他同意女人可以在外工作，不過，女人天生適合家庭，因此，女人的生活重心應該是家庭，不是事業。男人要養家活口，事業是男人該努力的責任，而女人應該鼎力相助。

問題與討論

1. 子湖的想法中，呈現哪些性別刻板化印象？
2. 子湖的性別刻板化印象可能透過哪些途徑而形成？
3. 性別刻板化印象對兩性的發展與生活造成哪些影響？

當小男孩、小女孩跟著爸爸、媽媽逛百貨公司的玩具部門時，小女孩的眼睛會搜尋陰柔特質的玩具，相反地，小男孩會被英猛、剛強特質的玩具所吸引。女孩不會想玩戰車，男孩不會想抱芭比娃娃。

所謂性別角色（sex roles），是指一社會中，認定男性或女性應有的行為，包括內在的態度、觀念、外顯的言行、服裝等（張春興，民78）。所謂性別刻板化印象，是指將男人與女人冠上一些特質與角色（Williams, Bennett, & Best, 1975），這些特質與角色不是經過個人的親身體驗，也不是以事實為根據，而是透過一些間接資料或個人一己之見，對某事、某人給予武斷的評定（張春興，民78）。例如，「女人只適合持家，不適合外出工作」、「男人剛強，女人柔弱」。

從以上的定義中可知，性別角色與性別刻板化印象息息相關。將性別和性別角色僵化地連接，就會造成性別刻板化印象。一個人的性別是恆定的，為了適應環境，性別角色卻須隨情境而轉變。女性雖被認為柔弱，可是在生存需要時，往往出現比男性更剛強的行為。

　　傳統社會中，對兩性有截然兩極的期望與要求，因此，性別刻板化印象操控著大部分人的日常生活。雖然現代社會對兩性的期望與要求已今非昔比，不過，性別刻板化印象依然普遍存在。例如，國小低年級男童因為受制於「男生必須像個男生」，而有強烈的性別刻板化印象（王慧鈴，民91）；性別造成職業刻板化印象（蔡雅惠，民91）；具有女性特質的國中男生在校園中境遇困難（例如，被冠以同性戀、娘娘腔等污名，遭受排斥、暴力威脅），以及男／女特質的看法仍呈現兩性清楚劃分的二元對立現象（王翊涵，民91）；男大學生在人格特質、職業工作、家庭事務層面，及整體的性別刻板化印象，均顯著高於女大學生（李卓夫，民89）；台中市的女性居民從媒體中所選擇的活動（例如，電視節目），大多傾向於性別刻板化印象的活動（謝淑芬，民83）。

　　國外也有類似的狀況，最近的研究發現：兩性之間的刻板化印象出現於職業、興趣／活動、身體外表、性取向（Martin & Little, 1990; Ruble & Martin, 1998）。

　　到底性別角色與性別刻板化印象是如何開始？其歷程又如何？不同的理論有不同的說法，也各有不同的研究支持。以下介紹精神分析理論（psychoanalysis）、認知發展理論（cognitive development theory）、工具制約學習理論（operant conditioning of learning theory）、社會學習理論（social learning theory）與性別基模理論（sex-schema theory）。

　　理論的重要性，在於協助一般人了解性別刻板化印象的形成過程。如果想要塑造性別平等的社會，就得從理論所提出的歷程著手。當然，如果想要修正已形成的性別刻板化印象，也得借助理論所提出的原理原則。

■ 一、精神分析理論

　　Freud將性心理的發展分為四個階段，分別為口腔期（oral stage）、肛門期（anal stage）、性器期（phallic stage）、潛伏期（latency stage）

與兩性期（genital stage）。

　　性別角色的形成與性器期（約四至六歲）的發展有關。在性器期，小男孩因為眷戀母親而產生「戀母情結」（Oedipal Complex），並且想取代父親的地位，長久擁有母親。可是，小男孩擔心這種想法引起父親的反感，而閹割他的性器官作為報復。小男孩對被閹割的害怕，稱為閹割焦慮（castration anxiety）。為了消除閹割焦慮，小男孩改弦易轍，轉而認同（identification）父親（所謂「認同」是指模仿），希望學習父親的男性行為，來博取母親的好感，就像父親吸引母親一樣。

　　對小女孩而言，因為小女孩在這個時期出現「陽具羨慕」（penis envy）傾向，因而對母親感到失望，轉而將父親視為愛戀的對象，於是出現「戀父情結」（Electra Complex）。因為小女孩逐漸了解到，她無法取代母親在父親心中的地位，便逐漸向母親認同（王麗斐、張蕊苓、藍瑞霓、洪若和、謝明昆、許維素譯，民80），學習母親的女性行為。透過認同的過程，小男孩學習男性行為而成為男人，小女孩學習女性行為而成為女人，性別刻板化印象也經此歷程塑造而成。

　　Freud 的理論認為，性別角色一經形成，就會持續終身（Birren, Kinney, Schaie, & Woodruff, 1981）。這種看法忽略了未來環境與生活經驗的影響。朱蘭蕙（民91）的研究發現：影響男性形成性別刻板化印象的因素，包括父母的教養、城鄉差距、老師與課程的教導、同儕互動、電視與電影的傳遞、職業關係等。不過，男性生活中所接觸的人、事、物（包括，電影、電視的內容，戀愛的過程與家務的磨練，學校課程與師長的互動等），會鬆動男性已形成的性別刻板化印象。小時候經驗所塑造的模型，會隨著生活經驗的變化、環境的要求，而有不同的改變。

　　雖然Freud的理論並不完備，不過，卻強調「認同」（一種觀察、模仿學習的歷程）對性別角色與性別刻板化印象形成的重要性，這也正是其他理論的核心觀點。

二、工具制約學習理論

工具制約學習強調增強（reinforcement）、懲罰（punishment）原則對行為塑造的影響。孩子成長過程中，父母增強子女符合期望的性別角色，遏止不符合期望的行為。透過增強與懲罰，孩子習得性別角色與性別刻板化印象。

例如，雪湄曾經看過媽媽在鏡子前面撲粉塗唇，踩著幾寸高的高跟鞋搔首弄姿。有一天，四歲大的雪湄發現鞋櫃外擺了一雙媽媽的高跟鞋，她將那雙高跟鞋套在腳上，走了起來。家人看到雪湄的模樣，不但不加以遏止，反而開懷大笑。雪湄看到大家的鼓勵與讚同，更加興奮地踩著高跟鞋。

雪湄拿起媽媽的口紅，學著媽媽塗嘴抹唇的樣子。此時媽媽不但不加以制止，還抱起雪湄，握住雪湄拿著口紅的手，教導雪湄如何塗抹雙唇。雪湄在鏡中看到自己的雙唇閃著粉紅色彩的亮光，也瞧見媽媽曖昧的笑顏，知道讓雙唇塗上顏色，是驕傲的事。

除了父母外，長輩、朋友、同學，甚至兄弟姊妹，也具有增強與懲罰的力量，使不同性別的人從一出生就分道揚鑣，往不同的方向發展。

當然，工具制約學習中的增強與懲罰原則，只是性別角色與性別刻板化印象形成的重要因素之一，人類行為的複雜與多樣化，往往不是單一理論所能解釋。

三、社會學習理論

Bandura 的社會學習理論強調觀察學習（observational learning）與自我增強對行為養成的重要性。社會學習理論認為，即使沒有外在增強與懲罰，透過觀察學習與自我增強，個人還是會學到性別角色與性別刻板化印象。

例如，女孩子看到媽媽每天在廚房炒、煎、炸、拌，即使媽媽未曾悉心調教，或鼓勵增強，也會習得一招半式。男孩子看到爸爸每天

早上上班前，將頭髮吹風抹油，就學得「出門前得將頭髮整理好」的想法。當孩子覺得自己的動作或樣子像父母，會因此感到自豪（自我增強），而加強再次表現的機率。

觀察學習包括四個歷程，分別為（廖克玲譯著，民71）：(1)注意歷程（attentional processes）：注意到楷模的行為與特徵；(2)保留歷程（retention processes）：將所觀察到的行為透過意象與語文保留在記憶中；(3)動作再現歷程（motor reproduction processes）：將保留在記憶中的楷模行為與特徵加以重組、修正與表現；(4)動機歷程（motivational processes）：如果表現觀察到的行為能夠得到良好的結果，則該行為被表現出來的機率就大。雪湄模仿媽媽的行為（穿高跟鞋與塗口紅），也是觀察學習的歷程。

觀察學習的過程中，觀察者不是被動、一成不變地模仿楷模者的行為，而是主動、有選擇性的學習。因此，Bandura 將模仿分為四種（引自張春興，民84）：(1)直接模仿（direct modeling）：一成不變地抄襲楷模的行為；(2)綜合模仿（synthesized modeling）：綜合多個楷模者的行為；(3)象徵模仿（symbolic modeling）：不是模仿楷模者的行為，而是其行為所代表的意義，例如，包青天的公正無私；(4)抽象模仿（abstract modeling）：學習楷模行為中所蘊含的抽象原則，例如，「誠實是最好的保證」。

由於觀察學習是一種觀察者主觀詮釋、選擇、重組的歷程，因此，觀察者從楷模身上所習得的行為，並不一定是直接複製，而是觀察者經過重組、選擇、修正之後再表現出來。

四、認知發展理論

Kohlberg（1966）的認知發展理論認為，在自我性別確立的歷程中，兒童的發展達到性別恆定後，自然會偏向汲取跟自己性別有關的訊息，及表現跟自己性別相符的性別角色。兒童的發展若未達性別恆定階段，就不會有此現象。因此，性別角色的發展是認知發展的自然結果。

　　有一些研究支持 Kohlberg 的看法，例如，性別恆定程度愈高者，愈偏愛觀看同性別模範的行為（Slaby & Frey, 1975）；性別恆定程度愈高者，愈受到廣告中性別角色訊息的影響（Ruble, Balaban, & Cooper, 1981）；性別恆定程度高者比程度低者，擁有愈多同性別與異性別的性別知識（Taylor & Carter, 1987）；已達性別恆定者會扭曲性別不一致的消息，並且偏好同性別的玩具（Stangor & Ruble, 1989）；性別刻板化行為與性別恆定有關（Warin, 2000）。

　　也有一些研究結果不支持 Kohlberg 的認知發展理論，例如，未達到性別恆定者也有性別刻板化行為出現（Bussey & Bandura, 1992）；性別恆定因素與性別角色偏好無關（Marcus & Overton, 1978），而與兒童的推理層次有關（Lobel & Menashri, 1993）。

　　研究發現上的不一致，可能是認知發展論忽略了學習因素的影響所致。學習理論的增強與懲罰、社會學習理論的觀察學習與自我增強，這些學習作用從孩子出生後就發揮影響，例如，父母為孩子添購衣物時，衣物的色彩會因為孩子的性別而不同。孩子在成長環境中耳濡目染後，即使發展未達性別恆定階段，也會出現一些跟他（她）性別有關的角色或性別刻板化行為。當孩子的性別恆定之後，便會吸收更多同性別的性別資訊。

五、性別基模理論

　　性別基模理論認為，性別刻板化印象是正常的認知過程，是基模運作的產物（Martin & Halverson, 1981）。所謂基模是指認知架構，當個體面對外在刺激時，會使用此一架構去核對、了解、認識環境（張春興，民78）。以下介紹 Martin 與 Halverson（1981）的性別基模理論。

（一）性別基模的內涵

　　有兩個基模與性別訊息的獲得、性別行為的維持有關，分別為團體內／團體外基模（in-group/out-group schema）與自我性別基模（ownsex schema）。

1.團體內／團體外基模

該基模用來將物體、行為、特質與角色做性別分類。例如，洋娃娃是屬於女孩的玩具，飛機是屬於男孩的玩具；女孩可以留長髮，男孩只能留短髮；醫生是男孩的工作，護士是女孩的工作。

2.自我性別基模

自我性別基模包含跟自己性別有關的物體、行為、特質與角色等訊息。不過，這些訊息比團體內／團體外基模的訊息更詳細、更精確化。例如，在雲彤的「團體內／團體外基模」載有這樣的訊息：「女孩子可以留長髮，男孩子不能留長髮」；因為雲彤是女孩子，所以在雲彤的「自我性別基模」內，載有這樣的訊息：「我是女生，可以留長髮。我的額頭太高，最好能用瀏海蓋住，這樣臉部的比例才不會不對稱」。

當兒童開始標示自己的性別時，便逐漸形成性別基模。隨著年齡的增長與經驗的增多，基模愈是精緻化，而性別刻板化印象開始於兒童學會標示自己的性別時。

（二）基模的功能

性別基模的功能有三，分別為：調適行為（regulating behavior）、組織與注意訊息、形成推論與詮釋。詳細說明如下：

1.調適行為

性別基模能夠執行與性別角色有關的設定目標、做計畫、執行行為、預測等行為。

例如，陶安五官清秀，可是個子瘦小，顯不出男性玉樹臨風的颯颯風姿。眼見他身旁的同學、朋友個個成雙入對，唯獨他「度盡無限個春去秋來，偏偏伊人遲遲不來」。在惆悵萬千的當下，他決定另謀出路。

陶安搜索枯腸，許多過往的聽聞在此時飛躍而出。男人最大的成

就是「事業」，男人的「事業」是打動女人的利器。事業有成的男人，即使外表有了缺憾，仍會是佳麗競相追逐的對象。沒有了「權」或「財」，「貌」又有何用呢？一些美女願意委身下嫁祖父級年紀的男人，不就是因為對方的權勢與財富令她們心動。因此，其貌不揚的男性必須加強「事業」上的成就，女人才會主動投懷送抱。於是，陶安開始著手往自己的事業發展。

陶安思索時，他的注意力喚起性別基模的運作，並且依據性別基模中的訊息來設定目標、做計畫、預測、執行等。

性別基模主宰著個人的性別角色，尤其是性別刻板化印象，例如，陶安認為「事業」是男人的目標，是擄獲女人的利器。

性別基模對性別角色與性別刻板化印象的影響，在一些研究上獲得支持。例如，性別基模影響性別訊息的處理（Stangor & Ruble, 1989）；性別基模影響個人喜愛性別化的玩具（Carter & Levy, 1988）；性別基模與性別刻板化行為有關（Levy & Carter, 1989）。

性別刻板化印象的形成，開始於兒童學會標示自己的性別時，並且隨著性別認定的穩定狀態而逐漸被加強，甚至在性別穩定之前，就已出現性別職業刻板化印象（O'Keefe & Hyde, 1983）。性別刻板化印象與「團體內／團體外基模」最有關係（Martin & Halverson, 1981），因為「團體內／團體外基模」會透過「自我性別基模」，驅使當事人表現性別刻板化的行為。

2.組織與注意訊息

與基模內涵一致的外在訊息容易被注意、被組織、被記憶、被回憶，而不一致的訊息容易被忽略，例如，女性容易注意女性的流行服飾，而男性容易注意轎車的流行款式。此外，不管男性或女性，對記憶跟自己性別一致的訊息較具信心（Martin & Halverson, 1983）。

如果有一天女性竟然被批評「剛猛堅毅」，或男性被評斷為「脆弱嬌嫩」，兩性如何面對跟自己性別基模不一致之性別訊息？Martin與Halverson（1983）的研究發現：受試者面對跟自己性別不一致訊息

時，會用扭曲的方式處理，例如，認為別人的評價不準確。

為什麼兩性容易記住跟自己性別一致的訊息，而扭曲不一致的訊息？這需要從孩子的發展過程開始說起。

從父母知道未出生寶寶的性別後，就開始構思如何讓子女成龍成鳳。所謂「成龍」、「成鳳」，就是男孩要創立一番「君臨天下」的豐功偉業，女孩要贏得「母儀天下」的風範。父母在孩子未出生前就畫好發展的藍圖，而這藍圖所規範的發展軌道是男女殊途，涇渭分明。

如果事與願違，有一天小女孩竟然效法「楚留香」的灑脫、「項羽」的霸氣、「曹操」的奸詐、「諸葛孔明」的機智，像男人一樣喝酒划拳、浪蕩不拘、比勇氣、比威武、爭天下。父母知道後，在斥責聲中不忘曉以大義，告訴她：「天生萬物各有所司，自古以來女應主內、男主外，人類才得以綿衍萬代。女人應該相夫教子，讓男人全心打拚，無後顧之憂。」這種試圖「撥亂反正」的苦口婆心，就像錄音帶不斷重播，時時刻刻迴盪在女孩的行住坐臥間。女孩若不依此而行，必會寢食難安。

類似的經驗不斷累積之後，讓女孩的性別基模中，除了具有設定目標、做計畫、執行行為、預測等功能外，還包括幾類訊息：(1)女性應該表現的特質；(2)表現女性化行為時，會被獎賞及帶來愉快的情緒；(3)言談舉止不像女性、像男性時，會被懲罰及帶來不愉快的情緒。

兩性面對跟自己性別一致的訊息時，會產生愉悅的感覺，因此，更願意親近、記憶該訊息。相反地，面對不一致的性別訊息時，不愉快的情緒油然而生，因而不得不借助防衛方式（例如，扭曲訊息）來避苦。

3.形成推論與詮釋

當外界提供的訊息不足，或模糊不清時，性別基模會根據過去經驗進行推論與詮釋。試看看以下的活動，就可以明白性別基模與推論、詮釋的關係。

學校公布欄上貼出一則公告：「本校很榮幸邀請到聞名國際的數

學大師 XXX 蒞臨演講，演講的題目是……」。看到這則消息時，大部分人腦中閃出的數學大師影像，是男？是女？再看以下的公告：「有位計程車司機拾金不昧，將撿到的一百萬元交到警局」。看完這則公告後，大部分的人會認為計程車司機是男？是女？

在性別基模中，數學大師與司機通常被歸為男性工作，因此，大部分的人可能猜測以上兩者為男性。這種推論與詮釋大多是以性別刻板化印象為依據，因此可能錯誤百出。

六、Kolberg 認知發展論與性別基模論的配合運用

有關性別概念的發展，最近出現兩種趨勢：第一種趨勢是肯定「性別恆定」與「性別基模」對性別角色與性別刻板化印象形成的重要性，並且認為兩者以不同的方式影響性別角色與性別刻板化印象的形成。例如，「性別恆定」因素可提高個人學習性別角色的「動機」，而「性別基模」則是影響個人訊息的處理過程，讓個人能夠有效地儲存與提取性別相關的訊息（Newman, Cooper, & Ruble, 1995）。

另一個趨勢是將「性別恆定」與「性別基模」視為相輔相成的因素，兩者的共同運作才能促使個人表現性別刻板化印象的相關行為，例如，「性別恆定」因素可以強化對同性別訊息的偏好（Emmerich & Shepard, 1984）、「性別恆定」因素有助於「性別基模」的訊息處理、高度發展的「性別基模」有助於「性別恆定」者的性別角色之表現、「性別恆定」與「性別基模」兩因素聯合運作有助於預測個人的性別角色（Newman, Copper, & Ruble, 1995）。

從以上的描述可知，單一理論無法解釋人類複雜的性別角色與性別刻板化印象之形成，不過，各個理論都有言之成理的地方。綜合以上各理論的內涵，以圖示方式說明性別角色與性別刻板化印象的發展（圖 1-1）：

出 生

- 父母刻意將子女性別化

無法區別性別階段

- 重要他人的增強與懲罰（工具制約學習）
- 觀察學習重要他人的性別角色（社會學習理論）

性 別 認 定 階 段

- 個人的性別基模開始形成（基模理論），透過重要他人給予增強與懲罰（工具制約學習），以及個人的觀察學習與自我增強（社會學習理論），兒童學習同性別重要他人的性別角色
- 性別角色與性別刻板化印象開始形成

性 別 穩 定 期

- 重要他人的增強與懲罰（工具制約學習）、觀察學習與自我增強（社會學習理論），以及性別基模（基模理論），繼續影響兒童的性別角色與性別刻板化印象
- 性別角色與性別基模比前一階段更加分化與精緻化

性 別 恆 定 階 段

- 兒童知道自己的性別不管在什麼情況下永不改變，使得重要他人的增強與懲罰（工具制約學習）、觀察學習與自我增強（社會學習理論），以及性別基模（基模理論），更強化兒童的性別角色與性別刻板化印象
- 性別角色與性別刻板化印象比前一階段更加穩定與精緻化

圖 1-1 性別角色與性別刻板化印象之發展歷程

第四節
性別化取向與適應

個人在五、六歲性別恆定後，是否性別就不再改變？「性別」是否有再認定的時候？性別是不斷再認定的歷程？或只是生命中某一發展階段的發展任務而已？要回答這個問題，必須先確立劃分「性別」的標準。

一、劃分性別之方式

在有關性別的文獻中，性別一詞包含 sex 與 gender 兩種意義。sex 這個字偏向以生理為基礎，而 gender 偏向以心理社會意義為基礎（Ruble & Martin, 1998; Unger, 1979）。將以上兩個概念進一步說明如下：

（一）生物性別

「生物性別」（biological sex）是指從生物學的觀點出發，以性器官、性染色體區別男性與女性。男性的性器官有陰囊、睪丸、輸精管、陰莖、前列腺與男性性染色體（XY）。女性的性器官有卵巢、子宮、輸卵管、陰道、陰蒂、陰唇與女性性染色體（XX）。就一般正常情況而言，「性別」決定於精子與卵子結合的那一剎。

以「生物性別」嚴格區分性別，然後期望兩性有涇渭分明的性別角色，是不合理的作法，因為符合生物性別的性別角色與性別刻板化印象，未必有助於個人在不同情境中的適應。

例如，玫瑰是家中唯一的女孩，在兩位哥哥長期保護下，成為柔弱、依賴的女人。玫瑰唸大學時，因為離家住校，生活起居、人際關係等問題都得靠自己料理。幾年的大學生活磨練下來，玫瑰成為一位獨立、剛強的人。相反地，如果玫瑰因受到性別刻板化印象的影響，而拒絕改變其柔弱、依賴的女性角色，玫瑰終究會被環境所淘汰。

如果玫瑰處於不同的時代背景（例如，農業時代、工商業時代、經濟富裕時代、經濟蕭條時代），為了適應，所出現的性別角色可能各有特色，這些特色往往超越生物性別的限制。

換句話說，以生物基礎區分性別，然後期望每個人表現符合生物性別的性別角色，是不健康的作法。這種作法不但塑成性別刻板化印象，而且阻礙每個人的潛能發揮與適應。有些人因為厭惡自己的性別，而不惜進行變性手術。其實，這些不喜歡自己性別者，原因不在「生物性別」本身，而是社會所加諸的期望。

（二）心理社會性別

「心理社會性別」（psychosocial gender）跨越生物學的觀點，偏向以個人主觀的認定與外顯的行為區辨男性與女性。個人的主觀認定與外顯行為除了受「生物性別」的影響外，個人成長的家庭、教育與社會環境也具有關鍵性的影響力，其影響有時甚至超越「生物性別」。

心理社會性別論者從性別角色取向（gender-role orientation）或一個人內化男性與女性特質的多寡界定性別（Powell, 1999）。例如，Bem（1974）以兩性化程度的多寡，界定個人為「男性化取向者」（masculine）、「女性化取向者」（feminine）、「中性化取向者」（androgynous）與「未分化者」（undifferentiated）。

假設某人的「生物性別」為男性，若內化的女性特質多於男性特質，就稱該人為「女性化取向者」；若內化的男性特質多於女性化特質，就稱為「男性化取向者」；若內化的兩性化特質相等，就稱為「中性化者」；另一類是「未分化者」，是指兩性化的特質都很低。

在「性別化取向」的概念下，人可以同時擁有不同的性別化取向。例如，「男性化取向者」雖然內化的男性特質較多，但是，仍然擁有女性特質。此外，「性別化取向」並非像生物性別一樣恆定不變，會因為生活經驗的磨練，而具有更豐富的內涵，以及能夠依據情境的需要而彈性調整性別化取向。

　　以「心理社會性別」界定性別方式反映出幾個重大的意義：(1)性別不只受生物性別的影響，家庭、教育與社會環境都具有重要的影響力；(2)「生物性別」是恆定的，可是「心理社會性別」會因為個人的生活經驗，以及情境的需要而彈性地轉變；(3)因為生物性別與性別角色或性別化取向沒有絕對的關係，性別刻板化印象的程度便會降低；(4)代表社會允許多元性別的存在；(5)象徵著性別可以經由個人自由選擇；(6)因為性別不再侷限於生物性別，以及絕對的男女之分，因此，每個人承受的社會壓力降低，潛能有更多發揮的空間。

　　以下將生物性別與心理社會性別之間的差異以圖 1-2 來表示。

■ 二、性別化取向與適應

　　在各種不同的性別化取向中，到底哪一種性別化傾向比較能夠面對多元化社會的挑戰，以及瞬息萬變的人際情境？

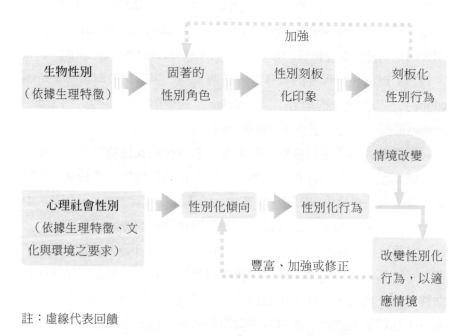

註：虛線代表回饋

圖 1-2　生物性別與心理社會性別之差異

　　很明顯地，中性化取向者同時具有男性特質與女性特質，能夠隨著情境的改變，彈性地表現適當的「情境性別」，在適應上可能比其他性別化取向者來得佳。這種看法在最近一些國內外的研究得到支持。

　　例如，中性化取向者在自尊、自我概念、生活適應與人際吸引，比其他性別化取向者較佳（謝臥龍、莊勝發、駱慧文，民 86）；中性化取向者比非中性化取向者的因應策略更佳（Brown, 2001）、更具正面性（Gianakos, 2000）；中性化取向的青少年比非中性化取向的青少年，具有更高的社會能力（social competence）（Walk, 2000）、創造力（Joensson & Carlsson, 2000）、性吸引力（Ernulf & Innala, 1998）、幸福感（Zweig, 2000）與自我概念（Boan, 1999），在人際互動中，給對方的壓力較少（Hirokawa, Yamada, Dohi, & Miyata, 2001）。

　　總而言之，最能夠適應環境的性別化取向是「中性化取向者」。性別平等教育是一種「全人教育」，目的之一，在於塑造每個人這種具有「情境性別」特色的「中性化取向者」，使每個人能夠彈性地表現適當的性別化行為，以適應情境的需要。

第五節
性別平等之意涵

　　何謂性別平等？其意涵為何？與性別化取向與性別化行為的關係為何？性別平等之後，對兩性造成什麼影響？

一、性別平等之定義

　　從心理社會性別的觀點來看，「性別」不是決定於生理，而是一個人內化的性別特質與表現在外的性別化行為（或性別角色）。從極端男性化取向到極端女性化取向之間，有多種類型，因此，「性別」不只兩種，而是多種。從適應的觀點來看，每一種性別行為各有其適應的功能，而性別化行為是因「情境」而產生，跟「生物性別」無關，

而且性別化取向會因經驗的塑造而改變。換句話說，一個人可以擁有一個以上的性別化取向與不同的性別化行為，而各種性別化取向與性別行為都只是暫時性的性別特質，沒有高低之分。

另一方面，中華民國憲法第七條規定：「中華民國人民，無分男女、宗教、種族、階級、黨派，在法律上一律平等。」

簡言之，性別平等是指，各性別的權利、義務、責任與機會一律均等，而且各性別間應該相互尊重。

二、性別平等之意涵

（一）承認每個人具有表現不同性別行為的潛能

心理學家 C. Jung 相信，人天生具有雙性特質，因為世上沒有百分之百的男性或女性，兩性體內各含有異性的荷爾蒙。兩性千百萬年來的互動歷史，使得男性有機會習得女性特質，女性有機緣內化男性特質。這些異性特質透過集體潛意識，代代相傳，不斷延續下去（黃堅厚，民88）。

性別平等的理念解開了套在兩性身上的傳統魔咒，讓兩性身上的異性特質有揮灑的空間，兩性不但可以自由自在地表現適當的性別化行為，性別刻板化印象也在兩性自由變換性別化行為的過程中消弭於無形。

（二）允許多元性別的存在與尊重每個人的自由選擇

由於性別不再受限於生物性別，生物性別與性別化行為間沒有絕對的關係，每個人可以自由選擇與轉換心理社會性別、可以自由表現任何一種性別化行為，以及各性別間具有同等的權利、義務與機會，因此，各性別間便會相互尊重。

（三）提高適應環境的能力

在傳統的社會中，父母、師長不斷耳提面命、威脅利誘，要男人與女人各遵先人規範的本分。於是，男人與女人被塑型成「半人」。

幾千年來，女性「頂天立地」的力量、「拚死沙場」的勇氣與「運籌帷幄」的智慧，因為性別因素而被無情剝奪，以致於落入柔弱無能的攀附角色，需要完全聽命男人的宰割與操控。中國婦女的悲慘命運，莫不與此有關。

男人雖坐擁天下，享受女人的服侍，可是男人也有難言之隱。在「男尊」的招牌之下，男人被迫承擔安內攘外的角色，心不甘情不願地走入「馬革裹屍，戰死沙場」、「胸懷寬闊，不拘小節」、「功成名就，光宗耀祖」、「穩重踏實，智慧如海」的絕境。

兩性在生理上不完全一樣，這一點是事實，可是這種差異並不足以將兩性兩極化。如果「自我實現」（將自己的潛能充分發揮）是人類的需求，是人生的最終目標，那麼，將男人與女人兩極化，就是剝奪了男人與女人自我實現的機會。如果適應多變的環境需要多種不同的特質與能力，那麼將男性與女性推向性別化的極端，就是剝奪兩性的適應能力。

性別平等給予兩性更寬廣的發展空間，提高兩性適應環境的能力。兩性因為兼具兩性特質，就可以依據情境需要表現適當的性別化行為。即使面對同一個人，也能依據對方的情緒狀況、所論及的事物、所處的情境，游刃有餘地以不同的行為安頓對方，締造良好的互動。

（四）擴展生活層面

以往兩性的性別極端化，讓兩性的生活層面侷限在某些場域。在職業選擇上，女性進入就業市場的比例愈來愈高，依據我國內政部（內政部全球資訊網，民90）統計，民國八十九年女性勞動人口占總勞動力人口的40.03%。然而，就業市場明顯呈現「科技男性，人文女性」

的性別職業區隔特性（李姿瑢，民93；劉秀娟，民87），這種性別職業區隔特性，讓兩性喪失了投入某些工作、體驗某些生活的機會。

兩性的職業生涯不只出現性別職業區隔特性，男女的工作機會、薪資報酬與工作升遷上也受到波及。張瓊玲、薛承泰與林慧芬（民90）的調查發現：在工作權上，有65.6%的 e 世代女性認為受到不平等待遇；尤其在起薪及薪資調幅上，70%的 e 世代女性認為不如同級的異性同事；48.1% 的 e 世代女性表示升遷機會遠較男性低。當然，這些不平等不只侷限女性嘗試不同職位生活的機會，同樣地，也限制男性體驗職業生涯的範圍。

性別平等後，「能力」、「抱負」與「選擇」才是決定每個人發展的方向，因此，在職場上，每個人的職業生活層面都有擴展的可能。

在家庭方面，以往「家事」被認為是「女人家的事」，男人不屑參與；一些對「家事」有興趣的男性，得不到一展抱負的機會，而有懷才不遇之嘆。相對地，有些女人雖有鴻鵠之志，卻被迫關在家中做「家事」，一輩子抑鬱不得志。性別平等之後，兩性有機會嘗試不同的角色。如果太太願意在外打拚，先生喜歡在家照顧家務，兩人角色的選定可以隨自己意願。或許，當扮演某一角色日久厭煩，希望跟配偶調換角色，也是有協調的空間。

在其他生活層面上，也會因為性別平等的關係，而有不同的景象，例如，傳統「英雄救美」的故事中，角色會被調整，劇情會被改寫，女性會是故事中解救「俊男」的英雄。

（五）每個人須為自己的生命負更多的責任

性別平等之後，每個人有了更多自由選擇的機會。選擇與責任密不可分，因此，每個人必須為自己的生命承擔更多的責任。

傳統女性柔弱、卑屈的地位，是錯誤的性別刻板化印象所造成；現代女性如果選擇繼續屈身卑微的地位，便必須為自己的選擇負責。傳統男性責任重大，一家生計壓身；現代男性如果不願意責任旁落，

就不能抱怨壓力大、責任重。

　　由於新思潮的挑戰，改變自己因應時代的轉變是必要的。不過，做任何改變與選擇之前，事先應有一番價值澄清，才能避免落入盲從、後悔莫及的不歸路。有些女孩子認為性別既然平等，就放縱自己隨意跟男性有性關係；可是，在肉體歡愉之後，心理上卻不知所以然地擔心後悔——這是認知、行為與情感三者未達一致的結果。

　　「態度」包括行為、認知與情感三個元素，態度的改變必須同時兼顧這三者的調整。只改變其中一者，或是兩者，當事人就會因為三者不平衡而引起內在衝突。

　　改變自己因應時代的轉變是必要的，不過，要允許自己有足夠的時間一點一滴地修正。原先的觀念是數十年生命經驗的累積，這其中又夾雜著許多情緒經驗的強化，已如一座固若金湯的城堡難以撼動。如果想要以強烈的火力立即讓它灰飛煙滅，必然帶來強大的反擊，讓個人落入兩難的衝突。

　　在性別平等年代，雖然每個人有更多選擇，但個人抉擇之時，要避免落入盲目選擇的陷阱。或許，使用自由選擇之前，應先學會為自己負責的智慧，才不至於迷失在「為反抗傳統而放縱自己」的歧路中。

（六）提升不同性別間良性競爭、互助與互動的機會

　　當每個人的生命走向不再受到性別的限制，兩性之間的競爭、互助與互動便會如火如荼地展開。以往「女性止步」的男性領域，現在女性可以自由出入；以往「男性莫入」的女性版圖，現在男性可以瀟灑揮進。「戰場無女性」、「廚房無男性」的景象將走入歷史，取而代之的，將是「兩性的競爭與互動的畫面」隨處可見。

　　兩性的競爭並不是如商場惡質鬥爭一樣，以整倒對方為目的，而是為兩性的潛能尋找安身立命的方向。當兩性的潛能找到歸屬，因為世界上沒有十全十美的人，兩性的合作就成為必然的趨勢，而這合作是在平等、互惠、兩相得利的情況下進行。

(七) 體驗「全人」的完整感與提升兩性關係

傳統依據兩性的生物性別將兩性男人化與女人化，這種作法剝奪了兩性一半的潛能，讓兩性成為「殘缺的半人」。傳統上認為，婚姻的目的除了延續人類的生命外，功能之一便是用來彌補這種半人的缺憾，使男女借助對方的互補，體驗「全人」的相貌。

其實，在這種狀況下湊合的婚姻，不但無法圓就「全人」的理想，反而製造更多的問題。男女依憑著自己的一半，來跟另一半互動，因為對另一半毫無所知，只能夠從自己的立場揣測對方的情感與思想，這種武斷的推論自然錯誤百出。夫妻間的衝突與固執己見，大多出於一半潛能造成的不了解。換言之，如果男女只擁有相對立的一半潛能，即使雙方結合，仍舊無法體驗「全人」的景象。

性別平等之後，兩性各自獨立成為一位「全人」，擁有生命的「完整感」。因為每個人同時擁有兩性的特質，自然能夠更正確地詮釋異性、配偶的反應，因此，兩性的關係自然會提升。

第六節
掙脫傳統性別角色與性別刻板化印象之途徑

張浩對於時下的性別平等運動實在反感。幾千年來男女各安其份，各有所歸，和樂共處，相安無事。為什麼有一些人偏要無風起浪，打破這個長久以來老祖先定下的規矩，引起一連串的家庭風波。

他的太太莞茵本來是個道地的家庭主婦，每天知足地照顧家務，一家人和樂融融。可是，自從參加了幾次「成長團體」後，性情大變，說什麼男女平等，男人有義務做家事，

如果可以的話，「男主內、女主外」也不錯。他聽了之後，很不是滋味。家事怎會是男人的事？男人怎可如此窩囊做女人家的事！更離譜的是，竟然說「女主外」，男人怎可淪落到讓女人養？這豈不是要讓所有人看笑話。張浩愈想愈不對勁，如果不趕緊制止的話，好好的一個家恐怕再也無法完整。

問題與討論

1.張浩有哪些性別刻板化印象？

2.要落實性別平等的理想時，可能碰到哪些障礙？

3.可以透過哪些管道落實性別平等的理想？

要如何掙脫傳統性別角色與性別刻板化印象的包袱，讓兩性在實質平等的基礎上，自由地規劃自己的生命藍圖，開創自己的生命旅程？

本章圖 1-1 綜合了精神分析理論、工具制約學習理論、社會學習理論與基模理論，描繪出形成性別角色與性別刻板化印象的原理原則。這些原理原則透過不同的管道，將性別角色與性別刻板化印象灌輸給每個人。同樣地，要修正性別不平等的觀念，也可以透過這些管道與各理論的原理原則。以下說明掙脫傳統性別角色與性別刻板化印象的途徑。

一、改進書籍文章中性別不平等的訊息

性別意識型態的確存在於台灣各縣市政府出版的成人基本教育補充教材中。例如，在職業方面，男性的職業角色比女性廣泛而多元；男性的職業聲望高於女性，而且同一工作場合中，以男性為主，女性為輔；專家或勞動者的工作多為男性。在性別角色上，女性偏向文靜、正向行為（例如，乖巧、聽話），從事家務、照顧家人；男性偏向好動、正負向行為（例如，自信、霸道），從事知識工作、公共事務。對社會的貢獻上，男性被提及的次數與種類，高於女性。在衣著方面，

女性偏向紅色系衣物，男性偏向藍色系衣物。此外，對女性的稱呼有去個人化的現象（楊錦蘭，民90）。

學校教科書方面，教科書完全忽略了現代社會應有的性別平等觀念。例如，女性作家的選文不到3%；以女性為主要角色的選文中，不斷複製刻板僵化的女性形象；以男性經驗為中心的大部分選文，充斥著對女性的性別歧視，強調傳統女性附屬、等待、悲怨、犧牲的負面性格（呂興忠，民88）。

不只是成人教材或學校的教科書，年輕女性最喜歡看的浪漫愛情小說，更是扭曲兩性形象，成為傳遞性別不平等訊息的重要媒介之一。依據游美惠（民88）的研究發現：浪漫愛情小說劇情中，往往強調女性生命歷程或社會位置都是依附在男性身上；女性的性／情慾經驗常受到社會眼光、父母、男友與自己的監督控制；在親密關係的互動上，男性主動提出性／情慾需求，而女性默默接受；將男性對女性的性侵害浪漫地合理化；強調女性的美貌與身材是戀愛成功、贏得權利與聲望的不二法門。

受到書中扭曲的性別訊息之薰陶，個人的性別基模早就充斥著扭曲的兩性資訊，以及扭曲的性別角色與性別刻板化印象。如果政府或一些民間團體忽略這些靜態教育管道無孔不入的影響力量，恐怕所做的努力將會事倍功半。

二、改進電視媒體資訊中性別不平等的訊息

電視媒體與今日人類的生活息息相關，電視媒體所傳遞的兩性訊息，日以繼夜地植入人類的心靈中，成為操控兩性行為的方向盤。

近年來最能賺得觀眾熱淚、博得觀眾喝采的兩性戲劇，應屬能將傳統女性美德發揮淋漓盡致的劇情。從這類型戲劇受歡迎的程度可以確知，目前一部分成年人的性別基模，仍舊瀰漫著「男尊女卑」的內涵。這樣的劇情會一再加強觀眾原先「男尊女卑」的認知，讓「男尊女卑」的態度延續下去。

　　不只連續劇，各類電視劇或影集內容，也充斥著以男性為主女性為輔的偏頗思想。如果觀眾從小薰陶於這種固著的兩性思想，就會將性別不平等的概念內化到人格中，並且依據這樣的內涵來規劃人生。

　　以兒童為主要觀眾的卡通也瀰漫著「男尊女卑」的思想。例如，國內電視頻道卡通內容：⑴在兩性角色呈現的比例上，男女主角出現的比例約 4:1 或 5:1，而且大多是男性擔綱；⑵在兩性角色的塑造上，女性的角色大多為重視外貌、衣著暴露、強調身材曲線，面對危險情境的反應為尖叫、逃跑、暈倒，以男性為尊，追尋愛情，小心眼，迷信，貪小便宜，愛發脾氣，互相嘲諷；男性主角大多為身體強壯、肌肉結實、打扮帥氣，以輕狎、厭惡的態度對待女性；⑶在兩性之間的關係上，男性通常有智慧、有能力，能解決問題，擔任主管；女性通常柔順、服從，擔任部屬、助手等角色；⑷在色情方面，物化女性，呈現男尊女卑的性別文化（吳知賢，民 88）。

　　此外，在電視廣告中：⑴女性多以家庭角色出現，男性多以職業角色出現；⑵女性以職業角色出現的比例偏低，而其中又以專門及技術人員所占的比例最高；男性以職業角色出現的比例偏高，並且以主管及監督人員的比例最高；⑶女性較常出現的背景為家中，而男性為家外；⑷女性廣告的商品多為家庭用品（例如，清潔用品、化妝品及日常實用品類），男性廣告的商品多為建築、鐘錶、事務機器與運動類；⑸大多由男性擔任收尾旁白的角色（劉宗輝，民 86）。

　　綜合以上所言，電視媒體的性別資訊影響男女老幼傳統重男輕女的觀念，將女性物化的錯誤認知被電視媒體一再強化。要落實性別平等的理念，就必須修正電視上性別不平等的劇情。最重要的是，重視兒童可能觀賞的節目。長期觀賞性別不平等節目的兒童，有可能成為新一代性別不平等的代言人。

■ 三、修正性別不平等的家庭教育

　　家庭，是每個人最早受教的地方。孩子從父母的互動狀況、父母

對待不同性別孩子的方式，習得性別態度。如果父母抱持著性別不平等的態度，在身教、言教中傳遞性別不平等的訊息，孩子自然會模仿父母，長大後帶著性別不平等的模式，進入兩性關係中。

因此，如果性別平等的觀念無法落實到家庭教育中，未來社會所付出的努力與代價，恐怕有如「連根拔起，重植新苗」那樣費時費力。

四、提升學校教師性別平等的知能

學校是加強、修改、提升家庭教育的地方。家庭教育的不足，可以由學校教育來加強，錯誤的家庭教育，也可以由學校教育來修正；不過，其前提是，學校教育的主力——教師，需有能力承擔這個重任。

一些對學校的研究結果值得教師深思。蔡端（民92）發現：男性國小教師、年齡愈大的國小教師、年資愈深的國小教師與已婚國小教師，都有較高程度的性別刻板化印象。

從一些以學生為對象的研究中發現：大部分的國小三年級學生具有一些性別刻板化印象（陳靜琪，民92）；國小低年級男童的性別角色認定與行為表現趨向於男性化特質，而女童趨向於女性化特質（王慧鈴，民91）；國中、國小男學生的職業刻板化程度高於女學生（蔡雅惠，民91）。

不管是從教師或學生的研究發現可知，學校的性別平等教育有必要加強。加強學校性別平等教育的根本之道，在於提升學校教師性別平等的知能。教師本身負有「經師」與「人師」的責任，如果教師在教學中、跟學生互動中，處處傳遞出性別平等的訊息，學生在耳濡目染下，自然會內化性別平等的觀念，並且在行為中表現出來。

當然，獲利的不僅是教師與學生，社會也會因為教師對性別平等教育的推展，而成為性別平等的社會。

五、修正學校性別不平等的課程、活動與措施

學校教材中充斥著性別不平等的意念，已如前述，此外，學校中

安排的學生活動與措施，也同樣反映出性別不平等的理念。例如：(1)師生互動中，教師注意男學生的機率高於女學生；(2)非正式課程以性別來劃分各種規定與活動，例如，女性擔任學藝股長，男性擔任體育股長；(3)校園規劃反映父權價值，忽略女性的人身安全；(4)教育階段愈高，女性的教育參與率愈低（李俊賢、馮國華，民89；黃婉君，民87）；(5)有些學校期望女教師穿著裙子與洋裝上班。

　　在學校中，這些性別不平等的想法，透過人與人、人與物之間的互動管道，不斷傳送到校園中的各個角落。原本在家庭中根深柢固的性別不平等觀念，再經學校的強化，更是固若金湯。如果學校能落實性別平等的理念，在家庭中埋下的性別不平等種子，就有機會被改良。

六、改善兩性成長速度不一的現況

　　兩性對性別平等觀念的接受度有何不同呢？可以從幾個研究結果得知：國小女生對反傳統的性別角色接受度比男生高（陳靜琪，民92）；男學童的職業刻板化程度高於女學童（侯鳳珠，民91；蔡雅惠，民91）；高職女性在性別角色態度之社會權利與義務層面、職業興趣與工作層面、能力特質與表現層面、兩性互動與關係層面，以及整體性別角色態度，皆較男性具現代平等觀念（蘇倩雪，民91）；女大學生的性別角色態度比男大學生現代化，男大學生的性別角色態度較傾向傳統（蔡如珮，民91）；國小男教師的性別刻板化程度高於女教師（蔡端，民92）。

　　兩性對性別平等觀念的接受程度不同，成長速度將不一，性別平等的理念就無法充分落實。這就如同一個家庭中，太太堅持現代化，先生固執傳統化，兩相對峙之下，便會兩敗俱傷，家庭破裂。

　　一些男性誤以為，性別平等化剝奪了他們長久以來既有的權利，讓他們尊嚴掃地而抗拒改變。其實，他們不完全了解性別平等的意義。在性別平等化中，性別不再是決定機會有無的唯一依據，個人的實力、理想與選擇才是決定因素。兩性被賦予相等的機會追求理想，雙方的

自由加大，責任也加重，沒有哪一性別是獲利者或失利者。

或許在落實性別平等理念之時，最重要的是，協助所有的人了解性別平等的真正意義，才能讓兩性齊心，一起為性別平等的理想努力。

七、修正職場中不公平的性別對待

職場中充滿模仿、觀察、增強等學習的管道。職場中不公平的性別對待，除了造成一些實質的傷害外，也強化了個人原本性別不平等的想法。

如果工作職場上力行以能力決定機會與酬勞的性別平等理念，仍然有機會扭轉家庭與學校不良的塑型。可惜的是，即使目前台灣女性就業人口堪與男性分庭抗禮，台灣的工作職場仍舊以男性為尊。職場上透過剝奪女性的升遷機會、降低女性的酬勞、編派女性低層次的工作職務，以及對女性的性騷擾與性傷害，傳遞「男尊女卑」的想法。因此，原本已生根的性別不平等觀念，因為得到工作職場中的施肥而枝繁葉茂。

要丟掉傳統性別角色與性別刻板化印象需要透過不同的管道，而職場是一個關鍵性的地方。如果雇主堅持性別平等的理念，雇員就有機會透過觀察、增強與模仿的過程中，修正性別不平等的觀念與行為。

八、提高個人對性別平等與不平等訊息與行為的覺知

性別平等理念的落實，不能只靠外在力量，個人有責任提高對性別平等與不平等訊息與行為的覺知，透過反求諸己，才能擴及於人。

一方面，個人有責任檢驗內在想法與外在行為的適合性，修正不合時宜的想法與行為。另一方面，雖然外在環境充滿性別不平等的資訊，可是，人在汲取資訊的過程中，有權利過濾不適合的資訊，選擇適合的新觀念。透過個人主動的過濾、選擇與修正，相關單位的努力就可以事半功倍，性別平等理念的落實便指日可待。

【第二章】

愛　情

　　「也想不相思，可免相思苦；幾次細思量，情願相思苦。」生命缺了愛情，就像少了靈魂的軀體一樣，無知無覺，雖生猶死。可是，「天不老，情難絕，心似雙絲網，中有千千結」，生命有了愛情，就像是迷失在蠻荒的叢林中，步步艱辛，時時迷惘。生命的色彩，因為愛情的渲染而鮮豔奪目，也因為愛情的拉扯而紛亂雜沓。

　　什麼是愛情？有句話說：「問世間情是何物，直叫生死相許。」如果以這句話來界定今日的愛情，恐怕很多人都未真正嘗過愛情，因為以功利掛帥的今天，愛情通常摻雜財富權勢的潤色，而形成另一種景象。或許可以這麼說，愛情的定義因時代不同而不同。e 世代的年輕人跟今日的中年人，因為受到不同時代的洗禮，呈現的愛情風貌自然不同。另一方面，因為個別差異，每個人對愛情的感受不一樣，即使相同的人，也會因為戀愛的對象不同，而有不同的答案。因此，愛情的定義只存在自己的體驗中。

　　愛情的主題範圍廣泛，本章只論及最重要的幾個主題，包括：愛情之相關迷思、兩性吸引之條件、愛情之特徵、墜入愛河之徵兆、愛情發展之階段、愛情之型態、親密關係之建立、親密關係之維持，以及性別平等對愛情之意涵。

第一節
愛情之相關迷思

　　有些人一再在愛情中跌跌宕宕，抱怨遇人不淑，哀嘆愛情運不佳，其實，有些是可以避免的，只要不迷失在愛情的迷思中。以下的敘述有誤，請加以修正：

　　1.愛情不會因為環境、事物的轉變而變質。

　　2.愛可以改變一切。

　　3.一定要有性，愛才會持久。

　　4.興趣、喜歡與愛通常容易分清楚。

5.跟愛人分手後，可以借助新戀情來療傷止痛。

6.只要雙方有愛，感情就可以長久。

7.不求回報的愛情可以長存。

8.愛他（她）就要順從她（他）。

9.愛他（她）就要完全占有她（他）。

10.如果對方愛我，就要為我而改變。

問題與討論

問題一：愛情不會因為環境、事物的轉換而變質。

愛情通常隨著情境、事物的變化而轉變。愛情的本質是情緒，容易因為情境、事物的變化而起伏不定。在多變的社會中，每個人有機會接觸各種不同的人，因此，愛情生變的機會便跟著升高。

問題二：愛可以改變一切。

愛無法改變一切。有一些人誤以為，自己的愛可以改變對方的惡習。習慣是日積月累養成，愛情卻是朝生夕滅、短暫易變。相信愛可以改變對方一切者，其實是自我欺騙。

問題三：一定要有性，愛才會持久。

有了性，愛一樣無法持久。性與愛是兩碼事。女人可以有愛無性，男人可以有性無愛。性可以暫時拉高雙方的感情，長期下來，卻沖淡彼此的吸引力。

問題四：興趣、喜歡與愛通常容易分清楚。

興趣、喜歡、愛三者常常被混淆。興趣，是一種好奇，不是兩性之間的感情。喜歡，是一種感覺，跟對方在一起不會覺得無聊或討厭，不過，沒跟對方在一起也不會牽腸掛肚。看到自己喜歡的人跟別人在一起，不會有嫉妒或想獨占的衝動。喜歡通常存在於朋友之間。

愛與喜歡是否有所不同？電視劇上常見的對白是：「我的確喜歡妳，不過，我對妳的喜歡，就像是哥哥喜歡妹妹那樣。」類似這樣的對白，通常使用「喜歡」這兩個字，不會使用「愛」來描述。在日常

生活中，我們可以隨意告訴某個人我們「喜歡」他，可是，使用「愛」這個字時，卻顯得十分謹慎，因為「愛」的對象通常只有少數幾位。在心理學上的研究，的確發現「愛」與「喜歡」是不同的概念。

Rubin（1970）曾區分「愛」與「喜歡」，他認為「喜歡」包括三個因素：讚賞（admiration）、尊敬（respect）、彼此相似（similarity）。「愛」包括的三因素有：關懷（caring）、依附（attachment）、親密（intimacy）。關懷是指關心對方、替對方著想、願意幫助對方；依附是指希望跟對方在一起、長相廝守；親密是指坦誠相對、信任等。

此外，愛通常具有獨占性。愛情中不容許有第三者介入，如果三角關係一形成，愛就可能轉為恨。「愛」含有親密的舉動，但是「喜歡」未必如此。如果說「愛」與「喜歡」之間有關連的話，可以說「喜歡」可能是「愛」的前身。

問題五：跟愛人分手後，可以借助新戀情來療傷止痛。

跟舊愛分手後，就馬上進入另一段新戀情，這對新愛非常不公平。第一，對方是一個活生生的人，有其尊嚴與價值，不可以被當成前一段戀情的止痛劑。第二，當事人未處理前一段戀情的殘存恩怨，就進入新戀情中，便會讓新戀情蒙上舊戀情的陰影。例如，如果一位男子被女友拋棄後，而認為女人不值得信任。這種武斷的想法，如果未經過處理，會被加諸到新戀情上，讓新戀人背負舊戀人留下的恩怨。第三，當事人還未反思與修正自己的行為，就跳入新戀情中，便容易重蹈覆轍地照著舊戀情的劇本，再演出一次。

不宜快速談感情的對象有三類：此人剛結束一段感情，因為從分手中恢復大概需要三個月至半年；此人正處於潦倒頹喪的狀況，這時別人給他的關心，特別容易打動他，而讓他分不清自己的感受是感動，或是愛；此人會給自己壓力，讓自己不自在、沒自信，處於弱勢局面（柯淑敏，民90）。

問題六：只要雙方有愛，感情就可以長久。

只有愛情而沒有其他條件配合，感情還是無法長久。在戀愛一開

始，雙方因為還不完全認識，差異性還未凸顯，現實考驗仍嫌不足，因此容易誤以為可以天長地久。當彼此的差異性愈清楚，衝突愈多之後，吸引力會遞減，這時雙方若只有愛，而沒有其他輔助條件的話，感情便無法持續。

問題七：不求回報的愛情可以長存。

沒有不求回報的愛情，即使有，這種愛也不會持久。社會交換論認為，人與人之間的交往與吸引程度，涉及付出與回報之間的平衡。當回報大於付出，才會營造出吸引力，否則，會被厭惡感取代（丁興祥，民77）。只有付出而沒有回報的愛情，通常存在於不切實際的浪漫故事中。

問題八：愛他（她），就要完全占有他（她）。

再怎麼相愛的兩人，還是不一樣的獨立個體，需要有私人的空間，保有個人的隱私，維持掌控感與個人特色。個人因為擁有這樣的獨特性，才有滋潤愛情的力量。完全占有的愛情會帶給對方壓力，讓愛情成為對方沉重的包袱。

問題九：生命誠可貴，愛情價更高。

生命可貴？還是愛情可貴？這是見仁見智的看法。不過，可以確定的是，沒有生命，也不會有愛情。一些人為愛情而自毀生命，或是用生命威脅以換取愛情，這種方式只會讓對方心生恐懼，後悔當初愛錯人。

問題十：如果對方愛我，就要為我而改變。

愛情的力量雖然可以讓小卒驟然集聚勇氣，上刀山下油鍋，可是，卻無法讓小卒改變根深柢固的習慣。每個習慣的背後都有複雜的學習歷程，愛情的力量不管多麼強大，都不容易改變習慣背後的機制，扭轉習慣的原來模樣。

當情人們有不一樣的習慣時，一方總希望另一方改變。「如果愛我，就要為我而改變」，說這句話者一方面認為自己的習慣才最正確，因此強人所難地要求對方改變；另一方面，誤以為自己的魅力無以倫

比，可以輕而易舉地扭轉對方數十年來的行為模式。

改變只能出自對方的意願，並且累積一點一滴的努力，慢慢地轉化。如果以感情要脅，要求對方立即改變，就只有等著分手的份！

除了以上所列的迷思外，請見「本章附錄一」其他的愛情迷思。

第二節
兩性吸引之條件

> 紅莓看著季青手牽著玉蘋在校園散步，一股無名的妒火在胸中熊熊燃起。她真的不了解，為什麼季青對玉蘋死心塌地？玉蘋有什麼好？比起她，還差一大截。論人才、外貌、家世、成績，她哪一樣不是高玉蘋一等，可是，不知道為什麼，季青寧願選擇玉蘋，而不選擇她。她曾經不認輸地跟玉蘋競爭，可是，季青偏偏對玉蘋這個瑕疵品情有獨鍾，對她的示好無動於衷。她心想，季青如果不是色盲，就是神智有問題，否則怎麼會將優秀的她丟在一旁，而抱著次級品不放。

問題與討論

1. 哪些條件的女性容易吸引男性？

2. 哪些條件的男性容易吸引女性？

3. 除了個人本身因素外，有哪些環境因素會促成男女相互吸引？

「弱水三千只取一瓢」，滾滾紅塵中，我們愛戀的對象通常只限於少數幾個人，這是因為能夠吸引自己的人必須具備某些條件：(1)對該人有高度的評價；(2)這個人的某些特質會讓人產生愉快的情緒與幸福的感覺（Branden, 1988）。至於擁有哪些條件的人能夠獲得高度評價、給人愉快情緒與幸福感，可以從以下幾個方面來談：

一、個人自身條件

男女性的某些特質特別容易吸引異性。在女性的外貌上，如瓜子臉蛋、身材修長、健康良好、穿著高尚、胸部豐滿、嘴唇性感、長髮披肩、氣質高雅、眼睛大又明亮、聲音甜美、腿部修長、臀部圓潤等；女性的個性上，如善良、溫和、體貼、活潑、撒嬌、樂觀等。

在男性的外貌上，如外表斯文、談吐高雅、身體健康、身材碩壯；在男性的個性上，如幽默、有抱負有理想、才氣橫溢、負責、善良、樂觀、熱心、孝順、坦誠、自信、成熟、踏實、勤勞等。

基本上，男人重視女人的外貌，而女人重視男人的個性。

二、兩人特質的相近性與互補性

人容易跟自己特質相似的人有共鳴？或跟自己特質互補（或相異性）的人相吸引？這兩種看法各有支持者。

或許可以這麼說，如果兩人在各方面愈相似，衝突就愈低，可是新鮮感與新奇感也愈低。如果兩人在各方面互補性（相異性）愈大，衝突會愈多，不過，新鮮感與新奇感卻愈高。

在一開始，跟自己不一樣的人吸引力較大，可是，要成為情人，維持感情，兩人就必須要有某種程度的相似性。過多的互補性（差異性）會帶給兩人情感上的壓力；但是，過多的相似性就沒有特色可以互相吸引。

至於兩人在哪些方面應該相似或互補，沒有定論。不同的人有不同的強調，而且強調的條件可能隨著情境、年齡而不同。

三、地理位置

所謂「近水樓台先得月」，因為空間位置的接近，雙方接觸的機會自然增多，「對方的存在」很容易成為自己生活的一部分。此外，跟對方接觸多了，對對方的生活習慣、外貌、個性等，因接觸而習慣，

因習慣而接納，因接納而理所當然。

根據對大學生的研究發現：最常促成異性墜入情網的途徑依次為班上的同學、系上的同學、社團的團員、聯誼或遊樂場所（林宜旻、陳皎眉，民84；黃進南，民88）。因為地理位置近，促使男女接觸頻繁，感情不知不覺產生，自然容易墜入情網。

第三節
愛情之特徵

雖然難以對愛情下定義，不過，歸納了一百位大學生對愛情的看法（見本章附錄二）（陳金定，民90），還是可以窺視到愛情的特徵：

一、變化莫測，無法被掌控

愛情是一種情緒反應，情緒的變化，更多時候是受當事人無法掌控的因素所操控。什麼時候會墜入情網？會愛上哪些人？都在個人預知與掌控之外。除了當事人大嘆愛情「來時無預兆，去時無徵兆」的不可捉摸外，旁觀者也常有「霧裡看花，像霧又像花」、丈二金剛摸不著頭緒的感嘆。

愛情的來去不但超越當事人的掌控之外，戀愛中的「晴時多雲偶陣雨」，更增添了愛情的詭譎多變，讓當事人大嘆江郎才盡。

二、浪漫不切實際

戀人的雙眼通常被鮮麗的面紗模糊了視野，以致於將平凡無味的面貌看成國色天香，將短小贏弱的身軀視為玉樹臨風。「色不迷人人自迷」、「讀你（妳）千遍也不厭倦」，世界上再也沒有像愛情一樣，可以令人如此心盲眼瞎、自我陶醉。

三、具排他性與獨占性

兩人世界的愛情，甜如蜜、甘如橘；三人世界的愛情，苦入口、痛入心。愛情是兩人世界，愛情的鎖鍊只有兩頭，只准兩人各執一端，第三者的出現就會鎖斷鍊裂，讓愛絕情滅。

四、令戀愛者充滿關心與包容力

愛情的力量會推動當事人成為犧牲奉獻的一族。情人們不可遏止地關心對方，樂於自我犧牲成就對方。噓寒問暖是最普通的關心方式，毫無怨言地為對方日操夜勞，是常見的表現。「上天摘星，下海撈月」，只要對方想要，莫不窮精竭力，達成任務。

戀愛中的人心胸之寬闊，大可包天，寬可容海。愛人外表上、個性上的缺點，都成為無傷大雅的小瑕疵，甚至是不可或缺的美之元素。

不過，這種如天地之大的關心與包容，不是毫無時間性。當感情穩定，過了愛情的高潮期，兩人就會再次成為凡夫俗子，做回原本的自己。

五、增添戀愛者的勇氣

戀愛中的人為了討好對方，即使千金散盡、一貧如洗，也會甘之如飴、氣度灑脫；處身龍潭虎穴，也會視死如歸、一笑置之。愛情的力量，讓人像日行千里的千里馬，毫無疲憊，卻有驕意。

六、是成長的催化劑

愛情讓情人之間產生深層的親密互動，擴增了雙方的視野。當兩人打開心房，進入彼此的世界，就會因為雙方的差異而大開眼界。透過見識彼此的差異、面對差異的爭執，就有機會澄清自我價值觀，進一步了解自己與他人。愛情讓人墜入浪漫的虛幻中，可是，卻又將活生生的現實一路鋪展開來。在渡過浮沉的虛幻，躍上現實的彼岸之後，

成熟的程度已今非昔比。

七、令戀愛者像個幼齡的小孩

如果仔細聆聽情人的對話，必會誤以為雙方是天真、撒嬌、單純、幼齡的小孩。生命中很少有機會允許自己用如此幼齡的語言說話，除了跟小兒童對話外。

第四節
墜入愛河之徵兆

> 已是凌晨兩點，夜宇躺在床上卻毫無睡意，因為羽茜的倩影老是在他眼前晃來晃去。她的一顰一笑、一言一語，不斷在他的腦海中播放。他時而表情嚴肅，時而莫名傻笑。就這樣，在床上躺了三個小時，神智卻愈來愈清醒。
>
> 一想起羽茜靠近他的時候，他就魂不守舍起來。今天羽茜有事問他，兩人並肩走在一起，偶而的肌膚碰觸，讓他莫名地亢奮。直到現在，那種強烈的感覺依然不減。如果能擁有她，那該有多好，他是如此地渴望著。
>
> 突然有種念頭，讓他從床上跳了起來。他拿出畫筆，畫下羽茜的肖像。看著羽茜的俏模樣，他不禁癡迷了起來，夜宇像是發現人間瑰寶般地情不自禁。

問題與討論

1. 夜宇是否墜入愛河中？原因為何？

2. 墜入愛河者，在情緒、認知與行為上有哪些特徵？

要知道自己是否墜入愛河並不容易。一方面，興趣、喜歡與愛情之間的差別不容易區分；另一方面，有些人不相信自己會愛上一個不

可能的人物。因此，當愛情降臨時，並非人人都覺察得到。不過，有一些標準可以用來檢測自己。

■ 一、E. Hatield 的觀點

Hatield（1988）從三方面詮釋愛情，他的觀點有助於判斷自己是否正墜入愛河中。

從認知上來說，即所謂的「情人眼裡出西施」。當事人將對方完全美化，合理化對方不完美的地方。對對方的一切感到興趣，希望更一步認識對方，也希望對方了解自己。

從情緒上來說，當事人一看到對方或想到對方，就會有身體的喚起狀態。無法抵抗對方的吸引力，尤其是性方面，希望跟對方有身體上的融合。

從行為上來說，當事人試圖從各方面研究對方，想辦法跟對方維持身體上的接近，以及以服務對方為樂。其勇氣與熱心在此時旺盛到極點，正所謂「小卒也可變英雄」、「墓仔埔也敢去」。

■ 二、R. J. Sternberg 的觀點

Sternberg（1988）認為愛情是由三種因素所組合，包括親密、熱情與承諾。在 Sternberg 所編的《愛情三角測量法》（洪妙晶譯，民86）中，親密因素的內容有：願意依賴對方、跟對方分享一切、願意給對方感情支持、重視對方、覺得了解對方、認為對方是自己的幸福。

熱情因素的內容包括：對方讓自己興奮不已、常想到對方、被對方吸引、美化與幻想對方、非他莫屬的感覺、願意跟對方在一起、願意跟對方有肢體上的接觸、崇拜對方、對對方的感情澎湃。

承諾因素包括：在乎對方、遵守承諾、覺得對對方有責任、信任對方。

以上兩位專家所提的觀點，有些雷同，也有些不一樣的地方。或

許可以這麼說，E. Hatield 的看法比較能詮釋剛剛墜入愛河者的心態，而 R. J. Sternberg 的觀點比較適合說明感情已經穩定的戀情。

第五節
愛情發展之階段

炎熱的太陽散發出令人窒息的暑氣，讓大地熱氣騰騰。從窗外闖入的陽光，毫不憐惜地曝曬著躺在床上的愛荷。愛荷對火熱的陽光似乎沒有任何知覺，相反地，她冷咻咻的心，正如冰箱裡逼人的寒氣，冰凍著愛荷的身體。

今天是她跟藍雲分手後的第一個禮拜天。一想到這裡，兩人剛認識的情景一五一十地在她眼前擺開。

若不是那年暑假特別炎熱，她就不會到圖書館避暑，也就不會在那裡認識藍雲。因為常常跟他照面，很自然地就在某一天相互微笑點頭，然後交談了起來。就這樣，也不知道是天氣的緣故，還是他的緣故，她到圖書館的次數更多，每次留的時間也更長。

第一次答應他的邀約，是因為他討人歡喜的外貌，幽默的口才，還有點酷酷的帥氣，跟他出去似乎不會委屈自己。幾次之後，她覺得他愈來愈有趣，而他覺得她愈來愈對味。就這樣，兩人自然地要好了起來，他認定她是他的女朋友，而她也沒有反對。隨著感情的增長，兩人的關係愈是親密。在難分難捨之際，他們許下了永遠在一起的諾言。

「月有陰晴圓缺」，再美好的愛情，總會隨著環境的變動、人物的更替而美景不再。兩人大學畢業那年，愛荷全家移民美國。本來愛荷希望一個人留在台灣，不過，愛荷的父母不答應。而藍雲是家中的獨子，不可能離家跟隨愛荷。最

後，兩人決定等藍雲退役後再討論。長距離的愛情終究抵擋不住現實的考驗。不但兩人通電話的次數減少，在電話中的互動也提不起勁。愛荷有心解決，藍雲卻下了分手的決定。一想到這裡，愛荷淚流滿面，難道兩人就這樣緣盡？

問題與討論

1. 從以上愛荷的愛情故事中，歸納出愛情發展的階段，以及各階段的特色？

2. 每個愛情故事都沿著這樣的發展路線進行嗎？

3. 每個階段的發展可否有一個以上的發展路線？

雖然愛情的定義難明，愛情的本質多變，可是，愛情的發展卻有一定的路線。

Tzeng（1992）將愛情的發展過程分為八個階段，以下配合相關研究與理論說明各階段的特色：

一、陌生人階段（stranger stage）

指兩個完全不認識或認識的人，彼此沒有特殊感覺，就像是路上行人一樣「可有、可無」。

兩性中，有一些個人特質會阻礙吸引力的出現，讓兩人的關係無法進展。這些特質包括：外貌平庸、身材貧乏、衣著沒品味、個性害羞、散漫、被動、粗野、冷酷、幼稚、無聊、口才笨拙、殘酷、自私、跋扈、吝嗇、說謊、不負責、卑鄙等（張德聰，民 82）。雖然說人有親和的動機，也會產生日久生情、近水樓台的效果，但是，如果某人的特質令人退避三舍，即使跟這個人天天見面，也會敬而遠之。

二、友誼階段（friendliness stage）

指兩人逐漸認識，在一起時有愉快的感覺。要創造愉悅的感覺，

雙方必須具備一些良好的特質，這些特質包括賞心悅目的外表、整潔、衣著得體、積極、友善、良好的社交技巧、情緒穩定、慷慨、樂於助人、樂觀、誠實、負責、自信、幽默感等（張德聰，民82）。這些特質可以增加彼此的吸引力，讓雙方期待更進一步的發展。

三、吸引階段（attraction stage）

指一方的存在可以使另一方產生身體的喚起現象。這是雙方開始墜入情網的階段。當事人將對方美化，控制不了地幻想著對方，無法抵抗對方的吸引力，對對方的一切感到興趣。

四、浪漫階段（romantic stage）

兩人關係更進一步，更加開放自己，情感達到最高點，占有欲漸強，出現擁抱、接吻、性行為等。

五、承諾（婚姻或同居）階段（commitment stage）

「在天願為比翼鳥，在地願為連理枝」，承諾生生世世在一起，並且規範彼此的權利與義務。

六、衝突階段（conflict stage）

兩人相處久了之後，浪漫的感性逐漸褪去，被蒙蔽的理性逐漸探頭，彼此的差異性被凸顯出來，於是衝突接隨而來。

七、愛情的褪色階段（love dissolution stage）

過多的衝突、外遇、對責任的害怕等理由，會讓愛情的激素滑落，愛情所蘊含的驕傲、好奇、慾望與深情等情緒便逐漸消褪。

衝突雖然帶來危機，卻也攜來轉機。如果兩人能夠坦誠面對，以檢討、協調達到共識，那麼衝突的最後結果，是對彼此的進一步了解與包容。如果雙方各持己見，想要改變對方順從己意，那麼衝突帶來

的傷害將逐漸改變愛情的容顏。當雙方或一方心灰意冷，愛情也就名存實亡。

▊ 八、分開／離婚階段（separation /divorce stage）

因為內憂（雙方衝突日增）外患（例如，新目標出現、過去戀情復燃），使愛情的熱度滑落谷底，雙方的感情不再魂牽夢縈，甚至是冰冷僵硬，於是，雙方或一方不得不做出緣盡情滅分手的決議。

以圖 2-1 來表示八個階段的情感變化：

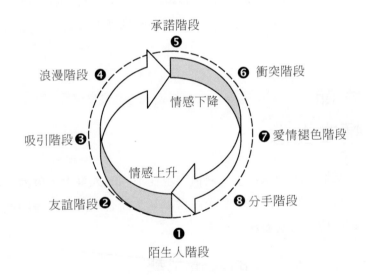

圖 2-1　愛情發展之階段

在現實生活中，愛情的步伐不一定按照以上的路徑進行。有時候，愛情的火花尚未點燃就胎死腹中，徒留遺憾；有時候，愛情的蓓蕾才剛開始綻放就無疾而終，徒留感傷。愛情的結束可能發生在任何階段，不是每個人的每段愛情都如此完整，有始有終。以圖 2-2 來說明。

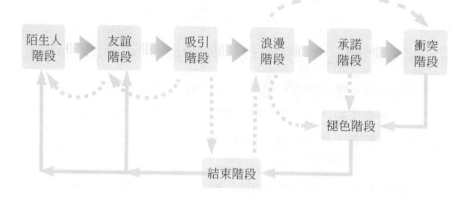

註：實線部分代表整個完整的流程，虛線部分代表每一階段可能的不同結局。

圖 2-2　愛情之階段與各階段可能之變化

第六節
愛情之型態

「愛情有萬種風情」，愛情出現在不同的人身上，會因為當事人的人格特質、環境特色，甚至社會風氣，而有不同的風貌出現。以下將介紹幾位學者的看法：

▌一、J. A. Lee 的愛情型態

Lee（1973, 1976）認為，因為後天的學習，以及年齡、戀愛經驗、性別、交往對象之差異，使得每個人的愛情呈現不同的型態。Lee（1973, 1976）將愛情的類型分為兩大類，每一大類各有三種類型。第一大類稱為愛情的原始色彩類型（primary colors），包括：情慾之愛（Eros）、遊戲之愛（Ludus）與友誼之愛（Storge）。第二大類稱為愛情的次級色彩類型（secondary colors），包括：實際之愛（Pragma）、依附之愛（Mania）、利他之愛（Agape）。以下綜合 Lee（1973, 1976），以及 Hendrick 與 Hendrick（1997）的看法，說明各類愛情型態的內涵與特色：

（一）愛情的原始色彩類型

1.情慾之愛

這是一種一見鍾情的激情之愛，來得快速、強烈、震撼。當事人因為對方吸引的外表而瘋狂，快速達到「非他（她）莫屬」的狀態。不過，當事人不只看到對方外表的優點，也看到缺點，只是這個缺點被優點平衡掉。在長時間交往後，這種浪漫之愛可能會轉化為綜合浪漫與友誼的愛情型態。對當事人而言，愛情是生命中最重要的事情。

特徵：一見鍾情、為對方外貌所吸引、符合理想中的白馬王子（白雪公主）、很快有性關係、滿意的性關係。

2.遊戲之愛

當事人同時遊走於不同對象間，沒有真正喜歡的人，不想專心投入發展真誠的親密關係，每位交往的對象都只是暫時的伴侶。

特徵：承諾模糊、同時跟好幾個情人來往、情感未完全投入、視愛情為遊戲。

3.友誼之愛

這種愛以友誼為開始，透過分享彼此的想法、價值觀，以及長期的相處，而後才轉化為愛情。

特徵：先有友誼後有愛情、不清楚自己如何墜入愛河、了解對方、情人亦是朋友。

（二）愛情的次級色彩型態

4.實際之愛

實際之愛綜合了遊戲、友誼之愛的特質。當事人堅持自己的理想，未尋到符合條件之人，感情絕不會投入。

特徵：寧缺勿濫、跟情人有類似的背景；情人的家庭背景、未來的下一代、情人與父母的相處狀況，都是考慮的條件之一。

5.依附之愛

依附之愛融合浪漫、遊戲之愛的特質。當事人強烈地想要完全占有、依賴對方，不斷要求對方承認與保證，無法忍受對方的忽略，甚至不惜傷害自己來挽回對方。

特徵：占有欲強、視愛情為生命的全部、依賴、不信任對方、情緒起伏不定、可能以自殺威脅、對情人的忠誠度質疑、委屈自己來抓住愛情、很快墜入愛河。

6.利他之愛

利他之愛融合浪漫、友誼之愛的特質。當事人無私地付出，不要求回報；將對方的利益放在自己的利益之前，願意為愛犧牲一切。

特徵：不求回報、無條件奉獻、視情人的快樂為自己的快樂、情人的幸福重於自己。

在 J. A. Lee 的愛情型態中，愛情型態不是與生俱來，是學習而形成的。愛情型態也不會終身不變，會因環境、戀愛對象、年齡、性別等因素的改變而轉變。Butler、Walker、Skowronski 與 Shannon（1995）的研究發現：(1)從大學生到中年人，每個年齡層都出現這六種愛的型態；(2)年紀輕者以占有、依附與利他之愛為主；年紀愈大愈不認同這些愛的型態；(3)男人比女人更贊同遊戲之愛；戀愛中的男女與戀愛次數愈多的男女，愈不贊同遊戲之愛；(4)非戀愛中的男女比戀愛中的男女更贊同實際之愛；不管是否戀愛中，女性比男性更贊同實際之愛。

不過，的確有些人一再出師不利，卻仍舊採用相同的模式前仆後繼。這些人若不是不知道原本的模式不適用，就是因為無法改變而明知故犯。Lee（1988）建議，要修改原本模式之前，必須先了解原本模式的塑造情境，然後，藉著改變這些情境來改變原來的模式。

在六種愛情型態中，到底哪一種愛情型態最能夠製造滿意的愛情

關係？根據林宜旻與陳皎眉（民84）的研究顯示：情慾之愛、友誼之愛與利他之愛的程度愈高，關係的滿意度就愈高；而遊戲之愛與依附之愛的程度愈高，則關係滿意度就愈低。

二、C. Hazen 與 P. Shaver 的愛情型態

Hazen 與 Shaver（1987）依據 J. Bowlby（1973, 1980, 1982, 1988）的依附理論，將大學生的愛情型態分為三種，分別為安全型、逃避型，以及焦慮／趨避型。這三種愛情型態的不同風格，是由當事人內在不同的親密信念所造成，而內在的親密信念乃根源於個人小時候與照顧者間的互動狀況。各類型的內涵如下：

1.安全型愛情

在親密關係上，安全型者的信念是「我好，你好」（我對自己有信心，我值得信任；我對你有信心，你值得信任）。由於安全型者小時候的照顧者能隨時知悉他的需要，滿足他的需求，而形成「別人是值得信任」的信念。同時，因為他的需要受到照顧者的重視，也讓他學會看重自己，對自己有信心。

安全型者的感情生活建築在「平等、互信」的基礎下，因此，感情穩定，少有風浪。即使愛情無法有期望的結果，在「我好，你好」規則的影響下，也不會走入極端。

特徵：信任自己、信任情人、對自己與情人有信心、感情穩定。

2.逃避型愛情

逃避型者的信念是「我好，你不好」。這種信念源於照顧者長期忽略他的需要，讓他在生命中的第一個親密關係上，寫下「別人是不可以信任」的記憶痕跡。逃避型者雖然認為「我好」，不過，這個「我好」乃相對於「你不好」而產生，實質上，對自己並沒有信心。

逃避型者的「你不好」，讓他對親密關係有了扭曲的看法。他不相信情人，總是跟情人維持距離，以避免感情投入過多而受到傷害。因此，他的情人總是抱怨感受不到應有的親密程度。

特徵：不相信情人、感情不完全投入、不喜歡依賴情人、討厭情人依賴他、跟情人保持距離。

3.焦慮／趨避型愛情

焦慮／趨避型的愛情關係信念是「我不好，你好，可是我不確定你可不可信任」。這種信念的形成，是因為照顧者無法給他一致的對待，有時候滿足他的需要，有時候棄他不顧，造成他無法確認別人是否值得信任的猶豫與衝突。

由於照顧者不一致的照顧態度，讓焦慮／趨避型者對自己的生命產生無法掌控的恐懼感，以及覺得自己脆弱需要依賴他人。因此，焦慮／趨避型者會急急忙忙跳入愛河中，尋找依靠的支柱。

但是，受到「你好，可是我不確定你可不可信任」信念的影響，焦慮／趨避型者出現需要依賴愛人卻又無法信任愛人的衝突，這種衝突反映在行為上，便是一方面使用各種方法保住感情（例如，討好、委曲求全），另一方面要求完全掌控情人的行蹤，以安頓內在的懷疑。這種作法帶給情人過度的壓力，讓情人承受不了而想落跑。

特徵：占有欲強、依賴、不信任情人、很快墜入愛河、情感過分投入。

對這三類愛情型態的研究發現：焦慮／趨避型者談戀愛時，會比其他類型者投入更多的情感，將彼此的地位給予不平等的界定、感情難以維持；逃避型者較難投入感情、難以墜入愛河；焦慮／趨避型者的戀情維持最短，而安全型者的感情走得最穩、最長（Hindy & Schwartz, 1994）。

三、R. J. Sternberg 的愛情三角理論（triangular theory of love）

Sternberg（1988）認為愛情由三種因素組成，這三種因素的不同組合，形成不同類型的愛情。以下先介紹愛情的三種因素，再說明不

同組合所形成的愛情類型。

（一）愛情的三種因素

組成愛情的三種因素分別為親密（intimacy）、熱情（passion）、決定／承諾（decision／commitment）：⑴親密：是指一種溫暖、靠近的情感連結，為對方著想，關心對方的權益，依賴對方，願意跟對方分享感覺、給予對方情感支持、重視對方等；⑵熱情：是指塑造浪漫氣氛、身體吸引、性關係等的動力；⑶承諾：分為短期與長期的層面來說。就短期的層面而言，是指決定愛對方；就長期的層面來說，是指承諾維持愛的關係。這兩個層面未必有關，因為決定愛對方未必願意承諾維持愛的關係，而願意承諾維持愛的關係未必由於愛對方（Sternberg & Grajek, 1984）。

（二）愛情的類型

以上三種愛情因素的不同組合塑造出八種不同類型愛情，包括：

1.喜歡（liking）：包含親密因素。

> 　青芸一直不確定子言到底有沒有將她當作女朋友，雖然子言關心她、鼓勵她，常跟她在一起，可是，青芸體驗不到男女之間那種親密的感受。青芸曾問過子言，她在他心目中的地位。子言說，就像好朋友一樣。她進一步追問，他對她的感覺如何？他想了想後才說，就像一位很熟的老朋友一樣，相處起來自然、愉快。青芸失望地告訴他，她可能會換工作，到很遠的地方去。子言聽了之後，溫柔地說，他會想念她，也會祝福她。

特徵：只有精神上的支持，沒有身體上的接觸，也沒有想要跟對方一輩子廝守。這種感情只是一種朋友的情誼。

2.迷戀（infatuation）： 包含熱情因素。

> 　　凝香第一次見到楊舟時，就被楊舟的外表吸引。她大膽地向楊舟表白，可是楊舟的態度冷漠，淡淡地說：「我沒有妳想像中那麼好。」就這樣，她的濃情蜜意被甩在一邊。不過，凝香不但沒有被楊舟的冰冷嚇跑，反而迷戀於他高不可攀的氣勢。因此，對楊舟的癡迷與日俱增。幾個月後，楊舟因為換工作，搬到別的地方。隨著楊舟的遠離，凝香對他的感情也逐漸淡去，到最後連聽到楊舟的名字，都覺得陌生。

　　特徵：一見鍾情、將對方理想化、為對方的外表所吸引、想跟對方有身體的接觸、感情來得快去得快。

3.空無之愛（empty love）： 包含承諾因素。

> 　　「人到情多情轉薄，而今真個不多情」，這句話用來形容飛鴻對飄雪的愛情，再也恰當不過了。一開始，飛鴻對飄雪的多情足以撼動天下女子的心弦，而飄雪對飛鴻的專情可以讓天下男子眼紅。兩人在雙方父母的同意下，舉行文定之喜，打算等雙方工作穩定之後再結婚。
>
> 　　訂婚半年後，飛鴻數次工作調動，讓他忙碌不堪而冷落飄雪。飄雪因為飛鴻的冷落而抱怨不斷。這時候，飛鴻才覺得自己對飄雪並不了解，也發覺對飄雪的感覺已悄然褪去。雖然他知道對飄雪有責任，不過，每當他接到飄雪的電話時，卻只有想逃的衝動。

　　特徵：空有愛的承諾，彼此可能同床異夢，或是一方已厭倦對方，無法給予另一方熱情與親密。

4.浪漫之愛（romatic love）： 包含熱情與親密因素。

> 雁伶暑假打工時認識了柯吉，兩人因為常接觸的關係而墜入情網，進而形影不離，儼如一對小夫妻。雖然兩人的關係如此貼近，可是卻不敢許下天長地久的誓言。暑假過後，柯吉就要到國外唸大學，而雁伶則繼續她的學生生涯。在時間與空間的考驗下，兩人都不知道這段感情能不能持續。所以，他們只求「曾經有過」就心滿意足。

特徵： 雖然在情感上與身體上相互吸引而墜入愛河，不過因為受到某些因素的影響，不能確定兩人的關係是否有未來。

5.虛幻之愛（fatuous love）： 包含熱情與承諾因素。

> 涵琴與李江相戀已經好幾年了，李江昨天問涵琴，是不是該結婚了，涵琴一時之間不知道如何回答。李江雖浪漫，卻不是個體貼的男友。涵琴生病時，李江從未陪她看醫生；涵琴心情不好時，李江從沒有安慰過她。倒是在情人節、她生日，及其他特殊節日時，記得送花、送禮物。
>
> 另一方面，涵琴總覺得跟李江有些距離，因為她沒辦法了解李江。李江總是有一些事情不讓涵琴知道。例如，李江心情不好時，只會一個人悶悶地坐著，什麼事都不告訴涵琴；即使涵琴不斷逼問，他也不願意開口。
>
> 雖然李江一再說愛她，可是她體會不到李江的關心，也體驗不到情侶之間那種相互扶持的感覺。她曾向李江抱怨過，李江還是無動於衷。她看到男性朋友對他女朋友的體貼，總會感慨地自問：這段感情還值得走下去嗎？

特徵： 只有熱情與承諾、不重視對方福祉、不關心對方的感受，在現實問題的衝擊之下容易瓦解。

6.友誼之愛（companionate love）：包含親密與承諾因素。

> 月彎與長安可說是一對患難見真情的情侶。他們剛認識時，長安一無所有，月彎慧眼識英雄，知道長安絕非池中之物，決定跟他共創未來。好景不常，在一次車禍中，月彎成為殘障人士，康復之後，必須借助兩支枴杖才能走路。大家以為長安會棄她而去。沒想到，長安不但不嫌棄月彎的缺陷，反而更加疼愛她。

特徵：雖然對方外貌上的吸引力不再，可是在長期相互扶持之下，愛情轉為細水長流的友誼之情，除了願意繼續在一起外，也相互依賴、關心。

7.無愛之愛（no love）：沒有熱情、親密與承諾因素。

> 王翰與藝倩相交已經五年了，從一開始非你莫屬的執著，歷經生死與共的激情，誓言共伴一生的浪漫，到現在可有可無的忘情。兩年前兩人原本要訂婚。可是，藝倩的母親突然去世，讓這場文定之喜被延宕了下來。後來王翰被調派到南部工作，自此兩人相隔兩地。最初，王翰一有空便趕回北部跟藝倩相聚，不過，南北奔波的疲憊，再加上工作忙碌的壓力，讓王翰對兩人的感情漸現疲乏。
>
> 適巧，王翰有一女同事甚是活潑，常主動邀約，並照顧王翰的生活起居，讓王翰逐漸將情感轉移。王翰對藝倩雖然已無感情，兩人也沒有婚約，不過王翰覺得自己背叛藝倩，所以，不願意主動提出分手。他希望，等到確定藝倩另有所愛之後，再談分手之事。

特徵：名存實亡的愛情；一方或雙方因為某些因素，不願意提出分手，讓已沒有實質的愛情繼續存在。

8.圓滿之愛（consummate love）：包含熱情、親密與承諾因素。

> 　　張平與李柔是一對神仙眷屬，這是他們長久努力的結果。
> 就像其他夫妻一樣，他們也有意見相左的時候，跟其他夫妻
> 不一樣的是，他們願意心平氣和地坦誠溝通，為對方的利益
> 與幸福著想。例如，他們圓滿的性生活，是經過一番摸索、
> 討論、溝通之後的結果。此外，他們互相吸引、彼此需要，
> 覺得世界上再也找不到其他人可以取代。

　　特徵：這是一種精神與身體皆達完美契合的愛情。生死與共、互
相吸引、非他莫屬。一般小說中的神仙眷屬都屬於這種型態的愛情，
例如，小龍女與楊過、黃蓉與郭靖。在現實的生活中，極少人能長久
擁有這類愛情。或許可以這麼說，有些人在戀愛的過程中，曾有過這
樣的感受。

　　看了以上各種不同的愛情型態，實在有點眼花撩亂。以下試著用
Sternberg（1988）愛情中的三種因素，說明以上不同愛情類型可能的
內涵（見表 2-1）。
　　從以上所提愛情型態與愛情三因素的關係，可以作為情侶們檢驗
愛情狀況的參考，以協助自己預防與解決感情問題。

表 2-1　愛情類型與愛情三因素之關係

愛情類型	愛情三因素		
	熱情因素	親密因素	承諾因素
J. A. Lee			
1.情慾之愛	V	V	
2.遊戲之愛	V		
3.友誼之愛		V	
4.實際之愛		V	V
5.依附之愛	V		V
6.利他之愛	V	V	V
C. Hazen 和 P. Shaver			
1.安全型愛情	V	V	V
2.逃避型愛情	V		
3.焦慮／趨避型愛情	V		V
R. J. Sternberg			
1.喜歡之愛		V	
2.迷戀之愛	V		
3.空無之愛			V
4.浪漫之愛	V	V	
5.虛幻之愛	V		V
6.友誼之愛		V	V
7.無愛之愛			
8.圓滿之愛	V	V	V

註：打「V」部分為該愛情型態所包含之因素

第七節
親密關係之建立

　　祁賀忘情地望著遠方跟男生打成一片的小陵，他強壓住心中酸溜溜的感覺，並且轉身不想再將這段傷心的畫面輸入腦中。不過，不爭氣的意志，讓他不時地回頭看看小陵的動向。他好想讓小陵知道他對她澎湃的感情、非她莫屬的執著，以及因為她而生活大亂的頹廢。不過，這一切都太遲了。

　　由於他缺乏勇氣裹足不前，竟讓別的男人捷足先登。自從知道小陵交了男朋友之後，他的世界突然分崩離析。他自暴自棄，放逐於酒醉的糜爛。一杯杯下肚的苦酒，就像是一劑劑的麻藥，竟可以暫時拿掉他對小陵的記憶。不過，酒醒之後，這單戀的痛苦卻更加猛烈。

　　同寢室的明曜也正為著愛情而苦惱。他才跟茄麗約會兩次，茄麗就拒絕跟他出去。他不知道發生什麼事，也不敢明白問茄麗。一想到這裡，他就禁不住地埋怨自己。

問題與討論

1. 如何製造機會跟心儀的對象認識？
2. 如何製造機會跟心儀的對象有更多的接觸？
3. 如何留給心儀的對象好印象？
4. 如何邀約心儀的對象？
5. 如何跟心儀的對象約會？
6. 如何處理被拒絕的情緒？

■ 一、如何跟心儀的對象認識

對害羞、內向、被動的人而言，採取主動認識心儀的對像，簡直是舉步維艱；至於其他非害羞、內向與被動者而言，也有「萬事起頭難」的煩惱。

如何製造機會，認識對方？以下提供一些妙方供參考：

1.如果對方跟自己有同學關係，想辦法上課時在坐到對方的四周，引起對方注意。

2.上課分組時，主動邀對方加入同一組。

3.辦理班上活動時，主動成為協助人員，讓自己在班上凸顯出來，或邀對方一起幫忙。

4.請教對方功課，或協助對方功課，提高單獨接觸的機會。

5.如果雙方沒有共同修習的科目，就加入對方參與的社團。透過社團活動的互動，比較容易接近對方。

6.先了解對方常出入的場所，藉機會假裝認錯人，然後道歉。下次見面時，對對方微笑，然後慢慢跟對方熟稔起來。

7.請熱情的好朋友舉辦聯誼，暗中製造機會。

8.取得對方的 e-mail address，先在線上交談，例如，一天一句話的「丟水球」。

9.藉機表現自己的優點，引起對方注意。

10.故意製造相遇的機會，讓對方產生印象。

11.假裝問路，下次見面時再次謝謝對方的指點。

12.跟一群朋友出去，製造單獨相處的機會。

此外，多聽聽或多觀察別人使用的方法，或是，跟朋友一起討論，「三個臭皮匠，勝過一個諸葛亮」，總會有好方法可用。

被動等著別人來追的人，除非擁有吸引人的條件，否則就只能羨慕他人出雙入對，哀嘆自己形單影隻。因此，主動出擊才能製造機會、抓住機會。

二、什麼時候開口邀約

什麼時候才可以進行一對一的邀約？要如何邀約呢？

步驟一：在不確定對方對自己的印象之前，千萬不要寄望一開始就有一對一的約會。最好先以團體的方式開始，大夥兒一道出去玩、看電影，或從事其他活動，甚至三、四個人一起討論作業、抓考題、畫重點。

以團體方式開始的好處是：⑴有更多的機會認識彼此，建立雙方的信任感，卸下對方的心防；⑵在團體中，有更多的機會觀察對方，了解對方的嗜好、興趣、價值觀、個性、家庭背景等，以作為規劃下一步驟的依據；⑶由於有機會進一步認識對方，可以再次檢驗自己跟對方的適配性。如果發現對方不是理想對象，便能夠在對方毫無覺察的情況下，讓自己順利退出。

男性追求女性時，尤其需要有前置作業。大部分的女性不會在不完全認識對方，或對對方沒有好感的情況下，貿然答應對方的邀約。

步驟二：要對方答應邀約，先得在對方心中留下好印象。如何留給對方好印象呢？

1.外貌、談吐、個性、才幹，都能給對方留下印象。衣著若過度昂貴、過度變化（例如，一天一套），會製造奢侈、浪費的印象。整潔、樸實的衣著，和藹可親的態度，幽默與優雅的談吐，反而可以塑造美好的印象。

2.對方需要幫忙與安慰時，及時伸出援手。不過，太多的幫忙反而帶給對方壓力，適時適量，最能拉近彼此的距離。

3.多關心對方，噓寒問暖。

4.假裝順路，送對方回家。

5.製造共患難的經驗，培養革命感情。

6.製造溫馨接送情。

步驟三：確定對方對自己印象不錯後，找個對方感興趣的活動，

邀對方一起去。例如：

　1.如果對方曾在團體中提到喜歡看某位影星主演的電影，當有該類片子在附近戲院上映時，邀對方一起去看。

　2.邀約對方一起用餐（例如，附近新開了一家餐館，聽說有打折扣又好吃）。

　3.藉著選禮物給朋友，請對方一起出主意與一起選購。

　4.利用團體活動後，再續攤一起出去。

　5.多買一張票，假稱剛好多一張，邀約對方一起去看。

　6.當對方心情不好時，帶對方出去走走。

　7.利用節慶，邀約共度，例如，跨年晚會。

　8.利用手機傳簡訊，傳遞關心。

　9.故意跟對方打賭，讓自己成為輸的一方，然後請對方吃飯或看電影。

　初期的約會不可玩得太晚。不管是男方或女方安排活動，如果老是玩得很晚才回家，一方便會懷疑另一方的夜生活可能很燦爛。對女性來說，愈晚愈是危險。

　如果對方拒絕，可能是對你的信任不夠，或是對你的感覺還未進入狀況，或是對方已有要好的異性朋友。如果是前兩者，表示自己仍須繼續努力。如果是最後一項，千萬別洩氣，年輕人分分合合是常事。如果願意改換跑道，未嘗不可；如果不願意放棄，就繼續維持朋友關係，並且持續給對方好印象，讓自己在對方的心目中繼續加分。

■ 三、約會時的談話內容

　談話內容的深度與隱私度，要看雙方的關係而定。不要一開始就對對方的身家進行調查。可以先從雙方的興趣、嗜好、對學校生活的感想、學業上的問題、對社會新聞的看法、閱讀的書籍、電影的內容、美食、星座、音樂等，進行交流與互動。然後再隨雙方關係的親密狀況，調整談話的深度。

要注意的是，談話內容只是表達個人的看法，或是給對方理解性的回應，而非辯論或是批判。喜歡高談闊論、進行批判的人，通常不會有第二次約會。

四、約會地點的選擇

約會地點應該選擇人不要太多，但是安全、安靜、交通便利的地方，要避免人煙稀少的郊外。也不要選擇需要對方開車或需共騎一輛機車，才能到達的交通不便之地。

在節慶（例如，情人節、聖誕節）時的約會，要特別注意安全問題，以避免發生約會強暴。

約會地點不要選擇太遠的地方，除非有足夠的時間來回，以避免在外過夜，而讓某一方有機可乘。

為了保護自己的安全，要將約會的去處告訴知己。當事人也要有心理準備，萬一出了意料之外的狀況，要如何應對。

五、注意事項

（一）什麼時候兩人才算男女朋友

不要以為約會幾次後，兩人就是男女朋友。有些人約會了一、兩個月後，就自以為是地認定雙方是男女朋友。兩人的差距如何、是否適合彼此，需要交往一段時間後才能確定。如果雙方都沒有明確的表態，即使互動了半年，還不能算是男女朋友。

最麻煩的是，一方不想再跟另一方交往，而另一方卻還興致勃勃。如果兩人約會的消費都由興致勃勃的一方來付，這時候麻煩更大。興致勃勃的一方可能覺得受欺騙，認定對方只是騙吃騙喝。

因此，兩人開始交往之時，就該坦誠說清楚，這時的交往只是探索階段，一切順其自然，是否能成為男女朋友，得靠雙方的緣分。而且，兩人約會時的消費最好平攤。

這樣的說明雖然一開始很尷尬，但卻可避免日後的麻煩。

（二）不要花大錢買名牌過度打扮

愛上一個人之後，最常見到的反應，便是在自己的衣著上下工夫。於是，辛苦打工賺來的工讀費，往往花在名牌的衣著上。被對方拒絕後，就落入人財兩空的雙輸局面。

外表雖然重要，但是兩人的興趣、品味、理想、個性、價值觀、生活方式等，才是關鍵的吸引因素。過度花費，讓自己披金戴玉，不但吸引不了對方，反而讓對方卻步。乾淨、整齊、樸實的衣著，落落大方的談吐，會給人踏實、穩定的感覺，塑造出一種清新、令人流連的印象。

（三）送對方禮物要視兩人關係與自己能力而定

送禮製造驚喜，是情侶們用來討好對方的方法之一。送的禮不是愈貴愈好，而是要視兩人目前的關係，以及自己的能力而定。超過兩人關係的禮物，會引起對方的不安與虧欠感。感情如果被摻入這種雜質，就會扭曲變形，無法持久。

若送對方超過自己能力的禮物，自己就必須縮衣節食。依據交換理論，一方的過度付出，自然會期望另一方給予相等的回應；若得不到相等的回應，就會覺得受到傷害。

「禮輕情意重」，送禮送得輕鬆，也會讓對方收得輕鬆。

（四）身體的親密度不應超越兩人目前的關係

在兩人認識不清的情況下，如果一方魯莽地想跟對方進行身體的親密遊戲，不但容易嚇跑對方，而且即使如願，也容易留下後遺症（例如，性病）。另一方面，沒有足夠感情基礎的性關係，雖然可以快速拉近兩人距離，不過，當一方厭倦另一方的身體後，兩人的關係便難以維持。

第八節
親密關係之維持

「感情的建立不易，感情的維持更難」，茫茫人海之中，要找到志趣相投、相互吸引的人，本來就有如大海撈針一樣困難。尤其是，如果有機緣遇上，也不會「從此王子與公主過著幸福快樂的日子」，而是會「從此平靜的海面下隱藏著未知的洶濤，等待著適當的時機破水而出」。

如何維持好不容易建立的感情呢？請先替以下的故事做診斷，再進一步說明：

故事一

葉熙看到李建時，胸中的千言萬語澎湃不已，未開口，淚先流。李建看到哭泣的葉熙，臉色沉了下來，尚未反應，葉熙就細細碎碎地談起在辦公室所受的委屈。聽著葉熙的抱怨與訴苦，李建愈來愈不耐煩。

李建扳著臉，厭煩地告訴葉熙：「我不是跟妳說過了嗎，叫妳做人不要……。妳看嘛，這就是不聽話的下場。請妳將這些抱怨留在妳的辦公室，我實在不想聽了。」

聽了李建冷酷的回應，葉熙有點訝異，眼淚嘎然而止，勉強拼湊出一張帶苦的笑臉。即使後來葉熙跟李建有說有笑，不過，老覺得無法專心，似乎不太對勁，像是有沉重的東西壓著胸口。

問題與討論

1. 你同意李建的處理方法嗎？原因為何？

2. 李建的行為可能帶給葉熙哪些想法與感受？

3. 如果故事繼續下去，李建與葉熙的感情可能有何結果？

4. 在以上的情況下，李建應該如何反應，對兩人的感情才有幫助？

故事二

> 蒻雲氣沖沖地告訴林淳，她的同學未經同意，竟影印她的筆記。林淳認為蒻雲大驚小怪，就曉以大義，說道：「幹嘛氣成這樣，只不過筆記罷了。我的同學常常隨便翻看我的抽屜，我都不在意。大家都是同學何必傷和氣！聽我的話，算了罷。原諒別人，就是善待自己。」聽到林淳這樣說，蒻雲突然放聲大哭。林淳被蒻雲的哭聲驚嚇不已，不知自己到底說錯什麼話。

問題與討論

1. 蒻雲為何哭泣？林淳的反應可能帶給蒻雲什麼樣的感受與想法？

2. 在以上的情況下，林淳該如何反應，對兩人的感情才有幫助？

如何維持好不容易建立的感情呢？不同學者提出不同的建議。Byrne 與 Murnen（1988）認為：提升彼此的相似性、降低習慣的負面影響、增加正面評價與減少負面評價。Branden（1988）的看法雖跟 Byrne 與 Murnen（1988）不同，可是也有類似之處，包括：以語言表達愛、以身體的接觸表達親密、重視性生活、讚美與欣賞對方、跟對方分享自己的經驗、給予對方情感支持、以物質表達愛意、接納對方、有共同獨處的時間。

此外，若能發揮愛情的功能，滿足雙方內在的需求，愛情的重要性便被加強，感情的維持自然容易。Branden（1988）認為，愛情可以滿足人幾種心理需求，包括：(1) 跟別人分享；(2) 愛人與被愛；(3) 透過親密關係覺察自己、發現自己；(4)性；(5)情緒支持；(6)成為完整的男

人或女人；(7)跟自己內在另一個性別交會、融合、相處。

　　整理以上學者的觀點，提出以下的看法：

一、提升彼此的相似性

　　當關係穩定之後，雙方的神智會清明許多，過去霧裡看花的模糊、大而化之的包容，會被論斤秤兩的斤斤計較心態取代。兩人對人事物的態度、價值觀、信念、興趣及個性上的差異，就像是用放大鏡觀看一樣，突然鮮明起來。只要情境不對、心情不對，雞毛蒜皮的差異，都足以成為理直氣壯的分手理由。因此，關係穩定之後，便要注意培養雙方的相似性（例如，類似的興趣），讓感情在穩定中繼續成長。

二、降低習慣性的負面影響

　　一成不變的互動方式，會降低彼此的吸引力，就像吃久了山珍海味的食物會膩。如何在關係中製造新奇、新鮮的感覺，對關係的維持非常重要，例如，重要節日的活動要跟以往的安排不一樣；在對方沒有意料的情況之下，送對方鍾情已久的禮物；假日的活動跟平日的活動不一樣；不一樣的打扮；調整雙方的互動模式；自我成長讓自己不一樣等。

三、增加正面評價與減少負面評價

　　「暖言一句三冬暖，惡言傷人六月寒」，讚美的話會拉近彼此的距離，批評的話會傷害雙方的心靈。讚美就像施肥，能夠滋潤彼此的關係；批評就像慢性毒藥，一點一滴扼殺雙方的吸引力。

　　關係未定時，雙方會用盡心機討好對方，只恨天下美好的形容詞太少，無法道盡對方的好。可是心兒互屬後，習慣性的負面批判，卻像行雲流水般，一句句戳入對方的心坎。

　　Aronson 與 Linder（1965）提出愛情的獲得－失去理論（gain-loss theory of love）來說明人際吸引的原因。讚美就像給對方回報，使對方

愉快；批評就像撕裂對方的自尊，使對方洩氣。因此，給予對方讚美，降低負面的批評，有助關係的維持。

四、分享彼此的感受

人有被了解與被重視的需求。從分享中，雙方體驗被重視的愉悅，從自我表露中增進雙方的了解。當關係的存在滿足了雙方被了解與被重視的需求，關係的價值便不斷被提升。

有些人喜歡保有過多的隱私，不願意跟愛人分享自己的問題。這種沉默、曖昧、閉口不談的態度，讓對方覺得被排擠、漠視，雖著急，卻無濟於事。兩人之間的距離，會因為這種態度的催化而漸行漸遠。

五、給予情緒支持

適當時機的情緒支持，除了顯現患難見真情的難得外，也會讓對方覺得被肯定與被了解。被支持者的感動與感恩，會協助他卸下更多的防衛，帶來更多的開放。雙方就在開放、坦誠的互動下，創造更強的凝聚力。

六、用對方想要的方式愛對方

兩個相愛的人，常因執著於用自己的方式愛對方而誤解叢生，最後因為過多的誤解而分手。這是非常令人扼腕的遺憾。

每個人表現愛的方式不同，例如，有人用語言、有人用肢體、有人用物質。這沒有對錯之分，重要的是，對方想要的方式是什麼。用錯方式，不但對方感受不到愛的訊息，反而覺得被漠視、被拋棄。

坦誠告訴對方，你（妳）希望如何被愛，而不是等著對方發現。誤解常發生在愚癡地等待對方發現，而自己卻什麼事都不做。

七、同步的自我成長

人隨著生活經驗的磨練而不斷成長。以往的見識、喜好與價值觀，

會隨著經驗的增多,而被調整與改變。

相愛的兩人,如果一方的心理成熟度不斷提升,而另一方固步不前,雙方就會言語無味,品味差距日漸加大。「秀才遇到兵,有理講不清」,愈來愈多的衝突與愈來愈深的隔閡,就會成為感情的殺手。

如果雙方能夠同步成長,不但可以縮短彼此的身心距離,還會因為成熟的心理,給了彼此更多的協調空間。

■ 八、善於溝通

溝通能力包括傾聽能力、表達能力與回應能力。傾聽能力是指能夠平心靜氣,讓對方把意見說完。傾聽時,除了聽對方的語言內涵,還觀察對方的非語言行為。一般人的毛病是:未等對方說明,就急忙打斷對方的話,然後迫不急待地反駁對方,造成雙方怒火攻心,惡言相向。

表達能力是指將自己內在的感覺或想法,毫不掩飾地直接告訴對方,而不做人身攻擊。一般人的毛病是:不敢將內心真實的想法或感覺讓對方知道,而採用迂迴、曖昧的方式傳達,因此誤解叢生。或是,採用人身攻擊的方式強詞奪理,讓雙方在憤恨、悲傷、失望的情況下放棄進行溝通。

回應能力是指清楚地了解對方的意思,也清楚自己當下的感受或想法(自己的感受或想法),然後,將自己的感受或想法傳遞給對方知道。回應中,只傳遞自己的想法或感受,不對對方進行批評或批判。一般人的毛病是:不傳遞自己的感受或想法,而對對方進行人身攻擊,或毀謗對方。

良好的溝通,可以讓雙方清楚彼此的想法與感覺,進行有意義的互動。不良的溝通就如雞同鴨講,讓自己洩氣,讓對方生氣,雙方關係也就難再續。

九、善於處理衝突

親密關係中，衝突是避免不了的。相愛的兩人來自不同的家庭，對人、事、物的看法，終究有不同的地方，因此，衝突、鬧彆扭是常事。如果沒有這些衝突，那才奇怪。

雙方有衝突時，要如何處理呢？有些人用壓抑的方式，退讓一步。但是，日積月累之後，就像充氣過多的氣球一樣，終會爆裂。

如果兩人都在氣頭上，這時雙方最好先找個地方冷靜下來，等到心情平和之後，再進行溝通。如果一方盛氣凌人，另一方最好保持冷靜，避免被激怒，而爆發不可收拾的場面。

在這個時候，脾氣未被激發的一方是否可先行離開，讓對方冷靜，這是見仁見智的看法。雖然離開可以避免火爆的場面，不過卻讓對方有被拋棄的感覺。較好的處理方式是，陪伴在對方旁邊，以同理的方式回應，並且透過肢體上的接觸，讓對方感到被支持與呵護而逐漸穩定情緒。當然，不是每個人都那麼理性、那麼有智慧，不過，靠努力與練習，還是可以做得到。

冷戰，也是親密關係中常見的場面。由於雙方的矜持與堅持，彼此暫時不再有實質的互動，等著對方主動屈服。如果沒有人主動打破僵局，雙方外在的關係就會像冰塊一樣又硬又涼，內在的情緒卻像即將爆裂的休眠火山一樣，炙熱、滾燙，令人抓狂。

這時候雙方會採取什麼行動，就得看看雙方在原生家庭中，父母冷戰時所使用的因應方式。如果女方的家庭中，都是父親棄械投降主動道歉，那麼女方便會期待男方如此反應。如果男方的家庭都是男人先低頭，那麼這場冷戰會很快冰消瓦解。如果不是如此，那麼這場冷戰可能會像球賽中的延長賽一樣，因為雙方不肯認輸而不斷延長下去。

情侶的互動，很容易受到原生家庭的影響，將父母的互動模式，轉換成對情人的期待，讓自己的情感生活重複父母走過的路線。每個人都有責任檢視自己親密關係的互動模式，避免讓父母不良的經驗在

自己身上重演。

　　情侶的冷戰需要有一方主動打破僵局。不管錯在自己或對方，這種主動是維持雙方感情的必要條件。感情的建立何其不易，而毫無意義的固執可能毀掉辛苦的耕耘。被動接受道歉者，不要竊喜自己打了一場漂亮的勝戰；如果不細心檢討，還一味地堅持己見，長久下來，感情如何陣亡都不知道。因此，最重要的是，雙方一起檢討問題的所在，各自退讓一步，找到雙方可以接受的平衡點。

　　這方面女性要特別注意，有些女性誤以為，堅持己見、維護自尊是女性的權利，而放下姿態、主動道歉是男性的義務。這種想法若不改，就等著對方厭倦而分手吧！

第九節
性別平等對愛情之意涵

　　性別平等時代的到來，結束了男尊女卑的不平等，也改變了男女的互動模式。在愛情關係中，有哪些方面受到影響？

一、男女不再有主動與被動的問題

　　在男女關係中，一直以來認為男性要主動，女性要被動。於是被動的男性失去戀愛的機會，主動的女性讓男性卻步。這種界限分明的楚河漢界，在性別平等後，將被修正。取而代之的是，不管男性或女性，只要碰到自己喜歡的人，便會主動追求。

　　仍受舊思想束縛的人，狀況可能難以如意。當絕大部分身旁的男女主動追求自己的幸福時，受困於舊思想的男女因為無法走入新世界，所以只能羨慕別人，哀嘆自己。

　　去除了性別的束縛，男女便需要「要拚才會贏」，沒有主動追求，愛情就不會降臨。

二、性別與能力的強弱無關

　　在過去的社會中，男性被認為是強者，重要決策、重大任務都由男性負擔。女性被認為是弱者，只能做些滋養的工作。男性有保護女性的責任，而女性依附男性是天經地義之事。在男女關係上，也呈現這樣的角色型態。

　　性別平等後，在愛情關係中，性別不再有強弱之分，取而代之的是，兩性無強弱之分的合作關係。例如，如果兩人沒有意見的話，女性可以負責車子的維修工作，或是騎著摩托車帶著男性兜風；男性可以照顧女性的生活起居，幫忙女性整理家務。如果兩人厭倦固定的角色模式，便可以隨時調整，或是，就每個人的專長分派任務。這種互動模式既有彈性、多變化，又可發揮潛能與專長。

三、男女的生涯同等重要

　　在男尊女卑的年代，情侶規劃未來時，總是以男性為尊，女性為輔。女性往往扮演著成就男性的角色，鼓勵男友積極上進，漠視自己的理想，或是為男友的成就而犧牲自己的抱負。

　　在性別平等的年代，男女的生涯同等重要。女性不再有責任為男友犧牲，女性也不能以男性為藉口，逃避追求自己生涯的責任。情侶規劃未來時，必須均衡顧及雙方的發展機會。

四、女性不再有約會遲到的權利

　　傳統社會中，女人為了顯出女性的矜持，以及避免給對方迫不及待的感覺，通常約會遲到；而男性等待遲到的女性，被認為是理所當然的風度。

　　性別平等後，喜歡遲到的女性恐怕要有所警惕，男性已沒有多大的興趣等待。如果女性一而再、再而三的姍姍來遲，男性可能會選擇落跑，另找他人。

五、約會的費用平攤的問題

　　約會時，吃飯、看電影的費用誰來付？是否由男人一手包辦？這是傳統社會的想法，現代的男性再也沒有興趣當冤大頭，兩人平均分攤，恐怕才是最好的處理方式。

　　有些男性覺得一開始就提出平攤的想法太尷尬，也太沒有氣質，於是主動付帳，不過，卻希望女方主動提議平攤。女方看到男方自動付帳，又沒有告訴她該付多少，便誤以為男方要請她，也就沒有追問。於是，男方心急期待，女方渾然未察。

　　以上的問題，雙方都有錯。男性不應該等著女性主動提議，女性不應該自以為是沒問清楚。如果雙方一開始就說明白，交往之後，彼此便不會有疙瘩，也不會有負擔。如果一方請吃飯卻沒有提議平攤，另一方就要主動分攤，或是回請對方。這樣有來有往的互動，付出與回報達到平衡，感情才有繼續的空間。

附錄一：愛情之相關迷思

1.愛就是要包容他（她）所有的缺點。

2.有性就有愛。

3.愛情須無怨無悔。

4.金錢可以維持愛情。

5.如果對方愛我，就要答應我任何的要求。

6.男追女隔重山，女追男隔層紗。

7.沒有麵包，愛情也可以持久。

8.異國戀情一定比本國浪漫。

9.因為我需要你（妳），所以我愛你（妳）。

10.為愛走天涯。

11.有愛才有恨，愛你（妳）愛到殺死你（妳）。（只是想占有對方，非愛對方）

12.愛到失去自己。

13.身高不是距離，年齡不是問題。

14.愛的力量可以克服一切。

15.愛他（她），就是要跟他（她）有性關係。

16.想親他（她）、抱他（她），就是愛上他（她）。

17.愛就是要完全看透對方、掌控對方。

附錄二：愛情是什麼

愛情的滋味是：

令人行萬里路也不會喊累。像冬日的暖陽、夏日的冰淇淋、烈酒的甘醇、毒藥的麻醉、蜜的甘甜、咖啡與巧克力的香濃、好喝的牛奶、爽口的蛋花湯、可口的水果。先甜、中酸、後苦，最後則無味。一種令人喪失自我的可怕迷幻藥。像溺水一樣令人窒息。有點黏又不太黏。有如穿著漂亮的衣裳走在大街上。有如與人類共生的細菌，可是人人卻願意被感染。跟買股票一樣，買到優質股，終身無憾。

愛情有獨占性，因為：

想和對方時時刻刻在一起。容不下懷疑。眼裡容不下一粒砂石。看到對方就心滿意足，看不到對方就牽腸掛肚。對對方充滿強烈的占有欲。

愛情的苦在於：

須靠緣分、可遇不可求。陰晴不定、多變、深不可測、疑惑、謊言、無法掌控的。有如一把刀，有時會傷人。是機運遊戲、心情的擺盪器。浪費時間與金錢的一件事。讓人忙碌不堪，時間都花在上面。新台幣的戰爭。只有五十分的得分，卻要百分之百的努力。人類一切罪惡的源頭。

愛情的美在於：

是盲目的、迷惘的、沒有理由的，使人分不清東西南北。狂熱的力量、非理性的、克制不住自己、說來就來。沒有誰對誰錯的無可奈何。是無底深淵、虛幻的。是為對方擔心、由眼淚所堆砌。可以堆灰成冢、刻骨銘心。有時理智，有時想不開。令人盲目到愚蠢的東西。是酸甜苦辣的綜合體。與世無爭。是不會風化的巨石。像是一座城堡，在裡面的人想出來，在外面的人想進去。是煩惱的根源。允許偷嘗禁

果。五花八門的結局。不求回報。願意為對方做牛做馬，至死方休。不管在做什麼事，都會先想到對方。讓人暫時重色輕友。是疲憊、失眠、幻想與快樂的綜合體。

愛情的功能有：

受到包容、信任、關照。長久相處後，還能和對方相守一起。價值超過鑽石。是一本豐富的大辭典。讓感情有所寄託、可以分享彼此的喜怒哀樂。生活中多一個人陪伴。了解彼此、悅納對方。讓自己存在對方的心裡。可以讓自己做平時不敢做或不一定願意做的事。讓彼此共同成長。讓人變得漂亮。難過時，有個人能夠安慰自己。支持生活的一切力量。令人充滿自信與驕傲。引起生理變化的一種要素。促使自己追求進步的原動力。是尋找失落另一半的動情激素。為人生增添色彩。認識自己的方式之一。讓人有結婚的衝動。寂寞的解藥。迷霧中的燈塔。

【第三章】

單　戀

「相思始覺海非深」，曹雪芹《紅樓夢》中的〈紅豆詞〉，道盡相思的淒苦：「滴不盡相思血淚拋紅豆，開不完春柳春花滿畫樓，睡不穩紗窗風雨黃昏後，忘不了新愁與舊愁。嚥不下玉粒金波噎滿喉，照不盡菱花鏡裡形容瘦。展不開的眉頭，捱不明的更漏。……」

單戀（unrequited love）的單相思，比「郎有情、妹有意」的相思更苦。一方面，單戀者「相思欲寄無從寄」，有口難言不敢表達，或是遭對方拒絕而無顏再提，只能眼睜睜看著心愛之人琵琶別抱。另一方面，單戀者無法透視對方的思想、情緒，只能憑藉對方的外表行為揣測對方心意。於是，因為對方偶然的親近而欣喜若狂，也因對方無意的疏離而憂鬱悲傷。就在心情忽高忽低、希望時起時落的牽扯下，痛不欲生。這種苦，到極致時，往往恨不得今生未曾相識。

被單戀者是不是既得利益者？恐怕不是。「愛」有時候比刀刃傷人更嚴重、更可怕。「致命的吸引力」電影中，因為單戀者的奪愛行為，讓被單戀者與家人經歷恐怖的經驗。不只是「致命的吸引力」這部電影，其他類似的中外電影或影集中，都曾經有過刻骨銘心的描述，被單戀不只不是一種幸福，反而可能是一種不幸。

到底單戀與被單戀是一種怎樣的歷程？雙方當事人又如何互動？什麼樣的互動讓單戀的問題更加難解？雙方當事人又該如何面對呢？

本章論及單戀之相關迷思、單戀之定義、單戀之相關歷程、單戀風暴之處理、單戀過程之得與失，以及性別平等對單戀之意涵。

第一節
單戀之相關迷思

有些人對單戀沒有清楚的認知，有時候，單戀當事人受到這些不正確認知的蒙蔽，使得問題更難處理，也徒增自己的困擾。以下的敘述有誤，請加以修正：

1.單戀不是普遍的現象。

2.發生單戀的機率，大部分人都一樣。

3.「癡癡地等」，等久了就是你（妳）的。

4.被單戀者的經驗通常比單戀者來得愉快。

5.單戀者在單戀的過程中，通常相當理性。

6.只要讓單戀者知道被拒絕的理由，單戀者就會主動放棄。

7.被單戀者表達拒絕，會比單戀者表達愛意更容易。

8.只要被單戀者跟其愛人分手，單戀者就有機會。

9.只要改變自己來符合被單戀者的期望，就會有希望。

10.單戀者與被單戀者之間傳遞的訊息，常明顯易懂。

問題與討論

問題一：單戀不是普遍的現象。

單戀是普遍的現象。依據Baumeister與Wotman（1992）的研究，單戀可能發生在每個人身上，尤其二十歲出頭的青年男女，最容易出現單戀的問題。在這個發展階段，親密關係的建立是生活的核心之一，年輕男女莫不熱切地追求所愛。

問題二：發生單戀的機率，大部分人都一樣。

單戀問題比較容易發生在某些人身上。例如，條件較差者喜歡條件高出很多的人；害羞、內向、被動的人，不敢主動示愛；喜歡不可能的對象，透過兩人無法成雙，來逃避建立親密關係的壓力；男性比女性更可能出現單戀問題。

問題三：「癡癡地等」，等久了就是你的。

這是單戀者欺騙自己、捏造希望的方法。在電影、電視上常有這樣的情節：「單戀的一方默默地付出與犧牲，終於有一天，被單戀者頓悟到，最適合自己的對象是單戀者。於是，雨過天晴，單戀者的等待有了圓滿的結局。」在現實生活中，這種機會少之又少。

問題四：被單戀者的經驗通常比單戀者來得愉快。

被單戀者不愉快的感覺通常比單戀者多（Baumeister & Wotman,

1992）。被單戀者被單戀的過程中，多種負面的情緒齊發，造成強大的壓力。這樣的經歷，一般人未必想像得到。

問題五：單戀者在單戀的過程中，通常相當理性。

愛情本身或多或少帶有盲目的成分，單戀更是如此。單戀的世界是由單戀者透過揣測、投射與移情所塑造出來的幻想世界，因此，單戀者無法看清自己，也無法正確認識對方。

問題六：只要讓單戀者知道被拒絕的理由，單戀者就會主動放棄。

被單戀者擔心若說實話（例如，我不喜歡你的外貌、你的身高太矮），會傷害單戀者，而觸動自己內在的罪惡感，因此，往往以客套性的理由（例如，個性不合）拒絕單戀者的表白。這種客套性的說法通常無法說服單戀者。

不過，即使被單戀者誠實以告，還是無法讓單戀者心服口服自動離去。最根本的問題是：單戀者無法面對被拒絕的事實。面對現實，就必須面對幻夢破滅，自己不被喜歡、自尊降低、沒有價值感……這些都是不愉快的經驗。因此，問題不在於被單戀者給予什麼樣理由，而在於單戀者願不願接受事實。

問題七：被單戀者表達拒絕，會比單戀者表達愛意更容易。

被單戀者拒絕單戀者的過程，須考慮用什麼方式拒絕、用哪些理由拒絕、要不要說實話；如何才能不傷單戀者的心、如何維持單戀者的尊嚴、如果單戀者哭泣要如何處理、如果單戀者追問自己是否有愛人時要如何回答；如何拒絕單戀者的送禮或邀約，才不會顯得不近人情……。被單戀者所顧慮的問題，往往比單戀者還要多，還要困難。

問題八：只要被單戀者跟其愛人分手，單戀者就有機會。

這是單戀者自我欺騙與自我安慰的藉口。即使被單戀者跟愛人分手，新的對象通常不是單戀者。

問題九：只要改變自己來符合被單戀者的期望，就會有希望。

感情無法用理性分析，單戀者不被喜歡的理由，絕不會是單純的表面條件。即使單戀者花錢、花時間、花心力來改造自己，仍舊無法

改變被單戀者原先的決定。

問題十：單戀者與被單戀者之間傳遞的訊息，常明顯易懂。

單戀者與被單戀者的互動，充滿晦暗不明的訊息。單戀者的內心被揣測、投射與移情等作用所操控，而被單戀者因為有所顧忌，行為與語言不敢具體、明確、果決。因此，雙方各依據自己主觀的詮釋與想像來反應。

第二節
單戀之定義

單戀是指一方浪漫、激情地愛著另一方，而另一方對該方缺乏這種感覺（Baumeister & Wotman, 1992），使得單戀的一方得不到對等的回饋。所謂缺乏感覺，不一定完全沒有感覺，只是這種感覺可能沒達到愛情的標準，或許只是友誼，或許只是喜歡而已。因此，無法給予對等的回應。

「暗戀」與「單戀」是兩個非常相似的概念。「暗戀」是指有強烈愛意的一方並未向對方明確表白，因此，對方可能不知。Baumeister與Wotman（1992）認為，暗戀也一種單戀；卓紋君與林芸欣（民92）將暗戀命名為「一廂情願」。換句話說，不管有強烈愛意的一方是否曾向對方表白，都可稱為單戀。

第三節
單戀之相關歷程

湧泉偷偷喜歡雲曦已有半年，這半年來，湧泉俯仰之間都被雲曦的倩影所占滿，連做夢都有她的倩影伴隨。他常幻想，自己牽著雲曦在雨中漫步、在黃昏看夕陽、在林中聽鳥

鳴，甚至在床上做愛。這些幻想被編織成他對未來的期望，給了他力量，也加強他的癡心。

不過，讓他心力交瘁的是，有時候雲曦對他體貼入微，有時候卻當他似有若無。他無法確知雲曦的心意，也沒有勇氣進一步追問。

最近，雲曦跟一位男同學走得很近，這件事令他惶恐難安。他曾開玩笑地問她，是否目前跟對方交往。沒想到她竟然回答，希望此事成真。雲曦的反應讓他頭腦頓時空白，情緒差點失控。

他思前想後，如果再不採取行動，恐怕雲曦會被搶走。但是，雲曦外貌出眾，自己卻長相平庸；雲曦能言善道，自己卻木訥寡言，在她面前，他手足無措。不過，另有想法似乎給了他採取行動的勇氣：他頗有才氣，這一點雲曦似乎很欣賞。如此一回想，他豁然開朗，覺得自己還有希望。

情人節時，他買了一盒巧克力與一束玫瑰花，偷偷放在雲曦住處的門口。沒想到，雲曦打電話告訴他，她沒有辦法收下他的好意，因為她已經先收了別人同樣的禮物。

這一通電話敲碎了他長久以來精心編織的美夢。這個夢每晚陪他入睡，給他歡樂、給他興奮、給他希望。他不相信，如此的美夢竟如此易碎。他的拳頭隨著翻騰的情緒，一拳拳重擊著斑駁的桌面，留下一絲絲的血痕。

不過，心念一轉，他想到，雲曦關心他、體貼他，必定對他有情有意。一定是那個男人的甜言蜜語欺騙了雲曦，雲曦只是暫時被蒙蔽，終究會發現那個男人不切實際。這些想法讓他心情好了不少。「路遙知馬力」，只要他耐心等待，或許明年的情人節，雲曦願意收下他的禮物。

問題與討論

1. 單戀的發生可能跟哪些原因有關？

2. 單戀者通常活在自己的幻想世界中，這幻想世界可能由哪些因素所構築而成？單戀者如何讓單戀的戲碼持續？

3. 如果人的行為跟需求的滿足有關，單戀者想從被單戀者身上滿足哪些需求？

一、單戀之成因

Baumeister 與 Wotman（1992），以及 Baumeister、Wotman 與 Stillwell（1993）曾提出幾個可能產生單戀的原因，以下配合國內的研究加以歸納說明：

（一）單戀者的條件不足

男女之間的吸引必須有一些條件配合。美麗的女人或英俊的男人總有較高的吸引力；條件不足者對他人的吸引力也不足；條件過高者會讓有意者失去安全感而乏人問津。

從這些觀點來看，單戀的產生，可能因為單戀者的吸引力不足；或是，單戀者的條件不符合被單戀者的期望（desirability）；或是，單戀者的條件過高，被單戀者擔心條件不相等的愛情無法長久，於是忍痛割愛。在卓紋君與林芸欣（民 92）的研究中，就有類似的發現：單戀者認為被單戀者可彌補自己個性或資源上的不足，因而強力渴望和對方在一起。

（二）雙方高估自己的條件

人通常有高估自己條件的現象。這種高估現象，讓單戀者與被單戀者雙方的差距被低估，或被誇大。單戀者認為自己跟被單戀者條件相當而滿懷希望，這是高估自己低估對方，被單戀者誇大兩人差距，

認為條件差異太大，這是高估自己低估對方所致。

（三）柏拉圖式友誼的促成

在雙方條件不相等的情況下，雖然你情我願的愛情不可能出現，不過，卻有可能構築柏拉圖式的友誼。在柏拉圖式的友誼中，因為有更多的接觸與交流，一方不自覺地愛上另一方，另一方則另有所屬毫無所動。

（四）男人對女人行為的誤解

男人凡事容易往性方面揣測。女人的一舉一動，即使跟愛、情、性毫無瓜葛，男人還是會情不自禁地往那些方面推想。因為男人容易誤解女人禮貌上的對待，於是想入非非，自墜情網，成為單戀者。

（五）不良過去經驗的影響

有些人成長環境不良，成為不安全依附型態者，因為急於抓住依靠，而容易自墜愛河，成為「剃頭擔子一頭熱」的單戀者。或是受過感情創傷者，因對愛情心生恐懼，擔心再次受傷，於是讓自己鍾情於一位不可能的對象，來逃避真實愛情的發生。

除了以上個人因素外，環境因素也有推波助瀾的功效。例如，地緣的接近，讓單戀容易發生。

■ 二、單戀者與被單戀者的內在機制

（一）單戀者的內在機制

如果殘缺是一種美，那麼單戀者的單戀歷程就是一種典型的殘缺美。這場應該是兩個人的戲碼，真正上台演戲的，卻只有單戀者一個人。只有一人的愛情戲，又如何繼續？到底哪些原因，讓單戀者願意

執著地默守著一個人的世界，苦心等待另一個毫無意願者的加入？

原因之一，人比較容易了解「為什麼被某人所愛」，而不能了解「為什麼不被某人所愛」（Baumeister, Wotman, & Stillwell, 1993）。單戀者無法理解被單戀者拒絕的理由，因此，不得不試圖從被單戀者的外在行為，加上自己的主觀詮釋來編織符合自己期望的答案。

單戀者的詮釋機制，充斥著揣測、移情與投射等作用。這個機制讓單戀者架構出一個順著自己期待的幻想世界。這個主觀的幻想世界，不斷地加強單戀者的決心。被單戀者的拒絕，雖然引起單戀者一時的惶恐，不過，幻想世界會療傷止痛再創希望，讓單戀者模糊焦點，看不到事實真相，而一再墜入自以為是的固執中。

愛情本身包含移情（transference）的成分，單戀之情更是如此（移情是指，個人對某人的感情，其實是對重要他人之感情的轉移）。因為移情作用，讓單戀者對被單戀者不可抗拒地著迷與固執，就好像當年對身旁重要人物情感上的無法割捨一樣。

單戀本身也包含揣測與投射（projection）的成分。單戀者會控制不住地從被單戀者的外在行為揣測被單戀者的心意。單戀者的揣測，是透過投射的運作，扭曲被單戀者的訊息，來達成自己的期望（投射是指，將自己的心意與特質加諸在別人身上，而認為那是別人的心意與特質。例如，自己喜歡對方，卻認為對方喜歡自己）。因此，被單戀者普通的問候，單戀者可能詮釋成愛意的傳達；被單戀者的拒絕，單戀者會自創理由來淡化。

卓紋君與林芸欣（民 92）的研究發現：由於單戀者對被單戀者主動的關懷，加以主觀的詮釋與臆測，使得自己無中生有、愈陷愈深。

這樣複雜的機制，目的為何？那是為了滿足人類的基本需求之一：被愛的需求。當一個人被愛時，他感受到自己是有價值、被重視、被需要、有力量、有生存意義。不過，不是任何一個愛他的人，都可以滿足他被愛的需求，這一個人必須是他移情的對象。

愛情充滿盲目，而單戀更是如此，因為單戀背後有如此複雜的機

制支持。兩人世界的愛情可能也有類似的機制,不過,單戀的機制包含更多的揣測、投射與移情。單戀劇場中,單戀者一個人唱獨腳戲,憑著被單戀者的外在行為,透過揣測、投射與移情,牽動自己內在的喜怒哀樂。當然,人有個別差異,不同的單戀者在揣測、投射與移情的內在運作上,也會有所差別。

茲將單戀者與被單戀者的內在機制與互動狀況圖示於圖3-1。

單戀者在單戀的過程中,到底使用哪些方法接近被單戀者,或者企圖引起被單戀者的注意,或爭取被單戀者的好感呢?

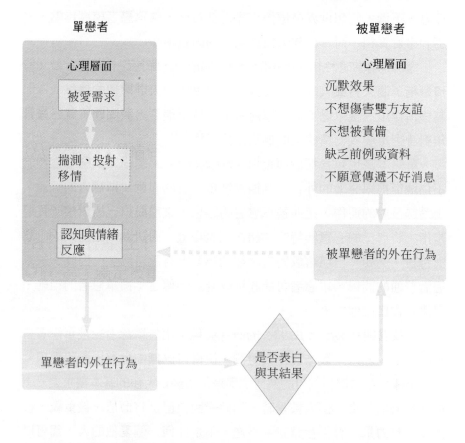

註:虛線部分是回饋路線

圖 3-1　單戀者與被單戀者的內在機制與互動狀況

其實，這些方法從電視、電視、小說中可以找到，包括：製造機會跟被單戀者相遇、噓寒問暖、製造機會跟被單戀者單獨相處、在被單戀者生日或特殊節日送禮或送卡片、加入被單戀者的團體、主動幫忙被單戀者、討好被單戀者四周友人、透過四周友人影響被單戀者、製造機會破壞被單戀者愛慕的對象以博取被單戀者的好感等。

如果這些有意的接近被對方拒絕時，單戀者會有什麼反應？單戀者雖然會有一段「剪不斷，理還亂」情緒高低起伏的混亂，不過，透過揣測、投射與移情作用的影響，以及「被愛的需求」的催化，單戀者會愈挫愈勇，用一些理由說服自己再接再勵。

當然，有些被動的單戀者可能沒有採取任何行動，只是默默地在遠方觀察與關心對方，獨自品嘗暗戀之苦。

（二）被單戀者的內在機制

雲曦早就知道湧泉對她特別好，不過，她視他為哥哥。他經常邀她一起吃飯、打電話問候、主動幫忙、生日時送禮物、生病時送三餐。對於他的熱心，她除了感激之外，再也沒有別的意思。倒是這樣的熱心幫忙，讓她有點吃不消。她曾以同樣方式回報他，希望減輕壓力。但是，這樣的回報反而鼓勵他更起勁地付出。她曾用一些方法疏遠他，例如，跟朋友出去時不邀他、藉機會不跟他一道吃飯、不回他的電話、讓他知道她對別人有意思。不過，這些方法似乎都沒有用。

情人節那天，他竟然送巧克力與玫瑰花。看到這樣的禮物，她有點生氣。她想了很多之後，決定要明白拒絕他。在電話中，她沒說什麼，只是告訴他：謝謝他的好意，不過，她心有所屬，所以不能接受他的禮物。她希望這樣的回答，不會傷他的心。雖然他不適合當情人，卻是很好的朋友。

問題與討論

1. 雲曦使用的疏遠與拒絕方法，是否能夠清楚表達拒絕的訊息？原因為何？

2. 被單戀者拒絕單戀者時，通常會顧慮哪些問題？

3. 單戀者與被單戀者互動過程中，因為立場不同，可能產生什麼樣的認知差距？

4. 性別因素如何影響兩性的單戀經驗？

在單戀的事件中，一般人比較同情單戀者。單戀者被認為處於弱勢地位，任由被單戀者擺布。相反地，被單戀者處境難獲得同情，因為被單戀者被認為有主控權。其實，這是不正確的刻板化印象。單戀者才是主動者、出招者，被單戀者是被動接招者。

被單戀者知道自己被單戀後，可能有短暫的得意，可是接下來的後續，便是一連串「恨不得未曾有過」的頭痛與無力，例如：(1)該如何拒絕單戀者才不會傷害對方？(2)用什麼原因說服單戀者放棄？(3)拒絕之後，兩人要如何相處？(4)要如何擺脫單戀者的糾纏？(5)該如何面對別人質疑的眼光？(6)單戀者送的禮物、幫忙、關心，是否接受？接受與不接受都有麻煩。接受的話，對單戀者有鼓勵效果；不接受的話，要如何拒絕？(7)被單戀者的愛人知道後，被單戀者要如何解釋？

被單戀者除了要應付以上的難題外，還得面對拒絕對方過程中所引起的自責（Folkes, 1982）。

單戀者與被單戀者雙方的甘苦如何，從 Baumeister、Wotman 與 Stillwell（1993）的研究發現就可知道。Baumeister、Wotman 與 Stillwell（1993）的研究結果指出：被單戀者在被單戀的過程中，感受到的負面情緒較多，包括生氣、挫折、怨恨、以心理不正常來標示對方，甚至期望該事件不曾發生過，然而，單戀者在單戀的過程中感受到的正面情緒卻較多。

造成這種差別，除了單戀者本身的因素外，被單戀者也必須負部分的責任。責任之一是，被單戀者使用語意含糊的訊息拒絕被單戀者。以下整理歸納 Tesser 與 Rosen（1975）、Folkes（1982），以及 Baumeiser、Wotman 與 Stillwell（1993）的研究結果來說明。

（一）被單戀者沉默效果（mum effect）所引發的後遺症

被單戀者有一連串的擔心，包括：是否要直接告訴單戀者不要心存希望；是否告訴單戀者被單戀者喜歡的對象不是單戀者那一型；是否直接指出單戀者不佳的人格特質與外表，特別是難以改變的特徵。尤其現代年輕人，挫折忍受力低，動不動就自殺，這些問題讓被單戀者難以啟口，啟口之後又難以清楚說明。

（二）被單戀者不想傷害雙方友誼或被責備

被單戀者不願意看到自己的拒絕斷了雙方的友誼，或是期望單戀者不要責怪他，因此，使用的拒絕理由往往是非個人的因素（例如，我父母期望我多花時間在事業上）、無法控制的因素（例如，我家中出了點狀況，沒有心思想到這方面問題），以及不穩定的因素（例如，我最近心情不好，不想花時間在這個問題上）。

單戀者面對語意含糊不清的訊息，如果無法穿破語言的表象，看清語言底層的意義，就會誤以為自己還有希望，而繼續想辦法爭取被單戀者的好感。

（三）被單戀者缺乏適當的資料可依循

一般的研究與文獻大多放在單戀者身上，極少研究被單戀者的反應與感受。社會大眾的焦點，也都集中在教導單戀者如何馬到成功，被單戀者卻成為被遺忘的一群。當被單戀者面臨如此棘手的問題時，找不到前例或有用的資料可依循。因此，被單戀者往往以被動、逃避的方式面對，以致於讓單戀者接收到的訊息含糊不清。

（四）被單戀者不願意傳遞不好的訊息，而單戀者不願意接受不好的訊息

沒有人願意成為噩耗的信差，被單戀者很難扮演這樣的角色，甚至拒絕扮演。被單戀者這種猶豫、躊躇的姿態，配上意涵不清的語言，以及單戀者拒絕噩耗的心態，形成一幅「牛頭不對馬腳」圖樣。

當然，有一些怕夜長夢多的被單戀者，抱持著「長痛不如短痛」的態度，採用一些比較直接、果決的方式拒絕單戀者。可是，「說者有心，聽者無意」，明確的訊息進入單戀者的腦海中，就被單戀者斷章取義、扭曲修飾，成為帶有希望的好消息。單戀者愈是不放棄，被單戀者的苦惱就愈多。

換句話說，被單戀者曖昧的訊息傳遞，與單戀者自以為是的扭曲詮釋，構成一幅迷宮似的互動路線，以圖 3-1 來表示。

▌三、單戀者與被單戀者認知上的差異

從以上單戀者與被單戀者內在的機制與互動狀況可以看出，雙方的溝通往往停留在曖昧的層次上。

就單戀者來說，如果單戀者曾清楚、明白地向被單戀者表白，被單戀者或許可以正確地收到這項訊息。不過，除了這項訊息外，接下來的互動，便問題多多。由於單戀者害怕面對被拒絕的事實，以及受制於揣測、投射與移情等作用，因此，容易扭曲被單戀者的拒絕，而出現糾纏不清的行為。

就被單戀者來說，由於被單戀者內心諸所顧忌，而不願意清楚傳遞拒絕的訊息。被單戀者語意不清的拒絕行為，因而加強了單戀者內在揣測、投射與移情等機制的運作。這一點從 Baumeister、Wotman 與 Stillwell（1993）的研究結果可以得到支持：被單戀者的行為比單戀者更高深莫測，難以捉摸。

這種交集模糊的互動狀況，製造了雙方更多的誤解與認知上的差

異。這些差異又回過頭影響單戀者與被單戀者內在的機制。Baumeister 與 Wotman（1992），以及 Baumeister、Wotman 與 Stillwell（1993）的研究有幾項有趣的發現：⑴單戀者認為，被單戀者曾鼓勵他們的追求，不過，被單戀者認定的程度不符合單戀者的看法；⑵被單戀者強調曾公開、明確地拒絕過單戀者，可是，單戀者不認為被單戀者曾如此清楚地表達過；⑶被單戀者認為，單戀者錯誤地相信被單戀者會愛單戀者，但是單戀者不承認這種相信是錯誤的；⑷被單戀者認為，單戀者的單戀過度執著與不合理性，單戀者卻不認同這樣的說法。

　　人心瞬息萬變，卻又主觀執著。單戀者與被單戀認知上的差異，就是產生於這種陰錯陽差的狀況下。這樣的認知誤差，帶來的是雙方更多的麻煩與傷害。

四、男女單戀經驗之差異比較

　　單戀或被單戀都是普遍存在的現象，每個人的一生中都可能遇到，差別只在多寡，以及面對如此情境的反應。男女之間的經驗，是否會因為性別的差異而有所不同？如果答案是肯定的話，單戀者與被單戀者處理單戀問題時，就得考慮性別上的差異，採用不同的因應方法。

　　Baumeister 與 Wotman（1992），以及 Baumeister、Wotman 與 Stillwell（1993）的研究有以下的發現：⑴不管是處於單戀者或被單戀者的角色，男性比女性更容易責備自己；⑵被單戀的女性比被單戀的男性更傾向認為，對方誤以為自己曾鼓勵過他；⑶女性比男性更認同單戀者的經驗是痛苦的，情緒就像雲霄飛車一樣；⑷女性比男性有較多經驗成為被單戀者，而男性有較多經驗成為單戀者；⑸低自尊的單戀者，單戀的經驗更痛苦、更具傷害性。

　　到底是什麼原因造成男女之間的差異？或許，可以從性別刻板化印象的觀點，看到一些蛛絲馬跡：

（一）男人是強者，女人是弱者

因為「男人是強者，女人是弱者」，不管男性是單戀者或被單戀者，受到的傷害較少；如果是女性，受到的傷害會更大。因為如此，男性比女性更會責備自己。

（二）男人主動，女人被動

因為「男人主動，女人被動」，當男性單戀時，比較願意主動表白，以及採取行動追求被單戀的女性；相反地，如果單戀者是女性，礙於「被動」的角色，通常不願意主動表白。此外，女性被動的角色，讓她自然成為男性追求的對象。因此，單戀的男性比女性多。

（三）男人大膽，女人害羞

男人追求女人時，常誤解女人的訊號，最常見的是，將女人的「不要」當成「想要」。男性認為，女性囿於「害羞」，嘴巴說不要，心裡其實是想要。這也就是為什麼單戀的男人認為，被單戀的女人曾經鼓勵他們繼續追求。

（四）男人理性，女人感性

「男人理性，女人感性」，因為單戀的男人比單戀的女人較理性，受到的痛苦也較少。相反地，女人感性，單戀時情緒較多、較複雜，痛苦自然增多。

（五）男人性情直接，女人性情迂迴

「男人喜歡直截了當問個清楚，女人喜歡揣摩猜測」，這樣的個性讓女人在單戀的過程吃盡苦頭。

因為單戀的研究極少，而單戀男女經驗差異的研究更少，要有更

多的研究資料才能說明男女之間認知上的差異。

第四節
單戀風暴之處理

世界上最難處理的問題之一，就是感情問題。理性的分析容易被接受，可是一有感情涉入，再多的解釋與說服都容易前功盡棄。要單戀者放棄所愛，就像要貓兒放棄嗜魚的習性一樣困難。「理智上我知道這樣做不好，可是感情上偏偏過不去」，這是單戀者心理的寫照。

「明知山有虎，偏向虎山行」，武松當時若不是喝醉了酒，哪有勇氣走向景陽崗；再加上，武松原本就身懷絕技，才能有驚無險度過難關。一般人沒有武松的武藝與膽識，若還執意往「單戀的景陽崗」前進，不肯即時掉頭改道，當然免不了會血肉模糊。

生命是一連串選擇的過程，割捨是必須面對的難題。「沒有割捨，就沒新生」，每一次的割捨，就為自己開闢另一條新的方向；更何況，「拿起後的沉重，遠不如放下後的輕鬆」。

一、單戀者的因應之道

(一) 是否向被單戀者清楚表白

有些單戀者或因為對方已有愛人，或因為不知如何啟口，或是擔心被拒日後抬不起頭，或覺得配不上對方而自卑，於是無法主動告白，最後成為沒有人知道的暗戀。

單戀者是否該向被單戀者表白，這是見仁見智的問題。有些人認為，表白代表「一件事的完成」，給自己機會試看看，讓心中不再有疑惑，日後沒有遺憾。有些人認為明知無望，為何還要無風起浪，給自己難堪。

如果對方已有愛人，而這個愛人又是自己的朋友，那就不必庸人

自擾，最好另謀出路；否則，一旦告白，會讓關係更加複雜，苦了自己，也苦了別人。更何況，這種湊熱鬧的角色一點也不討好。當然，如果認為苦中有樂，而選擇堅守戰場，直到馬革裹屍方止，也未嘗不可。不過要謹防兩敗俱傷，自己受到傷害，也失去兩位朋友，還要面對「沒有道德良心」的外在批評。

如果明知對方沒有愛人，自己卻因為不知如何啟口、或擔心被拒的難堪、或覺得配不上對方而自卑，於是放棄表白的機會，那麼未來的發展就只好聽天由命，被動地由緣分來主宰。當然，最好的方法是找諮商專家協助，讓自己化被動為主動，有勇氣面對問題。

總歸來說，決定是否告白，須看情況而定，包括：⑴對方是否有愛人；⑵你（妳）跟對方愛人的關係如何；⑶有沒有表白對未來的影響如何；⑷你（妳）跟對方目前的關係如何；⑸面對被拒絕的準備度如何；⑹被拒絕後對兩人目前關係可能產生的影響；⑺被拒絕後如何跟對方繼續交往；⑻被拒絕後是否不放棄；⑼如果不放棄對自己可能造成什麼影響，如果放棄又造成什麼影響；⑽如何面對四周同學、朋友的關切或壓力；⑾是否有外在資源協助自己；⑿願不願意從不同的觀點省思單戀經驗帶給自己的啟示。

如果沒有事先思考以上問題，不管表白或不表白，都可能造成未來的遺憾。

（二）清楚自己的行為帶給被單戀者的影響

愛人是否有罪？一般人認為，愛人者何罪之有，更何況單戀者的處境已堪可憐，何忍施加壓力，責怪無辜的單戀者！

其實，單戀者也覺得自己無辜，甚至認為自己是受害者。單戀者之所以會認為自己無辜的原因在於：⑴單戀者沒有覺察到被單戀者受到干擾的苦惱；⑵以愛來合理化自己的行為（Baumeister & Wotman, 1992）。

就第一點來說，「人為刀俎，我為魚肉」，單戀者將自己界定在

「魚肉」的角色，而被單戀者則為「刀俎」。因此，單戀者忙於應付被單戀者牽動的紛亂情緒，怎會有時間想到被單戀者其實也苦不堪言。

就第二點來說，不管是言語上的關切與物質上的餽贈，單戀者通常以情人的角度對待被單戀者。這樣的方式往往超越被單戀者能忍受的界限，而造成被單戀者的壓力。有時候，單戀者對愛的無理執著，被單戀者只能痛苦地直呼對方「心理不正常」，甚至希望這種經驗從未發生過，其痛苦溢於言表。

兩人的互動若摻雜著壓力，不管雙方是朋友或情人，關係都不會持久，更何況是單戀與被單戀的關係。

單戀者除了獨飲單戀的苦酒之外，還要設身處地想想對方的感受。不要因為自己的迫不及待，而將壓力加諸給對方。給對方空間與時間，就是給自己轉圜的餘地；尊重對方的選擇，就是給自己一線生機。

（三）了解自己的內在需求

內在需求操控著個人的行為，人的行為起因於追求內在需求的滿足。不管單戀者的行為多麼愚癡或不合理性，都是為了滿足被愛的需求（包括被重視、被需求、存在的價值、自尊等）。

為了透視單戀行為背後操控的驅力，單戀者有必要跳出主觀的立場，從旁觀者的角度，仔細觀看這場單戀劇碼的進行：⑴被單戀者有哪些特質吸引了單戀者？⑵這些特質對單戀者的意義為何？⑶這些特質跟單戀者重要的生命經驗有何關連？⑷在這些重要的生命經驗中究竟發生了什麼事，對單戀者又產生了什麼影響，這些影響跟單戀者執著於被單戀者的原因有何相關？⑸割捨被單戀者所代表的意義為何？

這樣的過程，如果有諮商專家的協助，會有更好的效果。不過，只要單戀者願意花時間摸索與嘗試，對單戀行為都會有所了解。

單戀者看透行為背後的驅力，就可以跳出單戀的囚籠，重新遨翔於自由自在的天地。

（四）破除內在的單戀機制

要破除內在單戀的機制，就得更清楚地認識對方，以撤除揣測、投射與移情的魔障，例如：(1)向他人求證自己對被單戀者的看法是否真實；(2)從被單戀者四周朋友，蒐集更多有關被單戀者的相關資料，以擴大對被單戀者的了解；(3)邀請要好的朋友一起分析蒐集到的資料，以避免自己過度主觀詮釋資料；(4)跟被單戀者有更多的互動，讓自己更了解對方；(5)當被單戀者語意不清、舉止不明時，尤其覺得對方似乎對自己有意時，請對方說清楚、講明白；(6)將自己喜歡對方的理由一一列出，看看這些理由是否如此合理、如此具有說服力；(7)不要讓自己坐困愁城，陷入糾葛的情緒，想辦法擴展自己的生活圈，提升自己看事物的廣度與深度，以不一樣的眼光評估被單戀者；(8)看清楚自己不願意面對現實的害怕，以及尋求外在資源的協助；(9)尋求諮商專家的幫忙。

（五）處理被拒絕的羞恥感與低落自尊

因為被對方拒絕所產生的羞恥感與自尊低落，不但會讓自己沉溺在自悲自憐中，也會降低自我的能力感與價值感，影響面對下一段感情的信心。

感情是兩個人的事，這兩個人有個人的主觀好惡，這種好惡是當事人經年累月的經驗所塑造。個人主觀的好惡沒有對錯之分，只是個人的價值觀罷了。例如，男人大都不喜歡男人婆的女人，可是，偏偏就有男人認為這類強勢的女人才有品味；男人大都不喜歡脾氣不好的女人，可是，偏偏有些男人認為這種個性火辣的女人才夠刺激。這無關乎對錯，只是個人的品味選擇而已。

當甲喜歡乙，而乙不喜歡甲時，問題不在甲身上，而是乙本人的好惡問題。乙的好惡，不是甲所能操控與修改；甲的好惡，乙也無法加以改變，因為它涉及過去相關經驗所形成的一種價值機制。如果一

方為了得到另一方的愛而強制自己改變，那就是跟背後的價值機制相抗衡，當事人會痛苦不堪。

單戀者被拒絕，並不表示單戀者不好，而是單戀者的品味與被單戀者的品味不適配而已。單戀者因為被拒絕而出現羞恥感與自尊低落問題，是由於單戀者將對方的拒絕詮釋成「我不好、配不上對方、對方不喜歡我」所致。

此外，從認知治療的觀點來說，單戀者因為有一些非理性的想法（例如，我必須得到生命中所有重要人物的愛和讚賞，否則我就是沒有價值的人），才會如此鑽牛角尖，讓自己陷入痛苦的泥沼中。

如果單戀者願意將單戀的經驗跟好友分享，將有助於澄清自己的想法。或者，跳出自己的主觀立場，以第三者的眼光觀看這場單戀戲劇，看看單戀者在哪個細節有非理性的想法或行為。

（六）改善自己的缺點

有時候，單戀者的確有一些令人不敢接近的特質，例如，不良的衛生習慣或生活習慣、不佳的情緒調適方式、偏執的想法……。單戀者可以透過一些自我成長團體或要好朋友的協助，修正不良的習性。

（七）尋求專家的協助

單戀者在表白之前、之後，以及餘情未了之時，多半會出現負向與矛盾的情緒，包括：難過、可惜、失望、緊張、失落、沮喪、無力、心力交瘁、悲傷、提不起勁等情緒（卓紋君、林芸欣，民92）。這樣紛亂雜沓的情緒，通常帶給單戀者強大的壓力。最立即的處理方法，就是直接尋求諮商專家的協助。

諮商專家能夠替單戀者保密、分享單戀者的痛苦，並且協助單戀者直接處理單戀的內在機制，以及相關的過去經驗。這種方法讓單戀者不必孤獨地承擔單戀的苦味，也不必長時間、無效地困在單戀情緒的拉扯中，更不會讓單戀經驗成為這輩子的遺憾。

　　每個學校都有輔導處、心輔組或諮商中心，社會上也有一些免費或付費的諮商機構，不利用這些資源來幫助自己實在可惜。

■ 二、被單戀者的因應之道

　　被單戀者必須面對五類情緒。第一類情緒是，被一般大眾誤解而產生的「生氣、憤怒、不平」等情緒。一般大眾只看到單戀者遭受的痛苦，看不到被單戀者受到的折磨。這樣不公平的待遇，讓被單戀者憤恨不平。

　　第二類情緒是，被單戀過程中，日常生活受到單戀者的干擾而引發的種種情緒，包括：生氣、挫折、怨恨、無奈、無力等。這些情緒的強弱，要看單戀者干擾的程度，以及被單戀者處理的能力而定。

　　第三類情緒是，拒絕單戀者所產生的「罪惡感」。或許被單戀者從沒有對單戀者動過情，也沒有鼓勵或引誘。單戀者對他的單戀，雖然錯不在被單戀者身上，不過，單戀者被拒絕，總是會傷心。因此，或多或少，被單戀者會被罪惡感纏身。Baumeister 與 Wotman（1992）稱為「道德上無罪的罪惡感」。如果被單戀者曾經鼓勵過單戀者，後來對單戀者興趣缺缺而拒絕對方，在這種狀況下，被單戀者感受到的罪惡感，強度可能勝於前者（Baumeister & Wotman, 1992）。

　　第四類情緒是，不知如何拒絕單戀者的「矛盾」。被單戀者拒絕單戀者時，必須面對兩個問題：(1)如何回絕對方才能保留對方的面子。一般人沒有受過這方面訓練，只能單憑似是而非的想法來做。到底做得對不對，心中有存疑；(2)被單戀者回絕對方時，擔心說得太清楚，對單戀者的傷害太重；說得太婉轉，單戀者收不到訊息，自己會繼續受到糾纏。分寸的拿捏，讓被單戀者頭痛不已。

　　第五類情緒是，地位上被動的「感嘆」，以及疲於應付的「勞累」。被單戀者必須因應單戀者使出的招數，又得避免傷害單戀者，又要避免對方得寸進尺。這種江郎才盡、疲於應付的被動立場，真有一言難盡的感嘆。

從以上的描述中可知，被單戀者的處境，有時候比單戀者更苦、更矛盾。以下幾項建議有助於減輕被單戀者的負擔：

（一）在一開始就清楚、明確地傳達拒絕的訊息

被單戀者面對單戀者的表白時，在言詞與行為上，需要清楚、明確地傳遞拒絕的訊息。單戀者對被單戀者的拒絕，通常無法接受，可能會進一步追問原因：

> 被單戀者：妳的情意讓我受寵若驚。很可惜，我希望我們是朋友，而不是情人。我知道這樣告訴妳，妳會難過，不過，我還是決定讓妳清楚我的想法。
>
> 單戀者：是不是我比不上妳的女朋友？
>
> 被單戀者：其實，對我而言，朋友與愛人是兩種不一樣的感覺，而不是哪一個比較好的問題。
>
> 單戀者：如果你現在沒有女朋友的話，是不是會考慮跟我交往？
>
> 被單戀者：這跟我現在有沒有女朋友無關，而是我對妳的感覺就像是朋友。
>
> 單戀者：我到底有哪些地方不好，所以你才不喜歡我？
>
> 被單戀者：很抱歉，真正的原因就如我剛剛所說的，我對妳的感覺就像是朋友，這跟你「哪些地方好不好」無關。

態度溫和、語氣肯定，是必要的條件。如果單戀者一再追問，被單戀者沒有義務公開隱私回答單戀者的問題。

（二）注意平日友誼上的互動

被單戀者在平日跟單戀者互動時，要注意是否會讓被單戀者的希望死灰復燃。如果可以避免，就盡量減少不必要的應對。如果無法避免，最好不要單獨行動，以免替單戀者製造機會，或單戀者因愛不成

生恨，而有機會傷害被單戀者。

如果單戀者送禮給被單戀者時，要問清楚單戀者的動機，拒絕超過兩人關係的禮物。尤其是特殊節日的禮物，要小心處理，問清楚禮物代表的意義後，再決定是否接受。如果覺得物超所值，就該拒絕，並向對方說明你的顧慮。

如果被單戀者基於「拒絕對方的禮物或關心可能不近人情」而來者不拒，單戀者便容易誤解為「郎有情，妹有意」，或是事後認為「占單戀者的便宜」。

（三）處理罪惡感

被單戀者的罪惡感可分為兩個層面：第一個層面涉及擔心拒絕單戀者而招來罪惡感；第二個層面涉及拒絕單戀者之後出現的罪惡感。

就第一層面來說，被單戀者擔心傷害單戀者，而想藉著非個人的理由（例如，最近老闆盯得緊）、無法控制的理由（例如，爸媽突然來看我），以及不穩定的理由（例如，到時公司可能要我加班），讓單戀者知難而退。可惜，這些理由往往讓單戀者誤以為被單戀者的拒絕情有可原，而加強了單戀者的信心與希望，也增添了被單戀者未來的困擾與罪惡感。所以，清楚地傳遞拒絕的訊息，可能對雙方較有利。

就第二層面來說，單戀者因為被單戀者的拒絕而痛苦、傷心，這是必然的結果，這樣的結果單戀者須自行負擔。被單戀者因為單戀者的傷心，而感到遺憾、抱歉，是自然的反應。如果被單戀者在拒絕的過程，由於處理不當，造成單戀者過多的傷害，這表示被單戀者這方面的能力有待加強。

如果被單戀者因為單戀者的傷心，而無法釋懷，甚至生活秩序大亂，就得尋求專家的協助。這時候的狀況不只是被單戀問題而已，可能涉及過去未處理的問題。

（四）請教專家

如果被單戀者無法平息被單戀過程引發的情緒，或是不知如何處理被單戀的問題，可以試著尋求諮商專家的幫忙。

此外，被單戀問題的處理，不只涉及被單戀這件事那樣簡單，可能在被單戀的過程中，喚起過去未處理的相關情緒，這些情緒透過投射與移情，被轉嫁到單戀者身上，讓單戀者成為過去未處理事件的代罪羔羊。透過諮商專家的協助，被單戀者有機會深入探索自己，澄清過去問題與目前問題的關係，才能有效率地解決目前問題。

第五節
單戀過程之得與失

人生的每個經驗，有負面的影響，也有正面的意義，單戀也是一樣。如果單戀者與被單戀者願意從不同的角度思考單戀經驗的意義，除了能夠降低單戀經驗的負面影響，也能從單戀經驗中成長。

一、單戀者之得與失

（一）單戀事件對單戀者的正面影響

1.感情暫時有了寄託

單戀是單戀者將感情暫時繫牽在被單戀者身上，雖然被單戀者可能沒有對等的回應，不過，感情的釋出畢竟有個對象。精神上有了寄託，生命看起來暫時沒有那樣孤獨，雖然最後的結果可能回歸到孤獨的起點。

2.滿足愛人的需求

愛人與被愛，都是人天生的基本需求。單戀者在單戀的過程中，雖然只有愛人的痛苦，沒有被愛的喜悅，不過，在愛人的過程中，一

方面滿足了愛人的需求，另一方面因為「有能力愛人」、「有能力付出」，而加強自己的價值感與內在的力量。

3.豐富了生活的色彩與內涵

多種情緒糾結卻又令人刻骨銘心的單戀經驗，將單戀者平淡無色、情緒匱乏的日常生活，轉化為色彩繽紛、顏色鮮麗、內涵豐富的生命經驗。單戀者因為單戀經驗的著色，讓生活的色彩鮮活了起來，也將生命的動力活絡起來。

4.發揮創造力、想像力

單戀的過程，是創造的過程。單戀者挖空心思，想辦法接近被單戀者與討好被單戀者。這樣的過程，讓單戀者的創造力發揮到極致。單戀的過程，也是發揮想像力的過程。單戀者的揣測、投射與移情，都是想像力的運作結果。

5.讓自己更美好

墜入愛河者，為了討好對方，會努力裝扮自己，單戀者也是如此。想要減肥的人，這時候最有毅力；平常捨不得花錢裝扮的人，這個時候願意揮金如土；平時是男人婆者，這時候會是依偎在主人懷裡柔順的金絲貓。這麼努力地改變自己，為的是讓自己看起更完美，增加被單戀者的美好印象。「女為悅己者容」，男人又何嘗不是如此！

6.進一步了解自己、促進自我成長

人生的每一經驗，如果仔細品嘗與檢討，都是進一步看透自己，以及促進成長的好機會。

單戀者在討好對方的過程中，有機會使用自己的能力或開啟未知的潛能；在情緒的起伏中，見證自己情緒調適的能力與面對挫折的能力；學習割捨與面對人生的不完美；學習接納、尊重別人的選擇；學習面對問題與解決問題；看到自己的不完美，接納自己的不完美。

每個人生經驗都是學習經驗。有人從經驗中淬礪出成熟的智慧，從不完美的人生看到完美的意境；有人停留在自怨自艾的經驗中，一輩子背負這些經驗的陰影。單戀經驗會是如何的一個經驗，不在乎單

戀事件本身，而在乎單戀者對經驗的詮釋。

7.提供日後回憶的材料

「生命不可留白」，每個人都希望生命沒有白活，因此，總想要有不一樣的經驗可以日後回味，單戀便是其中之一。

能夠從單戀中走過的人，便能做到「回首過往，悲喜一笑轉頭空」，不管生命曾經在單戀過程中承載多少重擔，都可在回憶的談笑中轉化為更高層次的智慧。這樣回憶不但豐富了生活的內涵，也提升了生命的品質。

（二）單戀事件對單戀者的負面影響

1.造成創傷，影響以後的親密關係

單戀者在單戀過程中的種種境遇，會對未來的親密關係造成某種程度的影響。有些單戀者從正面的立場看單戀的過程，因而收穫滿盈，帶著自信迎接未來的親密關係。另有些單戀者從負面的角度詮釋單戀經驗，因而對未來的親密關係猶豫不前；或是懷著報復的心態，將單戀累積的情緒轉嫁到未來的親密關係中。

生命的經驗，不是「就讓它過去吧！」那樣簡單。即使單戀者對於單戀的過往不再耿耿於懷，並不表示單戀經驗的傷痕不再發酵。人必須不斷反芻重要的生命經驗，從反芻中頓悟經驗的意義與啟示，才能從每一經驗中成長。

2.降低自尊與自我價值感，影響自信

單戀者因為對方的拒絕，或是多次努力得不到被單戀者的正面回應，自尊、自我價值感與自信可能出現短時間的降低。所謂「短時間」，可長、可短，就端看單戀者面對的態度與處理的方法。

有人長時間陷在單戀的過往一蹶不振，即使人物、環境已經多次更替；有人能夠痛定思痛，找到紓解管道，昇華負面情緒，重拾失去的信心。短時間的消沉是正常的，長時間的自暴自棄是異常的，這樣的反應表示需要諮商專家的協助。

3.情緒糾葛，影響正常的生活作息

單戀是一杯苦酒，而且苦酒滿杯。單戀者的情緒會受被單戀者的反應所牽動，日常生活也因為情緒的變動而起落地搖晃。最常見的例如：成績低落、作業無法按時繳交、工作效率低、食欲不振、脾氣陰晴不定。如果長時間如此，最好尋求專家的協助。

4.面子盡失，無法面對他人

單戀的事很少不被大家所知。單戀者面對大家關切的眼神，或是疑惑的表情，就如千斤壓頂一樣的難受與難堪。如果被單戀者修養不高，四處傳播，單戀者就會強烈感受到「希望地上有洞可以鑽進去」的羞愧。單戀者如果願意將這種感覺讓幾個要好朋友知道，並且交換彼此的想法，就會像打了預防針一樣，有更強的抵抗力。

5.不知未來如何跟被單戀者相處

「成不了情人，就作為朋友」，說起來簡單，做起來困難。一般的情況是，兩人相見尷尬，不如不見，於是，盡量避不見面。不過，愈是逃避，就愈無法走過單戀的疙瘩。

可以使用的方法是，雙方鼓起勇氣，說清楚、講明白，具體劃分朋友的界限，讓未來的行為不再涉及兒女私情，只有朋友情誼。

■ 二、被單戀者之得與失

（一）單戀事件對被單戀者的正面影響

1.學習面對問題，以及解決問題的技巧

處理被單戀的事件，需要勇氣與技巧，甚至要有智囊團的協助。不願意明確、清楚拒絕單戀者的人，除了另有用意外，可能就是因為沒有勇氣與技巧面對問題。

處理單戀的問題，需要一套技巧。如何顧及對方的顏面、如何讓對方知難而退、如何保持自己的風度、如何為未來的相處留下空間，都需要絕佳的技巧。「未親身體驗者，不知其酸甜苦辣愁滋味」，經

過一番酸甜苦辣愁滋味的磨練後，面對問題的能力與解決問題的能力，已胸有成竹。

2.進一步了解自己、促進自我成長

被單戀者與單戀者互動的過程中，可以促使被單戀者反觀與反思，而進一步了解自己，包括：面對挫折情境的能力、情緒與反應；調適情緒的能力；抗拒誘惑的能力；人際互動的能力；使用四周資源的能力等。在這種過程中，被單戀者看到自己的優點，也發現自己的缺點，並且有機會從錯誤的處理方式中學習。

3.自尊暫時被提升

被單戀者知道被愛慕時，總有洋洋得意的欣喜。每一個被愛的經驗，都有助於滿足被重視、被需要、被注意的需求，自尊也就因而提升。雖然這種得意，可能在單戀者持續糾纏的過程中會轉變成厭煩，不過在事過境遷之後，那種暖暖的得意，在回憶時，依然會記憶猶新。

(二) 單戀事件對被單戀者的負面影響

1.影響正常作息

被單戀者可能因為單戀者的糾纏，使得正常的生活受到干擾，其中包括情緒被觸發而無法專心於自己的事物上；需花時間因應單戀者的行為；思索如何拒絕單戀者的表白；如何消除被引發的罪惡感；因為受到罪惡感的干擾而心情惡劣等。

2.喚起過去未處理的問題

如果被單戀者過去有未經處理的類似事件，當再次置身在被單戀的角色上，就可能落入過去難纏的情緒中。如果被單戀者願意尋求諮商專家的協助，處理過去未解決的問題，反而可以協助自己跳脫困境。但是，如果被單戀者任自己沉溺在怨天尤人的呼天搶地中，不但過去的問題無法解決，對目前的困境也沒有幫忙。

3.影響目前的親密關係

如果被單戀者目前已有要好的親密異性，單戀者對被單戀者的糾

纏，免不了會妨害被單戀者跟愛人的交往。尤其是，被單戀者的處理方式如果不明確、不果斷，或處處寬容的話，就會在愛人的心上留下陰影，造成親密關係上的裂痕。

4.處理不當，可能傷害單戀者或傷害自己

因為被單戀者處理不當，而引發單戀者殺機，造成玉石俱焚的悲劇，這類事件不是不可能發生。這種悲劇性的下場，以男性的單戀者最常見。為什麼男性單戀者自認為單戀過程受到的痛苦比女性少，但是所使用的手段卻較極端，這問題值得深思。或是，被單戀者處理不當，引起單戀者羞愧自殺者，這類案例也不是沒有。

被單戀者在心喜被單戀時，恐怕也得先檢視處理這類問題的技巧如何，預做準備，免得處理不當，造成得不償失的後果。

第六節
性別平等對單戀之意涵

從以上各節所述的內容來看，單戀者與被單戀者互動上的誤解，有部分原因跟性別刻板化印象有關。換句話說，去除性別刻板化印象之影響，讓兩性站在平等的基準線上，可能有助於單戀者與被單戀者問題的處理。

一、女性主動表白，主動追求

「愛你在心口難開，愈悶愈難挨」，傳統女性守著被動的角色，當個默默付出的暗戀者。暗戀時間愈久，付出就愈多，機會也就愈渺茫。當獵物早已是別人的囊中物時，堅守傳統性別角色的女人，還是會強迫自己當個守株待兔的愚人。

性別平等的現代女性，能夠突破傳統性別角色的圍欄，主動地向對方表白，不再守株待兔。

不過，如果對方已心有所屬，是否還要繼續暗戀、還是堅持表白、

還是跟對方的愛人競爭，就必須謹慎考慮。

　　如果選擇繼續暗戀，表示單相思的痛苦會持續；如果選擇表白，就必須尊重對方的拒絕，不再藕斷絲連；如果想當個競爭的第三者，就要有所準備來打這一場硬戰，以及思索付出的代價。性別平等的現代女人做決定時，不但依賴感性，更依靠理性與智慧來取捨。

▌二、男性去掉自以為是的大男人主義

　　男性知道自己被單戀後，原本已過度發達的男性尊嚴，免不了會膨脹、誇大一番。在這種情況下，他眼中所見的單戀女人，更顯得楚楚可憐。「梨花帶雨，我見猶憐」，於是，在該拒絕時，因為下不了手，而發出「拒絕中帶著曖昧，曖昧中隱含著希望」的模糊訊息。單戀的女人被男人模糊的訊息所蒙蔽，以為只要繼續努力，就會有雲開見日的清朗時刻。

　　男人不要將自己視為強者，認為男人需要保護女人，也不要將女人視為弱者，認為女人需要男人保護，而在該肯定拒絕女人示愛時猶猶豫豫。女人面對拒絕時，眼淚奪眶，不一定表示受到傷害，即使女人受到傷害，眼淚也只是療傷的藥劑，不是弱者的象徵。男人面對女人的拒絕，雖然沒有眼淚，並不表示沒有受傷，也不表示男人是強者。

　　性別平等的年代，性別不再是詮釋與影響行為的唯一依據。不管男性或女性，該果決時果決，該放下時放下，問題就會簡單多了。

▌三、感性與理性的平衡

　　傳統上認為，男人理性，女人感性；男人是鐵做的，女人是水做的。於是，男人處理單戀問題時理應斬釘截鐵，女人面對單戀問題時理應藕斷絲連。

　　性別平等的時代，女人不再只有感性，男人不再只有理性，感性與理性的拿捏，不是依照性別，而是要看情境、事件而定。拒絕時，要有理性的肯定，但也要有感性的內涵，例如：很抱歉，我無法接受

你的愛，我知道這樣說，可能會傷你的心；我沒有辦法給你你想要的理由，感情的事，本來就無法用理性說清楚，也無須向你交代；我知道這樣說，你無法接受，也可能很難過，所以我只能很遺憾地說抱歉。

單戀者面對被單戀者的拒絕時，除了要有感性的宣洩，更要有理性的果斷。如果過不了這一關，問題不在對方，而在自己，自己要為自己的行為負責。有些人以自殺來面對，以為一死百了，其實，這種方法是藉著殺害自己來懲罰對方。單戀者的自殺會激起被單戀者的罪惡感，也激起別人對被單戀者的質疑。這不是負責任的方法，而是將一堆爛帳推給被單戀者。

■ 四、學習尊重彼此的選擇

性別平等時代的重要課題之一，就是學習尊重彼此的選擇。單戀是每個人的自由，可是被單戀者的拒絕也是個人的自由，需要被尊重。

有些單戀者無法面對被拒絕的事實，非要對方給個好理由。好笑的是，不管對方給什麼理由，總是無法讓單戀者心悅誠服，好像被單戀者需要為單戀者的單戀行為負責。被單戀者明確、清楚地拒絕單戀者後，有權利不給對方任何理由。這是他個人的隱私，不需要向單戀者交代。如果單戀者仍然處處糾纏，就構成騷擾個人自由之罪。

有些單戀者被拒絕後，將憤怒轉移至被單戀者的愛人身上，認為被單戀者的愛人沒有權利擁有被單戀者之愛，於是，開始展開猛烈的激戰，想要跟對方的愛人爭個你死我活。這種意氣之爭不是基於愛，而是被自己的面子問題沖昏了頭。

更嚴重的是，有些單戀者因為得不到被單戀者的愛，而生出歹毒的想法：「我得不到的，誰也不准得到」，於是，設法讓自己跟被單戀者同歸於盡。

沒有祝福對方幸福的胸襟，就不配談愛；不懂得尊重對方選擇的人，也不配談愛；沒有智慧取捨的人，最好不要獨飲單戀的苦酒。

【第四章】

三角戀情

　　由於社會開放，男女接觸頻繁，三角戀情（the extradyadic relation-ships or the eternal triangle）成為社會普遍的現象。兩人構成的愛情已夠陰晴不定，第三者的加入，讓原本搖擺不穩的愛情關係雪上加霜、愁上加愁。偏偏在感情世界中，三角戀情普遍存在。依據 Schmitt 與 Buss（2001）的研究，超過一半以上的人曾企圖奪人所愛，超過 80% 的人曾成為他人奪愛的目標。

　　「長恨人心不如水，等閒平地起波瀾」，三角戀情中的第三者，通常被視為哽喉的魚刺一樣，令人厭惡至極。或許，第三者抱怨自己當初不知情而誤闖，不過，知道之後又如何呢？因愧疚而自動退出者有之，狠勁盡出廝殺對方者有之。看看一些談論男女感情問題的電視節目，第三者不但不在乎道德上的譴責，還趾高氣昂地將奪人所愛的行為，詮釋成理直氣壯的權利。這種囂張的模樣，直叫人目瞪口呆。

　　被奪愛者眼見自己苦心經營的愛情，被人一腳踩碎，內心的悲憤與著急，「除卻天邊月，沒人知」。是要俯首認輸、自動退出？還是收拾傷痛、勇敢迎敵？不甘、無奈、矛盾，交織成一幅「冷冷清清，悽悽慘慘戚戚」的圖像。

　　三角戀情中的劈腿族，表面上是左擁右抱，內心卻是左慚右羞，對兩方都覺得抱歉。要如何抉擇，可能左右為難。有時候，心中已有決定，卻因為對某一方的愧疚，而無法爽快地了結。

　　「優勝劣敗」，失敗者含恨而退，勝利者俯仰得意。三角關係再次回到兩人關係，不過，這樣的兩人關係，是經過一番腥風血雨才塵埃落定。這樣的過程，對於最後的兩人關係有何影響呢？

　　或許，每個人談戀愛之前，必須先問問自己，是否有能力面對三角戀情的難題。否則，遲早會在三角戀情中被淘汰出局。

　　本章論及三角戀情之相關迷思、三角戀情之定義、三角戀情之成因、第三者之奪愛策略、第三者之得與失、三角戀情的預防與解套、轉化三角戀情之負面影響，以及性別平等對三角戀情之意涵。

第一節
三角戀情之相關迷思

三角戀情之所以難以處理，是因為一般人對三角戀情有一些誤解。破除這些誤解，有助於三角戀情之預防與處理。以下是有關三角戀情之相關迷思，請修正錯誤的敘述：

1.既是「男未娶、女未嫁」，只要我喜歡，就有權利搶奪。

2.三角戀情中的第三者，不會是知己好友。

3.第三者的條件往往比目標對象（即第三者屬意之對象）的愛人好。

4.女人比男人更容易變節。

5.只要雙方意志堅定，不管環境如何變化，第三者就沒有機會介入。

6.三角戀情的產生，罪魁禍首是第三者。

7.第三者即使奪愛不成功，也不會有所損失。

8.三角戀情中，受害最深的人是被奪愛之人（即目標對象的愛人）。

9.三角戀情中，受益最大的是腳踏兩條船者。

10.三角戀情對原本的兩人愛情只有害處沒有益處。

問題與討論

問題一：既是「男未娶、女未嫁」，只要我喜歡，就有權利搶奪。

這無關乎「男未娶、女未嫁」是否有權利搶，而是兩人適不適合的問題。適不適合需要時間與經驗的磨練與智慧的抉擇，只憑一時興起莽撞行事，即使搶到又有何用。

問題二：三角戀情中的第三者，不會是知己好友。

愛情的第三者有時候會是自己的知己好友。這種信任上背叛所受

的打擊，會比第三者是陌生人來得嚴重多。

問題三：第三者的條件往往比目標對象的愛人好。

第三者的條件不一定比目標對象的愛人好，倒是目標對象對第三者不熟識，所以充滿好奇與新鮮感。

問題四：女人比男人更容易變節。

男人可能比女人更容易變節。依據國外的研究，出軌男人的比例比女人高（Hite, 1987; Nass, Libby, & Fisher, 1981; Wiederman, 1997）。國內雖然未有具體的研究探討，不過，從傳統對女性的嚴苛要求，以及對男人的寬容，可以推知，男人變節的比例可能比女人多。

問題五：只要雙方意志堅定，不管環境如何變化，第三者就沒有機會介入。

即使雙方意志堅定，有時候也抵擋不了環境的負面作用。例如，聚少離多或是遠距離的愛情，容易被第三者介入。

問題六：三角戀情的產生，罪魁禍首是第三者。

三角戀情的形成，罪魁禍首不一定是第三者。關係中的兩人也可能是促成三角戀情的重要人物，例如，關係不良、個性不合、背景不對稱等。

問題七：第三者即使奪愛不成功，也不會有所損失。

第三者在奪愛過程中，必須付出相當的代價，而且可能血本無歸、聲名掃地、親友離棄；即使最後奪愛成功，代價也可能不菲。

問題八：三角戀情中，受害最深的人是被奪愛之人。

塞翁失馬，焉知非福，表面看起來，被奪愛之人似乎是最大的受害者，其實不然。三角戀情中的三人各有得失，得失要如何衡量，見仁見智。更何況，從長遠的眼光來看，失很可能就是一種得。

問題九：三角戀情中，受益最大的是腳踏兩條船者。

一般人認為，腳踏兩條船者是最大的受益者，其實未必如此。一個人同時跟兩位互不相知的異性交往時，跟兩人的約會時間得錯開，還得用很多謊話交代行蹤，以免真相曝光，這是很辛苦的歷程。「紙

包不住火」，事情總會見光，到時候不但聲名掃地、得不到別人的信任，還可能愛人雙雙離棄，落得兩頭皆空。

　　問題十：三角戀情對原本的兩人愛情只有害處沒有益處。

　　三角戀情雖然對原本的兩人愛情造成某種程度的傷害，但是卻有某些方面的助益。三角戀情的發生，象徵著兩人關係的危機，卻也可能是轉機。第三者的出現，可以刺激雙方檢視兩人目前關係，讓暗藏的問題浮現，或是進一步了解雙方，或是重新思考彼此的適合度。

　　人容易陷入這樣的迷思：破壞目前穩定的變動就是不好，沒有自己所預期的結果就是不好，失去目前擁有的就是不好；或許，在面對三角戀情難題之前，人需要先修正這樣的迷思。

第二節
三角戀情之定義

　　所謂三角戀情是指，三角戀情中的當事人至少三人，這三人的愛情，兩兩組合時，任何一組的兩人，都無法成為彼此唯一牽繫的愛人。三角戀情的可能組合如圖 4-1 所示。

　　單戀者、單戀對象與單戀對象的愛人，這三個人的關係並不屬於三角戀情的範圍。單戀者只能算是沒有關係的旁人，算不上第三者。

　　三角戀情，有時候並非只有三角，如果當事人三位以上，或其中有人已婚，就會形成複雜的多角關係，這時候的狀況會更複雜。

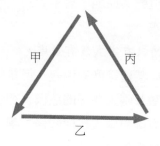

圖 4-1-1　甲喜歡乙，乙喜歡丙，
丙喜歡甲

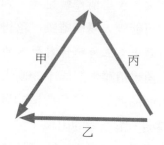

圖 4-1-2　甲同時喜歡乙、丙，而
乙、丙同時喜歡甲

圖 4-1-3　甲同時喜歡乙、丙，乙
同時喜歡甲、丙，丙喜歡甲

圖 4-1-4　甲乙丙三人相互喜歡

圖 4-1　三角戀情之類型

第三節
三角戀情之成因

　　恩澤、莘紫與白平三人在補習班認識後，就成為莫逆之交。後來，莘紫與白平同時考上北部的一所大學，而恩澤考入南部的學校。三人雖然遠在兩地，不過，只要一放假，若不是恩澤北上找莘紫與白平，就是莘紫與白平南下找恩澤。這樣的友誼直到大三，白平與恩澤同時向莘紫表達愛意後，而有了變化。

　　面對兩人的表白，莘紫有點慌亂。其實，在兩人表白之前，她曾經開玩笑地問過自己比較喜歡誰。可惜，她無法回答這個問題，因為這兩個人在伯仲之間，而且她不想因為選擇某一位，而失去另一位的友誼。她想過，乾脆將兩人都當朋友看待。不過，她知道，要想找到這樣了解自己又合得來的人，恐怕不容易。白平與恩澤日日關切的電話，讓她更加不知道如何是好。

問題與討論

1. 恩澤、莘紫與白平三角戀情形成的原因為何？

2. 除了恩澤、莘紫與白平的原因外，還有哪些原因會造成三角戀情？

　　三角戀情形成的原因，有些是人為因素，有些是環境因素，有些是兩類因素相輔相成。了解這些原因，有助於防止三角戀情的產生。

一、人為因素

（一）人格特質問題

有些人知道鍾情的對象心有所屬，因為道德良心的作用，不願意奪人所愛，因此選擇退出，成就對方的幸福。相反地，有些人明知對方已有愛人，卻因為一己之利，執意競爭到底。

哪些人有成人之美的胸襟？哪些人只顧一己之私，不在乎別人感受？Schmitt 與 Buss（2001）的研究發現：比較仁慈、可信賴、具有良心者，不會奪人所愛；行為卑鄙者、無法執著於現有關係者（例如，性關係雜亂、容易跟他人通姦者）、性好漁色者等，容易介入別人的關係中。

從另一方面來看，三角戀情的形成，並非只是第三者的過錯，三角中的兩人也扮演著舉足輕重的角色；否則，第三者只會是單相思，沒有機會介入。哪些人容易成為別人奪愛的目標？哪些人容易受別人的誘惑，成為雙腳踏雙船的劈腿族？

Schmitt 與 Buss（2001）的研究發現：具有性吸引力者、無法執著於現有關係者、容易對他人投入情感者，以上這些人容易成為別人奪愛的目標；行為卑鄙者、不可信賴者、神經質者、容易通姦者、性好漁色者、不可愛者等，容易被誘惑而變節。

Seal、Agostinelli 與 Hannett（1994）從社會性慾（sociosexuality，是指一個人從事沒有承諾的性關係之意願）的觀點來探討三角戀情。其研究顯示：沒有限制的性慾者，如果有機會的話，會比有限制的性慾者，更可能自動投懷送抱、飛蛾撲火。

（二）性別

如果男人與女人有機會出軌的話，誰不會放棄機會？答案很明顯，男人比女人更願意抓住機會，違背對愛人的承諾。不過，如果女性是

被追求者，而不是主動追求者的話，女性卻比男性更願意回應第三者的追求（Seal, Agostinelli, & Hannett, 1994）。

換句話說，男人容易主動介入別人的關係，而女人是因為被追求，才介入別人的關係。

（三）對現有關係的承諾度

對現有關係的承諾程度（commitment），會影響三角戀情的形成。依據 Drigotas、Safstrom 與 Gentilia（1999）的研究，不管男性或女性，對現有關係的承諾度愈高，抗拒外在誘惑的能力愈強。

承諾度代表一方心理上對另一方的依附與想持續目前關係的動機（Drigotas, Safstrom, & Gentilia, 1999）。承諾度促使一方在乎另一方的福祉，願意自我犧牲，警惕自己的行為，以免影響兩人關係（Van Lange, Rusbult, Drigotas, Arriaga, Witcher, & Cox, 1997）。在這種情況下，當事人即使面對令人心慌意亂的鶯鶯燕燕，也不會成為三心兩意的劈腿族。

（四）對目前關係不滿意

情侶對目前關係的滿意程度，會決定第三者的影響力。如果情侶滿意目前的關係，第三者便無從介入。如果情侶關係不佳，第三者的錦上添花，便有雪上加霜的效果，讓三角戀情的形成有了催動的力量。

（五）情侶處理目前問題的能力

情侶對目前關係的不滿意，不一定讓第三者有機可乘，還得看情侶處理問題的能力。如果情侶互推責任，互指責對方為罪魁禍首，第三者便有了機會介入。

「危機便是轉機」，情侶如果有能力、有意願面對問題，不要將第三者跟原先的問題混淆，感情的危機便是感情的轉機，不管第三者在什麼時候出現，都無法動搖雙方的感情。

（六）情侶一方忍受另一方出軌的能耐

如果情侶的一方，對於另一方的出軌裝聾作啞，甚至毫無所謂，就會鼓勵另一方繼續類似的行為。

可能的原因之一是，一方毫無所謂或裝聾作啞的態度，讓出軌的一方覺得不被重視，價值感與重要性降低。既然如此，不如另愛他人。

（七）報復

三角戀情的形成，有時候是情侶的一方，為了報復另一方感情背叛所致。

曾背叛的一方，雖然回到舊情人身旁，不過，舊情人從此不再信任對方，並且伺機報復。當機會一到，便藉著第三者的介入，讓對方嘗嘗被背叛的滋味。

（八）為了獲得情侶的注意

有些人因為受到情侶的冷落，為了引起情侶的注意，於是利用第三者刺激情侶。這種作法不但無法解決問題，而且傷害彼此的信賴關係，可能導致兩敗俱傷，甚至以分手收場。

（九）為了滿足被重視的需求與證明自己的價值

有些人透過誘惑第三者的介入，來證明自己價值依舊、吸引力依存。這種人在成長過程中，被重視的需求與價值感的需求未獲得滿足。長大後，利用第三者的介入，造成其他兩人的爭奪戰，來顯現自己的重要性，滿足幼時未滿足的需求。

■ 二、情境因素

（一）日久生情

　　人是感情的動物，相處久了，自然容易因緣生情，因情而相繫。例如，三位好友中，其中兩人原本為情侶，非為情侶的兩人接觸頻繁後，因為相互愛慕，而形成三角戀情。最常見的是辦公室戀情。

　　或是，多位非為情侶的朋友長久相處後，各有愛慕的對象，以及被他人所愛，而形成多角戀情。或是多組情侶時常互動，非組內的兩人或多人日久生情，造成多組的三角戀情。

（二）聚少離多與遠距離的愛情

　　聚少離多與遠距離的愛情，因為遠水救不了近火，剛好讓第三者有機可乘，兵變與學變就是最好的例子。

（三）地緣關係

　　因為地緣接近，讓原本不熟的兩人有機會常碰面、常接觸、互相幫忙，就容易擦出火花。例如，請要好朋友代為照顧自己的女友，最後卻是鳩占鵲巢，將愛人奉送給好朋友。

（四）機會因素

　　如果兩人有機會共同合作，或共同患難，過程中培養出革命默契或相互依賴的感情，就會對兩人原本的感情生活造成威脅。

　　三角戀情的形成，有時候是多種原因促成，人為因素與情境因素常相輔相成共同運作。

第四節
第三者之奪愛策略

路瑤選擇季雲，是因為認為季雲是個不錯的男人；蕭逸對她而言，只是季雲的朋友，沒有特別的印象。路瑤成為季雲的女朋友時，蕭逸痛徹心扉。雖然他曾為此頹廢一段時間，不過，卻很快振作起來，並且跟路瑤與季雲成為好朋友。

路瑤跟蕭逸有較多的互動後，才發現蕭逸的體貼與耐心。路瑤心情不好或是需要幫助時，若找不到季雲，便向蕭逸求助，而蕭逸總是及時趕到。她的焦慮與急躁，常在蕭逸體貼與耐心的安撫下，被安頓下來。

當路瑤與季雲有了爭執，蕭逸總是有辦法讓她快樂起來，並且讓季雲向她道歉。雖然她跟季雲的爭執，最後總會在蕭逸的協調下握手言好，不過，卻讓路瑤覺得跟季雲的感情，疲憊多於甜蜜。相反地，從蕭逸的身上，她找到了想要的快樂與依靠。這樣的想法讓她有了罪惡感，覺得對不起季雲，可是，這種想法卻愈來愈強烈……。

問題與討論

1. 故事中的蕭逸採用什麼策略來奪愛？

2. 除了蕭逸所用的策略外，還有哪些策略？

3. 策略的使用，會因為目標對象的性別而有不同嗎？面對不同性別的對象，該使用哪些策略才能奏效？

「知己知彼，百戰百勝」，了解第三者的奪愛策略，就如打了預防針一樣，有助於情侶見招拆招，防患於未然。傳統「一哭、二鬧、三上吊」或施暴傷人的方法，只會讓愛人恐懼心死，讓第三者有機可乘。

一、第三者常使用的策略

在三角戀情中，每個人花招盡出，為自己的幸福打拚。其中以第三者所使用的花招，最引人注目。要破壞別人已建立的關係，並且從中奪取別人所愛，其實並不容易，除了要有天時、地利、人和的配合外，還得靠自己的運籌帷幄。

Schmitt 與 Buss（2001）認為，第三者常使用三類策略來奪愛，這三種策略可以混合運用。

（一）展現比對方愛人更吸引人的條件

依據投資理論，感情的維繫在於付出與回報的平衡關係。如果目標對象從第三者身上可以得到更多的回報，或是可以平衡原先愛人造成的損失，那麼目標對象就容易被誘惑，而投入第三者的懷抱。

所謂展現的條件，可能涉及到身心特質。例如，第三者比較年經、貌美、身材好、溫柔、體貼、熱情、多金、提供更美好的前程、性生活……。故事中的蕭逸就是採用這種策略。

（二）詆毀對方愛人，讓對方愛人的條件看起來較差

第三者詆毀對方的愛人，凸顯自己的優點，可以讓對方愛人的條件相形見絀。這種作法能夠誘導目標對象覺察對現有愛人的投資報酬率偏低，付出與回報無法平衡，而轉換投資對象。

尤其當對方跟愛人有了爭執而心情惡劣時，第三者暗示性的挑撥，以及凸顯自己的優點，會有事半功倍的效果。

（三）以朋友身分隱藏，迂迴介入雙方關係，等待機會奪愛

以朋友身分，等待機會介入雙方關係，可能是最有效的方式。跟雙方成為朋友，掌握雙方的狀況，找出最有利的時機，再使用前兩種策略。故事中的蕭逸就是使用這種策略。

123

不過，策略的運用需要不著痕跡，否則露出馬腳，畫虎不成反類犬。

■ 二、策略與性別的關係

策略的使用，是否該依目標對象的性別而不同？研究上發現，的確如此（Schmitt & Buss, 2001）。這跟男性重視生理需求，女性強調精神滿足的觀點不謀而合。

如果目標對象是男性，第三者（通常是女性）就必須以身體上的特質來吸引對方。例如，豐滿與性感的身材、姣好的面貌、合適的服飾等，以滿足男人視覺上對美的需求。Singh（1993）的研究顯示：從年輕到年老的男人，都喜歡體重正常卻擁有小蠻腰、小臀部的女性。所以想當第三者的女性，首要條件就是先塑身。

如果第三者追求的只是短期的關係，那就要給予對方性生活上的便利，滿足對方更換不同性對象的需求。如果第三者追求的是長期的關係，就要以「身體上的忠誠」來獲得對方的好感。

如果目標對象是女性，第三者（通常是男性）就必須以擁有的能力資源來誘惑，例如，身分、地位、禮物、能力。使用該策略時，第三者必須慷慨解囊，以操控目標對象對能力資源的感覺。如果第三者追求的只是短期關係，那麼能力資源的雄厚與否就顯得格外重要。如果第三者追求的是長期的關係，除了能力資源外，「情感上的忠實」會是必要條件。

第五節
第三者之得與失

采霞在鏡前欣賞自己撩人的姿態時，不覺浮出楊映的影像來。她跟楊映偷偷摸摸交往已經半年，是他的地下情人。

楊映是沛翎的未婚夫，而沛翎是自己的好友，這樣的關

係讓采霞有點罪惡感。不過，楊映的條件，以及跟楊映在一起的快樂，似乎可以讓她暫時忘掉罪惡感這回事。

她跟楊映的床笫之愛，最能讓楊映流連忘返，這是采霞的驕傲，也是采霞的擔心。男人對女人身體的喜新厭舊，她早有所聞，如此纏綿下去，楊映早晚會厭倦。自己既沒有名分的保障，也沒有親友的支持，到頭來終究會得不償失。

她曾想公開兩人的關係，不過，楊映認為時機未成熟，公開只會敗事。她曾以離開他來威脅他，楊映卻是以賠罪、送禮、陪伴來軟化她的心。她想過以懷孕來逼他就範，可是她擔心，這樣做會讓兩人的事曝光，讓自己成為全民公敵，受到親朋好友的排擠與唾棄。

她沒有本錢長期當地下情人，偏偏離不開楊映。除了維持現況外，她不知道還可以有什麼選擇？

問題與討論

1. 第三者的得與失有哪些？
2. 男性與女性第三者，在得與失方面有哪些不同？

三角戀情的第三者，除了享受跟目標對象交往的樂趣外，也得付出一些代價。代價與回報的平衡狀況，影響著關係能否持續。當第三者的代價與回報會因性別而有差異，也會因每個人的狀況而有所不同。

以下歸納一些台灣常見的三角戀情中，第三者的得與失，並輔以 Schmitt 與 Buss（2001）的研究做說明。

一、第三者獲得之回報

第三者的角色雖然不討好，不過有人依然執著不放。這是因為該角色提供了某些回報，而這些回報適巧滿足了第三者的需要。

（一）不用負責任

第三者「名不正，言不順」，沒有名分的牽累，可以瀟灑地來去自如。如果三角戀情尚未曝光，第三者悄悄地來，悄悄地走，不用向誰交待，也不用向誰負責。即使三角戀情曝光，只要願意自動引退，還可以獲得掌聲，目標對象沒有理由不給自由。

（二）享受被愛的感覺

雖然第三者必須跟別人分享愛情，不過，「聊勝於無」，對於被愛需求的滿足，暫且有了安頓。而且，第三者的委曲求全，讓目標對象心有愧疚，會因此更加疼愛第三者。

（三）找到更佳的伴侶（或結婚的對象）

第三者之所以寧願委屈當第三者，部分原因是找不到更好的交往對象，或是認定目標對象是結婚的最佳人選。有了這樣的認定，才願意放手投資。如果成功，終身就有了歸宿，不需要再花時間、花精力、浪費青春尋尋覓覓。

（四）獲得陪伴、安全感與依靠

有了所愛的對象，即使委身當第三者，畢竟不需要再獨自面對孤獨，也不需要一個人面對問題。這樣的陪伴，給了第三者日常生活所需的安全感與依靠。

（五）證明自己吸引人，提升自尊

能從另一人的手中分享或搶到愛人，表示自己的魅力不亞於他人，這對於第三者自尊心的提升有很大的影響，雖然利用這種方式提升自尊未必是健康的行為。

（六）獲得餽贈或更多的資源

無可否認地，第三者能從目標對象身上獲得餽贈，以及使用對方的資源。這就是為什麼有權勢、名望者總是圍繞著一些自願的第三者。

（七）滿足報復的心態

有些人因為第三者奪愛成功，而成為三角戀情中的落敗者。為了報復第三者的奪愛之恨，而故意介入別人的關係，成為三角戀情中的第三者。這種將無辜的人當成自己洩恨的工具，並不是健康的行為。

此外，不從先前失敗的關係中痛定思痛，反身自省，卻將全部責任推卸給他人，這跟原先的第三者又有何不同。

（八）增添生活色彩

第三者因為有了目標對象的參與，生活的色彩繽紛了許多。例如，精心打扮讓自己光鮮亮麗，出外旅遊不再形單影隻，約會時偷偷摸摸富於刺激，說謊話欺騙他人體驗心虛。

（九）經驗懷孕

只要第三者跟目標對象有性關係，就有機會懷孕，體驗為人父母的喜悅。

（十）提升自己的知名度

如果目標對象有權、有勢、有名望，只要戀情曝光，第三者馬上成為家喻戶曉的名人。有些人就是利用這種方式提高自己的知名度。

（十一）自我成長

不管最後的結局如何，只要第三者願意深入探索這段正軌外的感情經驗，總可以從中獲得啟示，讓生命成長，讓視野開闊，讓下一段

感情更圓滿。

■ 二、第三者付出之代價

第三者雖然能夠從介入他人的關係中，獲得一些利益，不過，也得付出一些代價。得與失的對照，有助於任何人在面對三角戀情時，知道進退取捨；同時，可以協助目前的第三者重新思考自己的選擇。

（一）相聚時躲躲藏藏

第三者與目標對象的戀情無法公開，每次約會都得小心翼翼，以免戀情曝光受災殃。這種偷偷摸摸的相聚雖然刺激，卻也是對第三者自我價值的貶抑。此外，因為目標對象未必每次都能找到藉口如期赴約，因此，爽約是常事。

（二）無名無分、受到排擠

情人關係雖然沒有法律的名分保障，卻受到身旁親友的公開認定與祝福，這種認定具有支持、鼓勵與維護的作用。相反地，第三者是不受歡迎的破壞者，不但沒有被認定、被支持、被祝福，而且受到排擠與唾棄，甚至連自己的父母都不能苟同。這種孤立無援的狀況，在戀情曝光後，更甚。

（三）無法共度重要節慶

當普天下的情侶共度情人節、中秋節、聖誕節，或其他重要團圓的節慶時，第三者跟目標對象若不是提前或延後團聚，就是無法共度。「孤燈獨影相對看」，那種孤獨、無依的感覺，讓第三者恨透了第三者的角色。

（四）道德良心上的譴責

除非第三者沒有良知、羞恥心與罪惡感，否則道德良心上的譴責

是避免不了的。第三者通常使用一些自我防衛策略，來逃避道德良心上的譴責，繼續奪愛計畫。不過，自我防衛也有百密一疏的時候，這時候，第三者得獨自面對道德良心的啃噬。

（五）有口難言，啓口是謊言

如果三角戀情中的三人是熟人，這會讓第三者的角色更尷尬。三人在一起時，第三者要謹言慎行，以免粗心大意洩了底。見到目標對象跟愛人卿卿我我時，只能看在眼底，痛在心裡。

跟其他熟人在一起時，也必須避免談論有關目標對象的任何事，以免作賊心虛或一不小心透露玄機，讓別人起了疑心。聽到他人談論目標對象與其愛人之事時，必須裝瘋賣傻，陪笑臉裝可愛，跟隨大家起鬨。

對自己行蹤的交代、感情生活的敘述，都必須靠著謊話打圓場。一句謊話之後，接下來的句句都須是謊話，謊話與謊話之間還得串連得合情合理，才不會穿幫。記性不好者，可能處處是漏洞，這可真是件苦差事。

（六）擔心對方愛人報復

如果目標對象的愛人有權、有勢，或有名望，第三者就得擔心遭到對方愛人的報復。即使對方愛人沒有任何權勢，也可能採取極端的手段對付。例如，以自殺來詛咒第三者，跟第三者或目標對象同歸於盡。這種報復手段令人驚心動魄，卻非少見。

這樣的報復方式，足可讓第三者痛苦一生。為了滄海一粟，而付出如此代價，得與失之間可能得仔細盤算。

（七）擔心目標對象未來可能不忠

目標對象曾有背叛愛人的紀錄，即使第三者奪愛成功，目標對象是否從此忠誠如一，將是第三者寢食難安的疑惑。這樣的懷疑將阻礙

雙方坦誠的交流，成為感情上害怕碰觸的禁忌。

（八）地位與名聲受損

第三者與目標對象的戀情曝光後，四方齊聚的批評與指責，將使雙方的聲名受損。為了逃避壓力與繼續陳倉暗渡，第三者就得變換環境，離鄉背井。

有些第三者認為，既然大家都已知曉，不如化暗為明，反正「男未婚，女未嫁」，人人都有公平競爭的機會。於是，就得卯足全力，擺出你死我活的競爭姿態。

（九）強摘的瓜未必甜

經過一番腥風血雨後，奪到的愛情是否將如當初所預期的那樣？恐怕未必如此。付出如此辛苦代價，所品嘗到的回報，有些第三者會大失所望。

第三者奪愛的過程，容易產生「不容易得到的應該是最好」的心態，將目標對象的條件誇大。當摒除競爭對象後，目標對象的身價就會像百貨公司的打折品一樣，不再遙不可及。這時候，目標對象的吸引力再也不會令人渴望與瘋狂。

除非目標對象擁有令人稱羨的身分、地位，第三者被扶正後，因為身分、地位的扶搖直上，而有值回票價的快感。否則，平凡生活中的一成不變、目標對象的凡夫俗子模樣，會激起第三者檢視現實與理想的差距，而大失所望。

（十）意料外的懷孕

對第三者來說，意料外的懷孕是個沉重的負擔。因為意料之外，通常以墮胎來處理，真是「未釣到愛人，卻先殺了親人」。

有的第三者想利用懷孕威脅目標對象離開原先的愛人，不過，如意算盤可以隨便打，事情的後果卻得自己承擔。「要孩子，不要媽」

的事件多的是，「不要孩子，也不要媽」的事情也常見。

再說，對方的愛人未必是弱者，可能擁有廣大的親友團助陣，鹿死誰手難以事先論斷。冒險放手一搏，釣不到蝦魚，還可能賠了餌。

（十一）情緒的糾纏與猶豫的心理

從以上的描述中可以得知，第三者在不穩定的現況與不確定的未來，雙重夾殺之下，情緒惶惶恐恐，心情猶猶豫豫。到底要繼續？還是要放棄？是第三者不斷自我詢問的問題。

第六節
三角戀情之預防與解套

一、三角戀情之預防

（一）第三者方面

1.交往前審慎觀察對方的交友狀況，避免成為第三者

有些人在不知情的情況下成為第三者，另有些人則明知而為。一般而言，如果三方彼此認識，第三者就可能是明知而為；如果三方彼此不認識，第三者可能是不知而為。

如果明知目標對象已有愛人，自己是否要介入，就要審慎考慮。探討介入的動機，澄清自己的價值觀，衡量介入的利弊得失，千萬別被愛情沖昏了頭。在必要的情況下，尋找諮商專家協助，以免羊肉沒吃著，還惹了一身腥，後悔莫及。

如果不知道目標對象是否有愛人，可以從目標對象身旁的朋友蒐集到相關訊息，或仔細觀察目標對象的行為，總會有一些蛛絲馬跡作為判斷的參考。

2.等目標對象處理前一段感情後，再跟對方建立關係

有些人成了第三者之後，才發現自己的角色，這時就需要審慎思索該如何取捨。最好等目標對象處理好前一段感情後，再續前緣。如果目標對象對前一段感情按兵不動，卻又拉第三者下水，腳踏兩條船，享齊人之福，這時候，第三者真該好好思考這段感情是否值得繼續。

（二）目標對象與其愛人方面

1.跟愛人維持滿意的親密關係

有不少人擔心自己的感情被第三者介入，因此採用緊迫盯人的方式掌控愛人行蹤，以阻止愛人出軌；或是緊隨在愛人身旁，防止愛人跟其他異性接觸。這種防賊策略只會添加雙方的緊張關係。

建立雙方滿意的親密關係與互許的承諾，才是抗拒第三者介入的最好方法。滿意與承諾的親密關係，奠基在雙方良好的溝通、面對衝突的勇氣、解決問題的能力、相互包容與妥協的度量、不斷自我成長的意願與行動，以及對對方福祉的重視。

愛情不能只是一時間的意亂情迷，而是一種承諾與責任。這種承諾與責任，會讓雙方形成「以對方福祉為自己福祉」的強烈認知，推動雙方追求精神與心靈上的成長，並且抗拒「見一個愛一個」的視覺感官誘惑。

2.避免以三角戀情來逃避問題

有些人透過第三者的介入，來逃避前一段感情的問題。例如，藉著第三者的介入，作為分手的藉口；或者，利用第三者來反映對愛人的不滿；或者，利用第三者來引起愛人的注意與重視；或者，利用第三者來處罰愛人過去的背叛。

以逃避的方法處理問題，不但傷害了原本的愛人，也傷害了第三者；不但解決不了問題，而且還會因為第三者的加入而使問題更棘手。

二、三角戀情之解套

(一) 檢討兩人關係上的問題

　　兩人關係出了問題，第三者就有機會介入，要解決三角戀情，就要回到問題的根源處，就是處理兩人問題。例如，是否兩人溝通時從未表達真實的感受，而讓激流暗藏在表面的太平之下；是否一成不變的互動方式，讓一方或雙方生厭；是否雙方的付出與回報不成比例；是否雙方的權力與權利沒有受到尊重與平衡；是否……。

　　探討兩人關係上的問題，可以了解三角戀情扮演的角色，對於三角戀情的解決，自然簡單多了。

(二) 避免形成意氣之爭

　　在三角戀情中的敵對雙方，常因為競爭氣氛的激勵，使理性受到蒙蔽，讓追求「真愛」的努力，被「爭輸贏」的意氣所取代。因此，不惜耍狠鬥陰，廝殺對方。

　　「解鈴還需繫鈴人」，三角戀情的解套，只能靠三人的理性與智慧來解決。為了一時的意氣之爭，兩敗俱傷、玉石俱焚，賠上一生，或是造成不可收拾的後果，終身活在悔恨的陰影下，實在得不償失。目標對象是否如此奇貨可居、人間瑰寶，也值得其他兩人再三商榷。

(三) 不要陷入目標對象的陷阱

　　搞外遇的人，常以「跟對方感情不佳」、「給我時間，我會想方法跟對方分手」的策略來羈絆第三者，坐享齊人之福。就這樣，一天拖過一天，讓第三者與另一方受到更大的傷害。

　　如果目標對象拖延處理前一段感情的糾纏，第三者就得考慮拖延的後果，以及是否要繼續淌這趟混水。

（四）第三者不要自陷泥沼

有些第三者認為，「感情已放入，無法收回；沒有退路，只能前進」，這種不給自己其他出路的想法，只會讓自己愈陷愈深。

找其他知己談談，或找諮商專家協助，透過他們的幫忙，可以跳開主觀思考的束縛，看到其他生機。

（五）由目標對象出面處理問題，而非由其他兩人對決

在三角戀情中，有時候，目標對象沒有能力或不知道如何解決如此難題，就以「船到橋頭自然直」的姿態擺爛，讓事情擱著。由於其他兩方按耐不住，於是自行出面談判對決。

雖然三角戀情的產生三方都有責任，不過，似乎沒有必要讓其他兩方自行談判，目標對象卻置身事外。目標對象最好挺身而出，各自向兩方面對面處理。

有沒有必要三人「坐下來」一起解決，恐怕要謹慎拿捏。「仇人見面分外眼紅」，這種場面容易導致火爆衝突。拍桌子、動刀槍激烈的肢體動作，有時候可能免不了。

（六）釐清混亂的情緒，衡量利弊得失

處理三角戀情最重要的是，讓自己的情緒穩定下來，以免因為情緒紊亂，分寸全無，而鑽進死胡同裡。如何穩定情緒？如果無法自行穩定情緒，就找個知己，或是諮商專家傾洩。

情緒穩定後，衡量進退的利弊得失。可找幾個知己或諮商專家談談，以擴展自己思考的角度。

（七）要有塞翁失馬焉知非福的胸襟

三角戀情是重要的人生經驗，重點不在於輸贏，而在於此過程中的「學習」，以及經驗所帶來的「啟示」。落敗者因為當時的怨恨填

膺，心有不甘而耿耿於懷。不過，多年的生命歷練之後，回首過往前事，往往發現這段經驗的寶貴不在「結果」，而在過程帶給自己的「磨練」與「學習」。

「塞翁失馬焉知非福」，不要以暫時的輸贏論斷自己的價值，以及對他人指責，要耐心等待經驗所呈現的生命意義。在峰迴路轉後，或許還會感謝老天爺這樣巧妙的安排。

（八）尋求諮商專家的協助

任何一方的當事人如果覺得這段過程煎熬難挨，或是自覺無能力面對，諮商專家是可以使用的資源之一。藉由諮商專家的協助，對自己深入的探討，不但可以處理當前的問題，對於過去與往後的類似問題，都會有所幫助。

（九）對回頭的背叛者不要心存報復

有些人千方百計將愛人從第三者的身旁奪回，目的不在於解決雙方的問題，而是找機會報復，讓對方嘗嘗被背叛的滋味。這種「以牙還牙」的心態，只會讓自己沉溺在仇恨之中，而付出更多的代價。

原不原諒對方是個人的選擇，無關乎對錯。最重要的是，雙方需要反省兩人之前的關係，找出彼此都沒發現或未講明的問題，以及這些問題如何催化三角戀情的產生。這樣的反省可以提升雙方的成長與今後的關係，即使有一方選擇分手，另一方也會在滿懷祝福與感恩的心態下離開。

第七節
轉化三角戀情之負面影響

芊芊從來就沒想過，家本竟然棄她而去，連一點留戀都

沒有。這樣的結局叫她情何以堪！

她不喜歡唸書，高職畢業後就入社會工作，家本喜歡唸書，卻家貧如洗。芊芊深愛家本，決定資助他，讓他專心求學。「我的成就會是妳的幸福」，家本這樣跟芊芊說，而芊芊也這樣認為。因此，家本唸大學的學費與生活費，都靠她辛苦工作來支付。

她原本計畫，家本大學畢業、役畢、找到工作、生活穩定後，兩人就可以建立家庭。於是，除了毫無怨言地付出外，這一等就是六、七年。誰知道，家本有了工作後，就開始處處嫌棄她，認為兩人學歷、知識、理想都無法配合。後來進一步了解，才知道家本有了新愛人。事情談開後，家本要求分手，而且毫無商量的餘地。就這樣，家本帶著新人遠走高飛，不管驚嚇、錯愕的芊芊如何哀求。

問題與討論

1. 愛人的背叛，可能讓芊芊產生什麼樣的負面想法與情緒？

2. 要如何轉化這些負面想法與情緒？

當三角戀情塵埃落定後，對期望落空的當事人會產生什麼影響？有的人從這樣的經驗中脫胎換骨，更加成熟，自覺有能力建立更好的感情生活；有的人憤世嫉俗，不再相信感情，抱著玩世不恭的態度遊戲人間；有的人滿身愧疚，抱著贖罪的心情，久久不再涉足感情；有的人擔心過去的傷痛重新來過，如履薄冰、小心翼翼地監督現任感情。

沒有人期望三角戀情事過境遷之後，依然擺脫不了過往的陰影而受困其中。不過，至少會有一方期望落空，而期望落空者必然會產生一些負面的想法與情緒，這些負面的情緒與想法為何？要如何轉化？

▋一、負面情緒與想法

(一) 自覺被欺騙，失去對異性的信任感

在幾種情況下，會讓三角戀情的當事人自覺受到欺騙，而失去對異性的信任感：

第一，三角戀情形成時，第三者或目標對象的原本愛人，受到目標對象的蒙蔽而不知；事情曝光之後，才知道受騙。第二，第三者或是目標對象的原本愛人，成為輸家而被拋棄。第三，第三者或目標對象的愛人雖然是贏家，不過，經過這件事後，對異性的信任感降低。

人在悲憤中，很容易出現以偏蓋全的想法，以為全天下的男人或女人都一樣不可信任。三角戀情中自覺被欺騙的當事人，容易在一時之間落入「一竿子打落一船人」的想法。這種偏頗的想法不修正，便容易對未來的兩性關係造成負面影響。

(二) 降低個人的價值感與自信心

三角戀情中，被拋棄的一方會因為被拋棄，而出現價值感與自尊心降低的現象。

三角戀情事過境遷之後，如果當事人的價值感與自尊心依舊偏低，就無法以平等、互信的態度進入新的關係中。在新關係上，若不是自覺卑下而委屈求全，就可能因為沒有安全感而不斷質疑對方的忠誠。

(三) 付出與回報不成比例而心有不甘

三角戀情的三人，不管是哪一方，如果付出與回報不成比例，就容易出現心有不甘的現象。有的人因為關係無法重來，付出無法收回，因此，將這份不甘轉嫁到新關係上，讓新人背負舊人留下的陰影。

另有一些人因為受到付出與回報不成比例之痛，唯恐再次成為付出過多的冤大頭，從此在異性關係上，成為錙銖必較、吝於付出的人。

（四）失去依靠，不習慣一個人面對問題

兩人關係也是一種相互依賴的關係。第三者的介入，對目標對象的愛人造成依賴上的剝奪。如果第三者奪愛成功，被奪愛者從此不再有人分擔壓力，除非另覓新人。

被奪愛者透過內外在資源的協助，依舊能夠走出陰霾，創造新生活。比較糟的情況是，被奪愛者因為不能忍受形單影隻的生活，而急著抓住其他的依靠，不管對方是否適合自己。

（五）混亂的情緒與思緒，讓人鑽牛角尖

三角戀情中輸的一方，往往會有一段時間的情緒紊亂，思緒糾結。這些情緒與思緒會將當事人拖入更深的泥沼，自怨自嘆、怨天尤人。當事人一時間可能不願意再踏入新的感情生活，也會以消極的態度來看待感情。

不過，多數人休養生息一段時間後，消極的思想會被轉化，再度對愛情充滿期待。

■ 二、處理負面情緒與想法

（一）從正面的角度檢討學習與收穫

在三角戀情中，三方可能都受到傷害，但也有某些方面的收穫，只要靜下心來思考，必會有所發現。例如，即使對方曾傷害過自己，也曾留下一些美好的回憶，這些經驗對未來的生活有哪些啟示；在三角戀情的過程中，自己曾有過哪些行為，而這些行為的意義如何，跟哪些生命經驗有關連。

要一個正受煎熬的人，從正面的角度檢討自己的學習與收穫，其實相當困難。如果可以的話，請好友或諮商專家來幫忙做這部分工作。

（二）尋求諮商專家的協助

直接尋求諮商專家的協助，可能是讓自己康復的最快方法。透過諮商專家的協助，可以進行深度的探討，看到成長經驗跟自己過去的兩性互動、面對三角戀情的反應與處理方法等之關連。這些頓悟可以幫助自己緩和負面情緒，修正負面想法，看到自己的不足，增強自我力量，提高面對新戀情的勇氣，避免類似事件的發生，以及看到未來的希望。

（三）尋求知己好友的協助

知己好友通常可以給予立即性的協助，包括：傾聽、陪伴以減少孤獨感、分享類似的個人經驗、提供減少負面情緒與想法的方式、提供情緒支持。尤其當知己好友分享個人類似經驗時，可以讓當事人產生「同是天涯淪落人」的「我族感」，對於負面情緒與想法的緩和有莫大的功用。如果知己好友不但從類似的經驗中重新站起，而且有更好的歸宿時，對於當事人更有良性的鼓勵作用。

（四）擴展生活層面，以轉移注意力

不讓自己在死胡同裡鑽牛角尖的方法之一，就是擴展自己的生活圈。例如，參加新技能的學習、認識新朋友、參加新活動等。藉著走出戶外，擴展自己的視野，有助於沖淡三角戀情帶來的負面影響。

三角戀情結束後，不管結局如何，三方都應該冷靜面對，並且自我反省。輸的一方需時間自我療傷與自我重建，不要急忙進入另一段感情生活。贏的一方未必從此可以天長地久，兩人是否適合在一起，尚無定論，需要自己反省與等待時間與情境的考驗。沒有自我反省，就沒有成長，沒有成長，就不能期待目前的感情或下一段感情會更好。

第八節
性別平等對三角戀情之意涵

現今的社會中，三角戀情的發生似乎有增無減，或許是因為兩性交往的機會頻繁，或許兩性的觀念開放，也或許是現今的道德淪喪。這是好的現象或是不好的現象，難以論斷，不過，生活在性別平等時代的男女，應以智慧、成熟的方式來面對。

一、男女關係不是隨意而為之

年輕男女因為擔心青春留白，因此本著「只要我喜歡，有什麼不可以」、「只在乎曾經擁有，不在乎天長地久」的心態，不斷演出「快速拿起、快速放下、快速換人」的速食愛情戲碼，這其中當然包括三角戀情。

雖然「男未婚、女未嫁」，人人都有機會，奪愛只是機會的把握，不過，機會的把握必須參酌理性的判斷，以「長遠的未來」來規劃，不能單憑感情的一時衝動，也不是一時的意氣之爭，更不是暫時的消遣活動。

性別平等的年代，男女有更多的機會與選擇，可是也要有對等的智慧抉擇。沒有以智慧為依據，卻因為機會多、選擇多而隨興為之，最後的苦果必得自己負責。

二、增強處理三角戀情的能力

三角戀情是現代人必須面對的問題之一，已婚者的外遇事件已如過江之鯽，更何況是未婚者的感情世界。學習處理三角戀情，已是兩性感情問題的必要功課之一。

此外，在兩性關係比以前開放、平權的時代，合則聚、不合則散的隨意四處瀰漫，以「寬闊的胸襟」來面對關係無法終老的結局，似

乎是必備的條件。如果沒有如此的氣度，恐怕無法生存在詭譎多變的兩性關係中。

三、以平權的觀念建立兩性關係

要抗拒三角戀情的形成，兩人關係要先鞏固。要兩人關係鞏固，關係中的兩人就必須以平權的態度對待彼此。愈是具有兩性平權概念的婚姻，夫妻愈覺得美滿（Buunk & Mutsaers, 1999）。當家務分工愈平等，性別角色態度愈現代化，則婚姻滿意度愈高（王美惠，民76）。同樣的看法，也可以用來解釋未婚的情侶關係。

此外，雙方的承諾度，也是抗拒第三者誘惑的最好方法之一。雙方關係的承諾度，又與雙方關係的滿意度有關。換句話說，以平權的態度來對待彼此，恐怕是防止三角戀情的最有效方法之一。

四、愛情生活不再是女性生命中的唯一

感情生活一直是女人生命中的唯一。傳統女性無能力獨立、自主，必須依靠男性。女性知道自己是第三者時，為了那份依靠，往往沒有勇氣割捨，而讓自己糾纏在三角戀情中，靜待男性的抉擇與判決。

性別平等的年代，女性的生活空間擴展，生命的廣度與深度提升，女性不再需要依賴男性，獨立、自主成為現代女性的象徵。

獨立、自主的現代女性不再將感情生活視為命中的全部，而是歷練生命的某部分經驗。對於挽不回的愛情，會勇敢放下，不再藕斷絲連。「山窮水盡疑無路，柳暗花明又一村」，「山不轉，路轉」，轉個方向，說不定會有另一番天地，是現代女性對愛情的註解。

第五章

婚前性行為

　　婚前性行為是男女交往過程中，既敏感又曖昧的問題。只要男女成為親密朋友，就必須面對此問題的挑戰。由於兩性的生理結構不同、心理狀況相異、社會對兩性的期望有差別，因此，兩性面對婚前性行為問題時，遭受的困擾也大不相同。男人興致勃勃，女人心慌意亂。不過，男人的矛盾與擔心絕不亞於女人當初的徘徊。

　　由於社會比以前開放，以及各種資訊傳遞的快速，使得婚前性行為的發生有如洪水破堤，勢不可擋。晏涵文在「現代青少年的感情生活與性教育」研究中（轉載自中時電子報，民 88a）發現：自一九八八年至一九九八年十年間，青少年各項性行為的比例皆顯著增加；其中，女性婚前性行為的比例由 6.9% 遽增至 26.7%，而男性婚前性行為的比例由 35.2% 增至 37.5%。在幾年後的今天，追求多樣與多變性的情慾模式、嘗試不同性伴侶及隨意自在的性關係，成為新的風潮，因此，以上的研究數據恐怕有重新更正的必要。

　　婚前性行為的氾濫，讓「九月墮胎潮」成為社會、學校與家庭的夢魘，在爭議墮胎是否該合法化的當下，不如先探索婚前性行為的相關議題，教導青少年相關的性知識，以及引導青少年理性地思考、正確地抉擇。

　　本章論及婚前性行為之相關迷思、兩性性開放之成因、兩性婚前性行為之成因、兩性性行為之目的、婚前性行為對親密關係之影響、婚前性行為對個人之影響、婚前性行為之前的自我準備，以及性別平等對婚前性行為之意涵。

第一節
婚前性行為之相關迷思

　　大部分的男女在第一次婚前性行為時，都沒有充分的身心準備，而且對於「性」這個問題一知半解，因此，對婚前性行為的處理，總有事後的遺憾。婚前性行為無關乎對或錯，而是當事人是否能夠事前

準備、事後負責。以下是有關婚前性行為之相關迷思，請修正錯誤的看法：

1.女人可以用性來牽絆男人。

2.性關係可以提升男女的親密程度。

3.性關係有助於維繫兩人的感情。

4.性即是愛，愛即是性。

5.性行為的發生表示雙方感情已穩定。

6.男人可以用性來拴住女人。

7.有安全的性行為防護，就可以有多重性伴侶。

8.情侶一定要有性關係才算情侶。

9.如果愛我，就要滿足我的性需要。

10.性行為之前不需要有充分的性知識，可以邊做邊學。

問題與討論

問題一：女人可以用性來牽絆男人。

有些女人誤以為，只要跟對方有性關係，對方就必須負責，不敢拋棄自己。很可惜的是，對男人而言，性與愛是兩碼事。男人對不愛的女人，一樣可以上床辦事，事後不會認真，也不想負責。甚至，有些差勁的男人一聽到女人懷孕，就心慌落跑，從此音訊渺茫。

問題二：性關係可以提升男女的親密程度。

男女相戀，長久相處下，渴望肌膚之親是自然的反應。兩人裸裎相見後，關係拉近，感情必然提升。不過，這種提升到達頂點後，就會像拋物線一樣逐漸滑落。當感情落至谷底，再多的性行為也是枉然。

問題三：性關係有助於維繫兩人的感情。

即使性關係可以維繫兩人關係，也只是暫時性效果。性關係掀開兩人最後的面紗，褪去彼此的神祕感，逐漸淡化兩人的吸引力，也複雜化兩人的關係，提高雙方的壓力。吸引力淡去又帶有壓力的關係，如何能長久持續？

問題四：**性即是愛，愛即是性。**

性與愛是兩碼事。有性不一定有愛，例如，男人嫖妓女，女人找牛郎；愛不一定得用性來表達，例如，老來伴的夫妻。

最明顯的事實是，大部分的男人在沒有愛的情況下，仍舊可以跟對方轟轟烈烈地做愛。

問題五：**性行為的發生表示雙方感情已穩定。**

性行為的發生並不表示雙方感情已穩定。性行為只是身體感官的滿足，而感情的穩定是指雙方在心理層面上互屬，並且透過行為（不是性行為）來肯定。因此，性行為的發生非指雙方感情已穩定。

問題六：**男人可以用性來拴住女人。**

有些男人擔心女友變心，就製造機會跟對方有性關係，藉此拴住對方。在封閉的社會，這一招或許有效，不過，以現今社會的開放，這恐怕是鏡花水月的想法。

問題七：**有安全的性行為防護，就可以有多重性伴侶。**

再多的防護，都只是降低性病的感染率而已，並沒有百分之百的效果。因此，最好的防護方法就是單一伴侶。

問題八：**情侶一定要有性關係才算情侶。**

情侶不一定要有性關係，有性關係者不一定是情侶。情侶關係中有愛的成分，但是，性不一定是「愛」的一部分，「愛」的成分中不一定有性的存在。情侶關係不一定得靠性來肯定。此外，性關係一旦開始，性行為便容易成為兩人相處的唯一模式，日子一久，感情不變質也難。

問題九：**如果愛我，就要滿足我的性需要。**

這是自私的想法。「愛」是一種關心與尊重，視對方的福祉為自己的福祉。即使一方興致勃勃，也得尊重對方的意願，不能為了滿足自己的需要而霸王硬上弓。

問題十：**性行為之前不需要有充分的性知識，可以邊做邊學。**

充分的性知識，可以告訴當事人如何保護自己。相反地，沒有充

分的性知識，容易發生未婚懷孕、性病感染、墮胎，甚至喪生等問題。

　　其他有關婚前性行為的迷思，請見本章附錄一。

第二節
兩性性開放之成因

　　何嘉雯（民86）調查台北縣六所大學四年級學生的婚前性行為，結果顯示：約有30%的學生有婚前性行為。侯靜里（民90）調查來自台北地區二十一所公私立大學二至四年級的學生，研究顯示：42.10%的大學生有婚前性行為。大學生的婚前性行為似乎有逐年增加的趨勢。不只是大學生，國中生與高中生有性經驗的比例，也是逐年升高。

　　到底哪些因素，讓這些年輕學子比他們的前輩更大膽開放？毋庸置疑，社會的開放讓婚前性行為的比例前仆後繼大放異彩。到底開放社會中的哪些因素，有如此推波助瀾的效果，讓身心尚未成熟的年輕小子也等不及長大就先偷嘗禁果？

一、從性成熟到結婚之間時間的延長

　　兩性性成熟從青春期開始。女性以第一次月經的來臨為性成熟的指標，大約十二歲至十四歲之間；男性以第一次夜間夢遺為指標，大約十四歲至十五歲之間。在傳統的農業時代，因為兩性結婚年齡早，兩性的性需要從性成熟後幾年間，便可以透過婚姻得到滿足。

　　現代人由於營養、環境、氣候的影響，性成熟的年齡有提前的趨勢；可是，現代人因為學業、事業的關係，結婚的年齡卻逐漸延後。從性成熟至結婚，這中間長達十幾年的時間該如何滿足性需要？於是，婚前性行為便成為不可遏止的時代趨勢。

二、媒體的推波助瀾

　　以前電視畫面被嚴格把關，男女之間的性行為往往以某些象徵性

的畫面帶過，例如，以雨水滋潤花朵的畫面，代表男歡女愛的美好交合；以亂雨摧花落、花瓣凋零的淒涼畫面，代表男有意、女無心的不情願交媾；以清圓月亮逐漸為東升旭日取代的畫面，代表男女性行為的圓滿達成。在那個保守的年代，未婚男女對性行為的認識，只能憑空想像。不管想像如何浪漫，也只是沒有骨架的無中生有，激不起任何感官的悸動。

目前電視、電影中，男歡女愛的畫面赤裸裸地呈現，畫面開放的尺度莫不令人心神蕩漾。這些畫面除了勾動觀賞者炙熱的生理慾望外，還教導觀賞者如何「辦事」。因此，在現實生活中，只要兩性一貼近，就會身燥口熱、心思鬆弛；接著，便容易在心酥酥、意茫茫之下，動手辦起事來。

三、青少年自主性提高

在父母把權、子女唯命是從的年代，未婚男女即使有性渴求，也會在社會與家庭的壓力下，壓抑需要，不敢越雷池一步。

現代的子女是家庭的老大，是社會未來的棟樑，是國家未來的主人翁。現代的教育強調尊重個人的選擇與價值觀，於是，青少年的自主性被尊重、被提高。青少年的自主性提高後，青少年便敢於表達需要，也急於滿足需要，父母與師長的耳提面命、三令五申，就像湖面上輕輕泛起的小漣漪，起不了作用。

於是，青少年第一次性行為的年齡逐年降低，不只每年的九月是「墮胎潮」，現在月月是墮胎月。

四、性別平等趨勢的影響

性別平等的風潮為兩性關係下了新註解，給兩性前所未有的機會與選擇。過去被視為禁忌的行為，現在成為稀鬆平常的事件。傳統社會中，女性的貞操一生只能給予一個男人，唯有青樓女子才會朝三暮四、送往迎來。不過，性別平等的潮流突破女性貞操的枷鎖後，女性

的婚前性行為，就像男性蜂飛蝶舞的風流韻事一樣，被等閒視之。

　　當然，女性開放的腳步似乎比男性來得快些，因為無法接受女性婚前性行為的男性依然普遍存在。只不過，這種時勢所趨的風潮，恐怕會讓這些男人不得不俯首認清事實。

五、社會對婚前性行為的寬容

　　男女未婚同宿曾經是千夫所指的羞恥，也是街坊鄰居茶餘飯後的八卦。在現今開放的社會，男女未婚同宿，甚至同居，是司空見慣的常事。結婚經常是奉兒女之命而為之。社會的寬容，給予未婚青年男女提早跨越身體界限的機會，享受鴛鴦共枕的樂趣。

六、國外潮流的影響

　　美國與日本的社會充斥著露水鴛鴦的性關係。以日本、美國盛行的一夜情來說，男女初次見面，沒有愛情基礎，為了生理上的性需求，只要感覺不錯，就可以裸裎相對，展開身體的深層對話。如果性行為可以如此隨意，那麼有感情基礎的性關係，更可以理直氣壯。因此，婚前同居在美國與日本是見怪不怪的事，婚前性行為更是稀鬆平常的現象。

　　台灣的年輕人因為受到美國、日本潮流的影響，正依著美國與日本的模式，肆無忌憚地進行著「只要我喜歡，有什麼不可以」的肉體大戰。也因此，婚前性行為的年齡層正逐年下降。

　　綜合以上所言，社會的變遷以及外來的影響，讓性行為的傳統價值觀受到挑戰。舊價值觀的解體，解放了過去的性禁忌。由於新價值觀尚未建立，一些青年男女便盲目地隨興而性。值得擔心的是，這些隨著風潮起舞的年輕男女，往往不了解自己的真正需要，不知道自己行為的意義，不知道必須付出的代價。

　　九月墮胎潮，讓每年有無數個未成形、已成形的胎兒沒有機會出

世、長大。可怕的是，「九月墮胎潮」早已成為歷史名詞，因為現在月月是九月，月月都是墮胎月，而且墮胎數目年年增加。青年男女的性開放竟帶來如此血淋淋的結果，這表示，如果自己還沒有準備好，就沒有資格性開放。

第三節
兩性婚前性行為之成因

羽袖為了莫鵠的要求苦惱不已。前幾天，莫鵠跟羽袖耳鬢廝磨之後，用很委屈的口氣告訴羽袖，他們的關係不應該僅是這樣而已，應是「枝連蒂並，鴛鴦同寐」。他等這一天等好久了，而且信誓旦旦地保證，不但不會辜負她，還會更加珍惜她。羽袖知道莫鵠用情專一，自己也想探訪那天人合一的神祕境地，於是，對莫鵠的要求有種不忍拒絕的衝動。可是，一想到家人的期盼，就開始有點放心不下。她的父母一再叮嚀，女孩子不可過於隨便；她的姊姊曾告誡過她，女孩子還是保守些比較安全；再加上，她的同學都是乖乖女，反對婚前性行為。因此，她實在無法如此灑脫地答應莫鵠的要求。偏偏莫鵠一臉祈求的樣子，卻又讓她於心不忍。羽袖左右為難，不知該如何是好。

問題與討論

1. 以上的問題，是否為情侶們常碰到的難題？
2. 影響羽袖不敢斷然答應的原因為何？
3. 促使莫鵠向羽袖提出性要求的可能原因為何？
4. 男性可能使用哪些招術向女朋友求歡？
5. 羽袖是否該答應莫鵠的要求？原因為何？

因為性別差異，兩性的婚前性行為受不同因素所影響。這些因素有些與個人特質有關，有些與環境特性有關。

一般而言，家人、朋友、宗教的力量，對兩性婚前性行為的態度，或多或少都有一些影響（例如，Kaufman, Poston, Hirshl, & Stycos, 1996）。不過，以上因素的影響力會因為性別不同而不同。

Chan 與 Cheung（1998）對香港中文大學學生的研究發現：男性對婚前性行為的態度比女性寬容，因此，比女性更容易有婚前性行為；決定男性是否有婚前性行為的因素偏向個人態度的喜好，而女性比較容易受到他人的影響，例如，父母、朋友、伴侶等。

在不同的研究中，也發現有類似的結果。Werner-Wilson（1998）從個人與家庭兩方面探討影響男女婚前性行為的因素。個人因素包括：年齡、自尊、內外控與宗教因素；家庭因素包括：同胞人數、父母在家的人數、跟母親的溝通狀態、跟父親的溝通狀態、家庭關係的品質、父母給予的性知識、父母對性行為價值的討論、父母對青少年性交的態度。研究結果發現：個人因素與家庭因素對兩性的婚前性行為都具有影響力，可是，影響男性婚前性行為的主要因素為個人因素，而影響女性婚前性行為的主要因素是家庭因素。以上諸多因素中，宗教因素是預測婚前性行為最重要的因素。宗教力量對婚前性行為的抑制作用，這一點在 Hynie、Lydon 與 Taradash（1997），Pluhar、Frongillo、Stycos 與 Dempster-McClain（1998），以及 Roche 與 Ramsbey（1993）的研究中，也有類似的發現。

同儕也具有不可忽視的影響力。女性因為受性行為活躍女性朋友之影響，因而對婚前性行為有寬容的態度（East, Felice, & Morgan, 1993）；男性受到朋友的影響，而對婚前性行為有正面的態度（Kaufman, Poston, Hirshl, Stycos, & Mayone, 1996）。

文化因素對兩性的婚前性行為也具有影響。一般來說，美國人比俄國人與日本人較能接納婚前性行為（Sprecher & Hatfield, 1997）。中國人對女性貞操的重視，與對男性性行為的寬容，造就了女性對自己

的貞潔嚴苛要求，以及男性對自己的性行為寬容。

此外，教育對兩性的婚前性行為也具有一些影響力。台灣的研究發現：學歷會影響女性對婚前性行為的態度。沒有受過正式學校教育的婦女比受正式學校教育的婦女，較不能夠接受婚前性行為；而不同教育程度的婦女之間沒差異（Chang, 1996）。

影響兩性婚前性行為的主要因素之所以不同，可能是兩性承受的社會壓力不同。以男性為主的社會，通常包容男性的婚前性行為，甚至對男性的性行為有諸多認同與鼓勵，例如，妓院的存在，通常是為了協助男性紓解性需求。此外，男性生理結構上的得天獨厚，使得男性的婚前性行為不易被發現，因此，男性更可以有恃無恐地享受婚前性關係。

在同一社會中的女性就沒有如此幸運。女性跟男性交往時，無法有男性的瀟灑與自由。「處女情結」一直是女性的惡夢，也是家中父母的負擔，更是社會的期待。於是，女性與男性交往時，莫不戰戰兢兢嚴陣以待，唯恐做出社會不容、父母失顏的事。

第四節
兩性婚前性行為之目的

明綾與子澔交往幾個月後，在一次浪漫氣氛的催化下，子澔向明綾要求要完全擁有彼此，明綾並沒有拒絕。子澔認為男女交往的過程中，男人對女人身體的遐想與擁有，是自然的現象。更何況，他既然有了女朋友，他的性慾就應該有合理的出路，不能再望色興嘆，自我壓抑。因此，性行為是必然的結果。

對明綾來說，她深愛子澔，把自己交給對方，是她對他感情的誓言。她相信，兩人有了性關係後，雙方的關係應該

會更進一步，更加穩定。

問題與討論

1. 男人性關係的目的為何？
2. 女人性關係的目的為何？
3. 女人通常在什麼情況下同意跟男友有性關係？
4. 婚前性行為是戀愛中的一部分嗎？原因如何？

兩性帶著不同的目的進入性關係中。男性有了女朋友後，因為增多了視覺與觸覺的刺激，性衝動的機率自然增高，解決性慾上的需求，就成了重要的問題。一些男性認為，既然有了女朋友，情慾的出路就應該繫在女友身上，因此，將身體上的滿足視為兩性交往的重要目標之一，並且主導性行為的發生。在黃羨斐（民 89）的研究就有類似的發現：性行為的發生多半由男性主導。

另一方面，男性對性的好奇與需要，自古以來就未曾受到壓抑，對女性身體的探索早就充滿期待。男性有了女友後，自然會把握尋幽訪勝的良機。

女性像男性一樣也有性需求，也期待性慾得到解決。不過，跟男性不一樣的是，女性必須跟對方有充分的感情基礎，了解彼此，充分溝通後，才願意接受婚前性行為（黃羨斐，民 89）。可惜的是，並不是每位有婚前性行為的女性都如此理性。有很多時候，女性答應男性的性邀約，是因為擔心拒絕男友的要求可能傷害雙方的關係（黃羨斐，民 89），或為了促進情感的連結與加強對方的承諾（Winstead, Derlega, & Rose, 1997）。

換句話說，在婚前性關係中，女性重視心理上的親密，而男性重視身體上的滿足。在一些研究上就有這樣的發現：性慾與身體的愉悅是男性大學生有性關係的主要原因；是愛與情感讓女性大學生願意跟伴侶有性關係（Whitley, 1988），有了承諾的性關係，女性才能接受

（Hynie, Lydon, & Taradash, 1997）。

　　從 Roche 與 Ramsbey（1993）的研究中，可以更清楚了解兩性在性關係中的不同目的。Roche 與 Ramsbey（1993）探討約會階段與不同親密行為的關係。他們將約會過程分為五個階段：⑴對對方沒有特別的感覺；⑵有感覺但還未達到愛的階段；⑶墜入愛河；⑷只跟相愛的人約會；⑸相互承諾。約會的親密行為有八種：⑴沒有身體接觸；⑵晚安的親吻；⑶多次的擁抱與親吻；⑷長時間的親吻與擁抱；⑸上半身的愛撫；⑹下半身的愛撫；⑺互相手淫；⑻性交。

　　研究顯示：男女親密行為的程度隨著約會階段的進展而提高。在約會的後面階段，雖然男女之間對婚前性行為的態度差異不大，可是，當雙方處於第一階段（對對方沒有特別的感覺）、第二階段（有感覺但還未到愛的階段）時，男性就興致勃勃地期望跟對方有性關係。幾年前，Roche（1986）也曾做過類似的研究，也獲得類似的結果。

　　換句話說，兩性交往的過程中，即使雙方還未認清彼此，還未有感情基礎，男性就興致勃勃地期待跟對方建立性關係。相反地，女性必須等待雙方交往一段時間，對彼此有某種承諾與共識後，才肯接受性關係。在性關係中，男性以身體的愉悅為目的，女性則以感情的提升為目標。

　　兩性在性行為發生之前，應該清楚雙方的目的，否則，男性以為對方像他一樣想滿足性需要，而女性誤以為男方對她心有所屬，到時候男方抱怨女方不可理喻，女方怨恨男方無情，孰是孰非，難以釐清。

第五節
婚前性行為對親密關係之影響

白卉忘神地躺在床上，情不自禁地用手觸摸藍風剛剛躺過的地方。跟藍風多次同床共枕後，白卉對藍風的濃情蜜意更勝從前。可是，將自己完全掏空給了對方，沒有留下任何籌碼給自己，心中終究是忐忑不安。她自責自己的情不自禁、意亂情迷，才會熬不過藍風的甜言蜜語。一想到父母要她守身如玉，就不自覺地低下頭來羞愧萬分，不安的激流在剎那間澎湃起來。

剛從白卉家中回來的藍風，哼著輕鬆的小調，嘴角不時露出愉悅的微笑，恰似滿身疲憊被冷泉甘露洗滌之後的爽快。不過，在同時，一種莫名的無奈慢慢地擴散開來。

他知道跟白卉的關係已今非昔比，應該對她更加珍惜。不過，跟白卉穩定的關係，反而激不起對她的興趣。另一方面，白卉對他的依賴與要求更勝從前，這帶給他莫大的壓力。

他實在不喜歡兩人的關係這麼快就定下來。一想到這些問題，他突然對她感到厭煩。

問題與討論

1. 性關係是否會改變男方對女方的感覺？原因為何？

2. 性關係是否會改變女方對男方的感覺？原因為何？

3. 隨著性行為次數的增加，兩人的親密關係可能有什麼樣的變化？

4. 沒有愛的性關係，對兩人的關係會有什麼影響？

理論上，未婚男女有了性行為後，雙方的親密度與承諾度應該隨之提高。可是，事實上，婚前性行為只能暫時拉近彼此的距離，產生

暫時的承諾。張純吉（民86）的研究發現：婚前性行為對情侶的親密關係只有暫時性的助長效果。

就「親密度」與「承諾度」來說，兩性的「親密度」與「承諾度」隨著「兩性行為的親密程度」與「性別」而有不同的變化。就男性而言，性行為之前，對女性的「親密度」與「承諾度」隨著「兩人行為的親密度」而提升；在性行為之後，對女性的「親密度」與「承諾度」卻有降低的趨勢。就女性來說，「親密度」與「承諾度」隨著「兩人行為的親密程度」而穩定升高。

兩性在性行為之後，親密與承諾程度產生不同變化的可能原因，有以下幾點：

第一，兩性帶著不同的目的進入性關係中，男性的性行為以身體滿足為主，而女性則以情感的提升為主。隨著性行為次數的增多，以身體為滿足的男性，便逐漸喪失了當初的好奇與興致，於是，親密與承諾程度跟著降低。對女性而言，女性之所以決定跟對方有性關係，一方面是基於愛對方，另一方面是為了讓兩人的感情更加貼近。性關係發生後，女性更願意依賴對方，更願意將自己託付給對方，因此，親密與承諾程度便隨著提高。

第二，男性在兩人未深交之前就期望跟對方有性行為，這種感情基礎薄弱的性關係，對於兩人的親密與承諾程度沒有助長效果。女性則在兩人關係穩定後才願意接受對方的邀約（Roche & Ramsbey, 1993），這種以情感為基礎的性關係，對親密關係的提升才有幫助。

第三，以男性為尊的社會對兩性的性行為有不同的約束力。傳統社會對女性諸多苛責，要求女性守身如玉、從一而終。現代女性受到傳統的束縛雖少，可是整個社會結構仍舊由男性主導，即使女性跟對方的性關係不是基於足夠的感情，還是會認命地想從一而終。對男性而言，現代社會雖然不贊同男性四處留情，不過，仍給男性較大的活動空間，包容男性的三心二意。因此，男性跟對方有了性行為後，即使想要逃之夭夭，仍然有僥倖的空間。

第四，不同因素影響兩性婚前性行為的決定。決定男性婚前性行為的主要因素在於男性本人，婚前性行為的責任也由自己操控。影響女性婚前性行為的因素來自外在環境，因此，女性有了婚前性行為後，必須向外在環境交代。

第五，吸引力的消失。無可諱言，對年輕人來說，性行為的開端，是因為對性的好奇，而不是有意跟對方建立長久的關係。在幾次翻雲覆雨之後，初期的興奮便逐漸減低，對方的神祕感也因為幾次的裸裎相見而無影無蹤。這對於以身體歡愉為主的男性更是如此。女性以心理層面的滿足為主，身體神祕感的消失，自然無法左右愛對方的心態。

以上的研究與看法未必可以放諸四海而準，因為現代的癡情男、豪放女還是四處可見。重要的是，兩性在決定是否有婚前性行為之前，必須對兩性的特質有清楚的認知，並且事先溝通雙方對性行為的看法。男性不要誤以為，女性就像自己一樣，只是存著玩玩的心態；女性不要誤認為，男性在床上的翻雲覆雨是基於愛。

兩性的婚前性行為之所以衍生出許多問題，不在於婚前性行為本身的對錯，而在於兩性對自己與對方的心態未有清楚的認知。建立在錯誤認知的婚前性行為，若不是一方嚴重受傷，就是兩敗俱傷。

第六節
婚前性行為對當事人之影響

婚前性對當事人有正面的影響，也有負向的影響。每一個想嘗試婚前性行為的人，都應該花些心思，審慎思慮正反兩面的影響，因為這不是「拿得起、放得下」如此簡單。

■ 一、婚前性行為之正面影響

（一）讓彼此的關係更接近

當男女裸裎相見，並且突破最後一道身體防線時，這種沒有距離的身體親密互動，會拉近彼此心理的距離。即使以身體為滿足的男人，也會因為性關係的催化與滿足，而在心理上更靠近對方。這種看法可以從張純吉（民86）的研究結果得到支持。

（二）更加認定彼此的關係

女性基於愛對方，才跟對方有性行為，因此，這樣的性關係，會加深女性將自己託付給對方的意念。

男性一開始的性關係，或許並非奠基在深厚的感情基礎上，不過，當跟對方有性關係後，至少在某個時期，會激起男性保護對方、照顧對方的責任感，或是暫時收斂三心二意的浮動。

（三）進一步認識自己與對方

當男女因為性行為的催化而讓關係貼近時，雙方語言與非語言的互動，將會更多、更廣與更深。在如此接觸頻繁的互動過程中，增多了覺察自己與對方的機會，讓雙方看清自己，也看清對方。

（四）以安全的方式滿足彼此的性需要

現在的年輕人早熟，戀愛談得早，結婚年齡卻往後延。從性成熟到結婚這段漫長的歲月，性需求不時地在體內沸騰。

在性病蔓延的今天，人無法像其他動物一樣，隨便找位對象滿足性慾。人也不像其他動物一樣，性交只是單純的性器官接觸而已。因此，親密關係的性行為，可能是比較安全、比較溫馨、比較人性的性慾紓解管道。

（五）可以探索彼此的適合度

婚前性行為不只可以探索雙方身體方面的適合度，更可能因為身體的親密，而帶來更多的接觸與更多自我層面的呈現，因此，可以檢驗雙方在各方面的適合度。

（六）滿足對性的好奇

對性的好奇，是從年幼到年老者的共同心理反應。尤其是尚未但剛要開竅的年輕男女，性的奧祕簡直有如「所羅門寶藏」那樣吸引人。沒有親密異性朋友者，只好借助圖片、色情影片望梅止渴。有異性朋友者，不管對對方是否有愛，在好奇心的催促下，茫酥酥地千番百計想要探索對方的身體。對剛起步的年輕人而言，與其說婚前性行為是為了滿足性需求，不如說是為了滿足性好奇。

■ 二、婚前性行為之負面影響

　　在一連串激盪的前戲之後，名媛緩緩地躺了下來，青雲迫不及地準備進入驚心動魄的正戲。當名媛半開半合的雙眼瞄見青雲並未依照約定戴上保險套時，心中一驚，怒不可遏地翻身坐了起來。青雲認為名媛大驚小怪，庸人自擾，偶而一次沒戴，情有可原。再說，保險套隔離了他與名媛的真實接觸，讓他甚感不便，於是要求名媛同意他這次不戴保險套。

　　名媛聽到青雲的強詞奪理，有如冷水潑身，熱情頓然褪去。紛亂雜沓的怒氣，喚起她前些日子墮胎的悲傷記憶。她永遠忘不了自己一個人孤伶伶、無助地躺在冰冷的手術台上，沒有尊嚴地任由生硬的工具隨意進出自己的身體，以及惶恐又心力交瘁地看著從她肚子裡刮出的胚胎。如果眼前這個男人這麼不愛護她的話，她又豈可任他予取予求？

問題與討論

1. 做愛時，如果男方沒戴保險套，可能發生什麼後果？
2. 做愛時，如果男方不肯戴保險套，女性該如何處理？
3. 要如何避免婚前性行為的不良後遺症？

沒有充分準備的婚前性行為，通常後果不堪設想，包括性病感染、未婚懷孕、早婚、失學、感情生變，甚至引發傷人傷己的悲劇。詳述如下：

（一）性病的感染

1.認識性病

性病，稱為性傳播疾病（sexually transmitted disease），指跟各種性行為、性接觸密切相關的傳染病，共有二十多種，例如，梅毒、淋病、軟下疳、性病性淋巴肉芽腫、腹股溝肉芽腫、尖銳濕疣、生殖器皰疹、非淋菌性尿道炎、陰部念珠菌病、細菌性陰道病、傳染性軟疣、愛滋病、乙型肝炎和疥瘡（韓國柱，民88）。

性病病原菌有三種特性：(1)性病不容易傳染：性病病原菌非常嬌嫩，一離開人體必須馬上進入潮濕的黏膜方可存活。一般與性病病患從事一次性行為，約有20%至30%的得病率。(2)性病不容易被診斷：性病病原菌一離開人體便很快死亡，因此診斷不易。(3)性病容易被治療：除了病毒引起的性病外，對所有細菌、黴菌或寄生蟲引起的性病，有將近100%的療效（王任賢，民91）。值得注意的是，由於男女性器官的差異，使得男性的性病容易及早被察覺與治療，而女性常拖到產生併發症才知道感染性病（王任賢，民91）。

常見的幾種性傳播疾病在相關網站有詳盡說明，請自行上網查詢。

2.保險套與愛滋病

愛滋病是二十一世紀的黑死病，與癌症分庭抗禮，甚至超越了癌症帶給人類的殺傷力，使整個世界陷入一片恐慌中。有能力的國家，

莫不為了尋求治療愛滋病的方法，日以繼夜地研究探索。直至目前為止，雖然抑制愛滋病毒在體內擴散的藥方相繼出現，可是治癒的藥物卻依然未明。

根據聯合國愛滋病組織（UNAIDS）／世界衛生組織（WHO）二○○一年發表的報告指出：全世界感染愛滋病人數已超過六千萬，死亡人數已逾二千多萬，平均每天新增一萬四千名愛滋病患。東亞與亞太地區人口稠密，可是政府對愛滋病的防治工作不甚積極，因此，二○○一年愛滋病的感染人數較去年成長高達108%。東亞與亞太地區可能成為愛滋病的明日之星（衛生署疾病管制局，民91，轉載自台北市性病防制所愛滋病資料室網站）。

在台灣方面，根據衛生署疾病管制局民國九十一年七月發布的資料：台灣地區感染愛滋病的人數高達3,985人，98%新感染者經由性行為感染，每年愛滋病的成長率為20%，主要感染群以二十到二十九歲為主，不過，十五到二十四歲的青少年感染人數及所占比重逐年增加（衛生署疾病管制局網站新聞稿，民91a）。

性行為是青少年感染愛滋病的主要途徑，十個愛滋青少年就有九人因性行為而感染（衛生署疾病管制局網站新聞稿，民91b）。因為青少年發生性行為的過程中，多數沒有採取任何的安全措施，再加上一夜情、援助交際的性氾濫，以及搖頭丸的助興，愛滋病感染年輕化的問題將日趨嚴重。

保險套是目前防治愛滋病最簡單、最有效的方法，可是，常有一些人疏於防範或知識不足，而讓自己或對方感染性病。根據台北市性病防治所（台北市性病防治所網站新聞稿，民91）在九十年十一月十六日至十一月三十日所做的研究報告指出：對於保險套的知識，有性經驗的人反而比沒有性經驗的人低；大專以上學生對保險套的知識反而略低於高中程度者；一半以上的人在第一次性經驗時沒有使用保險套；對保險套知識愈高者，在第一次性行為時愈會使用保險套。依據陳淑華（民92）對高雄市國中的研究發現：有性經驗的國中生，超過

十分之四的人未戴保險套。

　　以上兩份調查結果顯示：大多數的台灣年輕人不知道「安全的性行為」。如果兩性性行為的過程中，連最簡單的安全措施（保險套）都不願意做，那麼性病的傳染以及其他不良後果，自然避免不了。

（二）墮胎

　　許多青少年對性行為興致勃勃，而且迫不及待地以身試法，可是，卻沒有足夠的知識保護自己、保護對方。每年暑假，一些青少年放下課業上的壓力後，便同時對性慾「解禁」，肆無忌憚地進行性愛遊戲，致使每年九月成為成千上萬個已成形、未成形胎兒的斷魂月。

　　一九九九年一項涵蓋全球十四個國家青少年性態度的調查顯示：台灣地區有 62%受訪者第一次性行為未做避孕措施，比例之高，占十四個國家之冠（中時電子報，民 88b）。依據統計，台灣每一年產下三十二萬個新生兒，可是至少有五十萬人次的流產手術（蔡鋒博，民89）。以人口比例計算，台灣的墮胎率比性開放著稱的法國高出六倍以上。

　　許多少女得知自己懷孕之後驚慌失措，一些始作俑者的少年更是落荒而逃、避不見面，留下啞巴吃黃蓮的少女笨拙地收拾善後。「墮胎」目前在台灣仍未完全合法化，於是，珠胎暗結的少女便躲躲藏藏到地下診所進行墮胎手術。這些對避孕沒有足夠知識，對懷孕、墮胎沒有正確認知的少女，懵懵懂懂地靠著運氣處理生命攸關之大事。有一些不幸者在墮胎的過程中出了差錯，因為沒有父母、師長在一旁照顧，又不敢啟齒請求專家的協助，於是讓這些差錯所造成的後遺症，成為永恆的傷口，跟隨生命浮沉直到死亡。有些少女自行服用未經核可的墮胎藥（例如，RU486）所造成的損傷，有時足以失掉生命。

　　即使有幸在墮胎的過程中未釀成禍害，可是墮胎之後，因為身體未得到適當的調養，以及一再墮胎所造成的影響（例如、子宮糜爛、子宮頸癌、不孕、性病感染），使得日後的生命必須背負年少輕狂的

代價。

　　婚前性行為的受害者往往是女性。男性在完事之後，就拍拍屁股走人，而女人卻得收拾事後的殘局。女人怎可不再三思量，糊里糊塗在男人的甜言蜜語之下，一再作繭自縛。如果有女人明知男人不願意戴保險套，竟還如此縱容男人，任由男人糟蹋，以致於一再墮胎，建議先找專家協助（例如，諮商專家），恐怕心理問題才是問題的根源。

（三）身體的滿足成為唯一的相處模式

　　男女有了婚前性行為後，「做愛」便容易成為兩人相聚的唯一活動。青年男女對於性活動，本就懷著高度的好奇，而且急於劍及履及。有了情人之後，自然抓住機會，迫不及待地想窺視與體驗箇中奧祕。一旦有機會品嘗到性行為的瓊漿玉液，便容易身陷其中難於自拔。於是，情人們一見面，就會先來幾番翻雲覆雨；至於心靈溝通與相互了解，都被拋諸腦後。一旦雙方的身體不再具有吸引力，感情自然會灰飛煙滅。

（四）奉子結婚

　　沒戴保險套的性歡愉，後果之一就是女方懷孕。有時候為了某些因素，墮胎不是最佳的選擇，於是，男女在沒有準備的情況下，不得不奉子成婚。

　　奉子成婚的結合，雖然也同樣得到他人的祝福，不過，會因為雙方心智未成熟、適合度待調整而衝突迭起。此外，經濟上的壓力常迫使一方或雙方輟學，提早進入社會工作。在學歷缺乏、經驗不足的狀況下，就業成為生活中的一大壓力。這種壓力會轉嫁到婚姻上，提早讓婚姻結束。

（五）未婚媽媽

　　當少女不幸懷孕後，或許因為知識不足，或許因為沒有墮胎的門

路，或許少男開溜讓少女不知所措，就在陰錯陽差之下，這些無知少女便成了未婚媽媽。

　　絕大多數的未婚媽媽在孩子出生之後，因為擔心家人不諒解，或他人奇異的眼光，或沒有能力獨自撫養孩子，通常將孩子轉送他人撫養。有些未婚媽媽不知如何處置剛出生後的嬰兒，就隨意將之丟棄，任其自生自滅，或甚至隨意殺害。這種人倫悲劇時有所聞，而且持續不斷。

　　這種骨肉離棄的悲劇，除了女方應該捫心自問，為何淪落如此悽慘境地外，肇事的男方也應該自我反省，為何在歡愉時不願意做安全防範，事後又將如此重任丟給女方一人承擔，導致殘酷的悲劇發生。

（六）影響雙方感情

　　情侶沒有足夠的感情基礎與了解就魯莽行事，這樣的結果，除了會有一時的激情歡愉外，也會讓雙方對自己欠缺思慮的行為生氣，對引發的後果恐懼。當兩人的互動充滿恐懼與生氣的情緒，這樣的關係又如何繼續？

　　從以上男女對婚前性行為的態度、婚前性行為的目的，以及婚前性行為的相關研究可以歸納出：想要有婚前性行為的男女，應該有理性的思考、充分的準備。

第七節
婚前性行為之前的自我準備

　　婚前性行為的對錯，建立在當事人是否有：足夠的智慧做理性的抉擇、足夠的能力承擔後果、清楚的價值觀做選擇的依據，以及對兩性有清楚的認識與尊重。沒有適當的事前準備，婚前性行為便會帶來一些意想不到的不良後果。既要享受性的愉悅，又要沒有後遺症，那

只能依靠當事人的身心準備程度。

一、生理之準備度

（一）身體的成熟度

　　女性有了初經，男性有了夢遺，代表男女開始具有生殖能力。有生殖能力，並不表示身體各功能已臻成熟。人類身體的發育要到二十五歲才完全成熟。女性成熟之前，若因為婚前性行為而珠胎暗結，除了帶來第六節所提到的不良後果外，此時懷孕，對母體與胎兒都有不利的影響。

　　一方面，當事人的身體處於發育階段，需要足夠的營養成長；另一方面，腹中寶寶發育的養分完全依賴母體支援。這種一份營養兩人需要的情形下，媽媽與寶寶的發育可能會受阻礙。這就是為什麼過於年輕的媽媽容易有早產兒、死胎，或是寶寶出生後容易夭折的原因。

　　此外，依據蔡怡真（民 89）的報導：性行為愈早，感染人類乳突病毒的機率愈高。十八歲以前即開始性交者，日後罹患子宮頸癌的危險性增加六倍。

（二）避孕知識

　　如果兩性渴望享受性解放的樂趣，那麼進行性解放之前，就必須先知道如何避孕。避孕不只是女人的事，男人也有相等的責任。由於女人必須承受懷孕之苦，所以女人更需要知道如何保護自己。

　　有些人認為談這種事煞風景，破壞好不容易營造的氣氛。而且，性慾一來，有如風馳電掣、急風驟雨，哪有空檔與思緒逗留在那些無關風花雪月的事上。

　　根據統計資料顯示：在未使用任何避孕措施的情況下，性行為如果發生在月經週期的中期，懷孕率可能高達 30%；性行為如果發生在月經週期中期以外的任一天，懷孕率則為 2%至 4%之間（陳志中、趙

光漢、楊友仕，民86）。「人無遠慮，必有近憂」，性所帶來的歡愉只不過是幾小時的事，而懷孕生子所付出的代價卻是一生一世，即使以墮胎處理，所留下的後遺症可能禍延一生。

目前所知的避孕方法有：性交中斷法（coitus interruptus）、保險套（condom）、安全期法、子宮托（diaphragm）、子宮隔膜（陰道避孕隔膜）、陰道棉、注射避孕法（DMPA）、避孕植入劑、殺精蟲劑（spermicidal agent）、陰道避孕膜（vaginal contraceptive film）、子宮內避孕器（IUCD）、口服避孕藥（oral contraceptives）、緊急避孕法、結紮法（陳志中、趙光漢、楊友仕，民86；陳怡樺，民87）。以上各種避孕方法的優缺點，見本章附錄二。

避孕不只是女人的事，更是男人的責任，在兩人第一次性行為之前，就應該協調如何避孕。

兩性討論避孕方法時，必須評估各種避孕方式的利弊得失，再根據每位當事人的不同狀況，慎選適當的避孕方法。例如：(1)有下例情況的女性，必須禁止使用口服避孕藥：心臟血管疾病者（靜脈栓塞、血栓症、腦血管疾病和心臟血管阻塞）、肝功能不良者、乳癌患者、未經診斷的不正常子宮出血者、孕婦、年齡大於三十五歲的吸菸者、非常肥胖或是原本就有健康問題的婦女（例如，糖尿病、高血壓、膽固醇高者）、有其他生殖器官癌症的個人／家族病史者。(2)若女性不幸懷孕，應立即停止服用避孕藥，否則可能導致畸胎。(3)以下女性需小心服用避孕藥：年齡小於三十五歲且血壓控制良好的高血壓患者、使用低劑量型的子宮肌瘤患者、年齡小於三十五歲且無合併病症的糖尿病患者、羊癲症患者、具有懷孕性黃膽者、膽囊疾病患者（李光國，民85；林文斌、廖月娟譯，民88）。

從本章的附錄二可知，由女性來避孕，不但手續繁複，而且風險極大；由男人來避孕，只不過戴個保險套的舉手之勞而已。男人何忍如此自私，只為了小小的個人快感，就忍心讓女人賣命！女人本人也要自立自強，知道愛自己者，才能贏得別人的尊重與關愛。

（三）性病防治的知識

避孕是件麻煩的事，而性病防治更是頭痛的問題，想到二十多種性病的流傳，就足以讓人眼花撩亂、膽顫心驚。凡事有得必有失，如果沒有萬全的準備，寧可錯失「良機」，也不要禍延自己與他人。

防治性病最重要的方法有四：第一，戴保險套後才辦事。保險套是目前防治性病最有效的方法，只要使用得當，安全性值得信賴。不過，如果一方當事人已感染性病，雙方最好暫停性生活，因為在這種情況之下，保險套的效果會大打折扣。

第二，性伴侶固定。從事色情交易的公關，以及擁有多重性伴侶的人，容易造成網絡狀的性病感染，而固定的性伴侶可以斷絕性病感染的途徑。為了「保護自己，愛護他人」，千萬不可來者不拒，或是自命風流倜儻，四處尋花問柳。

第三，重視個人生理衛生。生殖器是人體中最隱密、最脆弱的部位，也是最容易藏污納垢的地方。如果個人的生理衛生不及格，生殖器就容易成為培植細菌的溫床。

第四，有了性病，不要諱疾忌醫。「性病」是一種令人藏頭縮尾、不敢抬頭見人的疾病，一般人對於「性病」總抱著諱疾忌醫的心態。這種不健康的態度，讓「性病」有機會繁殖與傳播。有了性病，就得面對現實，趕緊找醫生治療，以免誤了治療的先機。

二、心理之準備程度

（一）適當的兩性知識

社會交換論認為，人際間的吸引如同社會上的交易行為一樣。回報大於付出時，吸引力便增強；付出大於回報時，吸引力便降低（丁興祥，民77）。在婚前性行為中，如何讓回報與付出達到平衡，甚至是回報大於付出，以維持彼此的關係，方法之一，便是雙方有足夠的

兩性知識。

　　所謂「知己知彼，百戰百勝」，兩性除了知道自己性別的特質外，更要了解另一性別的特徵。例如，男性婚前性行為是以生理滿足為目的，女性以提高雙方感情為目標。如果男性對女性有真實的認識，在處理自己的生理衝動時，就會警惕女性的期望，事後才不會有糾纏不清的誤會。同樣地，女性需要評估男方的目的，審慎考慮自己與男性的狀況，才不會有誤上賊船的誤解。

　　此外，性病感染知識、避孕知識都可以避免不良的後遺症，降低雙方付出的代價。

　　兩性的婚前性行為是兩性互信互愛的表徵，但是如果沒有足夠的兩性知識為基礎，也會成為相互傷害的起因。

（二）適當的自我保護措施（例如，慎防約會強暴）

　　或許是傳統觀念的影響，婚前性行為的開始，通常是男性主動，女性被動。女方的被動，有一部分原因是覺得時機未到，還不想跟男性有如此深入的接觸。不過，大部分的男性會以自己的需要為主，甚至不惜演出霸王硬上弓的戲碼。有些時候，男方原本就心存歹念，早有預謀，讓女方無法逃脫。不管前者或後者，都是一種強暴行為。

　　要避免如此的悲劇，女性應該知道如何保護自己。例如，慎選約會地點、學會察言觀色等。這一點將在第十八章有清楚的說明。

　　要求女性學會保護自己，畢竟只是消極的作法，男女應該學會尊重彼此的意願。「性」是雙方的事，不是一方滿足另一方那樣簡單。如果有一方不願意，另一方就要知難而退。這樣做，不但不損雙方感情，還有助於提升彼此的連結。

（三）價值觀的澄清

　　「青春不會重來，生命不可留白」，代表著當代年輕人急欲抓住生命的告白。因此，「及時行樂」便成為當代年輕人為生命所下的註

解。年輕人在搖頭丸、搖腳丸、迷幻藥、安非他命中尋找片刻的高潮；從一夜情、援助交際中體驗短暫的激情；借助名牌服飾、昂貴飾物撐起短暫的虛榮。生命成為短暫快感接續而成的浮光掠影。

這種浮華不實的生命風格，是絕大多數年輕人的理想嗎？恐怕不是。有許多年輕人因不知何去何從，而沉淪於人云亦云的盲目洪流中。換句話說，這些年輕人根本不知道自己的價值觀為何，才讓自己落入無知的茫然中。

「價值觀」這玩意兒或許可以稱為黑暗中的明燈、大海中的燈塔。「價值觀」代表一個人的行事準則、行為的指引，有了「價值觀」的引導，個人就不會迷失在別人的影響中。

每個人在決定是否要有婚前性行為時，就必須先檢查自己的價值觀，因為這種事絕對不是「拿得起、放得下」那麼簡單，也極少人能夠如此瀟灑、豁達。有一些女性在第一次性行為之後，充滿一身的愧疚與自責，淹沒於痛哭流涕的情緒中。看起來像是女權運動、性解放的口號，以及四周開放的朋友迷惑了她，其實，真正讓自己受傷的是她自己。就像時下年輕人迷失於人云亦云的沼澤中一樣，沒有事先澄清自己的價值觀，魯莽行事之後，悔不當初是必然的結果。

在婚前性行為這件事上，因為男性沒有女性所背負的傳統包袱，所以，男性似乎是絕對的受益者，其實不然。婚前性行為絕對不只是女性的事，而是兩個人的事，未來的責任需要兩人承擔。男性在偷嘗禁果之前，也須檢查自己的價值觀，想想事情可能的後果，否則容易誤以為撿到便宜而自食惡果。

兩性偷嘗禁果之前，有哪些價值觀需要澄清？包括：家庭教育或父母親的期望、同儕的眼光、所信仰宗教之教義、個人的價值觀、鄰居與親戚的眼光、身心成熟程度或對後果的負責能力。

父母的期望代表一種資源，也是一種阻礙。如果婚前性行為是違反父母的期望，個人便容易出現自責與罪惡感。當婚前性行為帶來不良後果時，自然不敢求助父母或家人而私自處理，在這過程中，一些

意想不到的傷亡便容易發生。

個人在不在乎同儕的眼光，以及同儕間有多少人曾有婚前性行為，都會影響個人在婚前性行為後的適應。如果同儕對婚前性行為的態度開放，或是有不少同儕曾有過婚前性行為，那麼個人的大膽嘗試，就比較不會遭受同儕的排擠，也不會因為不敢讓同儕知道而感到孤寂。

個人所信仰的宗教會影響個人婚前性行為後的感受。如果所信仰的宗教反對婚前性行為，個人的開放便可能引發罪惡感與恐懼感。如果個人的價值觀反對婚前性行為，在偷嘗禁果後，便可能自覺價值感低落。

「千夫所指，無疾而死」，街坊鄰居的指指點點，足可以讓人心生害怕、退縮躲避，甚至憤怒悲傷。當然，每個街坊鄰居對婚前性行為的反應不同。有些鄰居冷漠、疏離，對別人家的事採取「與我何干」的態度；有些卻熱心過頭，蜚長流短，語不驚人死不休。抗壓能力低的人，可能會在這些流言中痛不欲生。

個人身心的成熟度，會影響個人事前的思慮與事後面對問題的態度。成熟度高的人，事前千慮，事後負責；成熟度低的人，事前莽撞，事後驚慌。婚前性行為絕不是一時的歡樂，它涉及事前的考慮、事後的責任。只在乎享受，而不在乎自己的責任與對他人的尊重，就不配體驗婚前性行為。

(四) 仔細審思兩人的親密關係

除了以上各項的心理準備外，還得仔細審思兩人目前的狀況：兩人的性關係是否奠基在濃厚的感情基礎上？如果將來沒有圓滿的結局，目前的性關係是否會加重未來的傷害？目前的親密關係，有必要依靠性關係來支持嗎？如果是，那麼性關係所代表的意義是什麼？目前的親密關係對兩人的意義又如何？

這些問題有助於當事人澄清兩人的親密關係，以及性行為對兩人親密關係的意義。

第八節
性別平等對婚前性行為之意涵

一、婚前性行為不是性開放，也無關乎對錯

在男尊女卑的社會中，女性受制於男性，女性的性活動是為了服侍男人，而男性有選擇誰來服侍的權利。因此，男人在婚前與婚後可以隨意拈花惹草，而女性在婚前與婚後必須守身如玉。

性別平等後，性自由不再跟性別有關，而是「操之在我」的權利。不過，男女是否要有婚前性行為，必須由雙方共同決定，行為的後果也必須由雙方共同承擔。

因為每個人必須為自己的性自由負責，因此，婚前性行為的性自由不等於性開放，也無關乎對錯，而是經過深思熟慮的決定。

二、男女對婚前性行為有同等的自主權與主動權

由於受到傳統思想的影響，在性行為的過程中，男性通常主動，女性被動。即使女性不喜歡男友的求歡，也不敢肯定地拒絕。

在性別平等的年代，女性須有清楚的認知：在性方面，女性有自主權，肯定自己的抉擇是對自己的負責。女性也有表達自己需要、滿足自己需要的主動權，主動不等於不檢點。女性如果囿於傳統思想，而固守被動的位置，這是個人的選擇，無關乎對錯。

男性也要有清楚的認知：在性方面，學習尊重女性的抉擇，而不是一味自私地「只要我想要，有什麼不可以」。否則，後果就得自己承擔。

三、婚前性行為不具有婚約約束力

傳統社會常傳遞這樣的思想：男女有了性關係，男方就必須給女方一個交代，而女方必須死心塌地跟男方共度一生。

在性別平等的時代，婚前性行為是雙方共同的決定，後果由雙方共同承擔。而且，雙方在事前都需要有共同的認知：即使雙方有了性關係，並不代表雙方適配，感情也不一定有完滿的結局。如果只為了雙方的性關係而賠上一生，這種代價太昂貴、也太盲目。

婚前性行為只代表雙方當下的感情狀況，既不具有保障，責任也不完全歸屬一方。因此，搞清楚雙方的狀況，明智的抉擇，為自己的行為負責，才是最佳的保障。

四、處女情結的問題

「處女情結」一直是女性的惡夢。「女性是否為處女」決定了女性的貞潔與價值。

「處女情結」的罪魁禍首，來自於男性的自私。有多少男性肯放過身旁的女友，讓她在分手時仍舊是「完璧之身」，卻要求未來可能的女友壓抑自己的性需要，奮力抵抗身旁男人的誘惑與暴力，為他逃過一劫，保持「完璧之身」，等待他的到來。

性別平等給予兩性同等的自主權，女性是否維持「完璧之身」，是否要有婚前性行為，都是她個人的選擇，不是為男人，而是為自己。男性應該肯定女性的自主權，並尊重女性的選擇。至於男性是否堅持舊社會的標準，這是男性個人的選擇，無關乎對錯。不過，男性在要求女性之前，須先檢討自己的行為。

此外，以一層處女膜代表一位女性各方面的完美與成熟程度，這種想法未免過度幼稚，以偏蓋全，自欺欺人。

五、沒有安全措施，就沒有性行為

傳統女性任由男性予取予求，男性若不戴保險套，女性只得承擔懷孕與墮胎的風險，或是透過繁複的避孕手續，冒著生命危險自行避孕。性別平等下的女性，對於如此自私的男人，便應該拒絕跟他同床共枕。愛惜自己，以及肯定自己說「不」的能力，或許是現代女性的重要學習課題之一。

男性應該知道，性行為不只是性慾的滿足而已，也是對對方的尊重與關愛。有了安全的措施，是對對方的保護與疼惜，也是保護自己不感染性病的重要捷徑。

附錄一：婚前性行為之相關迷思

1.女性出現挑逗男性的動作，就是暗示可以發生性關係。

2.只要感覺對了，就可以發生性行為。

3.性行為的發生可以減少男女間的摩擦。

4.對男人而言，婚前性行為自己並不吃虧，可以在婚前多嘗試。

5.女性初夜沒「落紅」，就表示她不是處女。

6.當女生說「我不要」，是表示「不好意思說要」。

7.因為雙方沒有婚約關係，所以婚前性行為不用負責。

8.對男人而言，沒有性，就沒有愛。

9.只要做好防護措施，婚前性行為不會感染性病或懷孕。

10.希望未來另一半是處女。

11.心動不如馬上行動。

12.只要女方不拒絕，就表示男方可以任意地予取予求。

13.先上車，不一定要補票。（不負責任的想法）

14.因為未婚，所以想跟誰發生性關係都可以。

15.男性可以不是處男，但女性一定要是處女。

16.遲早都是我的人，早給晚給，不如現在給。

17.性是戀愛必要部分。

18.我一定會負責到底。

19.先試看看，才知道合不合得來。

20.男方對女方說：有了性關係後，我會更愛妳。

附錄二：避孕的方法

　　以下整理陳志中、趙光漢與楊友仕（民 86），以及陳怡樺（民 87）所列舉的避孕法，綜合說明如下：

方法 ＼ 說明	定義	優點	缺點
性交中斷法	男性在射精前將陰莖抽離女性的陰道，中斷性交以達避孕的方法。	無副作用。	1.容易造成意外懷孕。2.降低性關係。
保險套	男性性交前先將保險套套在陰莖上，進行性行為時，使射出的精液留在套子裡，防止精子進入女性的陰道中。	方法簡單、保險套購買容易。	減低興趣。
安全期法	1.月經週期法：女性排卵的前後，不進行性交。2.基礎體溫法：女性在排卵日體溫稍微降低，在此日避免性交。方法是於月經來時第一天開始測量體溫。每天早上醒來（同一時間）未從事活動前，測量舌下溫度五分鐘，並詳細記錄。	沒有副作用。	1.女性月經週期必須規則，否則推算不易。2.體溫容易受其他因素的影響。3.過程麻煩。
子宮托	用來蓋住子宮頸和部分陰道前壁。	具有阻隔作用，還可殺死精蟲。	避孕效果差，容易造成裝置不當、尺寸不合或性交時移位。而且，不是每個人都適用。
子宮隔膜（陰道避孕隔膜）	於性交前置入，性交六小時後取出。	可使用一年，且可殺死精蟲。	手續麻煩。

（續表）

方法＼說明	定義	優點	缺點
陰道棉	性交前置入，性交六小時後取出。	可阻止精蟲進入、吸收精蟲、殺死精蟲，便宜、易得、副作用少。	月經期、陰道感染時、生產後數週不得使用，且不可停留體內超過二十四小時。
注射避孕法	於月經週期第五天，從臀部肌肉打入 150mg/3mouths 的黃體激素，以抑制排卵的效果，或使受精卵不易著床。	一劑可維持三個月的避孕效果，而且停藥十四個月後，可恢復 82%的生育力。	副作用為子宮不規則的流血、閉經、輕度頭痛、嘔吐感、體重增加、乳房腫瘤、血糖及胰島素上升。
避孕植入劑	在手臂內側皮膚下植入人造黃體激素，以抑制排卵、抑制精子進入子宮、使受精卵不易著床。	藥效可維持五年，於藥物取下後二十四小時內可恢復生育力。	引發許多的副作用，例如，子宮出血、停經、卵巢囊腫、暈眩、乳腺腫、體重改變、頭痛、情緒改變、真皮炎、面皰、掉髮、多毛症、貧血、高血壓。
殺精蟲劑	在性交前十至三十分鐘，將泡沫灌注於陰道深處，於性交六或八小時後，才可將殺精蟲劑洗掉。	使用簡易。	塗抹時常感不便，單獨使用時安全性不夠、易造成過敏。
陰道避孕膜	將藥膜折疊後，塞入陰道，待溶解形成凝膠後，可殺精蟲。	使用簡易。	同上。
子宮內避孕器	將避孕器裝入子宮內，以阻止懷孕。	內含黃體素的避孕器每年更換一次，內含銅之避孕器每六年更換一次。避孕器取出後仍可照常生育，手術只需三分鐘。	產生併發症，包括出血、疼痛、避孕器自動排出、感染、穿破、子宮外孕、懷孕。

（續表）

說明 方法	定義	優點	缺點
口服避孕藥 1.合成避孕丸	抑制排卵、干擾受精卵著床。 月經來潮算起第五日開始服用，連續二十一日。又可分為二段式與三段式口服避孕藥。	副作用低。	二段式避孕法較不可靠。
2.迷你避孕丸 （mini pill）	由月經來潮第一天開始服用，每天一粒，在服藥的最初兩個月應與另一種避孕法合併使用。	對心臟血管副作用少、適用於哺乳婦女，且對不適用動情激素之婦女很適用。	導致非經期的出血、一旦忘記服用失敗率高。
緊急避孕法	性行為發生之後所採取的措施。	僅限於緊急情況使用。	使用者約有 1/10 機會造成異位懷孕，且會產生畸胎，如使用無效時須考慮墮胎。
1.高劑量動情素 （事後避孕丸）	性行為發生後的七十二小時內。		有副作用包括噁心、嘔吐、乳房觸痛、經痛、月經週期改變。
2.動情素、黃體素混合製劑	第一劑於性交後七十二小時內服用，十二小時後再給第二劑，可阻止受精卵著床。	較少的副作用。	
3.Levonorgestrel	每相隔十二小時用一次劑量。	較少的副作用。	
4.性行為後子宮內避孕器植入	性行為後在七天內植入避孕器。	適用於不適用荷爾蒙製劑的婦女，以及想長期避孕者。	增加性傳染病、子宮頸炎、骨盆腔發炎、提升不孕的機會。如果受精卵著床後才植入，易造成血崩性流產。
5.黃體素抑制劑	月經週期的第二十七天使用。	避孕率高。	影響接下來的月經週期，使排卵時機不易預測。

（續表）

說明 方法	定義	優點	缺點
結紮（ligation） 1.女性輸卵管結紮	分為： 1.Madlener procedure 2.Pomeroy procedure 3.腹腔鏡絕育（將輸卵管灼燒及分割，或用輸卵管夾結紮）。	手術簡單、一勞永逸，且不影響性生活。	生育能力恢復機會低。
2.男性的輸精管結紮	將內側輸精管結紮後切斷，使睪丸產生的精子無法通過輸精管，而達到避孕效果。		

第六章

另類的兩性關係（一）：
一夜情

　　「性滿足」，曾幾何時，成為迷亂眾生的仙丹妙品，其威力竟可打破道德的圍欄，讓人敢於赤身裸體跟完全陌生的男子、女人共譜一夜的性曲。沒有語言上的交會，沒有心靈上的共鳴，純粹只是身體感官上的愉悅。上床時繾綣，下床後成陌路。在過去，這可能是天馬行空的幻想，在現在，卻成為習以為常的事實。這是一個價值模糊的年代，也是思想齊放的時代，「一夜情」就是這個年代的奇葩。

　　老一輩的人無法接納這種新風潮，年輕的一代卻樂此不疲。這種性關係沒有負擔、冒險刺激、不用擔心被張揚，因此年輕人趨之若鶩。

　　不過，天底下沒有白吃的午餐，這種看似便宜的速食性關係，其實隱藏著可怕的代價。一夜情的當事人即使吃虧上當，也不敢四處張揚自己的放蕩。因此，大家看到、聽到的只是一夜情美好的一面，看不到背後隱藏的危機。

　　本章論及一夜情之相關迷思、一夜情之定義、一夜情流行之成因、一夜情之類型、一夜情對個人與社會之影響、兩性對一夜情之態度，以及自我價值觀之澄清。

第一節
一夜情之相關迷思

　　以下是一些有關一夜情的迷思，請修正錯誤的敘述：

1. 大部分一夜情的當事人，可以發展成為男女朋友。

2. 在性病方面，一夜情的性行為比一般色情行業的性行為安全得多。

3. 挑選一夜情對象時，只要自己小心，就不可能碰到性變態者（例如，性虐待、性暴力者）。

4. 玩一夜情遊戲時，只要自己小心，就不可能成為A片的男女主角。

5. 一夜情是可以絕對保密的性關係。

6. 強暴事件不會發生在一夜情的邂逅中。

7. 一夜情具有絕對的零負擔（例如，背景不會被知道、事後完全

不用負擔、不會被下藥）。

　　8.玩一夜情的人都是單身男女。

　　9.外貌條件不好的人不可能玩一夜情。

　　10.玩一夜情遊戲者，都是為了性滿足。

問題與討論

　　問題一：大部分一夜情的當事人，可以發展成為男女朋友。

　　這是一種浪漫、空中樓閣的想法。有一些過度憧憬浪漫愛情的年輕人，以為透過一夜情的接觸，可以擴展交友圈，找到心儀的對象。可惜的是，玩一夜情遊戲者雖然各懷不同目的，不過，避免事後責任與事跡曝光，卻是彼此的心聲。他們不會透露真實身分與背景，在一夜的性關係結束後，彼此就成陌路。因此，雙方發展成為男女朋友的機會不高。

　　此外，一般人對敢如此開放玩一夜情的人，總是心存顧慮，懷疑對方的性生活過於炫麗，因此，可能沒有意願跟對方成為男女朋友。

　　問題二：在性病方面，一夜情的性行為通常比色情行業的性行為安全得多。

　　這是一種自欺欺人的想法。當事人選擇一夜情對象時，常憑著第一印象，彼此不會探究對方的性史，也不會自曝身分公開有過的性關係，因此，對方曾跟多少人上過床、是否感染過性病，以及目前是否處在性病傳染期，都無從得知。當事人只憑第一印象，就冒險跟對方共譜一夜性曲，無異將自己的安全交付在不可預知的未來。這種性關係跟地下的色情行業一樣，具有相當高的風險。

　　問題三：挑選一夜情對象時，只要自己小心，就不可能碰到性變態者（例如，性虐待、性暴力者）。

　　無法從一個人的外表判斷對方是否為性變態者、性暴力或性虐待者。在一般人的狀況下，必須等到雙方開戰後，才知道對方的狀況。因此，熱衷一夜情者，必須要有心理準備，萬一不幸遇到這些人時該

如何應變。

問題四：玩一夜情遊戲時，只要自己小心，就不可能成為A片的男女主角。

熱衷一夜情者，有可能成為A片的男女主角。現在的偷拍設備既方便又輕巧，心懷不軌者隨意安裝都不容易被發現，更何況會有同黨互相接應。喜歡一夜情者不得不提防這類陷阱。

問題五：一夜情是可以絕對保密的性關係。

雖然一夜情標榜著高度保密性，可是，這種保密性必須建築在雙方始終如一的絕佳默契上。如果一方改變心意，或另有所圖，恐怕再密的蛋殼也會有裂縫。

問題六：強暴事件不會發生在一夜情的邂逅中。

強暴事件可能發生在一夜情中，即使一開始雙方看對眼，但有可能一方中途改變心意；另一方因為箭在弦上，不得不發，於是，霸王硬上弓。或是，一方原本就是性變態者，慣以強暴方式得到滿足。

問題七：一夜情具有絕對的零負擔（例如，背景不會被知道、事後完全不用負擔、不會被下藥）。

一夜情並非零負擔的性關係，涉及的危險包括：被知道身分、被下藥而任人擺布、被拍裸照或猥褻照片、感染性病、懷孕、墮胎等。一夜情的雙方雖然打著「性滿足」的旗幟尋求對象，但是，真正的目的為何，不是一眼可以看穿。

問題八：玩一夜情的人都是單身男女。

玩一夜情者未必是單身男女。一些已婚者或因為好奇，或想嘗試不一樣的性活動，或不滿意跟配偶的性生活，而成為一夜情的愛好者。

問題九：外貌條件不好的人不可能玩一夜情。

玩一夜情跟當事人的外貌條件沒有關係。或許外貌條件好的人，比較容易被對方接納，而條件差者，比較容易被拒絕。不過，有些人不挑外在條件，只看對方談吐與床上技術。

問題十：玩一夜情者，都是為了性滿足。

「性滿足」並非是所有玩一夜情者的主要原因。不同的人因為不同的原因，進入一夜情的綺麗世界，例如，為了逃避空虛的生活、為了報復配偶的出軌。

至於其他的一夜情迷思，請見本章附錄一。

第二節
一夜情之定義

> 　　羽桐被鳥兒嘰喳的聲音吵醒，睡意猶濃的雙眼，掙扎著想要趕走昨夜遺留的沉重。眼前的景物一片朦朧，東方雖露白，天色卻未明。看清所置身的陌生房間，羽桐有點訝異與不解，在動念間，才想起昨夜的種種。他看著身旁一臉熟睡的陌生女人，散亂的頭髮、微腫的臉龐、殘破的化妝，似乎跟他昨夜的認知有些差距。不過，他並不在乎這些，反正彼此只是一次短暫的身體交會而已。就像昨夜偶然滴落荷葉的露珠一樣，太陽一出來，很快就被蒸發，絕不會在荷葉上留下任何痕跡。他期待更深露重後，又可以展開另一番翻雲覆雨的奇遇。

問題與討論

1. 從以上的故事中，請歸納出一夜情的特徵。

2. 有人說一夜情其實就是一夜性，你同意這句話嗎？原因為何？

3. 以感情為基礎的性行為跟沒有感情的性行為，可能帶給當事人哪些不一樣的感覺？

4. 一夜情可能存在著哪些陷阱？

兩個彼此不認識的人，在沒有情愛的基礎下，進行短暫、你情我願，以「一夜性滿足」為目的的非營利活動，稱為一夜情。一夜情具

有以下幾個特徵：

一、彼此沒有感情基礎

找尋一夜情對象時，如果天時、地利、人和配合好的話，往往可以在短短的幾個小時，甚至幾分鐘內完成。只要雙方一看對眼，就可以立即互動。這種沒有感情基礎，卻可以快速接觸對方身體的模式，反映出現代人的快、準、狠的特性。

二、彼此不認識

一夜情的對象通常不是自己認識的人，因此，事後不會有負擔。即使彼此曾經互報姓名，通報的通常是假名，更不會詢長問短，調查祖宗八代。

三、沒有負擔

一夜情強調事前不認識、不勉強、彼此保密、彼此不負責、事後不再見，輕鬆愉快又零負擔。

四、短暫的交媾

既然稱為一夜情，當然只有一夜的相聚，而這相聚也只限於身體上的交媾。即使彼此因緣際會偶然相遇，也只會是擦身而過的陌生人。

五、你情我願

基本上，如果當事人親臨現場挑選對象，一夜情會是在你情我願的情況下成事。如果當事人在網路上尋找對象，彼此還未見面就相約賓館辦事，就可能出差錯。有些人在賓館一會面，才知道事實與想像有了差距，在進退維谷之間，因為抽身困難，不得不委屈自己，勉強交差了事。

六、以性滿足為目的

「一夜情」其實應該更名為「一夜性」，因為一夜情的雙方沒有感情基礎，純粹以性滿足為目的。或許「一夜情」的浪漫名稱，可以美化與掩飾對性需求的露骨渴望。

七、非營利

一夜情是以滿足雙方的性需求為目的，因此不涉及金錢或物質交易。當然，有人打著一夜情的旗幟，在事成之後才索取服務費，這種行為非一夜情的本質，只是掛羊頭賣狗肉的賣淫行徑。

八、刺激、冒險

由於當事人每一次的交媾對象都是新人，由此帶來的新鮮感能引起更多的感官振奮。另一方面，因為對對方的背景完全未知，就大膽地進行如此深入的身體接觸，這種危險遊戲，適巧能滿足人類刺激、冒險的需求。

第三節
一夜情流行之成因

事出必有因，一夜情的流行必然有其背景因素。了解原因，可以幫助想要嘗試者，澄清背後的影響因素，以及個人的價值觀，以免糊里糊塗貿然行動，造成事後的後悔。一夜情流行的可能原因如下：

一、國外潮流的影響

台灣流行的事物常常不是本土的東西。一夜情是否是道地的外國貨，不得而知。不過，西方國家的性開放，讓一夜情有醞釀的溫床。在西方的電影中，一夜情是常見的畫面。男女第一次見面，就耳鬢廝

磨、親吻、摸身、上床辦事。當然,在台灣,這種事不是沒有,只不過因為傳統觀念的作祟而藏在黑暗角落。時至今日,在外國風潮的推波助瀾下,一夜情不但不再是道德上的禁忌,而且浪漫了起來。因此,讓一些人迫不及待地湧入流行風潮中。

二、性別平等帶來的性平等

尋花問柳一直以來都是男性的權利,男性可以大言不慚地公告自己的性需求,並且在色情行業中尋求性滿足。相反地,女性必須為自己的性需求感到羞恥,並且對自己的男人從一而終。這種男尊女卑的不平等,讓男人享盡換女人如換衣物一樣的快感,而女人卻必須躲在黑暗的角落,獨自吞噬自己的情慾。

性別平等打破了男尊女卑的神話,讓女人像男人一樣,可以正視自己的情慾、承認自己的性需求,以自己想要的方式追求性滿足。

當然,這種追求性平等的義無反顧也不是沒有害處。有些人衝過了頭,誤將性浮濫看成性平等。如果,男女可以如此隨便地洩慾,那豈不是像路邊野狗一樣,「人盡可夫、人盡可妻」。

真正的性別平等必須以理性為基礎,在性需求的滿足上,更需以理性來規範。如果事事講究「男人可以為何女人不可,或是女人可以為何男人不可」,這種乃是意氣用事的假平等,並不是真平等。

三、感情上的創傷

感情受創時,有人以自殺或傷害對方來報復,有些人以暴食或厭食來排遣情緒。一夜情流行後,一夜情便成為某些人感情受創後的報復方式。

有些人因為伴侶沉溺於一夜情,憤而仿效,想要以同樣的方式停止對方的流連忘返。有些人因為伴侶出軌,一時之間找不到適當的外遇對象作為報復,便藉著一夜情演出肉體出軌的戲碼。有些人因為被伴侶遺棄,諸般憤怒、難過找不到出口,因此縱情於一夜情挑的遊戲。

有些人對感情不再信任，於是透過一夜情遊戲人間。

「心病需要心藥醫」，以桃僵李代的方式治療傷口，恐怕會喪失醫治的先機。

四、心靈上的空虛

「心靈上的空虛」是現代人的一大苦悶。即使處身在人滿為患、人聲鼎沸的台北街頭，心靈依然是空洞冷清。看看那過往匆匆的行人，個個一臉冷漠、疏離的表情，投映出「相識滿天下，相知有幾人」的孤寂。

於是，pub 裡棲滿一屋子心靈無依的人，藉著燈紅酒綠、熱門搖滾、摩肩律動，以及露水鴛鴦的肉體交合，暫時安頓那空虛的心靈。

一夜情成為許多人躍躍欲試的流行，莫不與現代人心靈找不到依靠、精神找不到寄託有關。不過，這種藉著一夜情麻痺心靈的作法，只是逃避面對問題的行為。沒有對症下藥，只是隔靴搔癢，恐怕會給自己增添麻煩。

五、性需求的滿足

「性需求」就像吃飯睡覺一樣，需要有個發洩的管道。性慾若找不到出口，就像口渴的人曝曬在當空烈日下，只有更加煩躁難耐。在過去，性需求可以藉著婚姻關係得到紓解，到現代，婚姻已不是唯一的管道。不過，並不是每位未婚男女都有如意對象解決需要，因此，一夜情便成為滿足性需求的方便門道。

此外，現代社會過度強調「性」的重要性、多樣性與新鮮性。因此，一夜情就被認為解決性需要、增豔性生活的法門之一。

六、同儕的影響

有一些熱衷一夜情的人，是因為受不了朋友的比較與誘惑。尤其是青少年，同儕的影響足可以令其鋌而走險，不顧一切。

有些人玩過幾次一夜情遊戲後，就因為感覺怪怪、興趣缺缺，而不再投身其中。不過，同儕之間搧風點火，比膽識、比次數的意氣之爭，容易讓青少年迷失而流連其中。

七、彼此陌生帶來的興奮

雖然說性行為應該是靈肉交融，不過這只是一種理想的境界，更多時候是以身體上的感官享受為主。當夫妻或戀人對彼此的身體、動作已如數家珍，身體上的興奮與愉悅感覺便逐漸下降。於是有些人藉著換妻、換夫的方式，來提振貧乏、無味的性生活。

從某些層面來說，一夜情比換妻、換夫的手續更簡便、色彩更豐富。一方面，當事人可以避免配偶跟他人同床共枕的心裡疙瘩；另一方面，可以享受不同人帶來不同品味的性愛刺激。

八、偷偷摸摸的刺激

一夜情是一種對配偶、戀人的背叛，只能在偷偷摸摸中進行。這種偷偷摸摸的冒險，會催化兩人的性互動，將之推向高潮的巔峰。

綜合以上所言，一夜情的流行有許多不同的原因摻雜其中，包括個人、家庭與社會因素。有人責備現代人性生活過於氾濫，並將責任歸咎於個人的放蕩，這是不公平的看法。人的行為是個人與環境互動的結果，一夜情的流行也與個人、環境因素有關。要處理一夜情的問題，也需從以上三方面著手。

第四節
一夜情之類型

玩一夜情的人各有不同的目的，不同的目的反映出不同的類型。陳文卿（民90）曾從一夜情網站的留言版上，歸類出幾種一夜情的類

型，經筆者重新整理，再增添不同角度的看法後，歸納如下：

一、追求不一樣的性慾滿足型

一道菜吃久了，即使是山珍海味也會令人毫無胃口。性愛也是一樣，跟同一個人搭配演出久了，會因為對彼此的過度熟悉，感覺老舊，而興趣缺缺。幾十年前，國內就有換妻、換夫俱樂部的存在。直至今日，這種「換口味吃看看」的作法，因為人性中的喜新厭舊而歷久彌新，甚至可能「應觀眾要求」成為新興行業。

要換妻、換夫需要有人媒介，而一夜情卻是當事人自己下海直接挑選對象。不管當事人是直接或間接選取對象，說穿了，部分原因是為了喚起性慾的新鮮感，追求新的性高潮。

二、排遣生活寂寞型

對害怕寂寞的人而言，每個漫漫長夜都是一種折磨。找個同病相憐的人共度春宵，既可以同舟共濟，又可以排遣形單影隻的寂聊。最重要的是，不必花大錢，又似乎比找妓女、牛郎來得安全、衛生。於是，不管在人聲鼎沸的 pub 或是暗夜寂靜的廣場，總可以見到姿態慵懶、眼神如炬的寂寞人兒，四處搜尋陪伴自己度過「今夜」的對象。

三、對一夜情好奇型

有些人的「一夜情」，既不是為了性滿足，更不是為了排遣寂寞，純粹是好奇所致。這類好奇寶寶在幾次裸裎相見之後，可能對一夜情失去好奇而收手。不過，也有些人可能因為食髓知味而無法罷手。

四、為報復而一夜情型

有些人為了報復配偶或伴侶的不忠而玩一夜情。這種「以牙還牙，有仇報仇」的玉石俱焚，其實，到頭來真正的受害者是自己。

五、尋找性滿足型

有一些人因為沒有配偶，也沒有伴侶，因此，性慾上的滿足成了頭痛的問題。找妓女、牛郎既花錢又不安全，警察臨檢時面子掛不住，因此，一夜情便成為解決問題的最佳方法。

六、牟取金錢型

有些人掛羊頭賣狗肉，以一夜情的旗幟招攬來客，見了面後就開始介紹價目表，或是在辦完事後，強收夜間服務費。當事人往往擔心「虧錢事小，名譽事大」而不敢明目張揚，只得自認倒楣繳錢了事。

七、尋求滿足身心需求的同志型

雖然社會大眾已漸認同同性之間的愛情，不過，同志之愛的生存空間仍然有限。因為大多數同性戀者不敢曝光身分，於是，同性戀者不容易解決情慾方面的需要。一夜情的出現，似乎給了同性戀者另一條尋覓對象、紓解情慾的管道。

八、逃避問題型

有時候當事人對一夜情的熱衷，是因為無法面對某些問題而採取的逃避行為，例如，借助一夜情來麻痺失戀的傷痛。過度熱衷於一夜情的人，背後的真正主因，可能在當事人的覺察之外，一夜情只是逃避深層問題的手段而已。

第五節
一夜情對個人與社會之影響

> 　　韋笛生性喜歡冒險刺激的遊戲，這就是為什麼他對「一夜情」情有獨鍾。他熱衷的另一個原因是，他覺得一夜情對象不像風塵女郎一樣四處接客，因此，他可以放心地跟不同的性伴侶，共同體驗一夜的肉搏戰。
>
> 　　為了避免誤入陷阱，他會親自挑選過夜的地方，並且仔細觀察對方所攜帶的物件。他認為，如此的謹慎，應該不會落入有心人士的圈套中。至少到目前為止，都未發生過任何不幸的事。不過，在他的記憶中，似乎只有一次有點失控。那一次，一位搭訕的女人在他面前使勁地挑逗，他只喝了一點酒就性趣高昂，然後情不自禁地跟她在附近的小旅館過夜。他不太記得對方的長相，醒來之後對方已經離開。唯一的感覺就是，那一夜，那個女人可真是飢渴火辣。

問題與討論

1. 一夜情有哪些負面影響？
2. 一夜情有哪些正面影響？
3. 有哪些方法可以避免這些負面影響？

一、一夜情之正面影響

縱然有許多人反對一夜情，從某個層面來說，一夜情卻有正面的意義。「性」不再代表只能意會、不能言傳的抽象概念，而是可以摸得到、抓得著的實體。男女不再被動地等待性事自然發生，而是將「坐而言」的被動轉化為「起而行」的主動。

一夜情的正面影響，除了可以排遣寂寞、零負擔、祕密性高（如果小心的話）與滿足性需求外，還有以下的正面影響：

（一）提供男女紓解情慾的另一種管道

無可諱言地，在原本的親密愛人之外，一夜情給男女多了一條情慾的紓解管道。在這條路上，如果沒有意外，比起三妻四妾的齊人之福，有過之而無不及。

（二）提供多樣的性生活，增進生活情趣

在不一樣的地方，跟不同的陌生人一起享受肉體的愉悅，這種感官上千奇百怪的刺激，無異沖淡了生活千篇一律的貧乏，讓日子可以多彩多姿，增加生活情趣。

（三）促進男女互動機會

一夜情讓完全陌生的兩人，快速地架起一座聯繫的橋樑，並且進行深入的身體交會。雖然兩人關係隨著一夜情的結束而風吹雲散，不過，只要當事人願意，另一個全新的機緣，又可以悄然降臨。於是，男女間的交會，就在一夜情的穿針引線之下，頻繁了起來。

（四）主動出擊，尋求性滿足

一夜情的交合，需要靠雙方主動邀約。這種相遇方式，打破傳統男主動女被動的魔咒，以及突破傳統對性的羞恥感，讓當事人勇敢地尋找對象，滿足性需求。

（五）刺激消費，增加某些行業的收入

跟一夜情有關的行業（例如，賓館、Pub、飯店、網咖），因為一夜情的流行，消費人員增多，收入因而增加。

■ 二、一夜情之負面影響

一夜情雖然具有以上種種好處，不過，天底下沒有白吃的午餐，喜好此道者最終還是得付出一些代價，面對一夜銷魂後的苦果。

玩一夜情除了可能讓自己成為 A 片主角、被下藥外，還可能面臨以下的不良影響：

(一) 性病的感染與傳播

一般人認為，一夜情的對象不是送往迎來的妓女與牛郎，所以衛生與安全性比較高。其實，這是當事人讓自己安心的自我欺騙。一夜情者通常來自三教九流的各路人馬，各憑裝扮後的外表皮相，吸引著同好此道的對象。因為無法一眼辨識對方是否「金玉其外，敗絮其內」，所以容易被對方欺矇過關。例如，對方是否身心健康？有多少次一夜情的經驗？曾跟哪些人有過性接觸？

根據全球十四個國家青少年性態度調查，台灣青少年發生性行為時，有高達 49%的人未採取任何避孕措施（黃有志，民 89），當然，更談不上性病預防。這種情形就像在完全沒有防護裝備之下，讓自己投身於無法掌控的疫區之中，不想得病都難。

每一種性病的潛伏期不同，有些可以長達數年，有些沒有明顯的症狀出現，有些單靠保險套仍無法預防。在二十多種性病的肆虐下，想要探索一夜情祕境的人，恐怕都得小心，以免付出不菲的代價。

(二) 性慾的放縱

性慾的感官刺激，令人直上雲霄，快活似神仙，因此，很多人樂此不疲。一夜情標榜著「擁有一夜的風流韻事，事後沒有責任的零負擔」。這種令人無法抵擋的魅力，讓那些原本就開放的人，更加毫無顧忌；讓原本有所顧慮的人，不再欲迎還拒。「由儉入奢易，由奢入儉難」，這些沉溺於酒濃味重的人，要回頭委屈於粗茶淡飯並不容易，

因此，只能任由自己一再沉淪。

此外，「性」對年輕人有極大的誘惑力，而年輕人對性常有失控的現象。因此，年輕人一進入一夜情挑的遊戲後，就不容易自拔。另有些人玩一夜情，並非為了性滿足，而是另有原因。原因未除，一夜情就會持續被當成暫時性的解藥使用。

（三）麻木羞恥感與扭曲自我形象

在以往，一提到「性」這等事，總會令人低頭靦腆臉紅。尤其是辦這事時，如果雙方沒有深厚的感情為基礎，就無法寬衣解帶。當事人的不放心、放不開，來自於雙方的信任度與熟悉度不足，所造成的自我質疑與羞恥感。

一夜情是兩個完全陌生的人，在不了解雙方底細下，就進行沒有隔閡的身體接觸，允許對方恣情玩弄自己的身體。如果當事人沒有麻木羞恥感，就無法進行。

當一個人長期麻木羞恥感，自尊與自我價值感便跟隨降低，自我形象也會被扭曲。對於愛好一夜情者，這是不得不三思的問題。

（四）增加賣淫的管道

就如前所言，有些色情行業者為了增加行銷管道，便假借一夜情的名義，從事賣淫的勾當。「賠本生意沒人做」，這些賣淫者跟對方一見面之後，便威脅利誘，讓對方無所逃脫。因此，標榜「零負擔」的一夜情，其實處處是陷阱。

（五）對兩性關係的不良影響

過度熱衷一夜情者，容易扭曲對異性的認知，以及對兩性的看法。一夜情讓兩性的交往，呈現出快速卸下衣物、快速交出身體的特色。這種沒有交心，只有肉體接觸的兩性關係，狹隘了兩性互動的廣度與深度。

此外，當事人對異性的看法會被蒙上武斷的性色彩，以偏蓋全地從性的角度詮釋異性行為，並且將兩性的互動界定在性的接觸而已。

(六) 性暴力事件的增加

在變態心理學的性異常類別中，有三類的性異常與性暴力有關：一類是「性虐待者」，一類是「性受虐者」，另一類是「強暴犯」。「性虐待者」在做愛的過程中，必須藉著凌辱對方來得到性高潮；而「性受虐者」必須借助對方的凌辱來達到性高潮；「強暴犯」則是不管對方的意願，以暴力性侵害對方。因為一夜情的對象是彼此全然不熟的陌生人，因此，「性虐待者」、「性受虐者」與「強暴犯」可能藏身於其中。

「性虐待者」、「性受虐者」、「強暴犯」可能導致傷人、殺人的意外。一夜情的男女在不熟悉對方性癖好的情況下，就貿然寬衣解帶跟對方上床，如果不幸碰到這三類的性變態者，幸運者只是身體受傷，不幸者可能喪命。愛好一夜情者，真應該小心為之。

(七) 懷孕與墮胎

玩一夜情的女性通常會要求對方戴保險套，以保護自己。不過，即使對方允諾，在激戰過程中，對方是否遵守承諾、保險套是否中途破損脫落、保險套的品質是否優良，這些危險的存在與否就不得而知。因此，如果男方安全措施不佳，女方就可能懷孕與墮胎。台灣每年有驚人的墮胎人次，跟一夜情的流行，恐怕也有密切的關係。

(八) 鼓勵逃避問題

有一些人熱衷一夜情遊戲，是為了逃避問題，例如，無法排遣寂寞、無法解決配偶出軌問題。如果當事人借助一夜情逃避問題，那麼，一夜情只能助長當事人逃避問題的心態，對於解決問題沒有幫助。

第六節
兩性對一夜情之態度

　　兩性如何看待一夜情呢？性別平等的思想與傳統觀念如何影響兩性對一夜情的態度？

　　陳金定（民 93a）調查四百多位大專與大學生對一夜情的看法，調查結果摘要於本章附錄二。將其重要結果，尤其是兩性對一夜情不一致的看法，說明如下：

▍一、認不認同玩一夜情

　　女性受試者不認同男性與女性玩一夜情；男性受試者雖然不認同女性玩一夜情，卻認同男性玩一夜情。這樣的結果反映出：女性受試者對「非制度內的性行為」趨向保守的態度。此外，女性可能受到性別平等觀念的影響，不再寬容男性「非制度內的性行為」。

　　就男性受試者的反應來看，男性受試者依然受到傳統觀念的影響，「寬以待己，嚴以律人」，對女性「非制度內的性行為」採取嚴苛的態度，卻寬容與放縱自己。

▍二、玩一夜情的可能原因

　　男女受試者意見一致的部分，包括：「追求刺激、冒險多彩多姿的性生活」、「追求只有性沒有愛的生活」、「事後沒有負擔」、「填補生活或心靈空虛」。這樣的結果顯示：女性似乎已打破以往有愛才有性的堅持，像男性一樣，大膽地追求只有性沒有愛的生活。另一方面，這樣的結果也反映出現代人生活的苦悶。

　　男女受試者意見不同的部分，男性受試者認為：男性一夜情的部分原因是為了「征服女人」；而女性受試者認為：男性玩一夜情的部分原因是「為了炫耀性能力」，女性玩一夜情是因為「感情受創」。

這種差異顯示：兩性仍舊受到傳統性觀念的影響。

三、一夜情的負面影響

男女受試者意見不一致的部分，反映出傳統性別觀念的影響。例如，女性擔心「碰到性變態者而受到傷害」與「事後被洩密影響名聲」；男性擔心「陷入別人所設的仙人跳」、「扭曲兩性關係」與「造成道德水準降低」。

四、一夜情的正面影響

男女受試者意見不一致的部分，例如，女性受試者認為，男性一夜情的正面影響是「證明性能力，找回自尊」或是「炫耀性能力」；女性一夜情的正面影響是「補償婚姻生活或親密關係不足」。男性受試者認為，男性一夜情的正面影響是「排遣生活上或心靈上的寂寞」；而女性一夜情的正面影響是「可以隨時擁有新的性伴侶」。

男女受試者的差異反映出：兩性各自以心理層面的影響來詮釋自己的行為，而以生理層面的影響來詮釋另一性別的行為。換句話說，兩性合理化自己的行為，卻醜化對方的行為。

五、如何對待玩一夜情的友人

基本上，女性受試者比較願意接納一夜情的女性友人，而不願意接納一夜情的男性友人。男性受試者卻同樣接納一夜情的友人，不管對方是男性或女性。

以上的結果反映出，女性受試者可能認為：男性玩一夜情是為了炫耀性能力，女性玩一夜情是因為感情受創，所以，可以接納女性的一夜情行為，無法接納同樣行為的男性。

六、如何對待玩一夜情的愛人

基本上，男性受試者比女性受試者更願意接納犯了規的愛人。這

種結果反映出：女性不再扮演傳統逆來順受的角色，相反地，呈現出果決、自我肯定的特質。

綜合以上看法，從兩性對一夜情的態度，反映幾點重要的現象：

1.傳統的性觀念與性別平等思想同時影響年輕人的想法，不過，性別會左右影響的層面。

2.現代女性更能肯定自己的權利，傳統上對男性性行為的寬容已不再。另一方面，因性而性的想法，已開始出現在女性身上。

3.現代男性對女性的性態度已在轉變，雖然不認同女性的一夜情，但是，比過去對女性貞操的嚴苛要求寬容了一些。這一點，也顯現出男性夾雜在新舊思潮衝突下的內在矛盾。

4.兩性偏向以心靈層面詮釋自己性行為的目的，卻以生理角度詮釋另一性別的性行為，亦即合理化自己的行為，卻醜化對方的行為。

5.男性比女性更肯定一夜情對個人性生活上的正面影響。同時，男性比女性更強調性生活的生理作用層面。

6.雖然男性對女性貞操的要求比以前寬鬆，不過仍舊維持對自己寬容、對女性嚴苛的性態度。

要享受綺麗的一夜情世界，又要維持現實生活中的兩性關係，就得要先了解異性對一夜情的種種看法。女性對男性的性放縱已不再寬容，已有女朋友而玩一夜情的男性，可能會慘遭分手的下場。男性雖然對女性的貞操不再嚴格要求，可是卻不認同女性的一夜情。這一點反映出男性對女性性行為的矛盾態度。要提升兩性關係，就得要懂得身旁人的心理。

第七節
自我價值觀之澄清

雖然說每個人都有權利享受一夜情的樂趣，不過，並不是每個人

都有能力消受。所謂「沒有三兩三，不敢上梁山」，想要嘗嘗一夜情滋味的人，必須要有萬全的準備，也要撥些心思想想一夜情的可能代價。以下是一些自我檢查問題，這些問題可以協助自己澄清價值觀，以及了解自己的準備狀態。在自我檢查之前，先注意以下的說明：

一、法律問題

依據「兒童與青少年福利法」第三十條的規定：「不得強迫、引誘、容留或媒介兒童及少年為猥褻行為或性交。」所謂兒童與青少年是指未滿十八歲之人。如果一夜情的一方或雙方當事人未滿十八歲，就可能觸犯法律。如果一方或雙方當事人已婚，而被「捉姦在床」，也算觸犯法律。喜歡玩一夜情的人得要謹慎選擇對象。

二、覺察自己的身體界限

不管社會如何開放，人跟人之間的身體界限一直都存在。所謂身體界限是指，自己與別人之間的身體距離，這個身體距離讓自己在環境中感到安全與舒適。每個人的身體界限會依據個人與他人的親密度而適當調整。例如，跟愛人的身體界限，以及跟同事的身體界限可能不同。這樣的調整，可以讓個人在不同的環境中，維持適度的安全感與舒適感。

如果身體界限被侵犯（例如，在沒有允許的情況下，他人碰觸我們的身體），焦慮就會出現。性騷擾、性侵害之所以對當事人造成如此大的傷害，原因之一就是受害者的身體界限被侵犯。身體界限被侵犯所引發的心理問題，輕則造成短時間的心理症狀，重則可能導致創傷症候群的出現，甚至造成精神異常。

一個人的身體界限形成於個人成長的過程中，身體界限關係到當事人的自尊、自我價值、操控環境的能力感……等。身體界限的改變，關係到人格的改變，需要長時間的薰陶與塑造。一夜情是將自己的身體界限去除，讓一個完全陌生的人越過防線，毫無顧忌地碰觸自己的

身體。如果自己沒有充分的身心準備，而魯莽地讓陌生人侵犯身體界限，如此造成的內在衝突與負面情緒，絕對不是一時可以康復的。有意踏入一夜情領域者，需要三思。

三、思考性別平等的真義

性別平等平息了「男人可以，為什麼女人不可以」的不平之鳴。不過，就像自由被濫用一樣，有些女人沒有因為性別平等受益，反而栽在過度濫用突然給予的權利。因為這些人不明白性別平等的真義。

有一些女性誤以為性別平等後，自己可以像男人一樣，隨意跟自己有興趣的男人鴛鴦戲水。權利的背後，通常跟隨著責任，這責任只能自己承擔，別人沒有義務也不會替自己負責。

「男人可以，為什麼女人不可以」，這句話必須針對對自己、他人都有利的事來抗爭，而非「只要男人可以，女人就可以」。即使同樣都是女人，別的女人可以，另一個女人可能不行。必須就自己的情況、條件來考慮，而非以性別來效尤。

一夜情，是自己的選擇，後果必須自己承擔，無關乎性別平等。

四、平衡男性內在的矛盾衝突

男性一方面受到傳統觀念的影響，期望女性像以往一樣，保持身體上的貞潔；另一方面，卻又受到性別平等思潮的洗禮，期望能以寬容的態度對待女性。由於這兩股力量無法平衡，而造成男性內在的矛盾與衝突。

其實，矛盾與衝突的根源，來自於男性對性別平等的誤解。男性以為性別平等意味著：允許女性跟傳統男性一樣，擁有放縱的性自由。所以，男性繼續寬容自己性行為的同時，也強迫自己包容女性類似的行為。由於男性無法甩開傳統的包袱，又無法抵擋新思潮的壓力，於是在兩性關係上，呈現無所適從的矛盾與猶豫。

性別平等奠基於兩性平等、合作與協調的互動上，以及權利與責

任並行的模式上。男性的性放縱不再只是個人的權利，而且涉及責任問題，這責任關係到他身旁重要他人（例如，女朋友、配偶）之權利與福祉。當然，男性可以選擇一意孤行，不過，卻沒有權利以「男尊女卑」的優勢來要求女性寬容。女性擁有平等的權利來選擇自己的反應，沒有必要矮化自己來容忍男性的放縱。

有些女性要求男性跟女性一樣，堅守著感情與身體上的忠誠，對於無法堅守陣線的男性，會不惜痛下殺手，選擇分手。這是個人的選擇，責任由個人負責，無關乎對錯。

性別平等不是要求兩性容忍彼此的性放縱，而是了解自己的權利與責任，尊重他人的選擇，並在平等的立場上互動、合作與協調。男性的衝突，不在於無法解決傳統與新思潮的衝突，而是沒有認清性別平等的真義、自己的權利與責任，學習尊重女性的選擇，並且了解任何個人事件不再是單獨的個人事件，而是兩性事件，涉及他與異性之間的互動，因此，必須以平等、協調與合作的態度來處理。

一夜情不再是誰寬容誰的問題，而是兩性學習為自己行為負責，尊重他人選擇，以及學習透過兩性的合作、協調面對問題與解決問題。

■ 五、自我審思的問題

要玩一夜情，首要的功課便是自我價值的澄清。以下所列問題，有助個人做決定前，澄清價值觀：

1.一夜情是讓自己跟陌生人裸裎相對，進行深層的身體接觸。一想到這裡，你的感覺與想法如何？這跟你的道德觀念是否衝突？如何解決這些衝突？

2.你的家庭教育中，對性的態度如何？如果玩一夜情，這跟你的家庭教育是否違背？違背家庭教育對你造成什麼影響？

3.在你身旁的朋友中，他們對一夜情的看法如何？是否有人曾有過一夜情的經驗？你對他們的行為有何感覺與想法？這對你造成什麼影響？

4.哪些因素會鼓勵你進入一夜情世界（請詳細列出）？這些因素是否在日常生活中也左右你的決定？這些因素曾在你生命中占有什麼重要的位置？生命中哪些經驗跟這些因素的形成有關？

5.你知道如何尋找一夜情對象嗎？

6.你理想中的一夜情對象是怎樣的人？如何確定對方是理想的一夜情對象？

7.當你跟一夜情對象裸裎相對之前，發現對方可能有問題，你會如何處理？如果在裸裎相對之後，你將如何處理？

8.如何確保自己不會成為 A 片主角？

9.如何確保對方沒有性病？如何確保對方在性行為過程中，一定會採取安全措施？

10.玩了一夜情之後，你對自己的看法可能產生什麼改變？

11.當一夜情對象是熟人時，你會如何處理？

12.玩一夜情之後，如果不幸有了後遺症（如懷孕、感染性病），你有能力處理這些問題嗎？哪些問題你有能力處理？哪些問題你沒有能力處理？

13.如果別人發現你玩一夜情，你的感覺與反應會如何？你擔心這項祕密被公開嗎，原因為何？

14.如果你的愛人發現你過去曾玩一夜情，你將如何處理？

15.五年之後，當你回首自己過去一夜情的經驗時，你會肯定自己當年的決定嗎？

如果能夠跟其他人一起探索以上的問題，對價值澄清的深度與廣度會有幫助，包括協助自己突破盲點，肯定自己的選擇，為自己的選擇負責。

附錄一：一夜情之相關迷思

1.玩一夜情才可以趕上時代潮流。

2.現在是個開放的時代，玩一夜情沒有什麼不對。

3.一夜情沒有違法，所以人人都可以玩。（如果有一方未滿十八歲，就可能觸法）

4.穿得很性感的女生，可能在尋找一夜情對象。

5.男人可以藉由一夜情來提高自尊。

6.一夜情只發生在成年人身上。

7.因為彼此不認識，所以更可以放得開。

8.一夜情之後，兩個人就不會再碰面，所以玩一夜情沒有關係。

9.一夜情是兩情相悅，所以比較不會被騙。

10.只要自己有自制力，就不容易沉溺於一夜情遊戲中。

附錄二：大專與大學生對「一夜情」之我思我見

題　　目	男女受試者的反應
是否認同男女、兩性的一夜情行為	1.男性受試者不認同女性玩一夜情，卻認同男性玩一夜情。 2.女性受試者不認同男性和女性玩一夜情。
兩性一夜情的可能原因	1.男女受試者認為，女性玩一夜情的可能原因為：(1)追求只有性沒有愛的生活；(2)追求刺激、冒險、多彩多姿的性生活；(3)為了填補生活或心靈上的空虛；(4)事後沒有負擔；(5)因為感情受挫（例如，報復親密異性朋友）。在以上可能原因中，女性受試者對於「為了填補生活或心靈上的空虛」這一項的認同度高於男性受試者。 2.男女受試者認為，男性玩一夜情的可能原因有：(1)追求刺激、冒險、多彩多姿的性生活；(2)追求只有性沒有愛的生活；(3)事後沒有負擔；(4)為了填補生活或心靈上的空虛等四項。男女受試者不一樣的項目是，女性受試者強調男性玩一夜情是「為了炫耀性能力」，男性受試者強調「為了征服女人」。
兩性一夜情對個人的負面影響	1.女性玩一夜情的負面影響中，男女受試者共同的看法有：(1)養成不負責的心態；(2)造成性放縱或性隨便；(3)增加墮胎事件；(4)性病的感染與傳播。男女受試者不一樣的項目是，女性受試者更關心「碰到性變態者，而受到傷害」與「事後被洩密，影響名聲」等負面影響，而男性受試者重視「扭曲兩性關係」與「造成道德水準降低」。 2.女性玩一夜情的負面影響中，男女受試者看法上的差異有：(1)成為A片主角或被拍性愛照片；(2)碰到性變態者，而受到傷害；(3)事後被洩密，影響名聲；(4)增加墮胎事件；(5)後悔當初無知；(6)被他人知道後，交不到男朋友。女性受試者在前五項的認同程度顯著高於男性，而男性受試者在最後一項的認同程度顯著高於女性。 3.男性玩一夜情的負面影響中，男女受試者共同的看法有：(1)養成不負責任的心態；(2)扭曲兩性關係；(3)造成性慾放縱或性隨便；(4)陷入別人所設的仙人跳；(5)性病感染與傳播；(6)造成道德水準降低等。

（續表）

題　　目	男女受試者的反應
	4.男性玩一夜情的負面影響中，男女受試者看法上的差異有：⑴養成不負責任的心態；⑵造成性慾放縱或性隨便；⑶影響課業或工作。女性受試者對前兩項的認同度顯著高於男性受試者，男性受試者對最後一項的認同度顯著高於女性受試者。
兩性一夜情對個人的正面影響	1.女性玩一夜情帶給自己的正面影響，男女受試者共同的看法有：⑴提供刺激、冒險的性生活；⑵事後沒有負擔；⑶排遣生活上或心靈上的寂寞。其中不一樣的項目是，女性受試者重視「補償婚姻生活或親密關係的不足」，男性受試者強調「可以隨時擁有新的性伴侶」項目。 2.男性玩一夜情帶給自己的正面影響，男女受試者共同的看法有：⑴提供刺激、冒險的性生活；⑵事後沒有負擔；⑶可以隨時擁有新的性伴侶等。男女受試者不一樣的項目是，女性受試者強調「證明自己的性能力，提升男性自尊」，而男性受試者強調「排遣生活上或心靈上的寂寞」。 3.男性玩一夜情帶給自己的正面影響，男女受試者看法上的差異，包括：⑴排遣生活上或心靈上的寂寞；⑵證明自己的性能力，提升男性自尊。男性受試者在「排遣生活上或心靈上的寂寞」項目上的認同程度顯著高於女性受試者，而女性受試者在「證明自己的性能力，提升男性自尊」項目上的認同程度顯著高於男性受試者。
如何面對身旁玩一夜情的朋友	1.如何面對身旁玩一夜情的女性朋友，男女受試者共同的看法有：⑴尊重她個人的生活方式，因此友誼不會受影響；⑵規勸她，如果她願意放棄，就繼續跟她交往，否則就離開她。 2.如何面對身旁玩一夜情的女性朋友，男女受試者看法上的差異，包括：⑴尊重她個人的生活方式，因此友誼不會受影響；⑵因想了解一夜情遊戲的內幕，而更加接近她；⑶規勸她，如果她願意放棄，就繼續跟她交往，否則就離開她。女性受試者對「尊重她個人的生活方式，因此友誼不會受影響」該項的認同程度顯著高於男性受試者。而男性對後兩者的認同程度顯著高於女性受試者。 3.如何面對身旁玩一夜情的男性朋友，男女受試者的共同看法有：⑴尊重他個人的生活方式，因此友誼不會受影響；⑵規勸他，如果他願意放棄，就繼續跟他交往，否則就離開他。

（續表）

題　　目	男女受試者的反應
	4.如何面對身旁玩一夜情的男性朋友，男女受試者看法上的差異，包括：(1)尊重他個人的生活方式，因此友誼不會受影響；(2)因想了解一夜情遊戲的內幕，而更加接近他；(3)因擔心受他影響而遠離他。男性受試者在前兩項的認同程度顯著高於女性受試者，而女性受試者在最後一項的認同程度顯著高於男性受試者。
如何面對玩一夜情的親密異性朋友	1.如何面對玩一夜情的親密異性朋友，男女受試者的共同看法有：(1)即使他（她）願停止該行為，還是不想跟他（她）繼續交往；(2)查明原因後，再做決定。 2.如何面對玩一夜情的親密異性朋友，男女受試者看法上的差異有：(1)即使他（她）願停止該行為，還是不想跟他（她）繼續交往；(2)如果他（她）願意停止該行為，就會繼續跟他（她）交往；(3)查明原因後，再做決定；(4)跟其他男人（其他女人）玩一夜情遊戲，以報復男友（女友）。女性受試者在第一項的認同程度顯著高於男性受試者，而男性受試者在後三項的認同程度顯著高於女性受試者。
一夜情對社會的正面影響	1.一夜情對社會的正面影響，男女受試者的共同看法有：(1)提供男女紓解性慾的管道；(2)增加賓館、飯店的收入；(3)刺激性開放的程度；(4)減少與性有關的犯罪。 2.一夜情對社會的正面影響，男女受試者看法上的差異有：(1)發展多種不同的兩性關係；(2)提供男女紓解性慾的管道；(3)提供男女更多色彩的性生活；(4)減少男女涉足風月場所尋歡的機會。男性受試者在這四項的認同程度顯著高於女性受試者。
一夜情對社會的負面影響	1.一夜情對社會的負面影響，男女受試者的共同看法有：(1)增加性病的傳染；(2)造成男女不負責任的心態；(3)造成性氾濫或性隨便；(4)扭曲兩性關係。 2.一夜情對社會的負面影響，男女受試者看法上的差異有：(1)造成男女不負任的心態；(2)造成性氾濫或性隨便兩項。女性受試者在以上兩項的認同程度顯著高於男性受試者。

【第七章】

另類的兩性關係（二）：
援助交際

「極樂台灣」一詞，讓台灣躍上黃色王國寶座。有許多台灣人憤怒此一名詞所蘊含的羞辱，呼籲政府相關部門誓師掃蕩橫行的豔色黃潮。不過，道高一尺魔高一丈，豔色黃潮的快速蔓延與流竄，讓政府警力的奔命只能算是打零星的游擊戰。

「援助交際」（enzokousai）是色情行業的另一門新花招。從事援交者並不一定是專業妓女，她們通常被認為是兼職的學生，又因為年紀比專業的妓女年輕許多，因此，援交的浪潮一起，就出現供不應求、不可遏止的趨勢。

近幾年來，台灣的色情行業因為大陸妹的湧進而波濤洶湧，銳不可當，現在連台灣的在學學生也不甘示弱地加入。依據財團法人台北市勵馨社會福利基金會於民國九十年八月中旬進行的「網路使用者之援助交際、情色工作態度及行為調查報告」指出，在七千多名網路族群中（受試者年齡主要以二十一到二十五歲為主，其餘依序為十六到二十與二十五到三十歲），約有35%的受試者認為，援交「普遍」存在於青少年族群中，46%的受試者認為「存在但不普遍」。在同一調查中的另一問題「認同以援助交際為賺取金錢的方式之一嗎？」，竟有4%的受試者「非常認同」、33%的受試者「還算認同」。

這是台灣畸形的社會現象？或是開放社會的必然現象？雖然《孟子‧告子》中曾言「食色性也」，不過，目前色情行業的猖狂樣，恐怕連孟子都要搖頭大嘆：「人之異於禽獸，幾希也！」

本章論及援助交際之相關迷思、援助交際之定義、台灣青少年援助交際行為氾濫之成因、援助交際對個人與社會之影響、援助交際對兩性關係之影響，以及性別平等對援助交際之意涵。

第一節
援助交際之相關迷思

是什麼原因讓一些青少年義無反顧地加入援交的行列？無可否認

地，原因之一，是這些援交青少年對援交有錯誤的認知。以下是一些與援交有關的錯誤認知，請修正錯誤的敘述：

1.只要心靈純淨，即使出賣肉體也無損個人尊嚴。

2.援交是你情我願的交易行為，並非賣淫。

3.現代社會性行為開放，男人不再執著女人的貞操，所以援交也不會被查出。

4.援交可以快速致富。

5.陪男友不如陪援交客來得划算。

6.在台灣，援交是合法的交易。

7.以援交賺錢的人，要脫離這種生活並不難。

8.因為援交者可以挑對象，所以不容易被感染性病。

9.目前社會上有許多人認同以援交賺錢。

10.援交不一定跟性有關。

問題與討論

問題一：只要心靈純淨，即使出賣肉體也無損個人尊嚴。

身心是一體的，個人的身體是自我概念的一部分。當個人的身體被任意踐踏後，個人的自我價值感、自信心、自尊也隨之降低。

問題二：援交是你情我願的交易行為，並非賣淫。

援交是一方以身體，另一方以財物進行的交易。雙方各取所需，一方獲取財物，另一方獲得性滿足。援交是賣淫的另一名詞。「援交並非賣淫」，是援交者自欺欺人的想法。

問題三：現代社會性行為開放，男人不再執著女人的貞操，所以援交也不會被查出。

現代女人的思想比以前開放，可惜的是，男人的成長速度不如女人快，因此，男人仍然在乎女人的貞節。從另一方面來說，援交所引發的問題是自我價值感降低，罪惡感、愧疚感、羞恥感、後悔感充斥，甚至造成生活糜爛，扭曲兩性關係，以及性病的感染。援交者的人生

可能因此改寫，這些問題比貞操問題更嚴重。

　　所以，援交所引發的問題不在於貞節的有無，而是援交所帶來的嚴重後遺症。

　　問題四：援交可以快速致富。

　　援交者或許短時間內賺錢容易，可是青春易逝，尤其是賣淫這種行業，說能夠致富絕對不確實。每次才幾千塊的援交費，如何致富？此外，又有幾個援交者能夠縮衣節食，趁青春尚在時多存錢？反而多的是，迫不及待地將援交費投資在名牌衣物上，賺多少就花多少。

　　問題五：陪男友不如陪援交客來得划算。

　　有一些女孩誤以為與其滿足男友的性需求，不如援交來得划算。援交的對象可以自己挑，既可以滿足性需求，又有錢可以收，一舉多得。這種想法完全抹煞自己身為人的權利、尊嚴與價值。

　　將自己當成滿足男友性慾的工具，這種錯誤的行為與想法，來自當事人將兩性關係建立在男尊女卑不平等的基礎上。將自己的肉體廉價販賣，是由於當事人瞧不起自己，認為自己不值得被尊重、疼愛。

　　換句話說，這些女孩因為瞧不起女性的性別，而貶低自己生為女人的價值與尊嚴。

　　問題六：在台灣，援交是合法的交易。

　　在台灣，援交是非法的交易。一方面，依據「兒童與青少年福利法」第三十條的規定：「不得強迫、引誘、容留或媒介兒童及少年為猥褻行為或性交。」所謂兒童與青少年是指未滿十八歲之人。援交者若未滿十八歲，買春者就觸犯法條。另一方面，在台灣，賣淫是犯法的行為。因此，援交是非法的交易。

　　問題七：以援交賺錢的人，要脫離援交生涯並不難。

　　「由儉入奢易，由奢入儉難」，援交者已經習慣一小時幾千塊收入的容易，已經習慣一擲千金的闊氣，又如何能夠適應粗茶淡飯的儉樸。此外，曾經下海援交者，容易內化所接觸過的生活經驗與次文化，形成一套特殊的價值體系。只要情境、時機成熟，再度下海的情形就

可能發生。

問題八：因為援交者可以挑對象，所以不容易被感染性病。

援交者雖然可以挑對象，可惜不具透視眼，無法穿透對方的外表，看到內在是否染有性病。此外，在辦事的過程中，對方是否有安全措施，援交者無法而知。所以，援交者感染性病的機率相當高。

問題九：目前社會上有許多人認同以援交賺錢。

這是援交者自我欺騙的想法，大部分的人無法認同援交行為。依據陳金定（民 93b）對大專、大學生的研究發現，大部分的男女受試者並不認同援交。有意而尚未援交的人，千萬要弄清楚事實狀況。

問題十：援交不一定跟性有關。

「蓋棉被純聊天」的事不會有，援交而沒有性交的事也極少發生。除了出錢的大爺臨時有事，否則天底下極少有白吃的午餐。

其他相關的援交迷思，請見本章附錄一。

第二節
援助交際之定義

「援助交際」一詞源自日本，原本指年輕的高中女生與有錢的中年男子相互資助的交際行為。年輕的高中女生出賣自己的時間或身體，陪伴有需要的男人逛街、遊玩、吃飯，或甚至提供床上服務，以換得金錢為報酬。

以上的定義有幾個特點：(1)提供援交服務者為年輕的高中少女，以金錢的獲取為目的；(2)年輕的高中少女視援交為兼職，非專任工作，有別於傳統的娼妓；(3)接受援交服務者為中年男子；(4)援交少女服務的項目包含陪伴、聊天，不只是性行為而已（陳金定，民 93b）。

唐秀麗（民 92）曾將援交分為兩大類：第一類為狹義的援交，以賣春或性交易為主。第二類為廣義的援交，基本上仍涉及性交易，但性行為只是服務項目之一。分為四小類，都是透過網路取得聯繫，再

進行一系列的服務：⑴網路交友戀情：先透過網路交往，雙方從陌生到親密。在兩情相悅下，由男方提供物質享受，女方提供性服務，或甚至同居；⑵網路伴遊：女方陪男方聊天、逛街、吃飯，以及性服務。女方依男方願意付出的價碼提供服務；⑶色情網路援交：透過網路聯繫，再進行性交易，與傳統色情行業一樣；⑷網路一夜情：透過網路互動，然後見面發生性關係。

援交之風傳至台灣後，經過台灣風情的洗禮，援交的範圍被擴大：⑴提供援交服務者不再只是年輕的高中少女，大學生、上班女郎，甚至小學生，已從事色情行業的妓女也涉足其中；⑵提供援交服務者不再只是女性的專屬，年輕的男性也搶攻這塊版圖；⑶性服務成為主要的服務項目，陪伴、聊天只是性行為的前奏曲（陳金定，民93b）。

換句話說，以目前的狀況來說，援交其實只是掛了斯文面具的賣淫行為。以前這個行業是專業妓女的專屬，現在卻有更多的非專業人士來搶攻。

第三節
台灣青少年援助交際行為氾濫之成因

> 笙藍對於好友的提議實在猶豫不決。她知道這個行業見不得人，如果父母知道，若不活活氣死，也會跟她斷絕關係。不過，這個行業的收入太誘人，這正是她心動的地方。看看她幾位好友，不但一身行頭名貴，而且出手闊氣，店員們見到她們莫不卑躬屈膝。每次跟她們一起逛街，她羞澀的阮囊，實在讓她抬不起頭來。好友告訴她，反正她已經不是處女，下不下海都沒差。她覺得好友的話不錯，不過，總覺得讓陌生男人玩弄自己的身體，實在令她噁心。因此，她還是不敢貿然答應。

問題與討論

1. 笙藍考慮接受同儕建議成為援交妹的可能原因為何？

2. 笙藍考慮拒絕同儕建議的可能原因為何？

3. 笙藍的好友說：「反正妳已經不是處女，下不下海都沒差」，這句話反映出哪些對女性貶低的想法？

4. 從個人、家庭、教育與社會因素，說明影響年輕學生步入援交的原因？

以下分兩個層面來看台灣青少年援交氾濫之成因：(1)提供援交服務者；(2)享受援交服務者（即尋芳客）。在提供援交服務者方面，將從個人、家庭、學校與社會四方面來談，其影響互為因果。

對可能成因的了解，可以協助有意援交者自我檢查，及早發現自己的問題與培養抗拒誘惑的能力。另一方面，有助於家長、教師與社會教育者改善不良的環境因素，提供青少年良好的成長環境。

一、提供援交服務者

(一) 個人因素

1.對流行風潮難以抗拒

台灣的青少年有個特色，就是難以抵擋外來流行風潮的侵襲，不管這些潮流是否適合自己。例如，前幾年矮子樂鞋流行時，許多青少女踩著前高後更高的鞋子走路，有如墊了兩塊磚塊練輕功，令人提心吊膽，不忍卒睹。長腿姐因為腳底多了兩塊磚塊，造成身體比例不搭調，短腿妹因為腳底多了兩塊磚塊，更加凸顯短腿的缺點。

每一種流行潮流的起源，大多因為生意人為了獲利而絞盡腦汁不斷創新。其實，「新」未必好，也未必適合每個人。

有許多流行的產品與當地的文化背景密不可分。例如，在美國的化妝品中，沒有所謂美白化妝產品，因為美國人崇尚曬了太陽的健康

膚色。援交是日本文化下的特殊產物，因為日本的中年男人迷戀年輕、純情的高中女學生；甚至變態收購高中女學生穿過的、未清洗的、留有味道的貼身衣物。由於台灣的青少年無法抗拒國外流行風潮，當援交在日本盛行後，台灣青少年就迫不及待地模仿，讓援交成為台灣青少年的性交易活動。

2.心理上的匱乏與無助

時下的年輕人成長於台灣最富裕的時代，也是「一個孩子不算少，兩個孩子恰恰好」的節育年代。這個年代的孩子被過度保護，也沒有生活磨練，因此，呈現重享樂、不能吃苦、禁不起誘惑的特質。在日本黑沼克史（劉滌昭譯，民87）所著的《援助交際──中學女生放學後的危險遊戲》一書中，認為援交少女禁不起世界一流名牌的誘惑而自願下海。

不過，依據唐秀麗（民92）的研究，促使少女從事援交的原因，並非如此簡單。唐秀麗（民92）對台灣十一位網路援交少女之研究發現，促使這些少女援交的真正原因在於「缺愛症候群」。她們對家庭與學校缺乏歸屬感、在網路虛擬世界裡尋求慰藉、對性愛一知半解、日常生活型態與金錢觀偏差扭曲、缺乏正當休閒娛樂、欠缺法律常識。缺錢雖然是促使少女援交重要的原因之一，不過缺錢是為了購買衣物，而非為了購買一流名牌物品。

換句話說，生活上的經濟問題是近因，可是心理上的問題是根源、是遠因。孩子的「缺愛症候群」看似個人的心理問題，其實，是家庭、學校與社會三方面的缺憾所造成的結果。孩子沒有健康的心理為支柱，當生活經濟壓力一出現，援交就成為這些孩子的自然選擇。

（二）家庭因素

1.家庭功能不彰

家庭為孩子奠定了未來發展的基礎，包括人生目標、價值觀、人格、人際關係……等。在唐秀麗（民92）的研究中，絕大多數的援交

少女有著負面的家庭生活經驗，包括：父母雙亡、單一父母亡故、離婚、感情不睦、分居等，亦即家庭結構破碎、家庭功能不健全、跟家人的關係疏遠、跟家人少有溝通等。類似的結果也出現在其他的研究中，例如，林滄崧（民87）。

成長於家庭功能不彰的孩子，因為內化被忽視、被虐待的經驗，不但塑造出不健全的自我概念（例如，認為自己不值得被愛、應該受到懲罰、低落的自我價值感、瞧不起自己），而且以父母的方式來對待自己。

所謂「缺愛症候群」，就是內化負面家庭經驗而形成。有些孩子對愛渴求，卻因沒學到兩性交往的知識與技巧，只得借助網路虛擬世界得到慰藉。網路交友陷阱多，容易被誘惑而下海。有些孩子內化父母錯誤的管教，認為自己不好應該受罰，於是借助援交懲罰自己；有些孩子幼時受到親人的性侵害，從此認為自己的身體骯髒，於是任意讓他人踐踏自己；有些孩子學習父母扭曲的金錢觀念，為了快速致富，而不惜販賣色相。

如果援交是錯誤的行為，那麼第一個要受罰的可能是父母。

2.父母將孩子物化

現代的父母忙碌，無暇陪孩子成長，只得給孩子物質上的享受作為補償。此外，每個家庭的孩子數減少，孩子成為父母的珍寶，給予孩子豐富的物質享受，是父母的期望。

孩子內化父母物質上的闊氣後，將物質享受定為人生的唯一目標，而成為名牌的崇拜者、流行時尚的追求者。於是，富家子弟揮金如土，貧家子弟辛苦打工，以求成為時尚的尖兵。有些吃不了苦者，只得出賣身體，以快速獲取金錢。看看這些「援交尖兵」毫無珍惜地將援交獲取的金錢，大量投資在百貨公司的「血拼」上，就可以知道物質享受對他們的重要性。

（三）學校因素

家庭的負面影響，可以透過學校來補償。老師、同學的引導與陪伴，不但可以將家庭的傷害程度降低，甚至可以導引孩子至美好的大道。相反地，惡劣的學校環境會強化家庭的傷害，讓孩子憤世嫉俗地傷害自己或他人。唐秀麗（民92）研究的援交個案，不但家庭狀況惡劣，而且在學校的生活情形也不良。

家庭與學校所埋下的根，在社會環境的催化下，很快地便發芽、成長，枝繁葉茂。

（四）社會環境

1.笑貧不笑娼的扭曲價值觀

現代人向「錢」看齊，「一夜致富」成為許多人的夢想。不管用什麼手段，只要能讓自己有錢，即使作姦犯科，照樣放手一搏。於是，辣妹、檳榔西施、援交男女，個個使出混身解數，為的都是顧客口袋中的「money」。

現代人重視膚淺的「門面」與「排場」，恥於粗衣布裙、粗茶淡飯。於是，「寧願倚門賣笑，換取綾羅綢緞與山珍海味」，這種扭曲的價值觀已在青少年的腦海中根植、成長、茁壯。十三、四歲就涉入色情行業者，已是司空見慣的常事。

2.未澄清性別平等的真義，造成氾濫的性開放

性別平等的最終目標，在於破除傳統性別的限制，學習尊重自我、他人，以達到自我實現的目的。

可惜，社會未盡宣傳的責任，讓很多人誤解性別平等的真義，而踏入氾濫的慾海。例如，有一些女人將性別平等與性開放劃上等號，於是，沉溺於感官刺激的滿足，理直氣壯地放浪形骸；另有些女人不讓鬚眉地花錢尋找援交男，來滿足性別角色替換的快感。

社會有責任傳遞性別平等的真義，不過，個人也有責任認識性別

平等的內涵。當社會與個人都未盡責任，性別平等便容易被詮釋為性開放，而導致性氾濫。這些沉重的社會成本，雖然看似性別平等惹的禍，其實，是社會與個人未盡好責任所導致。

3.全台灣籠罩在一片鶯飛蝶舞的情色旗幟下

台灣的色情行業花枝亂顫地散播迷惑人心的花香，點燃人們蠢蠢欲動的情慾：色情網路人人可進，讓男女老幼的理性迷亂；明星惹火的穿著與煽情的體態，刺激著人們的感官生理；色情光碟隨處可得，錯誤的性觀念四處傳播；檳榔西施的三點隱現，讓過路的男人春心大動；理容院與按摩院暗藏春色，頻頻向男人招手；休旅車成為流動式的應召站，男人辦事方便又隨意；談心的色情電話，連幼稚的男孩都入網；KTV的隱密廂房，既可唱歌，又可做愛逍遙。

這些鶯飛蝶舞的資訊與管道，不時挑逗人們的五官，讓有錢、沒錢的男人心頭小鹿亂撞，飛蛾撲火地想要品嘗墮落的滋味，好為人生增添品味。

4.過於強調性的重要

性慾是人天生的需求，性慾的滿足與否雖不致於影響生死大計，不過，卻會擾亂一個人的身心健康。對性慾的強調本無可厚非，可是，矯枉過正後，困擾就會接踵而來。

一方面，性慾的滿足已成為台灣男人、女人的最愛，似乎只要有性高潮，生命就不會空白。因此，任何一種有助閨房之樂的食物或藥品問世，就會造成趨之若鶩的搶購風潮。就連七、八十歲的老人家，也迫不及待地想要重享年輕生命的幹勁、再次抬頭挺胸的雄姿。於是，援交男大喊能讓女人欲仙欲死，援交女大吼能讓男人重振颯颯英姿。出點錢，能讓生命飽漲、色彩繽紛，何苦不為。

另一方面，援交者任君挑選，不但滿足尋芳客維持口味鮮嫩的需求，而且讓尋芳客感受到握有古代帝王挑選臨幸嬪妃的無上權勢。這種虛榮的滿足，豈是一般平凡夫妻、未婚情侶有能力辦到。

一部車的各部分零件，不管實際價格如何，都同等重要，只要少

了其中一部分，車子就無法運作。台灣人因為心靈與精神上的乾枯，已成為「金玉其外，敗絮其內」的空殼子。援交的盛行，更加速了這兩方面的凋零，妨礙身心靈的平衡運作。

5.兩性教育不足，忽略尊重與珍惜身體的價值

性慾是人性需求的一部分，可是，性慾的滿足不能只是一時之快，而是一種感性與理性的思索與抉擇。

時下青少年的性行為，從交往開始到性行為的完成，通常發生在極短的時間內。這種膚淺、速食的性關係，反映出：青少年誤解性行為與兩性關係的意義，以及忽略對自己、他人身體的尊重與珍惜。有些援交少女自以為是地認為：援交既可以滿足自己的性需求，又有錢賺，何苦不為；既然是男朋友的洩慾對象，為什麼不乾脆滿足他人，又有錢賺（學生援交狂潮，壹週刊，民90）。這些少女的援交行為，表面上看，只是拜金心理的作祟，進一步分析後，不難發現：這些少女沒有性別平等觀念、不知道性行為與兩性關係的意義、不知道珍惜身體的自主權，才會任意讓男朋友踐踏，最後將身體賤賣給別人。

換句話說，不足的兩性教育是讓青少年墮落的原因之一。

6.同儕的影響

許多從事援交的青少年，彼此若不是同學關係，就是朋友關係。在青少年階段，同儕的影響力往往大於父母、師長。偏偏在此階段，青少年自我統整未完成、自我價值觀仍在架構中、對自己認識不清、人生的方向未定。於是，「近朱則赤，近墨則黑」，在不良朋友的牽引下，很快就成為同夥。

援交問題是由許多因素交織而成，不是單純的賣淫行為，而是病態的家庭、學校與社會之下的產物。家庭、學校與社會是援交的溫床，而青少年是溫床下的受害者。

■ 二、從援助交際尋芳客的層面來說

　　沒有買主的買賣，終會沒落消散。援交之所以能夠生意興隆，與尋芳客的熱烈捧場不無關係。尋芳客熱烈捧場的原因何在？勵馨社會福利基金會於民國九十年八月中旬進行的「網路使用者之援助交際、情色工作態度及行為調查報告」指出：43.9%的受試者「為了好奇」、33.9%的受試者「為了想找人進行性行為」、11.5%的受試者「為了想交朋友」、6.4%的受試者「為了打發時間」、4.2%的受試者「想藉由圖片發洩情慾」。「好奇」與「性滿足」是尋芳客找援交者的主要原因，占77.8%。以下針對可能的相關因素進一步說明。

(一) 好奇心的驅使

　　好奇之心人皆有之，尤其在性方面，不管男女老幼皆然。這些尋芳客或許對新產品好奇，或許為了嘗鮮的需求，才願意出錢冒險。

(二) 以為提供援交服務者較單純、乾淨、安全、隱密

　　援交服務者通常以單純、乾淨、安全與祕密為號召。一般人誤以為，跟一般專業妓女比較起來，提供援交服務者通常比較年輕（以學生族群為多）、性經驗少、涉世未深，背後沒有黑社會操控、交易地點不固定、價錢有協調的空間。因此，找援交可能比進入妓院來得單純、乾淨、安全與隱密。

　　不過，事實並非如此。⑴從事援交者未必是兼職學生。有些專業妓女因為色情行業競爭激烈，為了生存，不得不假冒學生身分從事援交；⑵即使提供援交服務者為兼差學生，其思想與行為已因涉身在龍蛇雜處、爾虞我詐的行業中而複雜化；⑶至於安全，那完全是尋芳客自我安慰的幻想，因援交而感染愛滋病者日有所聞；⑷說到隱密，或許，援交會比尋芳客在眾目睽睽之下進入鶯飛蝶舞的妓院來得隱密些。援交是變相的賣淫行為，其危險性跟一般色情行業不相上下。

（三）空虛、寂寞是現代人的通病

現代人的空虛、寂寞跟現代社會激烈的變動與競爭有關。社會變動的快速與激烈競爭，塑造出疏離的人性，並且讓各種關係建立不易，維持更難。因為大部分人找不到可以信任與傾訴的對象來安頓身心，於是，找援交者便成為部分人士暫時安棲與麻痺身心的途徑。

（四）不再性壓抑

在過去的社會，「性事」是受壓抑，難以啟齒的敏感事。性滿足這件事，只能自我處理，難以公開求助。在現代社會，「性事」被允許自我表達，可以被公開討論，不再自我關閉、自我壓抑。由於性需求不再被壓抑，因此，各式各樣的色情行業與花招都沸騰出籠。

援交是各種因素所促成。不管是提供援交服務者，或是享受援交的尋芳客，都是種種因素催化出來的結果。如果單從個人因素來歸咎援交的氾濫，實不合情理。

第四節
援助交際對個人與社會之影響

蔀雨一身的名牌讓她自信地抬頭。進入教室後，她選個靠邊的座位坐了下來，還未來得及開口，老師就進門來。

一開始，蔀雨還能集中注意力聽講，沒過多久，心思便逐漸渙散。昨夜援交的畫面，不時在她的腦海中翻轉，讓她無心聽課。她想集中注意力，卻倍感吃力。

當她抬頭試著將心思收回時，看到曾經是自己男友的德華。她的心頭突然一震，不自覺地低下頭來，是羞愧？是感

慨？是自卑？一時之間無法理得清楚。

　　她鼓起勇氣再度抬頭，眼神剛好碰觸到回頭看望的幼玫。幼玫曾經是自己的室友，此時的眼神讓她倍感陌生。她看看這些陪伴她兩年的同學，一股沉重突然壓頂而來，讓她再也抬不起頭來。

　　她這一生中，未曾有過如此美好的物質享受。不過，她搞不清，為什麼快樂不起來。她曾經問過自己，如果重新來過，是否會做同樣的選擇。她不敢回答，也不敢再想這個問題。「生命短暫，能享受就盡量享受，未來的事誰又能知道？」她不斷用這句話告訴自己，讓自己好過些。

問題與討論

　　1. 男女援交後，對自己的看法可能產生什麼改變？人際關係上可能產生什麼變化（例如，交友圈、交友的方式與態度、談話的內容、兩性關係上）？

　　2. 援交者援交時，可能碰到哪些危險？

　　3. 援交對個人與社會的影響有哪些？

一、援助交際之負面影響

　　天底下沒有白吃的午餐，各種行業都有風險。援交者可能因為尋芳客良莠不齊而傷身喪命。援交的壽命往往不長，男人的生理狀況無法長久援交，女人需靠「年輕」才能經營，而「年輕」卻有如過眼雲煙的短暫。以下說明從事援交者可能冒的風險。

(一) 性病的感染與傳播

　　只要隨意發生性行為，就有感染與傳播性病的可能。一方面，援交者持續跟不同的尋芳客接觸，自然無法避免感染性病。另一方面，

兼差的援交學生不會定期到醫院做性病方面的檢查，甚至缺乏性病防治的知識，因此很容易成為性病的傳染者。

　　保險套雖然是目前預防性病的最好方法，不過，因為一些因素使然，使得保險套的安全性無法達到百分之百。例如，保險套的品質是否優良；保險套是否被正確使用；性行為過程中，保險套是否脫落或破損；同一個保險套是否被重複使用。除此之外，有些人不喜歡戴保險套。以上種種原因，使得援交而感染性病與傳染性病的可能率大增。

（二）價值觀的扭曲

　　工讀所得一小時約八十元，從事援交一小時可能數千元。一小時的援交，等於好幾天的工讀所得，這種差距產生的誘惑非比尋常。當援交者嘗到一小時數千元的甜頭後，再也不願意委屈於一小時八十元的工讀。雖然這是一種沒有未來的工作，不過，光鮮亮麗的立即性享受（包括高級化妝品、高級服飾、高級飾物）、五彩繽紛的當下，早就模糊了當事人的心智，讓他（她）無法預見灰色的下場。

　　即使援交者畢業後有了正當職業，已養成的揮霍習慣與賺錢容易的錯誤認知，讓援交者很難適應安貧樂道的收入，兼職援交便成為捨不得丟棄的副業。

（三）兩性關係的扭曲

　　下海的援交妹與援交兄在送往迎來的生活中，不斷地與不同的異性做最深層的身體相會、最膚淺的心靈接觸。長久生活於以色易財的生活模式後，容易將兩性關係狹隘地界定在色與財兩方面。

（四）自我概念的貶低、人際關係的疏離

　　援交所獲得的金錢雖然可以讓援交者披金戴玉、光彩亮麗，可是，卻抵擋不住心靈的枯萎與對自己的唾棄。

　　援交者第一次下海之後，羞恥感已悄然降臨。隨著下海次數的增

多、四周同類型同伴的催眠，以及自我防衛的加強，援交者便逐漸對自己的行為見怪不怪、麻木不仁。可是，社會對色情行業的有色眼光、尋芳客不給尊嚴的踐踏，以及援交者內化的道德批判，會一再激起援交者鞭打自己的羞恥心。於是，援交者只得逃離原來的人群，躲入援交的社群，以掩蓋尊嚴低落的事實。相對地，也讓自己愈加沉淪。

(五) 性觀念的扭曲

性的目的不只在於身體的愉悅，更是一種關心對方、疼愛對方的表現。以愛為基礎的性，可讓雙方靈肉交融。

當女性或男性長期以性作為牟利的工具，尤其在性慾初開之時，就將自己的身體隨意賤售，以滿足花錢大爺、大娘的淫慾。這些女孩與男孩對於性的認知，在賣淫的過程被粗俗化、物質化與醜陋化。扭曲的性觀念會污染這些孩子未來的兩性關係，讓情人間的性關係，不再具有人性的關懷與尊重。

(六) 製造社會問題

愛滋病的陰影，不只籠罩在援交者與尋芳客身上，有不少的家庭也因受到波及，造成家人生離死別、親朋好友遠避的慘劇。

援交衍生的問題不只是上述而已，其中包括菸毒的販售、黑白兩道的介入、社會品質的污濁、下一代受污於黃色的環境中。社會為此所付出的代價，又豈是當初援交一小時幾千塊可以彌補的？

(七) 身敗名裂

在台灣，援交是違法的交易。援交者被抓到後，因為身分曝光，所付出的代價，除吃上官司外，還面臨被退學、父母被告知，以及新聞媒體的大肆報導。即使未被逮捕，萬一遇到熟人或性變態者，又豈是事後可彌補？一身的名牌，可能是一生的代價。

（八）遭受別人的覬覦而被威脅恐嚇

有些援交者規劃以援交方式快速致富，賺到足夠的錢後，就金盆洗手，過著賢德淑良的生活。其實，這只是援交者一廂情願的想法。台灣選舉時，一些候選人過去荒唐的爛帳，往往被競爭者作為打擊對方的工具。援交者所賺的財富容易引起其他人的覬覦，這段糊塗的隱私可能成為未來前途的致命把柄。

（九）受到不良份子的操控

有一些援交者是獨自經營的個體戶，個體戶的客源少，而且沒靠山，容易出問題。於是，靠行加入組織，藉著組織的人脈資源打點一些自己應付不來的意外，就成為一些援交者必要的選擇。這種看似省了麻煩，卻可能讓自己成為任人宰割的俎上肉，在「內幕狀況知道太多」的情況下，想要擺脫對方的控制，恐怕不是那麼簡單的事。

援交生涯的代價，恐怕不只是以上所述的幾項而已，這一段「唯恐他人知道」的陰影，會伴隨一生，並且隨著生命的起伏，衍生出不同的問題來。

■ 二、援助交際之正面影響

說到援交的優點，並不是鼓勵兩性投入援交行業，或是鼓勵兩性尋找援交者解決性需求，而是想更客觀地探究援交的意義。就如同傳統妓女有助於安定社會、促進社會交流的功效，援交對個人或社會也可能具有某些正面的價值。

（一）增加男女互動的機會

援交過程的兩人，一方為了金錢，一方為了性滿足而快速在一起。整個過程在短短的幾個小時內完成，然後，另一個新的結合在另一個

時間裡又快速展開。這種在極短時間內重複跟不同異性接觸與分離的循環，提供了男女更多互動的機會，雖然這種互動可能只限於床上。

（二）提供男性與女性不同的性生活，增加生活樂趣

在許多人的認知中，性生活是其生命的精粹之一——沒有性，生活既灰白，又無趣。男性與女性雖然可以透過親密愛人或配偶得到性滿足，可是，由於人性中好奇與喜新厭舊的心態使然，一成不變的性生活，很快就降為無聊、枯燥的體操活動。

援交妹年輕的外表，嬌美的身材，可以重振男性雄風，為規律無趣的性生活增添新的風采。援交兄碩壯的外表、高超的性技巧，可以讓女性從死寂的性生活中得到補償。

（三）安定社會人心

妓女有安定社會的功能，援交者也一樣。內向、害羞、不善言詞的人不容易結交到親密愛人，性生活一片空白，性需求只能孤獨地哀嚎。援交者雖然無法像親密愛人一樣噓寒問暖，在性關係上卻能夠主動投其所好，讓害羞、內向的人不必撕下面子，也可以得到紓解。

（四）幫助援交者快速獲得財富

對於喜歡快速致富的年輕人而言，每小時八十元的打工錢，只能築夢，無法圓夢。援交每月的獲利可能在數萬以上，只要節省一點，不出幾年，可能腰纏萬貫。不過，易賺易花，這手入那手出，奢靡生活既養成，哪有儲蓄可言？

（五）增加透視人性的機會

人的衣物除了蔽體之外，也遮蔽了人類深沉的人性。男女衣物盡褪，裸裎相見，約束力鬆弛後，衣物背後的人性便一覽無遺。含蓄內斂的男性跟女性肉體交搏之時，可能口無遮攔地三字經盡出；外表斯

文、氣質不凡的男性，在情慾高漲之時，可能像失了理性的餓虎，怒吼、咆哮、齜牙咧嘴。援交者比一般人有更多的機會透視不易人知的人性，當然，也包括自己。

第五節
援助交際對兩性親密關係之影響

熟睡中的康軒被吵鬧的電話聲驚醒，他懊惱地拿起電話，以不耐煩的口氣探問對方的身分。一聽到是小晴打來，提醒他明天約會的時間，他的火氣更大。為了這麼小的事，害得他從好夢中驚醒，實在心有不甘。他回答一句：知道了，就急忙將電話切斷，然後倒頭就睡。聽到牆上的鐘敲了一下，才知道已經是下午一點。

一想到三點時有個約，他趕緊起床梳洗。看到鏡中睡眼惺忪、兩眼泛紅的自己，他有點驚嚇。這個樣子如何赴三點的約。這個約對他非常重要，對方是位有錢的闊太太，出手之大方，讓他驚豔。因此，他必須維持美好的外表，為自己的調情加分。這行業對男人來說，實在太吃力了。收入雖然豐富，體力上的負荷、心思上的耗竭、尊嚴上的低落，真不是人做的。

這一陣子跟小晴的約會，只能用有氣無力來形容。應付其他的女人已夠精疲力竭，哪有心情、心力跟小晴談情說愛、打情罵俏。看多了女恩客的嘴臉、人前人後的虛假、環肥燕瘦的身體，上床前的嬌柔作態、上床後的狂野奔放，他對女人的印象有了一百八十度的轉變。

小晴對康軒的轉變似乎有了覺察。她抱怨為何常找不到他，約會時常遲到或無精打采，講話時吞吞吐吐，敷衍了事。

她曾追問他，是否不再喜歡她，還是另有第三者。這些問題，他都無言以對，不是他不想編謊話騙她，而是連謊話都懶得編。他不知道自己發生什麼事，只是覺得很累、很厭倦，連話都不想說。唯一能做的，就是偶而送她貴重的禮物作為補償。不過，這樣做反而讓她質疑錢的來源。

在送往迎來的皮肉生活中，反覆跟不同的女人調情、做愛，已足夠讓他的神經由疲憊到麻木。小晴的追問，只有增加他的反感，讓他更不想回應。

問題與討論

1. 男性援交後，對他現在與未來的親密關係可能產生什麼影響？
2. 女性援交後，對她現在與未來的親密關係可能產生什麼影響？
3. 男性援交與女性援交後的轉變，有什麼差異？

上述勵馨社會福利基金會的調查顯示，有 4%的受試者「非常認同」、33%的受試者「還算認同」以援交賺錢。這個數據代表三分之一以上的年輕人認同以援交賺錢。陳金定（民 93b）曾調查四百多位大專與大學生對援交的態度（結果摘要於本章附錄二），結果顯示：大部分的受試者反對援交、男女受試者對援交的相關問題有不同的看法。茲將兩性受試者的意見簡單摘要如下，並說明援交對兩性親密關係的影響。

一、大專與大學學生對援交之態度

(一) 男女受試者態度不一致的部分

1.是否認同兩性援交

男性受試者比女性受試者更認同援交行為。如表 7-1 所示：

表 7-1　男女受試者認同援交之比例

認同者／援交者	男性援交	女性援交
男	25.2%	18.9%
女	13.1%	9.4%

2.男女援交的不同原因

女性援交原因之一是為了「幫助家庭」與「受同儕的影響」，而男性援交原因之一是為了「滿足性需要」、「享受跟不同女性的性行為」、「為了證明自己的性能力，找回男性自尊」。亦即女性援交是受了環境因素的影響，而男性援交是受了個人因素的影響。

3.男女援交對自己的正面影響

女性援交的好處之一是「提供透視人性的機會」，而男性援交的好處之一是「享受多彩多姿的性生活」。亦即女性援交的好處在精神層面，而男性援交的好處在身體層面。

4.男女援交對自己的負面影響

女性援交的負面影響之一有「被不良份子操控」、「不容易交到男朋友」（這一點是男性受試者的看法），男性援交的負面影響之一有「遭警察逮捕」、「落入別人設計的仙人跳」。男性受試者認為：女性援交後可能交不到男朋友。這種看法反映出，男性在乎女性是否有援交的經驗。

5.男女對朋友援交的因應態度

女性對男援交者雖然願意以「平常心對待」，不過，也會採取「保持距離」的態度。男性對女援交者採取「平常心對待」與「想辦法幫助她脫離目前行業」的態度。亦即女性比男性更在乎自己的朋友是否是為援交者。

6.是否在乎自己的親密異性朋友曾援交過

女性比男性更在乎自己的男朋友是否曾援交過，以及是否因此被

男朋友感染性病。

7.是否在乎自己鍾情未交往的異性朋友曾援交過

男性比女性更不在乎對方的過去。

8.自己曾援交的事實被發現後的處理方法

如果兩性被親密異性朋友發現曾經援交的事實，男性會想辦法試圖挽回女友，而女性可能會選擇放棄原先的感情。亦即女性比男性有更嚴格的貞操觀念。

9.援交對社會的正面影響

男性比女性更強調援交對「安定社會、減少強暴案件發生」，以及「提供不一樣的性生活增加，生活情趣」等正面影響。

10.援交對社會的負面影響

女性強調墮胎方面的問題，男性強調黑社會涉入問題。

（二）男女受試者態度一致的部分

1.是否認同援交

大部分的受試者不認同援交。

2.男女援交的原因

援交的主要原因是為了「滿足物質需要」與「追求刺激」。

3.援交對個人的正面影響

援交帶給援交者的正面影響是「快速獲得財富」，以及「對兩性的進一步了解」。

4.援交對個人的負面影響

援交對援交者的負面影響，包括「感染性病」、「造成愛慕虛榮、浪費的心態」、「造成生活糜爛」。

5.援交對援交者交友圈的影響

援交者的交友圈會「關係擴大與複雜化」、「受到原來朋友的排擠、保持距離」。

6.如何處理親密愛人曾援交的問題

如果親密的異性朋友曾援交過，會先了解對方援交的原因，再決定是否繼續跟對方交往。

7.如何處理鍾情未交往但援交過的異性

對所鍾情但曾援交過的異性朋友，會先了解對方援交的原因，再決定是否跟方交往，或是放棄對對方的追求。

8.援交對社會的正面影響

援交對社會的正面影響，包括「提供兩性不一樣的性生活，增加生活情趣」、「安定社會，減少強暴案件的發生」、「提醒國人目前有些人價值觀已有偏差」。

9.援交對社會的負面影響

援交對社會的負面影響，包括「更多人感染性病，造成社會負擔」、「引誘更多人投入援交」。

（摘自陳金定，民93b，發表中）

二、援交對兩性親密關係之影響

(一) 破壞親密關係

在親密關係中，不管是男是女，都不願意見到自己的愛人援交。一方面，愛情具有獨占性（包括身心兩方面），不容許第三者來分享；另一方面，愛人援交，象徵著援交的愛人對另一方不尊重、不重視，甚至鄙視另一方。

研究中發現：男女受試者都認為，援交者援交的部分原因是為了「滿足物質需要」與「追求刺激」。此外，女性認為男性援交的部分原因是為了「證明自己的性能力，找回男性自尊」（陳金定，民93b）。

因此，女性如果知道自己的愛人援交，或自己援交被發現，大部分的處理方法是分手。男性對援交的女友，態度上可能較寬容，不過，分手是最有可能的處理方法；如果自己援交被發現，男性援交者可能

會試圖挽回（陳金定，民93b）。換句話說，援交是愛情的殺手。

(二) 扭曲另一性別的形象

援交者以身體跟尋芳客原始的慾望接觸。尋芳客脫下衣物，取下文明面具，毫無掩飾地將人性中貪婪、好色的一面赤裸裸地呈現。這些行為動作看在援交者的眼裡，銘印在援交者的肌膚裡，一再訴說著另一性別的行為特徵。這些狹隘的經驗扭曲了另一性別的形象。

(三) 對性活動的麻木

援交者賤售身體，滿足對方性需求來牟取金錢。有些援交者藉著麻痺身體知覺，降低身體的敏感性，來逃避羞恥感的譴責。另一方面，援交者受到長時間感官的過度刺激與身體的蹂躪，對性行為容易產生厭惡的心態。親密關係中的性行為，會不斷喚起援交者的援交經驗，讓援交者無法從親密關係的性經驗中得到應有的愉悅。這種影響可能對援交女性更為顯著。

(四) 身體形象低落與自卑

身體形象是自我概念的一部分，影響個人對自己的看法。個人對自己身體的掌控，影響個人對環境的操控感。以身體娛樂他人者，身體成為尋芳客洩慾的工具，任由尋芳客玩弄。因此，援交行為降低了援交者對自己的信心、價值感、能力感與自尊感。

援交者帶著如此低落的自我概念進入親密關係後，可能自覺矮對方一截，而無法在平等的基礎上，跟對方建立親密關係。此外，援交者因為無法坦誠過去援交的祕密，讓個人的歷史有段無法接續的斷層，這斷層會造成雙方互動上無法跨越的曖昧地帶，使兩人的親密關係中止在某一個層次上，無法深入。由於傳統觀念對女性性行為的嚴格要求，因此，女性援交所帶來的負面影響，可能大於男性援交。

（五）性病的傳染

援交者是傳染性病的媒介。援交是祕密的犯法行為，法律無法強制援交者定期身體檢查，因此，援交者容易感染性病，成為性病傳染的媒介。如果援交者原本已有愛人，就可能將病毒傳染給對方。

女性援交可能比男性援交更容易感染性病。一些男性不喜歡戴保險套辦事，即使援交女性嚴格要求，還是無法保證對方願意執行。

（六）親密關係物質化

援交者未必可以立即致富，但是，會有立即性與短暫性優渥的物質享受。如果援交者的愛人原本財力不豐裕，花起錢錙銖必較，看在賺錢容易、消費快速的援交者眼裡，自然顯得寒酸許多。

研究者顯示：援交者容易造成「愛慕虛榮、浪費的心態」、「生活糜爛」等惡習（陳金定，民93b），這些惡習容易將親密關係物質化。

總而言之，援交讓親密關係緊張、不平等、物質化，最後可能結束兩人關係，造成分手的結局。

第六節
性別平等對援助交際之意涵

一、女人的身體自主權與身體界限問題

傳統觀念認為，女性的身體為男人所擁有。女性的身體除了用來傳宗接代外，也是滿足男人性慾的工具。「只要男人想要，女人就得寬衣解帶」，女人沒有身體自主權，男人也不需要尊重女人身體自主權與身體界限。在性別平等的年代，女性擁有身體自主權。性生活是兩方面的權利，不再是單方面的霸權。只要女人不要，男人就得知難而退，否則就是犯法的強暴。

女人要擁有身體自主權，必先學會珍愛與尊重自己的身體，以及保護自己的身體界限。援交者不珍視身體自主權，因此將身體隨意販賣，影響所及，不只是對自己身體的傷害，也是人格的損傷。

二、性別平等不等於允許男性援交

自古以來，出賣身體換取錢財，似乎跟女人劃上等號。社會只允許女人從娼，因此，男人沒有機會跟女人在這個行業中競爭。

不知道是不是受到性別平等的影響，愈來愈多的男性步入類似援交的行業，跟女性一爭長短。同樣地，愈來愈多的女性找尋援交男性來慰藉。援交是觸犯法律的賣淫，不管男人或女人，都不被允許。

性別平等給予男女選擇職業的自由，但自由必須在法律允許的範圍之內。性別平等不是給予男女同樣的機會觸犯法律，也不是讓兩性借用性別平等之名，用來從事一些反傳統的不正當行業。這是性別平等年代的男女必須認清的事實。

三、男性不再放縱自己的性行為

男性因為受到傳統觀念的影響，對於自己的性活動，總是抱持著寬容的態度。如果有出軌的行為被發現，總以為女性會包容、原諒。在性別平等的年代，這只會是男性一廂情願的想法。

從研究中發現：如果發現自己的男友援交，女性可能選擇分手（陳金定，民 93b）。受到性別平等思想的影響，女性不再認為男人是她的天，是她的地。對於重視感情的女人來說，男人背叛忠誠，不可饒恕。因此，女人不再忍氣吞聲，而是表現壯士斷腕的果決。

附錄一：援助交際之相關迷思

1.援交者比妓女、牛郎高級。

2.援交自主性高，不會被抽成。

3.援交者就是哈日族。

4.只要我喜歡援交，有什麼不可以，又不會少一塊肉。

5.一樣都是打工，不如援交賺錢容易。

6.援交可以進入演藝圈。

7.援交可以紓解心理壓力。

8.透過援交，可以學習不怕陌生。

9.援交是唯一快速賺錢的方式。

10.只要做好避孕措施，援交無所謂。

11.親近的朋友都在援交，我也可以試試看。

12.援交只為解決一時的金錢困境，偶一為之，無關緊要。

13.只要有需要，找援交，方便又省時。

附錄二：大專與大學生對「援助交際」之我思我見

題目	男女受試者的反應
是否認同兩性的援交行為	1.大部分男女受試者不認同援交。 2.男性受試者比女性受試者更認同兩性援交。
兩性援交對社會的正面影響	1.男女受試者認為，援交對社會的正面影響有（圈選率最多的前三項）：(1)提醒國人目前有些價值觀已有偏差；(2)安定社會，減少強暴案件的發生；(3)提供男性與女性不一樣的性生活，增加生活情趣。 2.男女受試者在各選項的差異有：(1)安定社會，減少強暴案件的發生；(2)提供男性與女性不一樣的性生活，增加生活情趣。在以上兩項，男性受試者的認同度顯著高於女性受試者。
兩性援交對社會的負面影響	1.男女受試者認為，援交對社會的負面影響有（圈選率最多的前三項）：(1)更多人感染性病造成社會的負擔；(2)引誘更多男孩與女孩投入援交，使色情氾濫。男女受試者在第三項的選擇不同，男性受試者強調「造成社會笑貧不笑娼，崇拜金錢的風氣」，而女性受試者強調「增加墮胎事件」。 2.男女受試者在各選項的差異有：(1)增加墮胎事件；(2)造成黑社會涉入操控援交這個行業。女性受試者對前者的認同程度顯著高於男性受試者，而男性受試者對後者的認同程度顯著高於女性受試者。
兩性援交的可能原因	1.男女受試者認為，女性援交的可能原因（圈選率最多的前四項）：(1)為了快速獲得金錢滿足物質享受；(2)為了幫助家庭；(3)受到同儕的影響；(4)好奇、追求刺激。 2.女性援交的可能原因中，男女受試者在各選項的差異有：女性受試者對「為了幫助家庭」該項的認同程度顯著高於男性。 3.男女受試者認為，男性援交的可能原因（圈選率最多的前四項）：(1)為了獲得金錢滿足物質享受；(2)好奇、追求刺激；(3)為了滿足性需求；(4)為了享受跟不同女性的性行為。

（續表）

題目	男女受試者的反應
	4.男性援交的可能原因中，男女受試者在各選項的差異有：(1)受到同儕的影響；(2)為了享受跟不同女性的性行為；(3)為了證明自己的性能力，找回男性自尊。男性受試者對「享受跟不同女性的性行為」該項的認同度顯著高於女性受試者，而女性受試者對「為了證明自己的性能力，找回男性自尊」與「受了同儕的影響」等項的認同度顯著高於男性受試者。
兩性援交對個人的正面影響	1.男女受試者認為，女性援交的正面影響為（圈選率最多的前三項）：(1)快速獲得財富；(2)提供透視人性的機會；(3)對男人有更多的了解。 2.女性援交的正面影響中，男女受試者在各選項的差異有：(1)享受多彩多姿的性生活；(2)擴大交友圈。男性受試者對前者的認同度顯著高於女性受試者，女性受試者對後者的認同程度顯著高於男性受試者。 3.男女受試者認為，男性援交的正面影響為（圈選率最多的前三項）：(1)快速獲得財富；(2)享受多彩多姿的性生活；(3)對女人有更多的了解。 4.男性援交的正面影響中，男女受試者在各選項的差異有：「對女人有更多的了解」。男性受試者對該項的認同度顯著高於女性受試者。
兩性援交對個人的負面影響	1.男女受試者認為，女性援交的負面影響有（圈選率最多的前五項）：(1)感染性病；(2)被不良份子操控；(3)養成愛慕虛榮、浪費的心態；(4)造成生活糜爛等四項。男女受試者在第五項的選擇不一樣，女性受試者比男性受試者更強調「不容易回頭或扭曲兩性的看法」的負面影響，而男性受試者比女性受試者更強調「遭警察逮捕」的負面影響。 2.女性援交的負面影響中，男女受試者在各選項的差異有：(1)遭警察逮捕；(2)不容易交到男朋友。男性受試者對這兩項的認同程度顯著高於女性受試者。 3.男女受試者認為，男性援交的負面影響有（圈選率最多的前五項）：(1)感染性病；(2)養成愛慕虛榮、浪費的心態；(3)造成糜爛的生活。男女在其他兩項的看法不同。男性受試者強調「遭警察逮捕」與「落入別人設計的仙人跳」。女性受試者則強調「扭曲兩性的看法」與「身體機能下降」。

（續表）

題目	男女受試者的反應
	4.男性援交的負面影響中，男女受試者在各選項的差異有：(1)遇到熟人；(2)遭警察逮捕；(3)扭曲對兩性的看法；(4)落入別人設計的仙人跳；(5)身體機能下降。男性受試者對「遇到熟人」、「遭警察逮捕」、「落入別人設計的仙人跳」等項的認同程度顯著高於女性受試者，而女性受試者對「扭曲兩性的看法」、「身體機能下降」等項的認同程度顯著高於男性受試者。
兩性援交後對交友圈的影響	1.男女受試者認為，女性援交後對交友圈的影響（圈選率最多的前兩項）：(1)原來的朋友可能排擠她，跟她保持距離；(2)交友圈更擴大、更複雜。 2.女性援交對交友圈的影響中，男女受試者在各選項的差異有：「對她原來的交友圈不會產生影響」。男性受試者對該項的認同程度顯著高於女性受試者。 3.男性援交對交友圈的影響，男女受試者沒有共同的看法（圈選率最多的前兩項）：男性受試者認為男性援交後對交友圈的影響為：「朋友排擠他、跟他保持距離」、「交友圈更擴大、更複雜」。但是，女性受試者則圈選：「只跟自己同性的人在一起」、「交友圈更擴大、更複雜」。 4.男性援交對交友圈的影響中，男女受試者在各選項的差異有：(1)原來的朋友可能排擠他，與他保持距離；(2)獨來獨往以免被他人發現自己是援交兄；(3)交友圈更擴大、更複雜。在以上三項，男性受試者的認同程度顯著高於女性受試者。
如何跟身旁援交的兩性友人相處	1.男女受試者認為，跟身旁援交的女性朋友相處之道為（圈選率最多的前兩項）：(1)想辦法幫助她脫離目前行業；(2)以平常心對待等兩項。 2.跟身旁援交的女性朋友相處之道中，男女受試者在各選項上沒有差異。 3.男女受試者認為，跟身旁援交的男性朋友相處之道為（圈選率最多的前兩項）：「以平常心對待」。男女受試者差異的一項在於，男性受試者強調「想辦法幫助他脫離目前行業」，而女性受試者選擇「跟他保持距離」。 4.跟身旁援交的男性朋友相處之道中，男女受試者在各選項的差異有：(1)與他保持距離；(2)想辦法幫助他脫離目前行業；(3)以平常心對待。男性受試者對「想辦法幫助他脫離目前行業」、「以平常心對待」這兩項的認同度顯著高於女性受試者。而女性受試者在「與他保持距離」這一項的認同度顯著高於男性受試者。

（續表）

題目	男女受試者的反應
親密愛人援交時的處理	1.男女受試者認為，親密愛人援交時的處理方法有（圈選率最多的前兩項）：⑴放棄對她（他）的追求；⑵先了解她（他）援交的原因，再依據原因做決定。 2.男女受試者在各選項的差異有：⑴不在乎她的（他）過去；⑵先了解她（他）援交的原因，再依據原因做決定；⑶當朋友不再當情人。男性受試者對「不在乎她的過去」、「先了解她援交的原因，再依據原因做決定」等項目的認同程度顯著高於女性受試者，而女性受試者對於「當朋友不再當情人」項目的認同程度顯著高於男性受試者。
對鍾情但未正式交往的援交異性之態度	男女受試者在各選項上的差異有：⑴不在乎她（他）的過去；⑵先了解她（他）援交的原因，再依據原因做決定；⑶當朋友不再當情人。男性受試者對於前兩項的認同程度顯著高於女性受試者，而女性受試者對於最後一項的認同程度顯著高於男性受試者。

（整理自陳金定，民93b，發表中）

【第八章】

網路交友與網路戀情

　　科技資訊的發達，讓人際之間的互動無遠弗屆，網路交友就是這一波科技革新的產物。透過網上的互動，將天南地北不同地區、國家的人連結在一起，成為朋友、成為情侶，甚至結為夫婦。不過，從另一方面來看，有得必有失，網路交友處處是陷阱，例如，騙財騙色、身分冒用、恐嚇威脅，甚至喪失性命。

　　網路交友類型可以分成三類，分別為打發時間型、尋找另一半型及尋求志同道合型（游康婷，民90）。這三者的劃分看似楚河漢界涇渭分明，不過，隨時可以切換。例如，一開始是打發時間的網路交友型，可能隨著互動的增多、認識的加深，而塑造出另一種網友型態。

　　多數BBS的使用者，都曾在線上發展友誼關係，甚至是某些BBS玩家上網的主要目的（游康婷，民90）；換句話說，網路已成為許多人交友的重要途徑之一。如果青少年的交友是教育上的重要主題之一，那麼，協助青少年建立、維持與選擇網友，就成為刻不容緩的任務。

　　網路戀情隨著兩性在網路互動的頻繁，以及幾齣類似「電子情書」之類電視、電影的推波助瀾，竟也浪漫地風行起來，讓一些人對網路戀情充滿無限的遐思與憧憬。網路戀情跟一般面對面的戀情有何不同？想談網路戀情者該注意哪些事項呢？

　　本章論及網路交友與網路戀情之相關迷思、網路友誼之形成、網路交友之益處、網路交友可能之陷阱與陷阱之預防、網路戀情之定義、網路戀情流行之成因、網路戀情之發展歷程、尋覓網路戀情者之注意事項，以及網路互動對兩性關係與性別平等理念之意涵。

第一節
網路交友與網路戀情之相關迷思

　　被網友欺騙而失身、失財，甚至丟命的事情一再發生。這些問題除了跟惡劣的大環境有關外，當事人對網路交友與網路戀情懷著不實的幻想，也是重要原因。以下是一些有關網路交友與網路戀情的迷思，

請修正錯誤的敘述：

1.上網交友的人主要目的在於結交朋友。

2.網友所透露的個人資料有很高的可信度。

3.為了滿足好奇心，對於網友的邀約，最好欣然赴約。

4.網路戀情比現實中的戀情甜美。

5.網路交友方式可以取代現實生活中面對面的交友方式。

6.尚未見面而透過網路交往的人，雙方有可能擦出愛的火花。

7.只要網友肯見面，就表示雙方可以玩一夜情遊戲。

8.只要有意願，每個人都適合網路戀情。

9.網路戀情跟面對面的戀情沒兩樣。

10.網路上認識的朋友，會比在酒店、Pub 認識的人安全。

問題與討論

問題一：上網交友的人主要目的在於結交朋友。

上網交友的人，目的並不一定為了交友，例如，援交妹找援交客；推銷員藉著網路交友，尋找適當的顧客群；有些人為了騙色、騙財，上網交友只是工具，背後的動機才是目的。

問題二：網友透露的個人資料有很高的可信度。

網友透露的個人資料，可信度常值得懷疑。只有涉世未深的人，才會輕易將個人資料透露給對方知道。一般人對未謀面、不熟悉而只藉著網路聯繫的網友，通常不會輕易洩漏私人資料。

問題三：為了滿足好奇心，對於網友的邀約，最好欣然赴約。

對於兩個尚未謀面，卻已互吐心聲的人來說，「相約見面」具有無比的誘惑。不過，由於互吐的資料未必真實，身分可能虛構，見面的目的未必單純，毫無提防地貿然赴約，簡直是飛蛾撲火。

問題四：網路戀情比現實中的戀情甜美。

網友透過三種管道來認識對方：(1)文字上的互動。擅長使用文字的人，會留給網友許多浪漫的想像空間；(2)雙方透露的資料。網友為

了保護自己，以及繼續跟對方連繫，可能提供美化自己的假資料；(3)
網友本身扭曲對方的資料，來符合自己的期望。由於以上三種情況的
作用，網路戀情可能比現實戀情來得甜美。可是，看不到、摸不著的
愛情，再怎麼甜美都是鏡花水月的假象。看破假象，有何甜美可言；
看不破假象，「甜美」只是自己架構出來的幻象。

問題五：網路交友方式可以取代現實生活中面對面的交友方式。

網路交友無法取代面對面的交友，因為面對面的交友，才是一種
現實的生活方式。網路交友是結交朋友的輔助管道，可以協助兩個陌
生的人架起相遇的橋樑；網路交友也可以擴展交友的機會與層面，讓
五湖四海的人有緣連結。不過，兩個在網路成為朋友的人，最終還是
得見面，成為現實生活中面對面的朋友。

有人為了逃避現實生活中的壓力，而沉溺在網路交友上，或是有
人因為過度沉溺網路交友，而疏忽了現實生活中的人際互動。這兩種
情形，將對個人的現實人生產生不良的影響。

問題六：尚未見面而透過網路交往的雙方有可能擦出愛的火花。

尚未謀面而透過網路交往的人，有可能擦出愛情的火花，不過「愛
情火花」的對象，是自己虛構出來的人物，而非網友本人。

當事人愛戀的對象，是由對方提供的資料（可能虛假不實），以
及個人浪漫的想像與期待所架構出來的人物。換句話說，當事人愛戀
的人物，是當事人內在理想對象的投影，而這投影被當事人加諸在網
友身上。這種愛情建築在海市蜃樓上，不是真實生活中的情感。

問題七：只要網友肯見面，就表示雙方可以玩一夜情遊戲。

網友肯見面，不表示一方或雙方願意玩一夜情遊戲。這是個人浪
漫、不切實際的想法，很容易成為「強暴」的加害者與受害者。

問題八：只要有意願，每個人都適合網路戀情。

並不是每個人都適合網路戀情。網路戀情有其特色，有心進入網
路戀情的人，必須知道其特性，再看看自己的條件是否適合。否則，
容易被網路戀情所傷。

問題九：網路戀情跟面對面的戀情沒兩樣。

網路戀情跟面對面的戀情有一些差別。兩者的差異見本章第六節。

問題十：網路上認識的朋友，會比在酒店、Pub 認識的人安全。

網路上認識的朋友，不一定比在酒店、Pub 認識的人安全。網路互動充滿陷阱。網路的匿名性，讓許多人可以擁有不同的身分，一些企圖不良的人利用這樣的特性而有所作為。

其他相關迷思請見本章附錄一。

第二節
網路友誼之形成

聽到牆壁上的時鐘敲了八下，李歡快速地打開電腦，進入網路聊天室。就像往常一樣，署名「懂妳心」的網友早就在電腦的另一邊等候她的加入。兩人先對目前的社會現象評論一番，然後告知對方這一週來的生活點滴。

生活中較隱密的私事就在一來一往的互動中侃侃而談。電腦的這一端，李歡抱怨男友對她不體貼，以及想跟男友分手的想法。在電腦的那一端，「懂妳心」提到他懷疑女友跟其他男人有染。兩人的擔心、難過，甚至憤怒，就在文字互動中，得到部分的紓解。吐出壓抑多時的怨氣之後，雙方都覺得輕鬆了不少。

跟網友談心已成李歡生活中不可或缺的部分。在交談中，因為少了面對面的尷尬，她可以放心地將心事一股腦兒地傾洩出來。最重要的是，彼此都不知道對方是誰，不用擔心隱私被流傳出去。

問題與討論

1. 網路互動之目為何？
2. 網路友誼如何形成？
3. 網路交友與一般的交友方式有何共同的地方？不同的地方？互補的地方？
4. 有一些研究指出，網路交往方式不容易營造持久的友誼關係，彼此的親密度也不容易建立。可是，另有一些研究卻持相反的看法。個人的經驗而言，你的看法如何？

一、網路互動之目的與過程

（一）網路互動之目的

網路互動的目的因人而異，包括：打發時間、尋找資源、交友、認識異性、增廣見聞、好奇、擴大交友圈、了解各式各樣的人、尋找一夜情……。隨著互動經驗的增多，原本的目的可能轉變。例如，有人一開始只是好奇，後來由於正面經驗增多，交友成為上網的目的。

（二）網路友誼之形成

依據游康婷（民90）的研究發現：在建立關係初期，互動環境、互動內容、網友的個人特質（「異性」、「言談風趣」、「神祕感」、「相似性」、「有內涵、能力強」等因素），會影響友誼的建立。

第一，就互動環境來說，介面不同，塑造出來的網路交友經驗也會不同。透過BBS產生人際互動的方式，大致可分為聊天室、傳訊、各版文章交流、一對一交談與電子郵件。

以傳訊為互動管道者，可能會要求雙方交換基本資料；以聊天室為互動管道者，只是想加入別人的談話，比較沒有涉及個人資料的交換；各版文章交流是以對文章的意見為談話的基礎。隨著雙方交流的

進行，網路互動的方式會有所變更，一對一或電子郵件的互動，是彼此熟識的網友間的互動方式。

第二，就互動的內容來說，友誼建立初期常見的交談內容，不外是交換個人基本資料，以及以「暱稱、說明檔、簽名檔」為背景的閒聊。所謂暱稱、說明檔、簽名檔，在BBS中是指一個人的名字（自己取的名字）或象徵。暱稱、說明檔與簽名檔夠吸引人的話，可以招來更多的網友。基本資料的交換除了讓彼此有初步的認識外，還可以減少雙方的不確定感、提供想像、創造話題與作為條件審核之用。

第三，就網友的個人特質來說，網友的個人特質中，以「異性」、「言談風趣」、「神祕感」、「相似性」、「有內涵、能力強」等因素，具有較大的吸引作用（游康婷，民90）。

除了以上三個因素外，上網的動機與年齡，也可能影響網路友誼的形成，例如，為了打發時間上網跟為了交朋友上網，交談的內容、交談的態度、交談的時間、事後的聯繫等可能不同，這些不同的內容可能影響友誼的建立與維持。

網友的年齡不能差距太大，否則在篩選階段，就會被淘汰出局。「年齡」與「異性」可能具有交互作用效果。對男性來說，同年齡或年齡比他小的女性，吸引力較大。就女性來說，同年齡或年齡比她大的男性（可是不能差距太大），機會較多。

▍二、網路交友與面對面交友之比較

網路交友具有以下的特色，使得友誼形成的前期跟面對面交友有所差異，這些差異包括：(1)匿名性；(2)快速性；(3)同一時間可以結交多位網友；(4)容易結交不同族群的人；(5)身分可以多變化（例如，性別、年齡可以隨自己心意決定）；(6)切斷容易；(7)自由決定上網聯繫的時間；(8)自由決定是否繼續交往或形成面對面的朋友；(9)沒有面對面的尷尬，讓自我表露較容易；(10)來自不同網友的多元資訊同時呈現；(11)快速與深入的自我吐露；(12)壓力少；(13)網友容易流失；(14)沒有以貌

取人的困擾。這些特點是現實生活中一般友誼不具有的特色。

就兩者的共同點來說,在友誼形成的前期,網路人際的發展過程與現實人際的發展過程類似,也有表白、分享、了解等親密關係與情感互動(吳姝倩,民85)。

在友誼的後期,網友見面是友誼是否繼續的一個重要條件。網友見面成為真實的朋友後,跟現實生活中一般友誼的維持沒有兩樣。換句話說,網路友誼與面對面友誼的差異,在於友誼的形成過程,而非友誼的維持過程。

第三節
網路交友之益處

雖然報章雜誌對於網路交友大多呈現負面的訊息,不過,網路交友除了具有某些面對面友誼的益處外,還可以輔助面對面交往的不足。主要的益處詳述如下:

一、擴大人際互動

透過網路可以跨越地區與國家界線,快速又有效率地串連各方人士。以往「眾裡尋他千百度」的辛苦,現在只要透過網路連線,指頭在鍵盤上輕觸幾下,就可毫不費吹毫之力地達成目標。

因為網路,人際交往的範圍擴大,交往的人種增多,交往的人數也一下子暴漲,「四海之內皆兄弟」的理想,就在網路的聯繫下夢想成真。

二、滿足內在歸屬感、親密感與依賴感

朋友的功能之一,便是滿足個人的歸屬感、親密感與依賴感。不過,現實生活中,可以掏心掏肺的知己好友不易尋覓。有些人「相識滿天下,知己無一人」,於是,歸屬感、親密感與依賴感無處託付。

網路交友擴大了個人交友圈，讓個人有更多的機會尋覓知心好友。此外，網路交友具有匿名性，讓個人可以毫無顧慮地表達內心感受與想法，讓歸屬感、親密感與依賴感有了對象。

三、紓解內在情緒，獲得情感支持

雖然目前有視訊式的網路互動，不過，為了安全起見，通常一開始雙方只會進行網路上的文字互動。這種看不到彼此的方式，不但免於陌生的尷尬，更因為隱密性高而帶來更多的自我坦露。在分享彼此喜怒哀樂過程中，個人紓解了內在情緒，也得到對方的情感支持。

四、給予內向、害羞者交友的機會

對內向、害羞者來說，面對面的人際互動是一項嚴厲的挑戰，也是不容易克服的困擾。面對面的互動中，因為互動是在彼此的眼底下進行，造成被觀察、被評價的壓迫感。對於內向、害羞者而言，這種壓迫感足以讓他們手足無措、言不及義，增加想逃避的心態。

網路上的文字互動就不一樣了。雙方有足夠的時間應對進退，免除被觀察、評價的尷尬。如果當事人置身在舒服的書房或臥房內，因為所有的束縛全被釋放，自由舒暢的感覺油然而生，不但勇氣倍增不少，心思也跟著細密起來，就連內向害羞者都能夠暢所欲言，欲罷不能。因此，網路交友對內向、害羞者而言，是一種福音。

五、交換資訊

透過網友的幫助，可以獲得不少寶貴的資訊。「三個臭皮匠，勝過一個諸葛亮」，一個人的網友通常不只一個，這些網友又各有不同的其他網友。這種網狀分布的資訊系統，可以在短時間內蒐集到不少的寶貴資訊。當事人不但可以從這些訊息中獲得新的學習，而且有助於找到解決問題的不同方法。

六、打發時間

對有些人來說，結交網友只不過是打發時間而已。當個人覺得無聊想找人聊天時，網友可說是最佳的對象之一。尤其在假日、假期中，如果沒有事先規劃活動，或是不知如何排遣這些多餘的時間，上網找網友聊天，將是最佳的選擇之一。

七、經濟上的幫忙

曾經有人因為網友經濟上的支助而度過難關。不過，這類的案例可能不多，大多數人不會在不了解對方的狀況下慷慨解囊。社會上有愛心的人雖然很多，存心詐騙的人也不少，因此，網友之間大都不願意有金錢上的往來。

八、刺激性高，冒險性高

網路交友具有高度的刺激性與冒險性。每個人可以同時擁有多位網友，每一次跟網友見面，都是一次新奇的冒險，具有高度的刺激，這樣的生活色彩繽紛。這也就是為什麼網友被傷害的報導不斷，卻仍有一些網友不顧一切冒險前進。

九、沒有心理負擔（結交容易，分手容易），滿足掌控感

在網路上所結交的網友，只要不想繼續交往，隨時可以走人，另找他人，不需要解釋，也不需要給予理由。這種人際互動型態不但沒有心理負擔，而且滿足了掌控感。

十、自我認定的追尋

在網路上，每個人可以自編身分，表現任何個性。現實生活中不敢表達的特質，都可以透過網路毫無顧忌地自我發揮。在網路上的各

種嘗試，都是對自我的探索。這種過程有助於青少年自我認定的追尋。

第四節
網路交友可能之陷阱與陷阱之預防

　　海雁迫不及待地打開電腦，快速地進入電子信箱，閱讀葉朗的來信。就像前幾封一樣，葉朗還是希望彼此見面，因為這樣的交往已不能滿足他的需要。葉朗這樣的懇求，讓海雁陷入兩難的困境。

　　其實，海雁也想跟葉朗見面，不過，她認為時機仍未成熟，因此不敢貿然答應。海雁一個月前在網路聊天室認識葉朗。一開始，彼此談得來，興趣、嗜好也都類似。沒想到，連續幾次，他們竟然又在網路聊天室碰面。就這樣，兩人覺得彼此有緣，就給了雙方的網路信箱帳號。

　　這一個月來，兩人天天互傳信件，雖談了很多，對彼此的背景卻了解不多。有一天，葉朗明白表示，想跟海雁進一步交往，希望兩人見面。這樣的建議讓海雁忐忑不安。

　　海雁的擔心不是沒有道理。她看過、聽過太多惡質網友傷害另一網友的新聞，她不想成為媒體報導的受害者，所以，希望彼此的速度放慢一些。不過，面對葉朗的懇切要求，她不由自主地心軟，也讓自己陷入兩難的困境。

問題與討論

1. 如果你是海雁，你會如何決定？原因為何？

2. 海雁如果決定跟葉朗見面，應該預防哪些網路交友的陷阱？

3. 如果發現自己果真墜入對方的陷阱時，該如何是好？

單調的網路文字互動，不管多麼溫馨、浪漫，畢竟只是天馬行空

的交會，無法確實感受到另一方的存在，因此，跟網友見面，似乎是網路交友者必然的選擇。網路將人際互動多樣化、複雜化的同時，黑暗的人性惡質面也不甘寂寞地跟著翩然起舞。

在爾虞我詐的社會中，人跟人面對面的交往已是危機四伏，更不用說看不到對方的網路互動。根據楊孝濚、孫秀蕙、吳嫦娥、曾貴苓（民 90）對少年網路交友行為之研究發現：有近一成（8.44%）的少年因為網友而帶來麻煩，包括被網友性騷擾（4.94%）、被網友恐嚇（0.94%）、被網友騙財（0.51%）、個人照片被他人冒用（1.02%）。

雖然三不五時傳來網友騙財騙色、謀財害命的新聞，不過，初生之犢不畏虎，年輕人依然置若罔聞地飛蛾撲火，期盼品嚐網路交友的浪漫——雖然這浪漫的代價可能是天價。

在這股抑制不住的潮流下，能夠做的，就是預防墜入網友設下的陷阱，以期減少發生不幸事件。

一、網路交友可能的陷阱

(一) 假背景

以網路交友時，因為無法掌握對方的真實背景，只能憑藉一時的感覺篩選。一些有心人士便利用這些漏洞，故意隱瞞真實身分，以遂其意圖。例如，已婚者謊稱自己未婚、髮禿齒落者謊報自己年輕瀟灑、一貧如洗者炫耀家財萬貫。當年輕網友知道自己上當受騙時，往往身分資料已被對方掌握，只得無奈地面對要命的騷擾。

(二) 利用網友滿足性需求

第一次跟網友見面就發生性關係者不是沒有。如果這件事是對方主導，可以確信的是，對方結交網友的目的，只是想利用網友滿足性需求。受害者中，有人是因為對方暴力的脅迫而就範，這已屬於觸犯法律的強暴案件。

此外，有些人上網互動，目的是尋找一夜情對象。年輕的妹妹與弟弟涉世未深，容易被誘惑，而成為一夜情獵人的獵物。

網友的邀約要小心，不要以為只是見見面沒有關係。悲劇的發生往往就是因為如此掉以輕心。如果沒有完全的防備，就不要貿然赴約。

（三）利用網友拍 A 片或色情照片

一些有心人士將自己跟網友的性交過程，拍成光碟與錄影帶，四處販售以牟取暴利。這些人交網友的目的，就是想找 A 片的主角，意圖以極少的資本，藉著販賣他人的隱私圖利自己。

有些人更以這些不堪入目的影帶或照片，威脅網友任其予取予求。如果網友不願意就範，就隨意公布在網站，毀其名譽。

（四）騙取金錢財物

有些人結交網友的目的，在騙取對方的金錢財物。例如，謊稱自己面臨財務困難，希望對方仗義疏財；或在得知對方住處，取得對方信任之後，侵入對方住家，偷取對方財物。

（五）色情買賣

色情行業者面臨許多同業的競爭，不得不花招百出，花招之一便是利用網路交友的名目，從事掛羊頭賣狗肉的勾當。當網友雙方見面後，才打出付費服務可以讓賓主盡歡的招牌，或是在事成之後，再開門見山收取夜資費。

（六）推銷產品

利用網路交友，再將自己販售的產品推銷給網友，是目前新興的推銷術之一。如果推銷者年輕貌美，另一方因為見色心迷，理智退化到無知狀況，就會爽快地掏心掏錢。等到人去樓空之時，人心智清醒，那時也已兩袖清風，甚至債務高築。

▌二、預防網路交友的陷阱

如果網路交友是一股無法遏止的風潮，那麼想隨著風潮起舞的人，除了要認清網路交友的陷阱外，還得有預防、應變之策，以免成為俎上肉，任人宰割。

（一）避免隨意洩漏自己的背景資料

傻呼呼的年輕人，常在一、二次的網路互動後，尚未摸清對方底細之前，就將身家背景一五一十地交代清楚。即使對方釋出誠意，先公告自己的身家背景，可是，任誰也無法保證所給的資料是否作假。

雙方交往到什麼時候，才讓對方知道自己的背景，這是見仁見智的問題。如果網路交友的目的，只在於交換看法，增加見聞，就沒有必要給對方背景資料。如果心存浪漫，想要談段網路愛情，就要看緊自己的背景資料，否則引狼入室，與狼共舞的滋味會很不好受。

（二）不要完全相信對方的話

網路交友的目的雖然五花八門，不過有個共同點，就是給對方好的印象，因此各種騙術盡出。例如，駝背老叟可以將自己吹噓成英姿颯颯、玉樹臨風；身材五短者可以描述自己為嬌小可愛、玲瓏剔透。如果說網路交友是吹牛鬥智遊戲，一點也不為過，各自藉著文字的操弄，操控對方的思考、想像力。

說謊是一項很累人的遊戲，因為說謊著必須隨時記住說過的謊話，並記得更正其他相關資料，才不會出紕漏。要檢驗對方是否說謊，就必須記住這項原則。將對方說過的話全部列印下來，對照前後資料是否一致。當然，面對經驗老道的網友，就須耐心等待與觀察，不管對方心思多麼細密，總會有百密一疏的時候。

（三）謹慎自己的隱私

　　網友常常成為彼此傾訴心事的對象，這是由於雙方沒有面對面的尷尬，也由於彼此不知道對方真實身分而產生的安全感。父母、知心好友知道的隱私，有時候還不及網友。

　　有人可以分享自己的喜怒哀樂，並沒有什麼不好，可是，這同時也讓自己置身於危險的處境。對一個身分、目的不明的人表露個人的隱私，等於拿自己的名譽與未來開玩笑。能夠對網友表露至何種程度，恐怕當事人要有適度的拿捏。

　　此外，人與人的親密度，會隨著彼此表露的深度而增加。當一方公開自己的隱私時，另一方會受到鼓勵，而以同等隱密的資訊回應。應該注意的是，一方可能用假造的個人隱私去套另一方的隱私。

（四）謹慎對方邀約見面

　　以網路交友者，總會按耐不住遐想對方，而急欲想見對方。如果一方提議見面，適巧符合另一方的想法，或是熬不過對方的好意邀約，窺見廬山真面目的接觸就避免不了。網友相約見面無關乎對錯，而是必須審慎考慮。

　　網路交友的目的何在？彼此見面的目的何在？對對方了解的程度如何？對方在網路上給自己的感覺如何？對方邀約見面的目的為何？見面的地方是否安全？如果對方不符合自己的想像，該如何處理？如果對方圖謀不軌該如何處理？如果對方要求給予真實的背景資料該如何處理？如果對方邀約至別的地方談心，該如何處理？此時見面對彼此的交往利弊如何？

　　如果未先思考以上的問題，就貿然與網友見面，恐怕就會像不可能的任務一樣，危機四伏。

（五）小心選擇會面的地點，以及會面的過程

如果決定跟網友見面，見面的地點必須審慎考慮。最好選擇人多的地方，以備對方圖謀不軌時可以大聲求救。同時，千萬不要被對方的第一印象或外表所欺騙，一些看似一派斯文的人，可能是包藏禍心的狼人。

自己喝的飲料與飲食必須小心，以免被下藥。如果對方邀約至其他地方，就必須嚴肅考量安全問題。例如，對方雖然提議至另一個人多的地方，可是，搭乘的交通工具卻是對方駕駛的轎車。這種小心翼翼的心態看起來似乎令人啼笑皆非，而且也滿累人的，不過，人心如此詭計多端，「過度小心」總比「不小心」來得安全多了。

（六）與父母、師長討論網友的狀況

年輕人總認為跟長輩們有代溝，若不是譏笑長輩們保守、龜毛，就是認為長輩們不上道。其實，長輩們閱人無數，歷練豐富，絕不是年輕人膚淺、毛躁的草率心態可以比得上。年輕人見山是山，直來直往，長輩們可以穿透表象的修飾，所以，見山不一定是山。

跟父母、師長討論與網友的交往狀況，可以彌補年輕人涉世未深的不足。雖然父母、師長的意見不一定正確，不過，卻可以激發自己從不同的角度考量。即使，不幸出了狀況，因為父母、師長已掌握相當資訊，會有機會亡羊補牢，在第一時間內處理。

跟網友見面時，如果有父母陪伴，即使對方心懷不軌，也不敢伺機而動；若網友心性純正，也會因為對方有父母作陪，而更加正視這段交往。老一輩的智慧可以讓年輕人事半功倍，問題就在於年輕人願不願意去取用。

（七）注意對方是否有令自己不舒服的用語出現

有些心術不正的網友，在彼此關係尚未建立之時，已迫不及待地

想利用另一方網友的資源滿足自己，例如，性滿足或物質滿足。因此，用字遣詞總帶有某些暗示，令另一方網友深感不安或齷齪；或是在彼此關係穩定之後，才開始出現猙獰面目，欲與對方進行某種接觸。面對這些披著羊皮的野狼，網友最好立即切斷聯繫，免得對方得寸進尺。這也就是為什麼每位網友必須謹慎個人的背景資料，免得被對方掌握而糾纏不清。

(八) 避免藉著沉溺在網路交友，逃避現實生活的人際互動

網路交友的好處之一，就是因其匿名性、多樣性，讓一些內向、害羞、退縮的人，可以放開內在的束縛，遨遊在友情的天地中。網路交友可以滿足這些人內在的歸屬感、親密感與依賴感，這是他們在現實的人生中，無法得償所願的遺憾。

不過，生命中的課題總得當事人直接面對。以網路互動取代現實生活的人際互動，終究會讓自己更退縮、更膽怯。何況當網友要求見面時，面對面的直接接觸便無法避免。若無法突破內在的障礙，一心只想當個網路中的藏鏡人，那麼在網路上花心思所建立的友情，恐怕都無法善終。

依據劉家儀（民90）的研究，有一部分的網路使用者，因為在現實生活中的人際關係不滿足，而試圖透過網路尋求替代。對於高度網路成癮的族群而言，不但無法透過網路的人際關係滿足現實生活中未被滿足的人際需求，反而因為網路人際關係的不滿意而更加焦慮。

(九) 避免沉溺於網路交友而忽略現實生活中的人際互動

有些人沉溺於網路交友，一開始並不是為了逃避現實生活中的挫折；不過，當接觸網路交友後，便一再沉淪，而逐漸疏離人群。網路的人際互動取代現實生活的人際互動後，個人的人際技巧便會逐漸喪失，接著會因為對自己失去信心，而「只敢坐而言，不敢起而行」。

「運用之妙存乎一心」，如果將「網路交友」運用得當的話，俯仰皆是取之不盡的資源；相反地，如果反為其所制，恐怕得付出不菲的代價。

第五節

網路戀情之定義

「電子情書」與「網路情人」之類的影片，掀起一股網路戀情的風潮。何謂網路戀情？一般人雖然常聽到「網路戀情」這四個字，不過，對「網路戀情」的概念模糊。以下有兩個故事，閱讀後，請決定哪一則故事為「網路戀情」。

故事一

偉祺與葦翎在網路上互動了三個月後，因為共同的嗜好、類似的理想，以及相同的品味，而熱絡起來，開始用 e-mail 聯繫。隨著頻繁的互動與更深入的了解，不知不覺中建立了互信互賴的感情，甚至出現「相思」的現象。

偉祺首先坦誠自己的愛意，葦翎也承認對他的感情。就這樣，兩個人在網路上成為男女朋友。不過，平面文字的戀愛，自然壓抑不了沸騰感情的鳴叫。偉祺按耐不住，首先提出見面的要求。

葦翎也有同樣的渴望，不過，她擔心兩人見面後如果印象不佳，如此美好的交往可能隨風而散。最後，因為熬不過偉祺的懇求，也知道雙方的感情不落地生根的話，便會像海市蜃樓一樣虛幻不實。於是，答應了偉祺的要求。

「幻想跟現實常是兩碼事」這是兩人見面後的共同感覺。網路營造出來的輪廓，多少總摻雜一些個人虛擬的浪漫圖像。

雖然他們對彼此並不完全滿意，不過還是決定面對面交往，以確認彼此的感情。

故事二

寺安與靖屏在網路上互動半個月後，因為彼此意氣相投而決定見面。見面後，兩人相談甚歡而繼續交往。

兩個月後，兩人因互生愛意而成為男女朋友。如果事情順利發展下去的話，兩人可能結為夫婦。

問題與討論

1. 在以上兩個故事中，是否都可以稱為網路戀情？為什麼？
2. 網路交友與網路戀情有何不同？
3. 網路戀情具有哪些一般戀情所沒有的優點與缺點？
4. 網路戀情的發展與一般戀情的發展有何異同點？
5. 發展網路戀情應注意哪些事？

網路戀情是指兩個完全陌生的人（可能為同性或異性）透過網路的連結而結識，並且在網路互動的過程因相互愛慕而成為情人。網路戀情產生之後，兩個人可能決定見面，成為面對面的情人；也可能在見面後，理想與事實差距過大，而決定分手。

在此定義中，戀情的產生是因為網路互動，並且在網路上談戀愛。依據此定義，故事中的偉祺與葦翎的感情才算是網路戀情。

至於寺安與靖屏兩人的狀況，因為他們未曾在網路中談戀愛，只是透過網路而認識，見面後，因為進一步的交往而萌生愛意。這種戀情非出現在網路上，而是面對面交往後，因此並非網路戀情。

第六節
網路戀情流行之成因

　　有不少人因網路的媒介而相遇、相知，最後因為相互吸引而成為戀人，這不僅是事實，更是許多人上網的主因。

　　根據蕃薯藤 HerCafe 女性網與《張老師月刊》主辦的「2000 年網路情愛大調查」，有將近三成的人認識網友的目的，是想在網路上遇見愛情，其中：11.6%的網友想要「找真實生活中的情人」，17.6%的網友找網路戀情的對象（引自謝豐存，民 90）。如果再加上一些「無心插柳柳成蔭」的人數，那麼，網路是目前台灣社會製造兩性戀情的主要途徑之一。

　　為什麼有那麼多的人迷戀網路戀情？是什麼原因讓許多人無視報章媒體對網路戀情的負面報導，而執意勇往直前？有幾個因素讓網路戀情成為人們心中的最愛：

■ 一、避免一開始面對面的尷尬

　　男女之間的相遇、相戀，有些是因緣際會老天爺的巧妙安排。因緣際會的認識，是在一種自然的狀況下，沒有預期的巧遇。不過，不是每個人都如此幸運，能夠受到老天爺的垂憐。另有些人認為，靠天幫忙不如靠己行動，於是主動出擊，為自己製造機會。在對方完全不知情的情況下，巧施妙法，然後水到渠成跟對方成為一對。

　　除此之外的一些人，因為某些原因，而需要別人刻意安排。在這種人為的場合中，雙方心知肚明，而且我挑你選，那種尷尬的感受，只有經歷過相親的人才能體會。這對於內向、被動的人，更是一種嚴酷的考驗。

　　網路的互動，免除了面對面的尷尬。在文字互動中，許多面對面不容易說出的言詞，都可以暢所欲言，這對感情的建立有雪中送炭之

功。對於內向、木訥者而言,更是如此。

二、雙方快速、深入地自我表白

因為少了面對面的逼視,深層的內心世界就容易一湧而出。一方深層的自我表露,會喚起另一方的共鳴,而不由自主地給予相同的回應。雙方的心理距離,隨著你來我往的深入互動,快速地貼近,感情也在不知不覺中建立。

三、匿名性提供的機會

網路戀情的雙方通常以匿名方式互動,這種匿名方式給了雙方揮灑的空間。每個人的身分可以千變萬化,擁有不同的特質,成為不同的人物。在這種天馬行空任我行的網路世界中,可以暫時脫胎換骨,變成心目中的聖賢人物,跟自知高攀不上的人來段網路戀情,以滿足現實生活中的不可能任務。

四、模糊空間帶來的浪漫

網路戀情的構築只靠片面的文字互動,偏偏文字意思的解讀因人而異。因此,網路戀情就像是當事人將千萬個文字主觀拼湊而成的圖像。

在模糊的情境下,拼湊的圖像是由個人的期望、理想來構築。「個性木訥」,可能被詮釋為「穩重踏實,惜言如金」;「成績優秀」,可能被認為「知識淵博,出類拔萃」;「喜愛閱讀」,可能被幻想成「溫文儒雅,言語有味」。

當事人所塑造出來的形象,其實只是個人內在期望的投射,當事人所愛之人是自己幻想出來的人物。這樣的過程雖然不切實際,卻充滿期盼與理想交錯的美感與浪漫。

五、同一時間跟不同的網路情人交往，滿足 虛榮心

網路戀情跟現實戀情不一樣的特徵之一是，在網路戀情中，一個人可以同時擁有一個以上的網路情人。雖然現實生活中腳踏兩條船的劈腿族大有人在，不過，當事人總得勞力、費神、花錢。當偷吃的行為被發現後，還得面對千夫所指的譴責。網路戀情就不一樣，只要時間足夠，頭腦清楚，不要張冠李戴，就可以左右逢源，享受多位情人的關愛。

六、網路戀情的便利性

現實生活中，一趟約會的時間可能半天、一天，以及幾千塊的花費。什麼時候可以「郎有情、妹有意」美夢成真，連當事人都無法肯定。有時候時間用盡，儲蓄花光，關係還是成空。即使有幸美夢成真，兩人攜手結心，後續還有各種戲碼等候發生。若沒有諸葛孔明的先見之明，還真是危機重重。

網路戀情就不一樣了，省時、省錢、快速進入情況、分手不容易拖泥帶水，這些便利的特點符合現代年輕人的心聲。

七、無輿論、道德與良知上的壓力

在看不到對方的網路戀情中，因為輿論與道德壓力完全被架空，即使一方漫天謊言存心欺騙，也不會有外在力量加以制裁。沒有了這些壓力，談起戀愛，就可以隨心所欲。

總而言之，網路戀情的優點，適巧符合現代年輕人的需求，因此，網路成為現代人追戀逐愛的途徑之一。

第七節
網路戀情之發展歷程

　　網路戀情是如何發展出來？哪些因素影響網路戀情之形成？網路戀情跟現實戀情有何不同？是不是每個人都適合網路戀情？以下先談影響網路戀情發展之因素，再談網路戀情之發展歷程，最後比較網路戀情與現實戀情之差異。從兩者比較當中，看看哪些人適合網路戀情。

一、影響網路戀情發展之因素

　　有哪些因素會讓網友相互吸引，進而成為戀人？依據余憶鳳（民91）的研究發現，這些因素包括：兩人的相似性、互補性、接近性、比較性、平等性、適配性、吸引力與緣分巧合等八項。這幾個因素與面對面戀情大致類似。換句話說，即使網路戀情的發展歷程與面對面戀情的發展歷程有些差異，可是，讓兩人墜入愛河的因素大致相同。

　　不過，網路戀情再怎麼美，都只是空中樓閣，最後得回歸到現實。當網路情人見面後，以上的八項因素都得接受現實的重新考驗。這時候，當事人所認定的吸引因素可能出現不同的轉變。網路上雙方認定彼此品味相似，見了面相處之後，品味是否相似，可能有不同的詮釋。

二、網路戀情之發展歷程

　　余憶鳳（民91）的研究發現，網路戀情的發展包括四個階段：(1)網路初識期（包含上網動機、初步接觸階段）；(2)觀察互動期（包含小程度互動、中程度互動）；(3)見面關鍵期（包含見面、感情確定階段）；(4)關係承諾期（包含承諾、感情穩定、結婚或感情結束）。

　　面對面戀情的發展也有類似的發展歷程，通常包括初識期、觀察互動期與關係承諾期，不過，兩人的認識不是透過網路。

　　以上研究也發現，網戀類型有兩類：(1)見面確定關係型：指兩人

見面前就有大程度互動或發展成男女朋友的可能，見面後才確認男女朋友關係和雙方感情。又分為「衝動激情型」與「一談鍾情型」；⑵見面發展關係型：指兩人見面後才決定發展成男女朋友，再經過大程度互動後才確定雙方感情。又分為「一見傾心型」與「循序漸進型」。

依據本文的定義，「見面發展關係型」並不屬於網路戀情的範圍。在這類型中，兩人以網路為媒介形成網友，見了面之後才發展成為男女朋友，並未在網路形成戀情。

▌三、網路戀情與面對面戀情的比較

從以上網路戀情發展的歷程來看，網路戀情與面對面戀情有一些不一樣的地方。

網路情人未見面之前，已有密集的自我表露，分享個人的內心世界。見面之前，外表的吸引力不是建立親密關係的要件，自我表露的程度才是關鍵要素（Merkle & Richardson, 2000）。見面之後，外表的吸引力、對對方的感覺，才成為決定後來感情發展的重要因素（余憶鳳，民91）。

相對地，面對面戀情與網路戀情的發展有著相反的路線。面對面戀情的建立，是先透過空間上的接近與外表的吸引，然後因為彼此的相似性與自我表露，而發展出戀情（Merkle & Richardson, 2000）。因此，面對面戀情的初期，雙方自我表露的程度比網路戀人來得低（邱秋雲，民92）。

另一方面，網路戀情發展的速度快，這或許是因為雙方自我表露的程度高所造成的。不過，由於匿名與缺乏社會線索作為判斷對方的參考，經由網路建立的戀情，會令人有不安或不信任的感受（邱秋雲，民92）。網路情人在見面之前，彼此的承諾度、認真度（Cornwell & Lindgren, 2001）、對關係的滿意度，都比面對面戀情來得低（Kenneth, 2001，引自余憶鳳，民91）。

此外，空口說白話的愛情，任誰也無法滿足。網路情人摸不著、

看不到彼此，不可能有肢體上的親密行動，這對感情的維持是個致命傷害，所以，網路戀情通常無法在網路上長久持續。

在邱秋雲（民92）的研究中，還有一些其他的發現，例如，網路戀情者以焦慮——依附傾向者的人數最多；網路常是當事人遇到挫折，或現實生活有壓力時的情緒宣洩管道，如果親密網友能適時傾聽與協助，就可以建立更深的親密感；網路戀情的互動模式，在雙方意見不合時，能提供一緩衝空間。

茲將以上各項說明整理如下（表8-1）：

表8-1 網路戀情與面對面戀情之比較

網路戀情	面對面戀情
1.感情發展速度快。	1.感情發展速度因人、因狀況而異。
2.透過網路認識。	2.透過他人介紹、偶然機會或其他途徑認識。
3.無法掌握對方真實身分，戀愛對象大部分是自己架構出來的人物。	3.比較能夠掌握對方真實身分，戀愛對象真實存在。
4.見面前相互吸引的因素是自我表露的程度，見面後，雙方的外表、個性、身家背景等，才是維持感情的因素。	4.一開始，外表、個性、身家背景是相互吸引的因素。之後，自我表露的程度與內涵是維持感情的因素。
5.花費的時間少、金錢少、分手容易。	5.花費的時間多、金錢多、分手較不容易。
6.可以同時擁有不同的戀愛對象。	6.不被允許有一個以上的戀愛對象。
7.雙方的信任感、安全感較低。	7.雙方的信任感、安全感較高。
8.兩人衝突時，有緩衝的空間，比較有機會言和。	8.兩人衝突時，比較容易造成傷害，言和的機會比前者少。
9.陷阱較多。	9.陷阱比前者少。
10.不容易有外在資源調解兩人的衝突或問題。	10.有外在資源調解兩人的衝突或問題。
11.只能提供情緒上的支持，無法有實質上的行動協助。	11.可以獲得情感與實質上的協助。
12.沒有肢體上的親密行為。	12.有肢體上的親密行為。
13.沒有道德與輿論上的壓力。	13.有道德與輿論上的壓力。
14.分手方便，換人容易。	14.分手與換人皆不容易。

　　從以上的比較中可知，網路戀情與面對面戀情有某些差異存在，這些差異是優點也是缺點，到底是優點或缺點，就要看個人的價值觀。談網路戀情之前，必得先看看自己的個性、價值觀與相關條件。畢竟，不是每個人都適合網路戀情。

第八節
尋覓網路戀情者之注意事項

　　網路戀情會不會應驗了媒體的負面看法，就得看當事人是否謹慎提防。即使面對面的戀情，也充滿了謊言與詐騙，更何況只靠文字互動或聲音回應的戀情。目前雖有視訊網路，但是，最多也只能看到對方修飾過後的外表，見不到對方現實層面的言談舉止。追求網路戀情跟網路交友者一樣，需要知道如何保護自己。

　　第一，不管網路戀情多麼令人垂涎，絕對無法取代面對面的親密關係。網路所建構出來的親密關係，摻雜了當事人所虛擬出來的幻想，在某個層次上，網路戀情只是空中樓閣的幻象。因此，當事人要提防自己沉溺於其中，避免忽略建構現實生活的親密關係。

　　第二，透過網路的媒介，雖然可以擴大交際互動的機會與範圍，可是，如果無法真實掌握對方是否已婚、年紀多大、背景如何、性別如何、個性如何等資料，就隨意在網路上委身對方，這種親密關係不但危險，而且如同海沙所建造的碉堡一樣脆弱。因為網路戀情而成為現實生活中的第三者，大有人在。

　　第三，「快速」是現今速食愛情的特色，網路戀情更是其中之最。網路愛情來匆匆去也匆匆，在尚未摸清對方底細之前，就親暱地直呼對方老公、老婆。在前一個情人尚未駐足停歇，下一個情人就登門入室。追求網路戀情者或許需要有一份覺知，就是在進入一段親密關係之前，需要時間思考與澄清。沒有經過檢驗與澄清的快速愛情，就會應驗了一句台灣諺語：「吃快就會弄破碗」。

第四，跟網路情人見面時，要謹慎小心，以免吃虧上當。約會地點的選擇、活動的安排、是否有人作陪、是否讓家人知道去處等，都需要仔細考慮。見面時，是否有必要驗明正身，以防他人冒名頂替，或是查明對方身分，以防已婚人士魚目混珠。見面後，如果對方不如己意，要如何拒絕對方進一步的邀約。如果對方已掌握自己的背景而死纏爛打，該如何處理。

沒有經驗而想要追求網路戀情的人，最好請教資深老手，汲取一些寶貴經驗。多給自己一層保護，至少可以多一份安心來品嘗網路戀情的瓊漿玉液。

第九節
網路互動對兩性關係與性別平等理念之意涵

性別是影響網友選擇交談對象的重要因素之一。大部分BBS使用者所交的網友都是異性居多，尤其是男性使用者（游康婷，民90）。此外，依據 Park 與 Floyd（1996）的研究發現：女性比男性更喜歡建立線上的人際關係。造成這種現象的可能原因有：網路塑造了另一種兩性世界，這種兩性世界在現實生活中不易被締造，或是網路的兩性世界適巧可以彌補現實兩性世界的不足。

換句話說，現實生活中的兩性關係，可能因為網路的介入而有所改變。影響所及，兩性性別平等的理念，也會因為網路的推波助瀾而有所不同。

一、網路互動對兩性關係之意涵

第一，女人喜歡談內心事，男人喜歡談外在事。男人跟男人在一起，喜歡互別苗頭，比個人的偉大，談個人抱負。男人要談心事，就需要找心事專家——女人。不過，要男人面對女人談心事極其困難。

男人喜歡在女人心目中留下威武的形象，而非脆弱的一面。所以，看不到對方的女性網友，就成為男性訴苦的最佳對象。

女人跟女人在一起時，最喜歡吐露彼此的心聲，不過，若要談男友的事，就得找男人談。畢竟男友是男性，從另一位男人的心中，或許可以映照出自己男友的想法。向網路上彼此不認識的男人傾訴，既可以保留男友的面子，又可以不影響自己的聲譽，真是一舉多得。

第二，對異性內心世界的好奇，是兩性的共同傾向，偏偏在現實生活中，探索異性內心世界的工作不容易進行，甚至被冠上「非法入侵別人隱私」之名。在網路上，因為匿名性的保護作用，異性之間可以坦誠交流，一個人甚至可以跟多人互動，同時收到多位異性的回饋。

換句話說，網路互動讓兩性更了解彼此，這些了解被轉化到現實的兩性關係後，有助於兩性的和諧相處。

■ 二、網路互動對性別平等理念之意涵

對女性而言：(1)網路的匿名性讓女性敢於坦誠自己的需求，並且在寬廣無限的網路世界中，主動締造理想中的情慾世界；(2)女性在網路上同時跟多位異性網路情人互動時，不需背負紅杏出牆的罪名，也沒有水性楊花的自責；(3)網路的匿名性鼓勵了男性敞心胸、掏心聲，讓女性對男性有更多的了解；(4)異性網友與網路情人來自五湖四海，提供了各種不同的見解，激發女性重新審視舊認知中的兩性關係。

在網路的情愛世界中，女性可以丟棄世俗的包袱，嘗足性別平等的快感。當女性回到現實世界中，雖然社會給予的包袱依然存在，不過，經過各種刺激的洗滌後，跟男性的互動不再像以前一樣礙手礙腳，對於兩性間的平等關係也有更多的期待。

就男性而言，網路上互動帶來的影響，有幾點跟女性相似，包括：可以隨意締造自己的情慾世界、不用背負濫情的譴責、對女性的內在世界有更多的認識、改變過往的兩性觀。

基本上，受過眾多異性網友洗滌的人，對現實的兩性關係會有不

一樣的要求與看法。因為視野開闊，對於性別平等的實踐會有更多的期待。換句話說，網路互動的過程，給予當事人體驗性別平等的機會，這些體驗會被轉化成為實踐性別平等的推力。

附錄一：網路交友與網路戀情之相關迷思

1. 網路戀情因為看不到彼此，所以可以很放心地無所不談。

2. 上網交友的人對愛情都很渴望。

3. 如果對方主動邀約另一方見面，表示對方是俊男、美女。

4. 躲在網路上交友、戀愛的人可能都是醜男、醜女。

5. 網路上約定的婚姻有法律約束。

6. 從網路戀情可以找到終身伴侶。

7. e 世代以網路交友為主，不上網交友就跟不上時代。

8. 只要有網路視訊，就可以放心跟對方見面。

9. 可以透過對方照片來篩選適合網路交往的人。

10. 只要跟網友談得來，彼此就會產生感情。

11. 雖然有了男女朋友，但仍可透過網路交友，滿足「精神外遇」。

【第九章】

同性戀

自古以來，同性戀（homosexuality）就一直存於社會中，古時所謂的「斷袖之癖」，即今日所指的同性戀。

中國傳統社會不能接受同性戀。「不孝有三，無後為大」，傳宗接代為每個家庭的首要任務。為了傳宗接代，社會允許男人三妻四妾、婚外留種。後代的繁衍只能透過精子、卵子的結合，同性戀剝奪香火延續的機會，社會豈能容忍？即使不重視傳宗接代的西方世界，大部分的同性戀者也難有生存空間。因此，同性戀者只得隱藏身分、掩飾性取向，以免被以異性戀為主的社會所唾棄。

時至今日，社會比以前開放，多元的觀點可以被接納。不過，一般人對同性戀仍然採取保守的態度。吳翠松（民86）探討民國七十年至八十四年間報紙所呈現的同性戀者形象，以及這些形象的變遷。在第一階段，同性戀被視為病態與犯罪；在第二階段，同性戀被認為與愛滋病有關連；在第三階段，同性戀的人權逐漸受到重視。看起來，同性戀似乎逐漸為一般人所接納，不過，依據塗沅澂（民91）的研究發現：為了符合社會期望，大多數人的外顯態度與內隱態度裡外不一致，外表上接納同性戀，可是內在卻持排斥的態度。即使大力提倡性別教育的校園，也透露著對同志議題的排斥與恐懼（唐文慧，民90）。

近幾年來，一些同性戀者勇敢地走入人群，大膽地在媒體上公開自己的性取向。不過，這畢竟是少數。因為社會不認同的眼光，使得大部分的同性戀者仍舊過著雙重生活，在亮麗的背後，有著不敢為人所知的另一面。

另一方面，社會缺乏足夠的資訊，讓一般人對同性戀產生霧裡看花的不解，以致於充斥著推論、想像所產生的誤解與恐懼。

或許，除了期待同性戀者挺身而出，爭取社會大眾的認同外，更多相關資訊的提供，也許可以化解一些扭曲的想法。當然，最好的方法是，每個人主動接觸、認識與了解同性戀者。透過接觸，就有機會改變對同性戀者的態度（Anderssen, 2002）。

本文論及同性戀之相關迷思、同性戀之認定與類型、同性戀之成

因、同性戀者自我認定之發展歷程、同性戀者感情之困境、不同性別同性戀者之情愛世界、同性戀者之心理調適，以及性別平等對同性戀之意涵。

第一節
同性戀之相關迷思

同性戀者的生命歷程比異性戀者來得崎嶇、艱辛，問題不在於同性戀者身上，而是一般人對同性戀的偏差看法。以下敘述跟同性戀有關，請修正錯誤的敘述：

1.同性戀是異常的性取向。

2.同性戀者容易感染與傳染愛滋病。

3.同性戀是一種心理疾病，會對社會造成危害。

4.同性戀的性取向容易被改變。

5.同性戀情與異性戀情的實質內涵不同。

6.跟同性關係較好者，就可能是同性戀者。

7.人的性取向若不是同性戀者，就是異性戀者。

8.欣賞同性戀的人可能就是同性戀者。

9.變裝癖者（例如，男人愛穿女人衣服）就是同性戀者。

10.同性戀者的行為舉止與異性戀者不同，因此，很容易在公共場合中被認出來。

問題與討論

問題一：同性戀是異常的性取向。

依據第四版《精神疾病診斷與統計手冊》（孔繁鐘、孔繁錦編譯，民86），同性戀不是異常的性取向，性取向是每個人自由選擇的權利。

問題二：同性戀者容易感染與傳染愛滋病。

容易感染與傳染愛滋病者，並不是同性戀者，而是性行為雜亂，

並且未採取安全保護措施的異性戀者或同性戀者。依據衛生署疾病管理局（衛生署疾病管理局網站新聞稿，民92）的統計資料，至九十二年十月三十一日止，愛滋病的感染人數中，40.64%是異性戀，36.49%是同性戀，12.16%是雙性戀。因此，愛滋病的感染與傳染無關乎性取向。

問題三：同性戀是一種心理疾病，會對社會造成危害。

同性戀不是心理疾病，對社會也不會造成危害。同性戀跟異性戀的性取向一樣，是個人的選擇自由。一般人在成長過程中，被塑造成異性戀者，因此容易誤以為同性戀是一種心理疾病。

同性戀者更不會危害社會。從目前作奸犯科者的背景來看，絕大多數是異性戀者。

問題四：同性戀的性取向容易被改變。

同性戀的性取向是否容易被改變，還未有定論。每個人有選擇性取向的自由，而這選擇背後通常涉及個人與環境等因素。改變性取向就得處理背後複雜的因素。因為這些因素的複雜性因人而異，因此，不同的學者對此問題有不同的看法。

問題五：同性戀情與異性戀情的實質內涵不同。

同性戀情與異性戀情的產生、過程、感情特質、性行為都類似。兩者之差異在於，異性戀情的對象是兩個不同生理性別的人，而同性戀情的對象是兩個生理性別相同的人。除此之外，其他方面都類似。

問題六：跟同性關係較好者，就可能是同性戀者。

跟同性關係的好壞，與性取向沒有關係，因此，跟同性關係較好者，不一定是同性戀者。

問題七：人的性取向若不是同性戀，就是異性戀。

人的性取向不能以二分法來說明。事實上，從絕對同性戀到絕對異性戀之間，還有不同類型的性取向。所以，性取向不只兩類。

問題八：欣賞同性戀的人可能就是同性戀者。

欣賞一個人可以有多種理由，所以，欣賞同性戀者，未必是同性戀者。

問題九：變裝癖者（例如，男人愛穿女人衣服）就是同性戀者。

變裝癖是一種精神疾病，跟同性戀無關。

問題十：同性戀者的行為舉止與異性戀者不同，因此很容易在公共場合中被認出來。

同性戀與異性戀者的言行舉止其實沒有兩樣，不可能從外表被辨認出來。有些人誤以為娘娘腔的男人或外表打扮粗獷的女人為同性戀者，其實，這是一種錯誤的性別刻板化印象。同性戀與異性戀者無法從外表或舉止中被辨認出來。換句話說，同性戀與異性戀者只有性取向不同，其他方面都一樣。

其他有關之迷思，請見本章附錄一。

第二節
同性戀之認定與類別

孟薺俊俏的五官與曼妙高挑的身材，活像個再世西施，讓男人神魂顛倒。圍繞在孟薺四周的男人，若非王公卿相，就是富紳豪賈，只要孟薺點頭，便可以飛上枝頭，成為人中鳳凰。孟薺的父母因為生了位有前途的女兒，莫不期盼跟隨女兒平步青雲、飛黃騰達。

誰知道孟薺對那些拜倒石榴裙下的男人，視若蒼蠅、蚊子，厭惡至極。令孟薺不解的是，她倒是對鄰居的筱芹一心一意，而且為了筱芹跟男人親近而吃醋。孟薺不知道為什麼會如此喜愛筱芹，直到有一天看到電視報導同性戀的事情後，才開始懷疑自己可能是同性戀者。不過，她並不如此肯定，因為她無法想像兩個女人怎麼談戀愛。她好疑惑，左思右想還是不得其解。

問題與討論

1. 孟薺要如何確定自己是否是同性戀者？有哪些標準可以參考？

2. 人的性取向在其一生是否會有變化？換句話說，同性戀者有可能成為異性戀者，而異性戀者有可能成為同性戀者嗎？

3. 一個人如果非同性戀者，就是異性戀者嗎？性取向有哪些類別？

許多喜歡跟同性在一起的人，尤其是青少年，容易認為自己是同性戀者。就像故事中的孟薺一樣，因為不喜歡異性，喜歡跟同性在一起，甚至為同性爭風吃醋，就以為自己是同性戀者。其實，同性朋友之間爭風吃醋是常事。任誰都希望自己的朋友對自己最好，看到喜歡的同性或異性朋友對別人好，自然難免有酸溜溜的感覺。

生命中某一階段，因為某些境遇的影響（例如，受到異性的傷害），而不喜歡異性，或者更清楚地說是對異性沒有信心，這是常見的事。不過，這並不算是同性戀。

同性戀者不只是在情感上喜愛同性，在思想與行為上也一樣。以下說明同性戀的認定與類別。

一、同性戀之認定

認定是否是同性戀者，必須從情緒、認知、行為與年齡四方面來說。在 Kinsey 研究中，挑選同性戀受試者的標準有五，分別為：⑴自我認定的性取向（認定自己為同性戀者）；⑵產生吸引力的對象為同性；⑶性幻想的對象為同性；⑷發生性行為的對象為同性；⑸超過十八歲（蘇稚盈，民 86）。

Gadpaille（1989，引自彭懷真，民 84）提出判斷同性戀的四個指標，這四個指標與 Kinsey 的標準有些類似，四個指標為：

1.有一種無法抑制的想法，想要跟同性有親密行為，包括親吻、愛撫、自慰、口交、肛交。

2.情感與慾望的對象僅限於同性，對異性不感興趣。

3.渴望跟同性互動，包括文字、書信、談話，並為之神魂顛倒。

4.經常感到孤獨、較強的抑鬱，有一部分的人尚有罪惡感、羞恥感。

在E. Erikson的心理－社會發展理論中，第五個發展階段是自我認定（self-identity）發展期，其年齡範圍為十三到二十歲。從十三歲起，個人必須統整過去對自己的認識與父母、師長、朋友的回饋，以建立自我認定的形象。這些訊息可能包括自己的能力、興趣、價值觀、技能等（黃堅厚，民88）。

自我認定的形象中，包括七個層面，其中之一為性別分化或性別混淆。性別分化的過程中，個人統整過去相關的經驗，形成對自己性別角色的看法，包括認定自己為男性或女性。如果在這個過程中，因為受到某些因素的干擾，就容易造成性別混淆的現象。

有些青少年稱自己是同性戀者或懷疑自己是同性戀者，其實，這些青少年還處於自我認定的過程，過早為自己定位，容易造成性別上的混淆。

Kinsey的相關研究曾顯示：青少年會有一段時間（特別是青少年早期）普遍有同性戀的傾向。到了青少年中期後，由於性興趣轉變，大多數人對異性的興趣會高於對同性的興趣。倘若青少年同性戀的傾向持續到青少年後期（十九歲以上），則他（她）就可能是真正的同性戀者（李孟智、李啟澤，民85）。就台灣方面，祈家威（民85）建議，至少要等到二十五歲時，才可確定自己是否為同性戀者。

此外，馮榕醫師（林文琪，民79）表示：如有同性戀性幻想，而沒有實際同性戀性行為，不能算是同性戀。但是，除了性幻想外，甚至引發失眠、神經質等症狀，則要考慮是否為潛伏期的同性戀。

談到同性戀的認定時，會涉及一個問題，就是人的性取向是否會改變，亦即同性戀者轉變為異性戀者，而異性戀者轉變為同性戀者。從本質論的觀點來說，性取向是內在固定不變的本質（劉安貞，民89），因此，性取向不容易被改變。不過，Kinsey（1948，1953，引自劉安貞，民89）認為：同性戀的感受與行為普遍存在於人類的性取向

中，終其一生中，性取向上的偏好是會改變。

劉安貞（民90）的研究發現，此問題比實際的看法更複雜。在劉安貞（民90）的研究中，「女同志」性別內涵多樣化，除了認定自己是女同志外，也可能認定自己為雙性戀、愛情無分別性、性認定要視狀況而定。換句話說，女性同志的性別認定無法簡單區分為同性戀或異性戀兩種。

在某個向度上，以上的觀點都對，人類行為的複雜狀況，不只受到個人與環境因素的影響，其影響大小又會因人而異，因此，「人的性取向是否會改變」，這個問題無法有肯定的答案。

或許，可以這樣回答：人的性取向是否會改變，因人而異。

二、性取向的類別

人的性取向並不是截然二分：絕對同性戀與絕對異性戀。在絕對同性戀與絕對異性戀之間還有不同的等級。

依據 Kinsey 的看法，人的性取向可分為 0 至 6 七個等級（林麗雲，民80）：

0：完全異性戀，無任何同性戀成分。

1：大部分異性戀，只有偶發的同性戀。

2：大部分異性戀，略多於偶發的同性戀。

3：異性戀與同性戀取向約略相等。

4：大部分同性戀，偶而異性戀。

5：大部分同性戀，多於偶而異性戀。

6：完全同性戀。

在以上類別中，完全同性戀者為第6類，完全異性戀者為第0類，其他類別為雙性戀。各類別中，異性戀與同性戀的程度比例不同。

此外，徐西森（民92）綜合茗溪（民75）、張春興（民78）與淺也八郎（民78）的看法，將性取向依不同的標準來區分：(1)性取向的程度（完全同性戀、同性戀危險型、潛在性同性戀、精神性同性戀、

完全異性戀）；(2)性取向的輕重（真正同性戀、短暫同性戀、雙性戀、假性同性戀）；(3)形成的原因（偶然性同性戀、誤導性同性戀、情境性同性戀）；(4)同性戀者的心態（情感與理智相斥型同性戀、心理與行為相容型同性戀）；(5)外顯行為（潛隱性同性戀、外顯性同性戀、假性同性戀）；(6)性愛角色（性愛上扮演跟自己性別不同者、性愛上扮演跟自己性別相同者）等。

從以上的說明中可知，人類的性取向並不是以往所想像的那麼單純。完全同性戀與完全異性戀，只是其中部分性取向而已。因此，不必因為自己不是純然的異性戀而自尋煩惱，也不要給自己或他人亂貼標籤。最重要的是，接納自己的性取向。

第三節
同性戀之成因

談到同性戀成因時，並不是將同性戀當成特殊類群。有學者（例如，劉安貞，民89）認為：對同性戀的定義與成因探討，意味著假設同性戀與異性戀是不一樣的兩群人，而且假定性取向是個人內在固定不變的本質。同性戀只是社會所建構出來的概念，在時代的變遷下，同性戀的內涵可能不同。因此，對同性戀的定義與成因的討論，可能是錯誤的問題。

以上的看法，筆者並不完全同意。當一個社會出現兩種或兩種以上不同性取向時，界定不同的性取向與探討不同性取向之成因，就會成為學者感興趣的主題。這種興趣來自於對同一個社會的不同現象之好奇，其最終的目的在於了解、解釋不同行為的背後機轉。因此，對同性戀性取向成因之探討，並不意味對同性戀的歧視，也不是強調同性戀的特殊性。或許，不同性取向形成的過程（包括異性戀者）會是未來研究的重點，而同性戀只是其中之一而已。

本文提到同性戀之成因複雜，除了反映目前對該主題研究上的困

難外，主要是想要糾正一般人對同性戀的誤解，不要以一概全簡化對同性戀的了解。或許，每個人應該知道的是，尊重各類型性取向者，而不是執著界定行為的對錯。

目前對同性戀成因之探討，是從生理與心理兩方面著手，雖然兩方面都有一些研究發現，不過就像人類其他行為一樣，到目前為止，對同性戀成因之說法仍舊眾說紛紜。此外，社會因素具有推波助瀾的效果，不能被忽視。以下從生理、心理與社會三方面來說明：

一、生理因素

從家譜分析（pedigree analysis）中發現：男同性戀之成因和母系性聯遺傳有關。家族去氧核醣核酸的連鎖研究（family DNA linkage study）顯示：同性戀兄弟彼此在 X 染色體長臂的末端（distal portion of the long arm of the X charomosome, Xq28）有高度的相似性（蘇稚盈，民 86）。當然，目前還需要更多的研究來確認這項結果。

二、心理因素

（一）不良的幼年經驗

不良的幼年經驗可能跟同性戀的形成有關，例如，女同性戀者幼年經歷過性虐待（Hughes, Johnson, & Wilsnack, 2001）；男女同性戀者比異性戀者小時候遭受更高比例的性侵犯（Temeo, Templer, Anderson, & Kotler, 2001）；同性戀者比異性戀者小時候的生活環境更惡劣，更缺乏正面的家庭支持（Jorm, Korten, Rodgers, Jacomb, & Christensen, 2002）。

尹美琪（民 84）從男同性戀者的成長經驗，以及 J. Nicolosi 治療的個案中，歸納出：父子關係是重要的影響因素。這些同性戀個案通常有失敗、暴虐的父親，或是生活中缺乏父親的參與，使得他們對父親的認同出現問題，並且在情緒上產生「防衛性的隔離」（defensive detachment），拒絕父親及父親所代表的男性氣概。當然，這些原因只能解釋部分男同性戀者的性取向，無法概括全部的男同性戀者。

除了以上所提的不良成長環境外，嚴重重男輕女的家庭氣氛，讓女性瞧不起女性性別，轉而以成為男性為傲；或是，孩子成長過程中，跟異性的父母關係不良，進而厭惡異性的父母。這些成長環境也可能是塑造同性戀的溫床。

以上所述，並非意指同性戀的形成是因為不佳的成長環境使然，只能說，某些同性戀者因為生長環境不良，而塑造出某種性取向。

（二）學習因素

依據學習理論，性取向的形成與外在環境的獎勵、懲罰，以及示範有關。如果父母獎勵孩子異性戀行為，懲罰同性戀行為，孩子便容易趨向異性戀性取向。相反地，如果父母獎勵同性戀行為，懲罰異性戀行為，孩子將可能成為同性戀取向者。

孩子成長中，是否有適當的典範可供模仿，是個重要的影響因素。例如，如果小男孩生活中接觸不到適當的男性典範行為，卻常耳濡目染女性化的角色，長大後便可能出現女性化的性取向。

在台灣，同性戀者所組成的家庭沒有法律保障，也不能領養孩子，部分原因可能基於學習理論的學習原則。同性戀者領養的孩子，在耳濡目染下，可能也會是同性戀者。

此外，孩子在同性戀家庭中，學習不到異性之間的互動狀況，孩子未來進入兩性組成的社會，適應上可能會有困難。Cameron 與 Cameron（2002）的研究發現：同性戀家庭的孩子問題較多。不過，這樣的結果需要小心解釋。同性戀者的家庭通常為一般異性戀家庭所排斥，同性戀家庭孩子的問題，可能跟排斥的外在環境有關。

或許，如果同性戀家庭能夠跟異性戀家庭維持良好的互動，在同性戀家庭長大的孩子，因為有機會接觸兩種不同類型的家庭，性別角色的學習範圍因此被擴大，適應環境的能力也因此被提升，以上的問

題就不會存在。

三、社會因素

林文琪（民79）在十幾年前曾對大台北地區六百多位十八歲以上的成年人進行電話抽樣調查，探討一般人對同性戀的態度，其結果是：(1) 45%的受試者排斥同性戀，21.3%的受試者有點排斥，超過三分之一的受試者不排斥；(2)年紀愈小，愈能接受同性戀；(3)大學以上程度者，有半數視同性戀為正常的行為；專科程度者視同性戀為身心異常、違反風俗、是愛滋病的溫床；國小程度者視同性戀為愛滋病的溫床；(4)女性比男性更能接受同性戀；(5)未婚比已婚者易接受同性戀；(6)藝術工作者最能接受同性戀，醫護人員次之，商人最排斥同性戀。

十幾年前的保守社會風氣，出現壓抑同性戀性取向發展的氣氛。現代社會容許多元化特質出現，允許各種不同的性取向存在。現代父母不再嚴厲要求子女表現絕對的女性化角色或男性化角色，讓孩子的特質有自由發展的空間。就業職場上，不再有性別上的限制，讓生理性別與性別角色不再有絕然的對等關係。

媒體資訊的開放與傳播，將多元的資訊在人們的眼底鋪展開來，也呼喚出潛藏在每個人身上的性取向。同樣地，多元的資訊擴大個人的思考角度，不但提高個人對同性戀的包容，而且將同性戀的性取向納入學習的內涵中。

胡海國醫生認為，在一個強調生育後代，或是道德觀念保守的社會中，會讓同性戀的性取向受到壓抑；相對地，在自由開放、不以生育為主的社會，同性戀者的性取向較不受壓抑，同性戀的人數也相對增多（王桂花，民80）。

總而言之，生理、心理、社會因素之間的互動，才是造成同性戀的起因。

在不同的同性戀者身上，生理、心理與社會這三個因素有不同的互動關係，也因為這三個因素的不同互動，讓同性戀者性取向的強度、

性取向的變化程度，以及所顯現的同性戀行為程度有所不同。

第四節
同性戀者自我認定之發展歷程

映新發現自己期望獨占幼明，以及對幼明充滿性幻想後，開始懷疑自己的性取向。一開始，他抗拒這種懷疑，直到看到幼明跟一女子耳鬢廝磨而醋勁大發後，才肯定愛上幼明的事實。

這肯定讓他驚慌了起來。他害怕別人知道，擔心異樣的反應洩了底，於是躲躲閃閃，最後從熱絡的人群中退了下來。同學、朋友、父母驚訝他的改變，有心了解他的問題，卻都被他排拒於外。他的父母雖懷疑，卻不敢追究事實真相。

在那段封閉的日子裡，是他一生最孤寂的歲月。他怨恨自己跟別人不一樣，也恥於收斂感情的無力。多次的情緒翻騰後，他決定改變自己，回歸過去的生活軌道。他接觸過去的朋友，也結交女朋友。可是，女人的溫柔與體貼壓抑不了他見到幼明時的感情潰堤。最後，他不得不承認，今生跟女人無緣，然後，再次躲入那孤獨的世界裡。

他翻閱同性戀的書籍，希望為自己找到生機，也決定一窺同性戀的世界，找到跟自己同類的人。

問題與討論

1. 同性戀者自我認定的過程中，可能遇到哪些掙扎與阻礙？

2. 如果同性戀者自我認定的過程中，沒有社會壓力與阻礙，其認定的歷程是否跟異性戀者類似？

3. 哪些因素有助於同性戀者自我認定的過程中，順利接納自己？

如果這個社會不是以異性戀為主，容許不同性取向者自由發展的話，同性戀與異性戀的自我認定歷程可能類似。同性戀者自我認定過程中的掙扎，並不是其固有的特徵，而是社會的性別角色期望所造成。因此，以下所描述的同性戀認定歷程，是個人、家庭與社會因素影響的結果。

一、Cass, V. C. 的觀點

Cass（1979）將同性戀自我認定的發展歷程分為六個階段，各階段的內涵如下：

（一）認定混淆（identity confusion）

當事人懷疑自己是同性戀者，開始蒐集相關資料，以緩和內在的不安。不過，即使資料顯示自己是同性戀者，當事人因為不願意接受這個事實，而使用一些策略來欺騙自己。

（二）認定比較（identity comparison）

當事人開始接受自己是同性戀者的可能，對家庭與同儕團體的歸屬感因而降低。由於出現社會疏離感，而抑制同性戀行為，甚至拒絕認同同性戀行為。不過，由於策略無效，在而陷入極度緊張中。

一段時間後，當事人不得不接受自己是同性戀者，並且開始尋找歸屬感。

（三）認定容忍（identity tolerance）

當事人逐漸增加同性戀的自我意象，認定自己是同性戀者。由於對同性戀團體的容忍度提高，而開始接觸同性戀團體，同時避免跟異性戀團體接觸。

（四）認定接受（identity acceptance）

當事人重新建構人際環境，同性戀的次文化成為生活中的重要影響，並且只和特定的人接觸，在公共場合隱藏其同性戀性取向。

（五）認定驕傲（identity pride）

當事人接納自己是同性戀者，重視同性戀的價值，對同性戀的次文化與團體有強烈的認同與歸屬感。因同性戀不被他人認同，因而感到憤怒與疏離，並且開始揭露自己是同性戀的事實，發起同性戀的平權運動。

（六）認定整合（identity synthesis）

領悟到同性戀與異性戀之間有相同與相異處，而能夠與異性戀者相處。統整公開與不敢公開部分，同時體認到性別認定只是自我認定的一部分。

以上所述的過程，可以看到幾個重要的層面：⑴同性戀者自我認定過程的特殊性，並不是本身使然，而是社會無法接納其存在，才使得認定的過程充滿強烈的抗拒、衝突與不安；⑵並不是每位同性戀者都能順利過渡到第六階段，更多的時候是處在第四階段。

▌二、Troiden, R. R. 的觀點

Troiden（1984）依照年齡階段，將同性戀者的自我認定發展分為四個階段，並配合其他學者的相關研究，說明四個階段的特徵。以下整理 Troiden（1984, 1984/1985）的說明：

（一）感覺期（sensitization）

約發生於青春期之前。當事人假設自己是異性戀者，不過因為兒

童時期的經驗，覺得自己是在邊緣地帶，跟其他友伴的性取向不同。

(二) 認定混淆期 (identity confusion)

約發生於青少年期。開始懷疑自己是同性戀者（男同性戀者約十七歲開始，女同性戀者約十八歲開始），因為對同性戀的羞恥標籤、不正確的同性戀與異性戀知識，以及對異性戀與同性戀感覺的交替喚起，而造成內在的不安、混亂。為了平緩內在的不安與混亂，採用一些方式來幫助自己，例如，再次否認同性戀的事實、告訴自己同性戀是短暫的反應、逃避有關同性戀的訊息與人物、尋找更多的資料來了解自己。

(三) 認定假設期 (identity assumption)

約發生於青少年晚期或青年期早期。將自己界定為同性戀者，容忍、接納自己同性戀的性取向，並且定期接觸同性戀團體與同性戀次文化。

當事人首次接觸其他同性戀者的經驗，會影響他在同性戀方面認定的形成。不愉快的接觸經驗，會使當事人再度否認自己的性取向；愉快的接觸經驗，可以幫助當事人性取向方面的自我認定。

當事人處理同性戀標籤的方式，包括：避免跟同性戀者在一起、表現的行為符合一般大眾對同性戀的刻板化印象、隱藏同性戀的事實、加入同性戀團體與避免涉入異性戀情境。

(四) 承諾期 (commitment)

從內在來說，這時期的內在轉變包括對同性戀的肯定、認定自己是同性戀者、心情上愉悅等。從外在來說，這時期的轉變包括建立同性之間的愛戀關係、對異性戀者公開自己的性取向、從羞恥當中解脫出來。

並不是所有的學者都同意以上所述的同性戀自我認定的過程，例

如 Horowitz 與 Newcomb（2001）認為：同性戀的認定過程是個人與社會環境因素雙軌的互動過程，個人給予這些因素的意義，會影響個人自我認定的發展。性取向認定是在這樣的架構下進行，而且遍及一生，因此，沒有所謂自我認定的結束點。

從以上同性戀者自我認定的過程中可看出，社會既有的性別期待與壓力，以及不正確的同性戀知識，是同性戀者自我認定過程中最大的障礙。這些障礙形成內在與外在兩大壓力，阻礙同性戀者對自己性取向的肯定。

內在壓力方面，同性戀者內化的社會期待與不正確的同性戀知識，讓同性戀者在自我認定過程中，不斷出現混亂、不安、害怕、抗拒、逃避、猶豫等心理反應。這些反應直接否認與質疑同性戀性取向的存在價值。外在壓力方面，社會異樣的眼光、工作上與社交圈上的排擠，以及家人與朋友的否認，讓同性戀者滿懷悲憤，厭惡自己的性取向。由於以上的種種壓力，讓同性戀者不得不從原本的生活圈退出，逃入弱勢的同性戀團體中，或是躲在灰暗角落，過著裡外不一的生活。

換句話說，社會的接納，尤其是家人與朋友的包容，可以降低同性戀者自我認定過程的障礙。

第五節
同性戀者感情之困境

在多次的自暴自棄後，嘉杉決定面對現實，承認自己是同性戀者。參加一些同性戀團體之後，那種孤單、淒苦的感覺才逐漸消褪。可是，每次暗夜一到，內在竄動的急流便一擁而上，抑制不住的性幻想便接踵而至。

在團體中，他尋覓過可能的性伴侶，不過，內向的個性

讓他無法主動追求。他也曾遇過別人曖昧的暗示，不過，他需要的是一種更持久、更貼近的親密，包括生理，也包括心理。因此，不想魯莽以對。

在按耐不住的當下，他曾暗自進入ＸＸ公園，尋找可能的對象。看到昏暗月光下搖晃的樹叢，他心知肚明，情慾的激流一時之間澎湃流竄，讓他情不自禁地想靠近那陰暗角落無數雙渴望、搜尋的眼神。可是，理智的警告卻讓他退縮不前。他有需要，可是，不要一夜的性關係，他要的是一種踏實、歸宿似的愛情生活。

問題與討論

1. 同性戀情與異性戀情，除了對象不同外，是否有其他的差異？
2. 同性戀者的感情生活中，可能遇到哪些問題？
3. 同性戀者該如何面對社會壓力與調適心理？

一、同性戀者情愛世界之特色

以異性戀為主的社會中，同性戀者除了性取向認定上比異性戀者較艱辛外，在愛情生活上，也比異性戀者坎坷。同性戀情的實質內涵跟異性戀情沒有多大的差別，不過，因為不被包容的阻力，使得同性戀情不但具有異性戀情的特色外，還染上社會阻力所造成的黯淡與強烈色彩。

（一）角色自由

異性戀生活中，性別角色大多依循社會的期望來指派，沒有大變動的可能。同性戀情就不一樣了。同性戀的雙方都是同一性別，在生活中，總是會碰到需要另一性別角色的時候。這時候，兩人的角色可以隨著情境與雙方的協調自由變換。

（二）戀情偷偷摸摸進行

　　同性戀者即使有幸找到相知相惜的人，因為社會的不鼓勵與不支持，不得不戰戰兢兢隱藏兩人戀情，唯恐戀情曝光，帶來千夫所指的難堪。

　　同性戀者為了不使戀情曝光，約會地點的選擇便受到限制。異性戀者可以在光天化日、眾目睽睽之下，接吻擁抱，耳鬢廝磨。同性戀者如果在大街上手牽手，便會引起路人側目而視。因此，同性戀者約會時，若不是到同性戀者的地盤，就必須是隱密的地方。

（三）情感強烈澎湃

　　同性戀者要找到一個志同道合、心靈契合的同志並不容易。在尋尋覓覓中，若不是因知音難尋而封鎖感情，就會因所託非人而感情起伏跌宕。感情如果被封鎖，並不會因此銷聲匿跡，反而因為找不到紓解的管道而更加熱滾翻騰。

　　在如此顛簸的背景下，造就了同性戀者豐富澎湃而又強烈的感情。

（四）情感表達謹慎

　　一方面，同性戀與異性戀者無法從外表、談吐中分辨出來；另一方面，絕大數人是異性戀者，以及社會排擠同性戀者。因此，同性戀者尋找戀情時，必須格外小心，以免找錯人、表錯情，而自曝身分。

（五）真愛難尋分手易

　　一方面，因為同性戀人數與異性戀人數比例懸殊；另一方面，大多數同性戀者不願意公開真實身分。因此，同性戀者尋找真愛的困難度較高。

　　感情的維繫，除了靠當事人的努力外，還得有外在支援的幫助。外在資源有雪中送炭與錦上添花的功效。同性戀情無法得到社會的認

同,外在資源就相對地稀少。因為缺少外在資源的諮詢與救急,以及勸離不勸合者多,當雙方有了衝突或問題時,就容易衝動分手。

(六)無法享受家庭夫妻生活

情侶為了某些原因同住一起,享受夫妻似的生活,已逐漸普遍,也漸被世人認同。相愛的兩人步上禮堂,在萬人祝福中,成為法律保障下的夫妻,生兒育女,享受天倫之樂。對異性戀者而言,這些是身而為人必經之事,也是極其平凡的人間事。

同性戀者似乎就沒有如此幸運。同性戀者雖然可以同居在一起,但是,在外行為必須小心謹慎,否則曝露形跡,總免不了左鄰右舍的指指點點,尤其是在民風保守的地方。

由於法律的不允許,同性戀者目前仍舊無法享受兒女圍繞的天倫之樂。沒有家庭的凝聚力與法律的保障,同志在維持感情時,比一般人辛苦得多。

二、同性戀者感情維繫之因素

同性戀者關係的維持受到幾方面因素的影響,這些因素跟異性戀者大同小異。

(一)個人因素

Mackey、O'Brien 與 Mackey(1997)的研究顯示,幾個因素對同性戀者感情的維持有重大的影響,包括:互補的個性與角色、共享的價值觀、對關係的投入(commitment)、彼此的信任與尊重、同理的了解、平等的付出、面對衝突的協調能力與適當的溝通能力。

以上這些因素有部分跟異性戀關係的維持類似。跟異性戀不太相同的因素是「平等的付出」。所謂平等的付出,是指角色的決定由雙方協調、家事兩人平均分擔、相等的經濟付出。

（二）社會環境因素

同居的同性戀者受到來自朋友的支持比家人還多（Kurdek & Schmitt, 1986b）。朋友支持是同性戀者主要的社會支持（Kurdek, 1988），對雙方關係的建立與維持有重大的影響。家人的支持對同性戀情也有助益，不過，家人的支持往往少於朋友。

此外，Kurdek（1991）綜合有關親密關係的三種模式，提出仲裁模式（mediational model）來說明影響同性戀關係滿意的因素。該模式包括的因素，也可分為個人因素與社會環境因素。

此三種模式為：脈絡模式（contextual model）、投資模式（investment model）與問題解決模式（problem-solving model）。仲裁模式中，來自脈絡模式的因素有：對社會支持的滿意度、兩人之間的表達、對兩人關係不良的信念、自我覺察（self-consciousness）等。來自投資模式的有：從關係中得到的回報、衝突的程度、目前關係與理想關係的差距。問題解決模式中的解決策略包括：正向的問題解決、衝突的互動（conflict engagement）、退縮、固執、服從、防衛。Kurdek（1991）的研究顯示：以上各因素對關係的滿意度都有影響。

綜合以上所言，除了 Mackey、O'Brien 與 Mackey（1997）所提的因素外，足夠的社會支持、雙方坦誠的表達、兩人關係的正向信念、對兩人關係的覺察、付出與回報的平衡、建設性的衝突、理想與現實的符合，以及正向的問題解決技巧等，對於同性戀者感情的維持，具有正面的影響。

第六節
不同性別同性戀者之情愛世界

性別因素會不會影響同性戀者的境遇？國內目前仍未見有男女同性戀適應上的差異比較，不過，從社會對男女性別角色的要求，以及

以往重男輕女的觀念來看，可以推論男女同性戀適應上的差異問題。

一、男同性戀者

台灣的社會處處可見重男輕女的蹤跡。公、私立機關高階人士的性別，絕大部分是男性；男孩仍舊是家庭偏好的孩子性別；傳宗接代的觀念依然普遍存在。

很明顯地，這個社會如果沒有女性，就會滅亡，不過，男性往往得到更多的注意與重視。

在這樣的背景下，男同性戀者的戀情對家庭造成強大的打擊。尤其現代的家庭孩子數少，只有一個兒子的家庭為數不少。家中傳宗接代的唯一男孩如果成了同性戀者，不但光不了宗、耀不了祖，還斷了相傳的香火，這叫父母情何以堪。因此，有些男同性戀者為了給父母、祖先有個交代，不得不掩人耳目地娶妻生子，讓香火能夠接續，然後背地裡跟同性戀愛人暗通款曲。

已婚的男同性戀當事人，無法跟名義上的太太身心交融，只能借助對方掩人耳目與傳宗接代，心中一方面感激，又一方面愧疚。對暗地裡的情人，或許只是肉體上的需要，或許的確有情有愛，卻無法常相廝守，只能短暫相聚，完全感受不到「走來窗下笑相扶，愛道畫眉深淺入時無」的樂趣。

有些男同性戀者因為同性戀婚姻無法被社會接受，只得一輩子維持單身。這種無法落地生根的感情，隨著情人的來去浮沉，沒有方向也沒有歸屬。

二、女同性戀者

或許，女同性戀者比男同性戀者幸運一些。女同性戀者也會給家庭帶來壓力，可是沒有傳宗接代與社會器重的負擔，心情上總比男同性戀者輕鬆一些。

女同性戀者如果不是維持單身，就是跟愛人同居。兩個男人同住

在一起，久了，別人會產生質疑；不過，兩個女人同居，別人會認為相互作伴，理所當然。只要不公開同性戀的身分，任誰都不會懷疑。

當然，也有一些已婚的女同性戀者，一方面要維持婚姻關係、照顧孩子，又要兼顧同志愛人的感受，這時所出現的問題可能比已婚的男同性戀更大。一般人會把照顧孩子的責任加諸在母親身上，而照顧孩子需要花很多的心力。女同性戀者在應付家庭責任時已是精疲力竭，如果還要滿足同志愛人的需求，就容易造成一根蠟燭兩頭燒的耗竭。

同性戀的感情生活，因為外在壓力而倍感辛苦，這種辛苦會因為性別不同而不同。不過，不管如何，如果能夠勇敢面對，以及適當的心理調適，同性戀者還是可以擁有自在的感情生活。

三、男女同性戀情之比較

同志愛人相處上，是否會因為性別差異而有所不同？台灣沒有這方面的研究，國外則有一些。不過，這些只能作為參考，畢竟國情不同，狀況會有所差異。

研究中發現：女同志愛人比男同志愛人之間有更多的情感融合（Elise, 1986）。不過，在融合中，仍有某層面上的自主（Mackey, O'Brien, & Mackey, 1997）。這或許是因為女性比男性更重視人際關係，擅長表達與照顧他人的個性使然（Eagly, 1987，引自 Kurdek, 1991）。

女同志愛人比男同志愛人更能維持正向的溝通，因為女同志愛人認為，討論發生在兩人關係上的事件值得而且重要（Mackey, O'Brien, & Mackey, 1997）。女性原本就比男性更喜歡溝通、檢討與面對問題；男性容易有鴕鳥心態，而且不擅長心理上的互動。因此，雖然女同志愛人的衝突比男同志愛人多（Mackey, O'Brien, & Mackey, 1997），不過，關係的滿意度較高，而且從關係中獲得的回報也較多（Kurdek, 1991）。

女同志愛人衝突的原因，常是為了收入上的差異與經濟問題的處理（Mackey, O'Brien, & Mackey, 1997）。相互表達與權力的均衡，是

兩人關係上的重要主題（Kurdek & Schmitt, 1986a）。

就出軌問題來看，男同志愛人比女同志愛人更在乎愛人感情上的不忠實，而女同志愛人比男同志愛人更在乎愛人身體上的不忠實（Dijkstra, Groothof, Poel, Laverman, Schrier, & Buunk, 2001）。

第七節
同性戀者之心理調適

同性戀者因為外界無法接納，在身心上比一般人承受更多的煎熬，心理調適上容易出現問題。Jorm、Korten、Rodgers、Jacomb 與 Christensen（2002）的研究發現：雙性戀者在憂鬱、焦慮，以及其他情緒上，都高於同性戀者與異性戀者，而同性戀者介於雙性戀與異性戀者之間。就自殺率而言，雙性戀者與同性戀者都較高。

不過，情況也未必如此糟。在台灣，有一些同性戀者因為能夠接納自己的性取向，勇敢地面對大眾，所以能夠突破困境，擁有坦然、公開的感情生活，以及良好的適應。

同性戀者雖因為社會的不認同，在感情上走得比較崎嶇，不過，就像女性必須透過勇敢的爭取，才有機會跟男性平起平坐一樣，同性戀者也必須為自己的生存爭取權利與機會。畢竟，每個人的生命只能由自己負責，向自己交待，別人無法承擔。

一、同性戀者之心理困擾

同性戀者除了以上所提的感情上的坎坷外，還面臨了一些社會壓力，包括：就外在環境而言，將同性戀行為視為卑賤可恥、自甘墮落、只圖享受、不負責任，因此，對同性戀者採取排斥、保持距離、不尊重人權，甚至施以暴力（張英熙，民 79）。同性戀者如果在工作場所曝光身分，可能招來非議、歧視，甚至丟掉工作。

就內在環境而言，對自己的性取向感到恐慌、厭惡，出現罪惡感，

性取向混淆，家人受到歧視，無顏面對家人的期望，無法找到真愛，無法擁有自己的家庭等。

二、同性戀者之心理調適

有一些方法可以協助同性戀者心理調適：

（一）澄清自己的性取向

過早給自己貼標籤，或是因為別人貼標籤而接受，這些只會增加自己的混淆。在必要的情況下，可以尋求諮商專家的協助，澄清與接納自己的性取向。

（二）肯定自己的性取向

如果確定自己是同性戀者，首先需肯定自己存在的價值。同性戀者除了性取向跟異性戀者不一樣外，其他方面都一樣。性取向的選擇，屬於個人的自由。人有個別差異，而這差異是個人的特徵，也是個人可以變化的空間。如果連自己都不肯定自己，那麼外在的肯定就沒有意義。

（三）尋求朋友的支持

尋求同性戀團體和四周朋友的支持非常重要。這些人的支持對同性戀者的心理調適具有重大影響，尤其是同性戀愛人（Kurdek & Schmitt, 1986b）。或許家人可能是反對最烈的人，但必須給他們足夠的時間，接納事實。

（四）在適當的時機現身

現身問題是同性戀者的難題。什麼時候現身？該讓哪些人知道自己是同性戀者？必須慎重考慮。如果選擇的時機不當，面對不當的人現身，就會給自己添加麻煩。

張銘峰（民 90）綜合國外學者的研究指出：同性戀者曝露自己的性取向後，極可能遭受異性戀者非理性的言語或暴力攻擊，其家人、同事與同學也可能成為被施暴的對象，被施暴的情境會隨時出現。

如何現身，端看每個人所處的情境和自身認定的程度來決定（陳麗如，民 89）。Fisher 與 Akman（2002）更詳細指出：性取向認定發展與現身的過程，涉及學校經驗、父母的接受程度、家庭關係、可用的社會資源等因素。

有一些研究結果或許可以擴展思考的角度。Smith、Resick 與 Kilpatrick（1981）的研究發現：不贊同兩性平權者、對兩性性別角色有刻板化看法者，這些人對同性戀的接受度較低。這個發現跟一般人的看法不謀而合：嚴守傳統兩性性別角色者接受同性戀的可能性較低。

相關研究進一步發現：較男性化的女生比較能接受同性戀者，而較女性化的男生則反對同性戀者（Black & Stevenson, 1984）。此外，高度男性化的男人，當面對具有女性特質的人（例如，女人、男同性戀），會覺得受到威脅而產生同性戀恐懼症（homophobia）（Parrott, Adams, & Zeichner, 2002）。在工作上，同性戀的身分容易造成負面的人際互動（例如，Hebl, Foster, Mannix, & Dovidio, 2002）。因此，在工作上的現身，尤其得小心考慮。

在國內方面，國內的研究發現：如果同性戀者對父母的經濟、感情依賴愈少，現身的過程會比較舒服（陳麗如，民 89）。周華山（民 86）從台灣、香港、中國大陸三地同志成功現身的例子，歸納出三點：⑴非對抗式的和諧關係；⑵非宣言式的實際生活行動；⑶不以性為中心的健康人格。

雖然，一方面，國外研究結果無法直接套用在國內；另一方面，人類行為的複雜，無法以單一因素來說明。不過，這些資料仍舊有參考的價值。

（五）良好的生涯規劃

同性戀者對生活與生涯要有很好的規劃。同性戀者或許會終生單身，或許會有愛人沒有兒女，因為沒有羈絆，因此可以擁有足夠的時間與自由。不過，這空間與自由是否能夠被充分使用，就得靠良好的生涯規劃。同性戀者只要有良好的生涯規劃，一樣也可以擁有豐富的生命歷程。

（六）穩定的感情生活

感情的寄託與性需求的滿足，是同性戀者必須面對的問題。雖然同性戀者可選擇的對象沒有異性戀者多，不過，如果善用社會資源，一樣可以擁有攜手相持的伴侶。

因為同性戀者的社會環境缺乏支持性，易造成情侶分手，所以感情的維繫與穩定，需要同性戀者更多的努力。在第五節所提的一些因素具有預防與加強的功效，可以作為同性戀者自我檢查之用。

（七）掌握外在資源

同性戀者容易喪失對自己的肯定，而無法善用自己的內在資源，因此外在資源的掌握就顯得格外重要。

同性戀者需知道的資源包括：有哪些提供服務的同性戀團體，這些團體提供哪些服務；提供心理諮商的機構，提供服務的政府機構或私人機構。

第八節
性別平等對同性戀之意涵

性別平等是指各性別間在各種權利與義務上一律平等，這種平等不應該只及於異性戀者，也應該擴及同性戀者。

政府從幾年前不斷地推展兩性平權的工作，目前將兩性平權的理念加以擴大，以「性別平等」取代「兩性平權」。不過，目前談到性別平等時，總是侷限於性別角色與男尊女卑上的問題，而忽略同性戀者的權利平等問題。

同性戀者可否擁有結婚、組織家庭、領養孩子、繼承等權利？從性別平等的觀點來看，只要符合規定（例如，結婚年齡的限制），同性戀者跟異性戀者一樣擁有相等的權利。

不過，只要大部分人認為同性戀會阻斷香火的延續、同性戀家庭的孩子會是下一個同性戀者、同性戀會降低生育率而影響國家命脈、同性戀擾亂了男女的分際等，這些認知將使同性戀者的平權問題難於處理、難於突破。

任何決策如果將未來導向不可預知的狀態，必會引起焦慮與恐慌，這些焦慮與恐慌會反制決策的推行。可以預知的是，同性戀者的平權問題勢必引起一些反彈聲浪。不過，同性戀者未來的前途仍充滿希望。今日的民主是許多鬥士的努力；今日的兩性平權是許多女性的挺身爭取。同樣地，同性戀者須靠不懈的努力，才能要回應有的權利。

附錄一：同性戀之相關迷思

1.同性戀是一種自甘墮落的行為。

2.跟同性戀在一起者，容易變成同性戀。

3.同性戀跟異性戀者是不一樣的兩種人。

4.同性戀是一種妨礙善良風俗的行為。

5.只要跟同性有過性行為，就是同性戀者。

第十章

婚前同居

作風開放的歐美各國，婚前同居（premarital cohabitation）已是司空見慣的常事。在台灣，同居的風氣雖不如開放的歐美，不過，也足以令人驚訝。有時候男女沒有同室而住，不過，一方卻常到另一方的居處過夜，這種情況尤其普遍。雖然這種情形不足以稱為同居，不過，卻是另一種形式的同居。

由於傳統道德與價值觀的影響，社會對同居男性較寬容，對同居女性諸多責難。因此，女性決定是否跟男友同居時，有較多的難題需面對。

在台灣，試婚不像同居那樣流行。台灣的父母對孩子的結婚事宜，依舊具有相當的影響力，大多數的父母不同意孩子婚前試婚，然後合則結，不合則離。比較常見的一種情形是，郎有意妹有情之後，女方先住到男方家，或男方先住到女方家。一段時間後，如果雙方仍然情投意合，就會自動結婚；如果雙方無法共處，一方會搬離另一方的家裡。這種狀況算是同居，而非試婚。

試婚可納入同居的內涵，不過同居未必是試婚。兩個情投意合而同居的人，不一定想結婚；因試婚而同居的人，最終的目的在建立婚姻關係。

有哪些因素影響同居的決定？同居後可能的結局為何？要如何避免悔不當初的同居？

本章論及同居之相關迷思、婚前同居之定義、同居之決定、成長經驗與同居之決定、同居關係之演變、婚前同居之價值澄清、同居後分手之處理，以及性別平等對婚前同居之意涵。

第一節
婚前同居之相關迷思

每個人對同居都會有一些看法，這些看法會影響當事人的行為。正確的看法有助於個人做正確的決定，錯誤的看法可能導致錯誤的後

果。以下是一些有關同居的看法，請修正錯誤的敘述：

1.同居可以提升兩人之間的感情。

2.同居可以加重雙方的責任感，使感情不容易生變。

3.同居可以體驗真實的夫妻生活。

4.社會上對待同居男女的態度一樣。

5.同居是因為彼此有愛。

6.同居通常會導向婚姻。

7.同居通常有利未來的婚姻。

8.同居者在同居之前通常經過審慎考慮。

9.女方懷孕會促使同居者走向婚姻。

10.沒有美好結局的同居，通常對一方或雙方的當事人造成傷害。

問題與討論

問題一：同居可以提升兩人之間的感情。

同居未必能提升兩人的感情。同居後，因為接觸增多，彼此的差異性更加分明，衝突自然增加。如果兩人願意不斷協調與改進，感情自然會提升；如果兩人各執己見，讓衝突愈演愈烈，感情便會走下坡。

問題二：同居可以加重雙方的責任感，使感情不容易生變。

同居無法加重雙方的責任感，對感情也沒有保障。對現代人而言，同居只不過是戀愛過程中的一段插曲，跟責任感無關，更無法保障感情不生變。

問題三：同居可以體驗真實的夫妻生活。

同居無法體驗真實的夫妻生活。夫妻生活涉及的層面很廣（例如，夫妻相處、親子關係、婆媳關係），同居生活無法反映真實的夫妻生活。即使單就夫妻相處這個層面來看，也跟同居的狀況有所差別。

問題四：社會上對待同居男女的態度一樣。

社會上對待同居男女的態度不會完全一樣。男人的性行為被這個社會所寬容，女人就沒如此幸運。例如，父母允許兒子帶女友回家同

居，卻反對女兒跟別人家的兒子同居。有過同居經驗的男人依然是女人的寵兒，而曾同居過的女人卻會被歧視。

問題五：同居是因為彼此有愛。

同居的兩人未必因愛而同居。女人會因愛而同居，男人同居則未必是因為愛，例如，為了性。

問題六：同居通常會導向婚姻。

同居不一定會導向婚姻。有些研究顯示：同居延緩第一次結婚的時間，以及影響結婚的意願與態度（Wu, 1999）。同居不一定導向婚姻，原因之一是，兩人同居之後，摩擦增多，吸引力降低，如果兩人不努力經營感情的話，分手可能是最後的結局。

問題七：同居通常有利未來的婚姻。

同居並不一定有利未來的婚姻。國內沒有這方面研究，國外的研究結果則顯示，同居對婚姻有不利的影響（例如，Bennett, Blanc, & Bloom, 1988; DeMaris & Rao, 1992）。

問題八：同居者在同居之前通常經過審慎的考慮。

同居者在同居之前未必經過審慎的考慮。同居人分手時，大都不歡而散，甚至傷己傷人，這是因為同居前沒有深入思考的結果。

問題九：女方懷孕會促使同居者走向婚姻。

懷孕可能促使同居者結婚，讓孩子有名分，可是，更多時候的處理方法是墮胎而不是結婚。尤其當雙方經濟基礎未穩定、事業未成、雙方太年輕……等因素，都容易促使同居者以墮胎方式處理問題。

問題十：沒有美好結局的同居，通常對一方或雙方當事人造成傷害。

沒有美好結局的同居，對當事人未必造成傷害，這是見仁見智的問題，角度不同，看法就不同。

沒有說服力的分手，一方或雙方當事人含恨而去，從這個角度來看，當事人的確受到創傷。如果雙方的確不適合在一起，從長遠的代價來說，分手未必不是一種福氣。

此外，不管雙方有沒有美好的結局，畢竟都是生命中寶貴的學習

經驗。「塞翁失馬，焉知非福」，是得、是失，端看當事人從哪個角度詮釋。

　　有關同居的其他迷思，請見本章附錄一。

第二節
婚前同居之定義

　　一對情侶因某些因素而決定同住一起，過著像夫妻一樣的生活。他們同床共枕，共享彼此大部分的一切。因為雙方沒有婚姻關係，因此，不需要擔負法律上所規範的夫妻責任與義務，雙方的家屬也無法介入或干涉兩人的生活。

　　在以上的定義中，包含幾個要件：(1)「一對情侶因某些因素而決定住在一起」。情侶同居通常有某些因素促成，否則不會同意住在一起；(2)「兩人過著像夫妻一樣的生活，同床共枕，互相照應」。情侶如果住在同屋簷下但不同房的話，這不算同居。即使雙方持續有性關係，但是仍不算同居，只能算是分居兩地的情人；(3)「雙方沒有婚姻關係，不需要擔負法律規範的夫妻責任與義務」。同居生活中的責任與義務，都是雙方私下協定。因為沒有婚姻的約束與連結，雙方家屬無法介入。因此，比起有婚姻關係的夫妻生活，同居生活簡便、單純多了。

第三節
婚前同居之決定

　　段昕和童菱相戀還不到一年，就要求兩人同居。段昕的考慮是這樣的：兩人都是遠地遊子，昂貴的學費加上生活費，負擔實在沉重。兩人同居的話，生活費可以節省許多，也可

以彼此照顧。

當段昕將他的想法告訴童菱時，童菱猶豫不決。童菱認為兩人未婚同居，若同學發現，她不知道如何面對，也不知如何向觀念保守的父母解釋。再說，如果不小心懷孕，或是將來段昕拋棄她，她該如何處理。不過，因為兩人大部分的時間都用於打工賺錢，相聚的時間實在太少，同居也不失為良策……。

問題與討論

1. 哪些因素會促使情人們決定同居？

2. 以上因素中，哪些是女性考慮的重點？哪些是男性考慮的重點？

3. 在決定是否同居的過程中，哪些因素會使女方猶豫不決？哪些因素會使男方猶豫不決？

4. 考慮同居時，應該注意哪些因素？

一、兩性決定同居的可能原因

同居雖然像是未買票而先上車的行為，不過同居的確具有一些優點，因為這些優點，才激起情人們冒險一試的勇氣。

（一）性的滿足

性需求的滿足，常常是情人們的難題之一。雖然社會開放，使得性滿足的問題不再像以前那樣困難，不過，分居兩地的戀人總有緩不濟急的無奈。除了時間、心境要有默契外，地點的選擇、氣氛的營造也是難題之一，因此，「留宿過夜」雖然會造成一些不便，還是被用來充當暫時的解決辦法。

同居便是解決以上困擾的良方，兩人既可以像夫妻一樣理直氣壯地享受魚水之歡，隨時隨地愛怎樣就怎樣，又可以避免他人對「留宿

「過夜」的質疑眼光。

（二）打算長久在一起

一般而言，當情人們同意同居時，雙方通常已交往一段時間，而且彼此有某種程度的了解。雖然雙方知道同居之後，結果難測，不過，就在兩人同意同居的當下，倒是真心希望終身相隨。

（三）家人觀念的開放

家人對婚前同居的看法，會影響子女對婚前同居的接納程度。在保守家庭長大的人，從小被灌輸嚴謹的兩性態度，自然無法接納婚前同居的想法。相反地，如果父母對兩性關係態度開放，子女便願意嘗試婚前同居的建議。

（四）受現實因素的限制

一些現實的原因可能讓相愛的兩人無法如願結婚，只好先行同居。例如，社會人士在事業未成之時，不願意匆促結婚，以免經濟壓力影響家庭溫暖，因此暫時以同居取代結婚。在學學生因為學業未完成，無事業基礎，經濟拮据，通常也會考慮同居。

（五）給予即時的扶持，滿足依賴感

情人們分隔兩地，空間的阻隔，會產生「遠水救不了近火」的遺憾。同居卻可以避免這種遺憾。同居後，生活上的大小細節都能彼此共享、相互扶持。因為雙方的身心可以獲得即時的支持與依靠，感情便可以在穩定中成長。

（六）減少相思之苦

相思之磨人，只有嘗過相思的人才能體會。在速食的愛情時代，「苦相思、苦等待，更難耐」，因此，同居成為最好的解決辦法。

（七）更多感情與心靈上的交流

同居讓兩人相處的步調緩慢、悠閒，身心放鬆。如果兩人願意敞開心胸，分享彼此的想法與經驗，就會有更多的情感與心靈交流。

（八）結婚的前奏曲

對西方人來說，同居只是戀愛過程的一段插曲；對國人來說，同居不只是戀愛的一部分，也可能是結婚的前奏曲。

如果男女訂了婚，同居就成為理所當然的權利，周圍的人不但視兩人為夫妻，更給予兩人祝福。如果兩人未訂婚先同居，四周的人便會認定兩人有義務結婚，即使法律並未如此規範。

■ 二、反對婚前同居的原因

有些人不贊成婚前同居，這些原因除了涉及個人的因素外，有一些屬於道德與社會因素。

（一）同居損及女方名譽

「愛她，就要替她著想」，某些反對婚前同居的聲音認為：目前社會雖然比以前開放，不過，對女性名節的苛求畢竟高於男性，如果最後沒有圓滿的結局，女方名譽便會受損。

有些女性由於家教或宗教信仰使然，認為同居是不名譽的事。因此，不管感情多麼熾烈，男方如何懇求，也不肯跟對方租屋同居。

吳昱廷（民89）的研究得到類似的結果。研究中發現：女性大學生同居後，最大的社會壓力來自男人對女人身體控制與貞操所訂定的道德標準。因此，女性跟愛人同居後，往往不敢公開同居的事實。相對於女性同居所面臨的難題，男性同居就顯得輕鬆許多。男性跟女友同居後，除了沒有女性同居的社會壓力外，還可以得到原生家庭的認同與感情支持，甚至經濟支援。因此，女性決定是否跟男友同居時，

會有較多的考慮與猶豫。此外，何嘉雯（民86）研究也顯示：男性大學生對同居的態度比女性大學生開放。

（二）社交圈變小，失去其他的人際關係

「愛情不是生命的全部，愛人更不可能是生命中的唯一」，偏偏情人們同居後，會有更多的時間在一起，使得兩人的社交圈變小，人際關係受限。

另一方面，四周的人可能宣告同居的兩位朋友已成「死會」，並且自動退離兩人的生活圈。在一些活動上，親朋好友也會自動將二人從活動名單上除名。

（三）沒有自己的時間與隱私

婚前同居讓兩人的生活有更多的交集。相對地，兩人保有的私人時間減少了，兩人的隱私也沒有藏匿的空間，兩人的自由受到更多的束縛。因此，兩人的貼近有時候反而是一種沉重的負擔。

（四）失去浪漫的感覺

距離是感情的殺手，也是製造浪漫的催化劑。很多時候，浪漫的情愫、致命的吸引力，是根植於雙方因距離而營造出的幻象。同居不但將雙方的距離撤除，並添加了放大鏡，將雙方的一切一覽無遺地在對方面前呈現。當原先幻化出來的浪漫，在放大鏡的映照下幻滅後，彼此的吸引力便消失得無影無蹤。

（五）衝突提升

同居後，兩人的生活有了更多的交集，這種交集讓彼此的相異性更加凸顯，例如，生活型態的差別、衛生習慣的不同、用錢方式的難容。「相愛容易，相處難」，因此，衝突的爆發在所難免。即使一方退讓，壓抑內在的不滿，讓衝突暫時潛藏，不過，治標未治本的結果，

就是不斷累積彼此的歧見，等待玉石俱焚的導火線而已。

（六）失去新鮮感而感情轉淡

年輕人談戀愛，因為成熟度不夠，看中的往往只是對方的外表，很少能夠超越外在皮相。「朱顏未老君心變」，不管多美好的事物都禁不起一看再看。於是，感情像被加了冰塊的烈酒一樣，因逐漸被稀釋而轉淡、轉薄。

（七）分手困難

「合則聚，不合則散」，分分合合、離離散散，原本就是愛情的本質，不過，同居之後，雙方付出更多，期望更大，分手就更棘手。自覺吃虧的一方，能夠寬宏大量，維持「分手之後仍是朋友」的人，畢竟是少數。自覺愧疚的人，彼此相見時，能夠不逃不懼者更少。「既是如此，不如沒有當初」，通常是同居後沒有圓滿結局者的沉痛心聲。

（八）需要改變自己的生活方式以遷就對方

不管多相愛的兩個人，畢竟成長於不同的環境，生活習慣、價值觀、用錢方式、對另一方的期待等，或多或少會有差異。想要能夠和諧生活，雙方就必須坦誠溝通，相互妥協，各退一步。不過，聽似容易做起來則難，如果事情可以如此順利解決，天底下就不會有那麼多的怨偶。更多時候的劇情是：一方堅持己見，要求另一方改變來順應自己；另一方委曲求全，容忍退讓。不過，這種忍辱偷生的方式，最後因容忍的一方無法再忍而引爆分手的提議。

或是，雙方堅持己見，引爆衝突，讓感情陷入危機。當雙方衝突不斷，感情滑落谷底，最後情滅緣絕，而分手說 bye-bye。

（九）成為對方的清潔婦與煮飯婆

女性愛乾淨，又重視生活環境的布置與氣氛，這種個性恰與男性

不拘小節、隨興的個性形成強烈對比。此外，女性早就認定「家事為女人家的事」。因此，女性跟男性同居後，很自然地將家事攬在身上，而成為整理房子的清潔婦，與照顧對方三餐的煮飯婆。

（十）擔心遭受社會的批判

在台灣，即使男女的兩性關係比以前開放，不過，大部分的人對同居仍然採取保守態度。所謂「千夫所指，無疾而死」，很多同居的年輕人依然低調處理，不敢四處張揚，以免遭受他人奇異的眼光與指責的聲浪。

（十一）失去多重選擇的機會

同居的兩人沒有法律上的名分限制，仍然可以重新選擇。不過，兩人同居後，成雙入對的機會增多，認識其他異性的機會自然減少，重新選擇的機會自然降低。

（十二）缺乏實質的保障

同居只是雙方私下你情我願的行為，沒有法律上的保障與約束力，更沒有所謂的義務與權利。只要一方想分手，不管另一方願不願意，都可以付諸行動。

（十三）兩人吵架後，沒有地方去

情侶未同居時，偶而有了勃谿，還可以躲到自己的小窩閉門思過。兩人同居之後，如果有了衝突，就沒有地方暫避來緩和情緒。

以上同居或不同居的優缺點，都值得有意同居的男女深思。同居的決定，不能只是一時的感情衝動，而要有理性的省思。同居不只是個人的權利，更是個人的責任。有勇氣、有能力面對同居的不良後果，才有資格同居。

第四節
成長經驗與同居之決定

　　哪些人傾向於採用同居而非婚姻的方式來維持感情？有些學者從發展的角度，探討個人成長過程中，哪些因素會助長同居的傾向。在這些研究中，的確發現有一些因素與婚前同居行為有關。例如，有叛逆的同儕、缺乏父母的宗教信仰與價值觀、父母缺乏溫暖與具有敵意、父母對子女缺乏管教與養育（Brennom, 2001）、父母離婚者（Black & Sprenkle, 1991）、性別為男性者（何嘉雯，民86）。

　　這些因素是否可以預測一個人婚前同居的可能性，則需要進一步研究。雖然以上資料大部分來自國外的研究，不過，對這些因素的思索，仍有助於個人澄清價值觀與同居的決定。茲將以上因素歸納為以下五類：

一、受傳統價值觀束縛較少者

　　常與叛逆的同儕為伍，以及缺乏宗教信仰與價值觀者，受傳統價值觀的束縛較少。因受傳統價值觀約束較少，對社會期望與壓力的感受性便較低，可以揮灑的空間就大增，因此，比較能夠隨性而行。

二、父母婚姻狀況不佳者

　　父母婚姻狀況不佳的孩子，常置身在父母的爭吵、衝突中。因為感受到婚姻的沉重，害怕步上父母的後塵，於是，寧願選擇同居而不結婚，或是藉著同居來試驗彼此的相容度，再決定是否結婚。

三、親子關係不良者

　　依據楊育英（民92）的研究顯示：功能不彰的家庭（包括父母角色失調、親子互動關係不良、情感需求未得滿足等）會形成一種推力，

讓青少年提早離開家庭，往外尋求愛與隸屬感。當功能不彰的家庭推力過大或家庭結構瓦解時，青少女可能會寄住男友家。

人的行為常受未滿足需求的左右，尤其是被愛、被重視、被注意、隸屬的需求。當家庭無法滿足這些需求時，往外尋覓就成為必然的現象。無可諱言，有些人跟情人同居，目的是想要透過同居所組成的家庭，來補償原生家庭的缺憾。

四、對婚姻承諾度低者

對婚姻承諾度低者，不想讓婚姻約束自己、對婚姻沒有信心、或是其他原因，因此不願意進入婚姻，而選擇同居。這些人的抉擇通常可以追溯到個人的成長經驗，例如，父母婚姻不佳。

五、性別

在感情世界中，性別一直是操控兩性行為的羅盤。由於社會對兩性有不同的期望與約束，使得男性在兩性關係中，總是屬於開放、大膽與自由的一方。不只是在婚前性行為，婚前同居上也是如此。女性跟男友同居時，連親友都得隱瞞；而男性跟女友同居時，家人都給予認同與支持（吳昱廷，民 89）。

因此，男性決定是否同居時，只要問問自己想不想要就可以了。女性就沒有如此幸運了，除了問自己想不想要外，還得考慮其他人的期望。

以上各種因素，可以作為面臨同居抉擇者的參考，澄清自己的價值觀，找出背後影響同居決定的原因，有助於自己做正確的決定。

第五節
同居關係之演變

雪兒跟明遠同居已有一年。這一年來，兩人的感情由濃轉淡，這是雪兒始料未及。同居前，兩人形影不離，你儂我儂。每次約會結束後，雪兒看著明遠遠去的身影，總有萬般的不捨。就是因為這份不捨，讓雪兒毅然決然同意跟明遠同居。

同居後，雪兒才發現，兩人的個性與習慣竟有如此天壤之別。因為雪兒打定主意跟定明遠，於是處處遷就他。可是，忍耐總有個限度，明遠的霸道，讓雪兒不得不思考自己的委屈是否值得。偏偏在這個時候，雪兒發現自己懷孕。明遠知道雪兒懷孕後，不但毫無喜色，而且主張將孩子打掉。明遠的用意，她心裡很清楚，擺明了不想讓孩子成為分手的羈絆。她愛孩子，不想扼殺自己的親生骨肉。但是，這樣的代價就是讓自己成為未婚媽媽。她⋯⋯。

問題與討論

1. 情人同居後，哪些因素對兩人的親密關係有不良影響？
2. 情人同居後，哪些因素對兩人的親密關係有幫助？
3. 情人們同居後，可能會有什麼樣的結局？

情人們同居後，感情會有所變動，有時候更親密，有時愈走愈遠。哪些因素對同居後的親密關係有礙？哪些因素對同居後的親密關係有益？以下分項說明。

一、影響同居後親密關係之因素

有一些因素影響男女同居後的感情。除了第五節所提的反對同居

的理由外（例如，沒有自己的時間與隱私、失去浪漫的感覺、衝突提升、失去新鮮感而使感情轉淡、需要遷就對方而改變自己的生活方式等），雙方身心是否健康、男女同居之前彼此的了解程度、彼此的成熟度、對感情的承諾度、承擔後果的能力、雙方的協調與溝通能力、雙方對一些生活細節的約定、同居後的環境因素等，都會影響雙方同居後的親密關係。

舉例來說，同居前彼此愈了解，就愈能預想同居時的相處狀況，在兩人同居後，衝突就愈少。有一些因愛而同居的人，同居之前沒有經過理性的評估。同居後在現實問題的衝擊下，因愛而築成的海市蜃樓便很快灰飛煙滅。

雙方的成熟度也是重要的影響因素。成熟度高的人，在同居之前，會先經過一番理性的評估，不會盲目於一時的感情衝動。同居之後，較有能力處理同居後的挫折、壓力與危機。

雙方對感情的承諾度愈高，凝聚力會愈強，就愈能面對同居後的挫折。有能力承擔後果的人，會坦誠地面對同居後出現的問題。沒有能力面對問題的人，會選擇指桑罵槐、粉飾太平、視而不見的逃避方式，使得兩人的問題愈來愈嚴重。

兩個來自不同背景的人要共同生活，生活上的摩擦必不可免，協調與溝通就成為必要的事實。如果雙方或一方逃避協調與溝通，卻一味地固執己見，分手便會是必然的下場。

雙方同居後，有一些生活上的細節需要事先溝通同意，例如，雙方的共同開銷要如何處理、家務如何分工。這些事情如果沒有事先協議，到時候會因為彼此態度不明而積怨成仇，成為雙方感情的劊子手。

最後，雙方同居後的外在環境，例如，雙方的人脈資源、外在環境對雙方同居的認同度等，也會影響雙方同居後的感情。

除了以上這些因素外，可能還會有一些比較特殊的因素需要考量，例如，雙方的經濟狀況、雙方的工作、雙方的身分等。

男女決定要不要同居時，需要像決定要不要結婚那樣慎重，愈能

從多方面思考，同居後出現的狀況就愈少，感情便會愈好。

二、情人同居後的可能後果

情人同居後，有人終於步上紅毯，有人卻分道揚鑣。步上紅毯者並不一定幸運，而分道揚鑣者也不一定不幸，幸與不幸並不能就此蓋棺論定。不過，「人無遠慮，必有近憂」，想要同居的人，在同居之前，都必須想到這些可能的後果，才能事先預防。即使兩人沒有美好的結局，傷害也會降低。

（一）因了解而分手

同居，減少了雙方因時空阻隔造成的幻象，也驅散了讓雙方怦然心動的浪漫，迫使雙方以真面目示人。雙方接觸愈是頻繁，雙方的缺點就愈沒有機會隱藏，過去忽略的地方便會突然鮮明起來。

當彼此成為對方眼中的凡夫俗子後，雙方便被迫以更廣、更深的角度，重新思索彼此的適合性。「因了解而分手」，常常是同居後的結局。

（二）因懷孕而墮胎或匆促結婚

性生活可以任性而為是同居的好處之一，也是麻煩之一。如果安全措施沒做好，便容易珠胎暗結。對學業未成、事業未就、心性未定的年輕人來說，墮胎是可能的選擇之一。另有些人因鑑於某些原因，不得不奉子成婚，以避免未婚懷孕的尷尬。

（三）對婚姻造成負面的影響

婚前先同居，最後能夠以結婚收場者，在未來的婚姻生活中，是否能夠從此過著幸福快樂的日子？還是會因為婚前同居的長期相處，使得彼此的感覺淡化，而對婚姻產生不良影響？

目前國內沒有這方面研究，不過，國外的研究卻不少。大部分的

研究結果認為：婚前同居會對婚姻產生不良影響。例如，提高離婚率（Bennett, Blanc, & Bloom, 1988; DeMaris & Rao, 1992; Hall & Zhao, 1995; Krishnan, 1998; Newcomb, 1987; Thomson & Colella, 1992）、降低婚姻品質（DeMaris & Leslie, 1984; Thomson & Colella, 1992）、對兩性關係的建立不利（Brennom, 2001）、降低對婚姻的承諾（Thomson & Colella, 1992）、延緩第一次結婚的時間、影響結婚的意願與態度（Wu, 1999）、婚後較少能正面地解決問題、較少彼此支持的行為（Chohan & Kleinbaum, 2002）。

雖然大部分的研究結果發現，婚前同居對後來的婚姻生活有不良的影響；不過，Wu（1995）卻發現：婚前已同居的夫婦，比婚前未同居的夫婦，在離婚後有更高的比例會同居在一起。DeMaris 與 Leslie（1984）的研究顯示：婚前同居與離婚率無關，因此建議，婚前同居之所以不利婚姻，個人因素的影響大於婚前同居因素的影響。

到底哪些個人因素容易導致同居後離婚？研究顯示：對婚姻沒有承諾的人比較容易選擇同居，即使後來由同居關係轉化為婚姻關係時，因為承諾度低而容易導致離婚（Lillard, Brien, & Waite, 1995）；喜歡以離婚解決婚姻問題者容易選擇同居（Axinn & Thornton, 1992），因此，進入婚姻後，容易導致離婚；同居者將某些個人特質帶入婚姻後（例如，人格問題、濫用藥物與酒精、經濟上沒有責任感、工作不穩定等問題），而讓婚姻品質惡化（Bumpass & Sweet, 1989）。

以上是國外的研究結果，在解釋國內的現象時，必須考慮文化、家庭與社會背景上的差異。

（四）因了解而感情彌堅

當然，分手並非是同居唯一的下場。同居雖然增加雙方的衝突，凸顯彼此的差異，成為感情的殺手。可是，從相異中，可以認清彼此的需要，增加彼此的了解。

能夠攜手走過感情風雨者，不但擴展了接納對方的包容度，還會

因為成熟度的提升，而突破皮肉表相的吸引，讓兩心緊緊相繫。因為對彼此有了更深一層的認識、了解與接納後，自然有利未來關係的維繫。

（五）招來他人的批判

同居雖然不是婚姻，不過四周的人通常認定雙方是夫妻，對彼此應忠誠、負責。如果一方感情生變，拋棄同居人，變心的這一方就會成為他人嘲罵的對象。感情之事，外人無法論斷是非，不過，同情弱者的正義感，常使人不由自主地責備無情的拋棄者。

（六）分手的處理較困難

情人同居後，不管在心靈上、精神上或物質上，都有更多的連結與依賴。這使得分手的處理更加棘手。例如，共有財產的分配、誰該搬離同居的房子、情感上的切斷等，都比處理未同居者的分手困難許多。有時候，因為同居時兩人育有孩子，處理的困難度便更高。

同居是個人的選擇，同居後的生活是雙方的責任。雖然沒有人可以預測同居後感情的演變，不過，只要同居前理性審慎，同居後努力經營，兩人就可以擁有亮麗的同居生活，對未來的婚姻也有所助益。

第六節
婚前同居之價值澄清

在社會開放的尺度下，情人同居已不需隱隱藏藏。沒有結局的同居，未必是禍，也未必是傷害，不過，總得花一些時間與努力療傷止痛。因此，在決定同居之前，得要三思。只有「愛」的衝動，而沒有理性的審思，通常只帶來遺憾。以下問題，可以幫助有意同居者澄清價值觀，以及進一步了解自己：

1. 除了因為愛對方的理由外，還有哪些理由支持你同居的決定？有哪些理由反對同居的決定？將這些支持與反對的理由分兩邊（一邊支持、一邊反對）一一列下來，然後給每個理由「重要性的等級評分」（由 1 分至 10 分，分數愈高，對你愈是重要）。評完分後，比較兩邊的狀況，在比較中，看看有什麼新的發現。

2. 檢討本章第四節所提的「成長經驗與同居的決定」，看看哪些因素跟你的決定有關。然後再思考，你期望在同居的關係中，滿足哪些原生家庭無法滿足的需求。

3. 同居會對兩人關係帶來一些負面的影響，你會如何處理這些負面影響？有一些因素有助於同居後的親密關係，你具有哪些正面因素？

4. 進行完前面幾個問題後，你對自己可能有更清楚的了解。以下的活動將協助你進一步了解自己。用兩張椅子代表相對的兩股力量，一張代表「支持同居」，一邊代表「反對同居」，然後讓兩邊對話。例如，如果「支持同居」的力量較大，就先由「支持同居」的一方對「反對同居」的一方說話，說出支持的理由，並企圖說服對方。然後，再由「反對同居」的一方反駁，並企圖說服對方。如此輪流下去。注意：不要以為一次就可以有所收穫，重複幾次是必要的。每一次的重複總可以帶來新的發現。

5. 最後，檢查你的過去生命經驗中，面臨分離、分手情境時，通常如何處理，看看自己是否有足夠的能力處理同居後分手的問題。

第七節
同居後分手之處理

　　男女同居之前，便應該花些時間推想：同居後，感情可能出現哪些變化？在感情結束的時刻，可能出現什麼狀況？這時候該如何處理？

　　感情的事，誰也無法預料。過程中的起起伏伏，兩人是否可以長長久久，沒有人可以篤定地預測。因此，每個人必須做好分手的準備。

這樣說有點煞風景，不過，事實確是如此。即使在婚姻中，夫妻也沒有把握兩人可以白頭偕老，更何況是變數更多的同居。「有備無患」，只有預想情境，預做準備，才可以減少傷害。這部分應該是在決定是否同居之時，就必須花時間考慮。

同居後的分手，如果是兩個人的意願，那麼事情就簡單多了。處理的問題可能只是財物的分配，以及如何對外說明分手的原因。

如果分手是一方的決定，而另一方沒有首肯，那麼問題就很棘手。同居因為沒有婚約關係，無法受到法律的保障，如果一方堅持分手，另一方即使不願意，也莫可奈何。

毫無預警的分手，或是強硬的分手，對對方的傷害最大。有一些人同居一段時間後，就開始萌生二志。由於掩飾動作做得好，出軌的行為一直沒有被另一方發現。當事跡敗露，非做取捨時，才提出分手的要求。另一方因為毫無心理準備，分手的提議就像九二一地震的突然襲擊，令人措手不及，身心嚴重受創。這種傷害可能包括：負面情緒不斷襲擊、對他人的信任感消失、自我價值感降低、自信心滑落、失眠、惡夢、注意力無法集中……。

有些人採取強硬的方式分手（例如，再也不回來、將自己的東西搬走），由於雙方的關係沒有法律的保障，被拋棄的一方只能自認倒楣，或是演出傷人自毀的悲劇。

分手的狀況不只是以上兩種，不過，只要一方想分手，一方不想分手，就會出現危機。想分手的一方，最好站在對方的立場想想。同居是個人的權利，同居後的狀況是兩個人的責任。分手時，也需以負責的態度處理。

如果雙方曾努力協調與適應，而最後的結果仍然無法令人滿意。在這種情況下，如果一方決定分手，另一方因為清楚彼此的不適配，以及看到對方的努力，即使分手的意願不高，也會有意願成人之美。

想分手的一方在提出分手之前，通常沒有事先進行溝通協調，讓對方清楚看到彼此水火不容的地方。反而在提出分手後，才向對方進

行理性分析，企圖說服對方。這種事後孔明的作法不但無濟於事，反而會引起對方強烈的情緒反彈，讓問題愈抹愈黑，衝突愈演愈烈。

當然，另一方面，無辜受害的一方也必須負起某部分的責任。(1)對同居人的變化過於遲鈍——這種遲鈍有時候是一種不願面對現實的自我欺騙。(2)對感情的本質沒有清楚的認識。(3)對兩人的生活狀況不敏感，同居的兩人經常有不同生活層面的互動，兩人的差異性與相容性都赤裸地呈現。兩人的感情是否可以維持，應該有清楚的認識。(4)在同居前，沒有預先想好分手的可能性。

如果雙方有了孩子，重大的傷害更是避免不了。這個時候，必須以孩子的幸福為首要的考慮。孩子要歸給誰，必須顧及心理與經濟上的考量；一味的感情用事，或是以孩子為要脅的工具，不但大人受傷，對孩子的傷害更大。

同居人分手時，付出較多的人通常心有不甘，而扯出一些恩怨。雙方感情的付出，在當時都是心甘情願；感情生變後，雙方付出多少，就會被揪出來成為攻擊對方的藉口。當付出較少者是背叛者，付出較多者通常振振有詞，一方面強調自己是受害者，另一方面強化對方的無情。這樣一來，受害者會跌入作繭自縛的糾葛中，無法跳脫現況，開展未來。

同居後感情生變，絕對是雙方的責任。一味地責怪對方，只會讓自己受害更深。如果反求諸己，看到兩人互動模式中的缺點，反而可以幫助自己度過難關。

進入愛情國界者就應該知道，要求自己感情忠貞易為，要求對方忠貞不二，只會是鏡花水月。

同居前，看清楚、想清楚，同居後，即使兩人沒有圓滿的結局，至少在分手時，不會撕破臉，讓愛人成仇人，讓過去的恩愛成仇恨。（其他有關分手的注意事項，請參閱本書第十一章有關分手的事宜）

第八節
性別平等對婚前同居之意涵

在過去，男性通常是主動提出同居的人，女性擔心社會的批判、家人的指責，因此，不敢決然依據自己的心願而行。性別平等後，女性比以前更能發揮自由意志，同居的風氣可能比以前更風行。

此外，女性不必因為曾同居過而自貶。現代女性雖然處身在性別平等的世代，可以擁有同居的自由，可是，女性在成長過程中，曾內化一些家庭與社會期望（例如，女性要潔身自愛、最好不要有婚前性行為、最好不要未婚生子、最好……），這些內化的期望會不斷苛責未婚同居的女性。萬一同居後沒有美好的結局，女性更會落入自我貶抑的泥沼中。性別平等年代的兩性不平權，有時候是女性本身的觀念所引發。

沒有圓滿結局的同居，未必是錯誤的決定。或許這次的經驗，幫助自己澄清價值觀、對異性的了解、對感情本質的認識、學習處理事情的方式等，這些將有助於未來締造更美好的兩性關係。或許，女性應該學習跳出傳統思考角度的窠臼。

男性對同居的決定，通常依據個人因素。同居男性所面臨的社會壓力，比女性簡單多了。同居是兩個人的事，男性決定是否同居時，應該跟女性一起思考相關問題，不能基於個人的需要而不斷慫恿女性同意。同時，男性應該設身處地，體驗女性面臨同居問題的猶豫與害怕，以及同居後可能遭遇的困難。

從性別平等的觀點來看，兩性擁有相同的同居權利，也該負起共同的責任。共同的責任包括共同面對同居前、同居過程與同居後的各種問題。如果一方只顧自己的利益，而忽略彼此共同的責任，那麼另一方就要知道如何取捨。

附錄一：婚前同居之相關迷思

1.同居等於試婚。

2.同居才能夠有效地掌控對方。

3.同居是一種便利的戀愛過程。

4.同居讓雙方身心都沒有距離。

5.只要兩人住在一起，就會擁有幸福。

6.為了分享兩人所有的一切，為了讓兩人在同一世界，同居是最適合的方法。

7.同居可以確保雙方維持單一性伴侶。

8.雙方只要相愛，就可以同居。

9.同居是因為雙方已有穩定的感情基礎。

10.為了知道對方是否適合自己，同居是最好的方法。

【第十一章】

分　手

　　愛情就像連續的常態分配圖一樣，在高低起伏的交錯中匍匐前進。久久長長的愛情原本就如海底尋龍一樣難覓，更何況以速食為特色的今日愛情。

　　愛情因緣生而起，因緣弱而滅，不過，低潮的愛情仍有斡旋扭轉的空間。「危機就是轉機」，只要雙方敞開心胸，努力面對問題，反而可以創造更美好的互動。相反地，如果雙方或一方固執己見，那麼分手便是最後的結局。

　　「相愛容易，相處難，分手更是難於上青天」，分手是考驗智慧的時機。有的人好聚好散，當不了情人，乾脆做朋友，相處起來比情人還自在。更多的人是咬牙切齒，含恨而去，老死不相往來，並且詛咒對方一生。相愛時需要理性，分手時需要智慧。分手時若只有情感的揮灑，沒有智慧的轉化，就可能釀成悲劇。

　　愛情是人生的一大學習，當事人需要一點一滴的咀嚼品嘗，從成功的愛情體驗生命的完融，從失敗的愛情看透自己、修正自己。愛情中的得與失無法截然劃分，當事人的痛苦只是當局者迷的主觀認定。當時空轉移，事過境遷，當事人擺脫情緒糾纏後，往往赫然發現，「塞翁失馬，焉知非福」，得與失的評斷原來有如此彈性的空間。因此，當事人抒發了怨天尤人的情緒之後，不要忘記，再從另一個角度檢討，或許重新走過原先的歷程後，會有另一番新的體驗與發現。

　　本章論及分手之相關迷思、愛情變質之徵兆、分手之理論與原因、分手之歷程、分手之藝術與策略、分手後之適應，以及分手經驗對未來戀情之影響。

第一節
分手之相關迷思

　　以下是分手之相關迷思，請修正錯誤的敘述：

　　1.只要一方願意容忍，就不會造成分手。

2.為了避免分手的危機，雙方盡量不要意見不同。

3.情人變心通常事先無跡象顯示。

4.分手的雙方當事人對於分手的原因，通常有一致的看法。

5.分手的方式不會影響分手後的適應。

6.主動提議分手者，應該承擔較多分手的責任。

7.「有情人終成眷屬」，只要雙方有情就不會分手。

8.分手後，立即找個遞補的人，可以協助自己度過分手的難關。

9.主動提議分手者有責任清楚交代分手的理由，以說服對方同意分手。

10.如果雙方有了誓言，就可以防止分手的發生。

問題與討論

問題一：只要一方願意容忍，就不會造成分手。

使用容忍方式處理彼此的衝突，容易引起分手的危機。容忍的一方必須壓縮自我，甚至貶低自我。這種沒有尊嚴的感情，會逐漸溶蝕彼此的吸引力。

問題二：為了避免分手的危機，雙方盡量不要意見不同。

為了避免意見不同而否認差異存在，只會帶來感情的危機，不會製造轉機。

問題三：情人變心通常事先無跡象顯示。

情人變心通常有跡可尋。認為沒有跡象者，可能是害怕面對問題。不過，也不必疑神疑鬼。

問題四：分手的雙方當事人對於分手的原因，通常有一致的看法。

分手的雙方當事人對於分手的原因，通常有不同的意見。一方認定的關鍵原因，另一方可能認為是不足為道的小瑕疵。因此，分手的談判，雙方通常不歡而散。

問題五：分手的方式不會影響分手後的適應。

分手的方式會影響分手後的適應。有諸多原因影響分手後的適應，

而分手的方式是其中之一。分手的方式有許多種，不同的分手方式會造成不同的影響。

問題六：主動提議分手者，應該承擔較多分手的責任。

一般認為，主動提議分手者是負心者，應該負分手的責任，而被拋棄者應該受到同情。其實，造成分手結局，雙方都有責任。至於誰的責任多、誰的責任少，是錯綜複雜的主觀感受，誰也無法理清楚。

問題七：「有情人終成眷屬」，只要雙方有情就不會分手。

這是鏡花水月的想法。只有愛情，而沒有其他輔助因素（例如，良好的溝通、有效的衝突處理策略），感情依然會變質。

問題八：分手後，立即找個遞補的人，可以協助自己度過分手的難關。

這種作法對新戀人不公平，對自己的問題也沒有幫助。分手後的適應雖然痛苦，卻可以從歷程中發現問題，修正自我。分手後，如果沒有經過一番審思與休養，就急忙跳入新戀情，便容易將舊戀情的陰影帶入新戀情中。

問題九：主動提議分手者有責任清楚交代分手的理由，以說服對方同意分手。

不管給予任何理由，通常無法說服另一方接納。想分手的一方，會找出千萬個理由說服對方；不想分手的一方即使面對千萬個理由，也會有千萬個反駁的道理。理由只是用來欺騙自己與別人的藉口。

感情必須建築在雙方的情投意合之下，對於變質的愛情，實在沒有必要追究對方為何變心。

問題十：如果雙方有了誓言，就可以防止分手的發生。

誓言通常出現在雙方感情最高潮時，這樣的誓言在感情落入低潮後，便只是過去魯莽的衝動而已。被迫分手者通常以對方過去的誓言來指責與要求，即使這樣，還是阻止不了對方想分手的決心。

第二節
愛情變質之徵兆

家聲不明白，為什麼佳馨最近忙到連跟他約會的時間都抽不出來？以前她公司忙時，也不會一個半月都見不到人影，更不會在電話中無精打彩，語意含糊。以前那種欲罷不能、流連難捨的感覺，已不見蹤影。

最近佳馨的脾氣也不好，似乎失去以前的耐心。家聲將佳馨的轉變，解釋為過多的工作壓力所致，因此，對佳馨總是退讓。他認為，或許等這一陣子過後，佳馨應該會像以前一樣溫柔體貼。

最近的一件事讓家聲有點不高興。家聲過生日時，兩人約好一道吃飯，飯後一起看場電影。沒想到，佳馨竟然忘記兩人的約會。家聲一個人在餐廳等了一個小時後，打了電話給佳馨，佳馨才姍姍來遲，而且忘了買送給家聲的生日禮物。

問題與討論

1. 當愛情變質後，變質的一方可能出現哪些行為特徵？

2. 故事中的家聲以工作壓力來解釋佳馨的改變，你認為家聲的解釋是否真實？原因何在？

3. 如果你是家聲，這時該怎麼辦？

當一方對另一方的感情已變質，必然會反映在行為上。只要另一方仔細觀察，必有一些蛛絲馬跡可尋。如果未變心者不願意承認事實，甚至不斷為對方的改變編造理由，就會出現視而不見、聽而不聞的假象，最後讓自己措手不及。

愛人變心另結新歡，或是另有所鍾時，會有一些徵兆出現，以下

整理邱麗文（民90）所提的要點包括：(1)態度愈來愈冷漠，不顧情人的感受；(2)單獨參加朋友的聚會愈來愈頻繁；(3)對情人愈來愈不耐煩，敷衍了事；(4)約會常遲到或爽約，心不在焉，言詞閃爍；(5)對情人百般挑剔；(6)經常出現大手筆支出，卻不見添購任何東西；(7)難以掌控其行蹤；(8)變得異常溫柔且客氣。

　　以上這些要點只做參考之用，並不能作為下定論的依據。最近事件會影響人的情緒、行為與思考反應，例如，情人爽約、約會不專心，可能因為工作不順、人際關係受阻或是原生家庭的問題所造成。因此，蒐集與統整各方面資料，才能確實了解情人一反常態的原因。

　　當確定愛情已變調，當事人容易因為內在的愛恨情緒一擁而起，而亂了分寸。當事人要如何取捨，並沒有放諸四海而準的規則。不過，首先應該給自己一段時間冷靜下來，先求穩定情緒，再思索處理的方法。如果無法調適情緒，可以找朋友紓解，或尋求專家協助。是要跟對方一爭雌雄，或是大方割捨，無關乎對錯。最糟糕的是，採取玉石俱焚的兩敗俱傷，或是以命相抵，想讓對方心生愧疚──這些方法只會讓對方心寒，使得對方的變心成為理直氣壯。

第三節
分手之理論與成因

　　「月有陰晴圓缺」，感情也像月亮一樣，時而圓滿，時而殘缺。有時候感情不斷在低潮中迴旋，欲振乏力，雙方只好緣盡情了，各奔前程。

　　邱素與李飛從第一次見面就是一對歡喜冤家。兩人一再吵吵鬧鬧，不過，最後還是和好如初，若不是邱素主動認錯，就是李飛首先低頭。就這樣，分分合合了幾次，大家都習以為常。最近，邱素與李飛又鬧彆扭，這一次卻出乎大家意料

之外，他們的感情似乎已到盡頭。李飛厭倦分分合合的愛情，而準備與邱素攤牌；邱素對這種密集的感情起伏精疲力竭，也準備棄李飛而去。

問題與討論

1. 愛情消褪的可能原因有哪些？
2. 愛情消褪時，是否容易促成雙方分手？
3. 當愛情消褪時，該如何補救？
4. 如何維繫彼此的感情？

到底什麼原因讓原本海枯石爛的愛情消褪？以下從理論與實務上談分手的原因。

一、愛情消褪理論（love dissolution theories）

(一) 糾葛與干擾理論 (enmeshed-interruption theory)

糾葛與干擾理論由 E. Berscheid（1983）提出，用來說明為什麼愛情無法持久的原因。一個人之所以會對另一個人產生感情，是因為對方的特質干擾了自己的生理活動，這種干擾不但帶給自己愉快的感覺，而且，能夠協助自己達成生命中某些高階層計畫或目標（higher-order plans or goals in life）。這些高階層目標並不在個人的覺察範圍之內，個人所知道的，只是這些高階層目標之下的低階層目標。例如，有些男人老是對孤苦無助的女人動心，有些男人對弱不禁風的女人情有獨鍾；有些女人特別癡情於外表粗獷的男人，有些女人總對斯文的男人一見鍾情。因為對方的狀態，適巧可以協助另一方完成生命中某些高階層的目標，所以會對對方動情。

當兩人關係愈深後，就有愈多的糾葛。所謂「糾葛」是指當兩人墜入情網一段時間後，使得原本一個人不容易達成的目標變得容易多

了。這種歷程所形成的關係稱為「糾葛關係」。

當糾葛關係形成後，兩人會花更多的時間注意關係中的負面部分，原因有二：(1)因為高階層目標已經達成，原本讓雙方心動的因素已逐漸消失；(2)兩人的互動模式已成習慣，再也無法產生吸引力。因此，雙方的注意力逐漸花在關係中的負面部分，正面部分再也引不起注意（Tzeng, Yoo, & Chataignier, 1992）。

如果此時有第三者出現，並且能夠滿足一方或雙方另一高階層目標，雙方的關係就會緣盡情了。有時候，關係的結束只是一方的一廂情願，因為另一方的高階層目標仍未達成。

（二）互動過程因素

Gottman（1994）認為，有四種型態的互動會造成分手或離婚，這四種互動型態為：(1)批評（criticism）：這是對對方自尊的一種貶低；(2)輕蔑（contempt）：對對方的羞辱；(3)防衛（defensiveness）：找藉口，逃避責任；(4)築石牆（stonewalling）：以石頭似的沉默將自己從談話中抽離。

（三）其他相關理論

陳月靜（民 90）曾將分手的理論歸納為六，分別為：吸引理論（attraction theory）、增強理論（reinforcement theory）、互依理論（interdependence theory）、公平理論（equity theory）、投資理論（investment model）與依賴理論（dependence model）。這六個理論雖可以納入以上兩個理論裡，不過，可以更清楚說明以上兩個理論的內涵。茲將六個理論說明如下：

1.吸引理論

男女相互吸引的因素有三：(1)彼此的外表、性格或行為，讓雙方有愉悅的感覺；(2)物理環境的接近而日久生情；(3)在某些方面類似而物以類聚。當這些吸引力逐漸消褪時，愛情也跟著低落。

2.增強理論

當雙方自覺得不到對方的酬賞（包括精神與物質），或懲罰（包括精神與物質）多於酬賞時，愛情便會變色。

3.互依理論

如果對方付出的酬賞不若從前，或其他對象可以提供更佳的酬賞時，跟原先對象的愛情便會減弱。

4.公平理論

如果雙方的付出與得到的酬賞不成比例，因而覺得有失公平，愛情的魅力便會逐漸流失。

5.投資模式

愛情的滿意度會影響一個人在關係中投資的多寡。滿意度愈低，投資便愈少，最後導致關係無法持續。

6.依賴模式

愛情的內涵如果無法滿足當事人內在的需求，愛情就會結束。

以上理論雖然名稱不同，可是實質的內涵大多重疊，亦即愛情如果可以滿足個人的需要（物質與精神），或是付出與回報達到平衡時，愛情便可以持續。反之，可能導致兩人分手。

二、當事人主觀認定的分手原因

當事人往往從個人主觀的看法，詮釋分手的原因。一般的調查研究大都獲得類似的結果，不外乎個性上的差異、價值觀不同、不再具吸引力、理想與抱負不同、有第三者介入、移情別戀、父母反對、年齡差距、時空距離影響彼此感情等。

依據鄭淑麗（民87）對國內分手的研究結果顯示，最常見的分手原因中，前五項原因依次為：(1)個性、生活方式和價值觀不合；(2)出國、當兵等時空距離；(3)失去愛的感覺；(4)一方讓另一方沒有安全感；(5)家人親友反對。知道這些可能的原因後，讓情人們在問題未出現之

前，就知道該如何預防。

這些當事人主觀認定的分手因素，跟以上理論所提的滿足個人內在需求、付出與報酬上的平衡息息相關。

第四節
分手之歷程

> 看著沉睡中的孟學，臻茵低頭啜泣。臻茵一個月前發現孟學外面有了另一女友，孟學在言語中，也一再傳遞彼此不適合的訊息，因此，臻茵很清楚她與孟學的感情已生變。
>
> 臻茵還沒有跟孟學直接攤牌，因為她還未想清楚自己該怎麼做。她曾就此問題請教一些朋友，不過眾說紛紜，讓她毫無頭緒。到頭來，還是掙扎在要不要攤牌的問題上。
>
> 她愛孟學，五年的感情不是說斷就可以斷。她不知道孟學對她的感情是否還在，也不知道他對另外一個女人是否真心。好多好多的疑惑就如快速旋轉的陀螺，攪得她心慌意亂、心神不寧，看不清脈絡，理不出頭緒。

問題與討論

1. 什麼時候比較容易出現分手的危機？
2. 分手的歷程如何？
3. 主動想要分手者與被迫分手者通常會經歷哪些歷程？
4. 如果你是臻茵，處理該問題時，應考慮哪些事項？

一、容易分手之時機

什麼時候容易出現分手的危機？可以從兩個角度來看：第一，交往的時間。依據鄭淑麗（民87）的研究：交往一年內的分手率約為

44%（不到三個月者有 11.8%，半年之內有 15.7%，半年到一年有 16.5%）。這麼高的比例是可以理解的。雙方來自不同的家庭，各方面都在適應中，各種摩擦與衝突在所難免。因為彼此感情投入未深，無法在摩擦、衝突中發揮潤滑作用，自然容易造成分手的後果。

第二，假期過後或生活轉變後。寒暑假中，學生不再有功課壓力，生活圈子也從學校轉移到其他場所。活動多、接觸的人增多，自然容易讓原本的感情生變。生活的轉變，例如，服務單位調動、當兵、留學、家庭變動、重大事件發生等因素，都會衝擊到已建立的感情。

感情原本就會隨著當事人的內在狀況而變動，外在環境的重大改變，也會增添感情的不穩定性。能夠安全度過者，就能夠繼續維持感情，否則，分手將是必然的結果。

■ 二、分手之歷程

分手是怎樣的一個歷程？修慧蘭與孫頌賢（民91）的研究結果，將大學生愛情關係的分手歷程歸納出四個階段，分別為：關係衝突階段、關係拉扯階段、自我浮沉階段（分手後的消沉）、起飛階段（分手後的修復）。摘要說明如下：

(一) 關係衝突階段

在關係衝突階段，由於兩人背景、環境之差異，情侶發生衝突是常事。在衝突中，委屈自己或堅持己見，成了必須的選擇。不管做何選擇，必有一方感到自我被壓縮，或失去自我。另一方面，狹隘的兩人世界會讓雙方感到被束縛，而產生窒息感。若有一方意圖擴展活動世界，便容易引起另一方的不滿與攻擊。

一方在這個時候的移情別戀，也是造成分手的重要原因。一方的移情別戀，讓另一方失去安全感，感到被騙、委屈，甚至自我感消失。

以上這些情況，會引發更多的衝突，而衝突帶起另一波的情緒傷害與自我感受傷，然後再製造更多的衝突。感情就在如此惡性的循環

下，走到盡頭。

(二) 關係拉扯階段

在關係拉扯階段，一方或雙方想捨去這段感情，可是，卻拉扯在「期望維持感情」與「現實殘酷」的交替循環中。鄭淑麗（民87）的研究曾指出：有 41%的人因為捨不得已建立的感情，而無法立即分手。這種捨不得的心態，反而讓當事人跌落如真似假、曖昧不清的夢幻泡影中。這種拉扯的感受通常是被迫分手者的感受。

就主動分手者來說，因為身為劊子手的「罪惡感」，而產生想幫助對方走出傷痛的救贖心態。不過，即使是主動分手者，也是傷痕累累的受傷者——在試圖幫助對方走出傷痛的過程中，得壓抑自己受創的感受，甚至必須讓自己沒有知覺。

(三) 自我沉浮階段

在自我沉浮階段，過去所習慣的互動情境（包括情境中的人、事、物），因為分手而變得殘缺不全。這樣的殘缺不全讓當事人適應不良，心情因此低落不已。

另一方面，當事人為了維護自尊，不願意讓對方知道自己因為分手而消沉，因此只得暗自飲泣。不過，在同時，一股掙脫消沉心態的力量逐漸湧現。當痛到極致而發現自我的沉溺，或是對關係已不再存有幻想時，當事人便進入下一階段的準備期。

(四) 起飛階段

在起飛階段，當事人決心振作，透過注意力轉移來協助自己適應分手後的生活。注意力轉移分為「生活事物的轉移」（例如，參加社團活動）與「人際關係的轉移」（例如，結交新朋友）。透過時、空、物的轉移，當事人對分手有了新的詮釋，對自我有了新的認識。

戀愛，讓人脫胎換骨，這種狀況就如「你儂我儂」歌詞中的一句話：「我泥中有你（妳），你（妳）泥中有我」。戀愛前當事人的「自我」，跟戀愛後的「自我」已儼然不同。

分手也是一樣。分手的過程，是將某些成分從「自我」中割除；分手的過程，也是當事人重新界定「自我」的過程。

要讓當事人放棄舊自我與接納新自我並不容易，這個過程非常艱辛，就好像將原來的塑像打碎，再重新灌模塑型一樣。當事人被迫認清，原來的樣子不復存在，還要被迫接納已然成形的新樣子。或許，要「重生」之前，必先得「浴火」，透過「浴火」與「重生」不斷循環的過程，當事人才有機會認識自己與擴展自我。

修慧蘭與孫頌賢（民91）的分手階段，一方面比較著重雙方分手過程中的情緒歷程，另一方面並未區分主動提議分手者與被迫分手者。這兩者所經歷的過程或許不同。以下分別說明這兩者分手之歷程，讀者如果再輔以修慧蘭與孫頌賢（民91）的分手階段之描述，將可以清楚地看到分手過程中，雙方在情緒、思考與行為上的掙扎與轉變。

（一）主動分手者的歷程

主動分手者通常經歷五個階段（Duck, 1992，引自徐西森，民92）：

1.關係分裂階段（breakdown phase）

在關係分裂階段，至少有一方覺得兩人的關係是一種負擔，或是不再具有吸引力。例如，兩人時常起衝突，不歡而散；一方強忍對另一方的不滿，關係的存在對前者而言是一種壓力；關係平淡如水，不再具有情感的支持與滋潤效果。

2.內心掙扎階段（intrapsychic phase）

一方或雙方提出分手建議之前，會有一段時間的考慮與評量。此時，當事人的內心有不同的力量交戰。常見的是，理智上建議分手，而情感上依依不捨。愧疚感、罪惡感在這時候開始出現。

3.接觸談判階段（dyadic phase）

想分手的一方決定分手後，會以明示或暗示的方式，將分手的訊息讓另一方知道。如果以明示方式傳遞，而對方接受到該訊息，則雙方開始進行談判。如果採用暗示方式，則必須直到另一方接收到為止。如果另一方裝傻，想分手的一方將被迫公開分手的建議。

4.社交求援階段（social phase）

分手是一段歷程，其中變數很多，有可能因為人事物的轉變或介入而產生不同的結局，例如，如果家人、朋友在這個階段適時介入，而雙方也願意繼續努力，那麼關係就可能繼續維持。如果一方或雙方去意已堅，外力的調解無效後，便會走上分手的結局。

5.善後處理階段（grave-dressing）

分手成為定局，關係破裂，雙方結束兩人關係。

主動分手者在分手的歷程中，須面對內在與外在的壓力。這些壓力會因為分手的原因、彼此交往的時間長短、當時的關係狀況、雙方付出的多寡，而有所不同。這些不同的內在與外在壓力，讓不同的當事人雖然經歷類似的分手階段，可是體驗到的內涵卻有所差別。

（二）被迫分手者的分手歷程

E. C. Rusbult（1987）曾提出「退出－表達－忠誠」模式（exit-voice-loyalty model），用來說明情海生波時，一般人常用的處理方法，分別為：⑴退出（exit）；⑵表達（voice）；⑶忠誠（loyalty）；⑷忽視（neglect）。根據Rusbult（1987）的看法，這四種處理方式有其順序性，最常出現的程序是：忠誠→表達→忽略→退出。這些方法可以代表不同階段的處理方式，也反映出被迫分手者內在的狀況。各類反應說明如下：

所謂「忠誠」是指等待雲破日出，對方回心轉意。當事人以無比的耐心，甚至不惜放下身段努力討好，以挽回對方的情意。這是一種

被動－建設性（passive-construction）的處理方式。因為當事人以低姿被動姿態，想贏回對方的心意，因此，掌控權仍然操在對方手裡。

所謂「表達」是指積極地解決兩人的問題，讓關係得以維持。當事人珍惜關係建立不易，相信感情不會互久不變，會在低潮與高潮中交替。這種高低起伏是常態，是危機，也是轉機。於是，勇於突破難關，將危機化為新機，藉機提升雙方的感情。這是一種主動－建設性（active-construction）的處理方式。

「忽視」是一種「眼不見為淨」、「船到橋頭自然直」的心態。當事人對當前狀態的演變雖然心知肚明，卻任其自然發展，沒有做任何補救。這種處理方式的缺點是：可能落入不可收拾、改朝換代的命運。這是一種被動－毀滅性（passive-destruction）的處理方式。

所謂「退出」即分手。一方認為，即使自己餘情未了，可是對方心意已決，強留無益，何不成人之美？給別人方便，就是為自己製造新機。於是，走得雖然傷心，卻也瀟灑。這是一種主動－毀滅性（active-destruction）的處理方式。當事人主動地速戰速決，讓兩人關係快速結束，自己另覓春天。

被迫分手者未必經過這四個階段，有些人只經歷其中某些階段，有些人只經驗到其中一個階段。例如，個性傳統、保守的女人，如果意識到自己的戀人可能遠去，通常會忍辱負重、悉心討好，希望對方回心轉意。這個方法有時候可以奏效建功，讓對方迷途知返；有時候卻讓對方變本加厲，於是，被迫認清事實，選擇分手。

具有速食愛情觀的人，知道愛情的來去是常事，因此，不但不會留戀變質的愛情，而且會快刀斬斷過去以開創未來。因此，只經歷其中的一個階段。

有時候，被迫分手者聽到對方提議分手時，會喪失理性地大吵大鬧，或是想玉石俱焚，讓雙方都沒有後路。這種衝動、魯莽的行為，只會讓對方更加肯定分手的決定。「冷靜」是首要任務，冷靜才能讓思緒清楚分明，才能找出適當的因應方法。如何讓自己冷靜下來呢？

找知己談談，或是運用社會資源（例如，諮商專家）。在整個處理的過程中，如果當事人自覺能力不足，就該使用環境資源協助自己。

「運用之妙存乎一心」，當事人要如何條理分明地運籌帷幄，恐怕得靠智慧與理性的發揮，先弄清楚自己的處境、對方的狀況、自己的目標，再決定如何調兵遣將、發令布陣。

第五節
分手之藝術與策略

經過幾番掙扎後，宋羽決定跟葉心分手，做這樣的決定，宋羽覺得有些愧疚。

葉心跟他在一起已經六年了，他曾誓言相守。或許相處久了，彼此太過熟悉，跟她在一起反覺得無聊。他不甘於生活的平淡，也不想再浪費葉心的青春，於是，決定分手。他知道，這樣的決定對葉心很不公平，只是，再拖下去，對葉心更不公平。

幾番折騰後，他終於下定決心，可是，才剛做完決定，下一個問題卻緊接著出現，就是該如何向葉心說明，而不會傷害她。他覺得這個問題比前一個問題難多了。

問題與討論

1. 決定是否分手時，需要考慮哪些事？
2. 宋羽該如何跟葉心談分手的事？
3. 宋羽跟葉心談分手時，是否可以做到葉心不受傷害？原因為何？
4. 哪些分手方式可以讓傷害降低？
5. 談論分手時應注意哪些事項？

分手時，如何將傷害降低，可以從幾個方面來談，包括：分手的

決定、分手的方式、分手時應該注意的細節，以及處理分手後的症候群。傷害是免不了的，不過，將傷害降到最低，卻是雙方的責任。

一、分手之決定

要痛下分手的決定，對一些人來說並不容易。兩人長久相處，身心某些部分已難分彼此，分手帶來的斬斷，難免會有血跡斑斑的疼痛。尤其是，另一方沒有重大的差錯，而分手的決定只是一方的意願，於是想分手的當事人更加徬徨無措。另有些人完全沒有考慮對方的感受，就壯士斷腕地快速分手，毫無「剪不斷理還亂」的猶豫徬徨。

這兩種方式無關乎對錯，重要的是，當事人是否經過深思熟慮，考慮雙方的利益。當然，要顧慮到雙方的利益並不容易，不過，至少也要將傷害降至最低，將雙方的利益提到最高。

分手是一種分離，對自己或對方可能會是一種創傷。以速食愛情為主的今天，情人快速的來去似乎是理所當然，不過，如此草率行之，最大的受傷者可能會是自己。

（一）理清楚分手的理由

「相愛毫無理由，分手卻有千百種原因」，只要想分手，芝麻綠豆的小事都足夠構成致命的分手條件。有些人想分手的意願在先，然後努力找原因；另有些人先有一些原因，才覺得兩人不適。

想分手的當事人需要靜下心來，思考先有「分手的意願」，還是先有「分手的原因」。如果「分手的意願」在先（例如，他沒有什麼不好，只是跟他在一起沒感覺，沒像以前那麼好玩；或是，被另外一個人吸引，而想擺脫現有的情人），那麼就得先進行自我探索，了解背後的動機。當然，也有可能因為雙方疏於經營感情，以致於讓感情在低潮中漫步，在漫步中瓦解。

如果想分手的當事人不想努力改進現況，只想擺脫現況，或是想快速跳入另一段感情這就可能表示：當事人沒有能力經營感情，卻又

想利用新的感情來逃避無能的困境。

如果仔細看看原生家庭的狀況，有時候可以找到一些蛛絲馬跡。例如，父母彼此關係冷漠、疏離，沒有能力經營感情；父母偏向以分手來解決夫妻問題；父母未能滿足孩子內在需求，於是，孩子長大後，企圖從親密關係中滿足這些需求，卻又一再失望。「心病還需心藥醫」，如果當事人未能從根處理，只想藉著新感情來逃避舊感情的困境，或透過一段段感情來尋覓理想的桃花源，恐怕會一次次的失望。

如果分手的決定是由於彼此的差異性太大，就要問問：雙方是否曾努力溝通協調過？如果未經溝通協調，只是一再忍讓累積，最後超過極限而引爆分手的想法，這樣的分手並不理智。

如果雙方有過溝通，不過，卻有一方或雙方各執己見，希望對方遷就己意。因為一方或雙方不肯退讓，最後覺得彼此不適合決定分手。這樣的分手，不但對舊感情沒好處，對未來的感情也不會有助益。

如果雙方都曾試圖努力，幾次協調發現差異性太大，完全無法調適出彼此都可以接受的限度。這樣的分手，彼此都清楚「拆散一對不幸福的情侶，可以造就兩對幸福的佳偶」，因此，雙方都能以感恩的心態祝福對方。

如果沒有理清楚想分手的原因，就匆忙做決定。這樣的決定不但對自己無益，也會加大、加深對方的傷害。

想分手的當事人如果無法跳脫問題的表象，深入問題的核心，這時候，可以尋求專家或是經驗豐富者的協助。透過這些人的協助，當事人覺察到問題的原因後，往往會發現，問題並不是當初所認定的如此難以解決。

（二）避免用一大堆理由說服對方分手

想分手的當事人往往殫智竭力、搜索枯腸，一心想要找出有力的理由說服對方，讓對方同意分手，讓自己毫無愧疚地離開。這種單方面的閉門造車，不管找出的理由多麼完美，不但無法讓對方心悅誠服，

而且會令對方情緒激昂，難過心痛，誓死纏鬥到底。

（三）從對方的立場來體驗

　　從被拋棄的一方來看，對方惡意的分手，就是一種無法彌補的傷害。經驗無法重來、失去的時間與青春無法找回、放出的感情無法收回、投注在對方身上的心力無法得到補償，當事人在面臨如此巨變的時候，看到的只是這些傷害，一時之間，無法理智地衡量自己在這段感情中的利弊得失。因此，想分手的當事人最好換個角度，讓自己成為那個毫無預警就被告知要分手的人，體驗一下這種晴天霹靂的經驗，進入那種椎心刺骨的痛苦。之後，跳出那個被拋棄的角色，再思索分手前該準備的工作，以及分手的策略。

　　在諮商技術中，有一個常用的技術稱為「空椅法」，或許對處理這個問題有些幫助。拿兩張椅子，一張代表「自己」，另一張代表「對方」。當事人先坐在「自己」的椅子上，面對「對方」的椅子（假設對方坐在那裡），說出自己想分手的理由，然後再坐到「對方」的椅子成為對方，從對方的立場來體驗可能引發的情緒、行為與思考反應，然後對著「自己」的椅子表達出來。當事人再回到「自己」的椅子上回應「對方」，如此輪流對話。

　　從這樣的過程中，當事人可以蒐集到更深入的資料，協助自己準備，以及演練如何跟對方談論分手事宜。如果當事人仍舊有困難，可尋求專家協助。

■ 二、分手之方式

　　分手的方式各式各樣，有些人雖跟宋羽的處境類似，可是分手的方式可能不同，所造成的影響也不一樣。

　　分手是一種結束，這種結束需要反映在行為上與情感上。雙方在行為上不再是男女朋友，在心理上也不再有情緒的糾纏。一些人處理分手問題時，只重視行為上的結束，而沒有顧慮到情感上的終結。因

此，情緒上總帶著沒有結束的陰影，這種陰影就是受傷的反映。

一般而言，雙方交往愈久，感情投入愈深，分手時愈要小心處理。分手前，對方愈沒有時間心理準備，傷害就愈大；分手時，雙方的處理方式愈不能被接受，傷害也會愈大。沒有道別儀式的分手，就像一部沒有結束的戲劇，徒留懸宕在空中的疑惑，這種沒有結束的分手方式，所造成的傷害也很大。

以下介紹五種分手方式，並且從行為上與情感上的角度，說明結束的問題：

（一）突然避不見面型

沒有任何跡象，沒有任何道別儀式，一方只給另一方模糊的分手理由，或只是因為一次的爭吵而提到分手，便避不見面。

這種交代不清的分手方式帶給另一方的傷害很大。另一方在毫無準備之下，莫名其妙地被甩掉。心中的疑問，會驅使被甩的一方固執地想找對方談清楚，偏偏對方避不見面。如果交往的時間愈長，受到的傷害就愈大。這種分手方式只是一種行為上的結束，被甩的一方在感情上並未結束。

（二）逐漸疏遠型

一方想要跟另一方分手，卻不主動明說，而以某些藉口（例如，最近很忙），逐漸疏遠另一方，迂迴地想讓另一方知難而退，或是讓另一方主動提議分手。或是在疏遠另一方一段時間後，再找理由跟另一方分手。

這種分手方式，會讓另一方在分手前經歷長時間似是而非的不安。另一方因為摸不清對方的心態，可能會質問對方，不過對方未必肯說清楚。在問題明朗之後，另一方有被耍的感覺，這樣的感覺夾雜著被拋棄的悲傷與憤怒，需要一段時間的療傷後才能平復。

（三）理直氣壯型

兩人經歷長時間的衝突之後，一方堅持要跟另一方分手，並且說明兩人不合的原因，不管另一方是否接受。

如果另一方也被兩人的衝突所困擾，並且同意分手，這種結束方式彼此都不會有抱怨。如果另一方希望雙方檢討、溝通、協調，再次給彼此機會，因此不願意放手。這時問題便棘手多了。如果想分手者堅持分手，而不管另一方的想法，這時傷害就無法避免。對另一方來說，似乎無法立即做到情感上的結束。

（四）藕斷絲連型

一方雖然想分手，可是意志不堅經常改變心意，一直處在「剪不斷理還亂」的掙扎中。有些人雖已另結新歡，可是對舊愛仍然眷念不忘。如果另一方也如此猶猶豫豫，兩人「半斤八兩」，則表示兩人的分手只是一種形式，在行為上與感情上都沒有準備好。在這種反反覆覆的糾纏下，新歡不知已淚濕衣袖幾回，所以受害最深的會是新歡。

如果分手後，一方後悔，而時常糾纏另一方，則表示另一方在情感上無法結束，這種情形下受到傷害的會是雙方。

（五）好聚好散型

雙方經過溝通、協調，發現彼此的確不適合在一起，在相互祝福下分手。能夠如此豁達與開朗的分手，是一種幸福，可是畢竟少見。

分手的方式不只以上五種，不管使用哪一種方式，都得從行為上與情感上的結束兩個角度來考量。

決定分手的方式時，除了須考慮雙方的狀況外，過去交往的情形、分手的原因、對方的人格等，都是重要的考慮因素。

三、分手談判時的注意事項

因分手而造成傷亡的悲劇時有所聞。進行分手談判時，不管當事人的性別、年齡、職業如何，似乎只要碰到分手的關卡，心智就容易退化至毫無理性的狀態。為了減少傷亡，讓分手歷程順利進行，有幾個要項需注意。

(一) 地點的選擇

分手談判時，地點的選擇非常重要。第一，不要選擇過去兩人常約會的地方，以免對方觸景生情，留戀過去兩人的濃情蜜意，而加強不願意分手的意念。

第二，不要在人煙稀少的地方談分手。在人煙稀少的地方談分手，如果談判不成，一方起歹念，另一方便容易求救無門；或是，一方自尋短見時，另一方求援不易。因此，談分手的地方最好是人煙稠密，但安靜而不受干擾。

第三，不要在高樓大廈的樓層或頂樓談分手，以免一方一時衝動，選擇在另一方面前從高樓跳下。

第四，不要在密閉空間中談判。在密閉空間中談判，如果談判不成，一方心生歹念，另一方容易逃生不易，求助無門。

(二) 選擇分手的適當時機

第一，如果一方的身心狀態不是在最佳的情況下，另一方最好不要提議分手，以免衍生雪上加霜、火上加油的效果，而出現傷人傷己的悲劇。

第二，不要選在特殊節日談分手，例如，情人節將近、一方或另一方的生日將近、開始交往的日期，或其他節慶。選在這個時候談分手，容易加深一方或另一方形單影隻的感覺，而強化了分手的傷痛。

如果一方情緒過度激動，另一方最好打電話請其家人或朋友作陪，

以免雙方分開後，一方一時想不開而自裁。此外，為了保護自己的安全，可以事先告訴家人或朋友有關談分手的時間與地點，或請家人或朋友在附近等候。如果發現情況可能失控，就可以通知相關人員協助。

（三）依對方的愛情型態或人格特質使用不同的策略

不同的人因人格特質上的差異，而有不同的愛情型態。不同愛情型態者對愛情與分手的解讀不同，分手的難易也就有所差別。Hazen與 Shaver（1987）將愛情分為安全型、逃避型，以及焦慮／趨避衝突型（簡稱焦慮型），這三類型者分手時有不同的反應。

安全型者對自己、他人有信心，相信自己、也相信他人。如果感情因故無法持續，必須做出分手的抉擇，安全型者有足夠的內在安全感為後盾，因此，不會因為害怕突然形單影隻而不肯放手。分手後，安全型者雖有短時間的心情波動，因為擁有堅固的自我力量為依靠，於是，很快地又神清氣爽，甚至可以心平氣和地跟對方成為好朋友。

基本上，逃避型者不相信愛情，偏偏親密關係的建立是天生的需求，於是，逃避型者懷著忐忑不安的心，戰戰兢兢地進入愛情的國度。逃避型者以「有備無患」的心態，為自己保留一部分理性與實力，以防對方變心離去時，自己一無所有。因此，逃避型者面臨分手時，較少有情緒困擾的反應（Simpson, 1990）。

要跟焦慮型者分手，可能會引起一番驚天地泣鬼神的風波。焦慮型者對自己極度沒信心，必須攀附他人，藉著他人的力量，來撐起內在的自尊。因此，找到愛情就像是找到依靠，這也是焦慮型者容易墜入愛情的原因。

分手對焦慮型者來說，是剝奪依靠、拿走支持的力量。因此，有些焦慮型者藉著傷害自己來纏住對方，讓對方不敢分手。這就是為什麼跟焦慮型者談戀愛很辛苦、分手很痛苦。

焦慮型者對愛人的一舉一動過度敏感，任何的風吹草動都足以緊繃他的神經。因此，跟焦慮型者分手時，時間要拉長，讓雙方感情慢

慢輕淡；而且還要講究技巧，例如，將雙方不合的理由慢慢滴入對方的思路上，千萬不可以在對方毫無準備的情況下，提出分手的要求。

（四）要有分手的道別儀式

分手是一種結束，需要有分手的道別儀式。所謂「儀式」是指：兩人有機會說再見。如果場面不歡而散，便會失去說再見的機會。

如何維持心平氣和的場面？這是非常不容易的事，不過，至少不要有火爆場面。談分手時，不要挑剔對方的不是，或是盡說些雙方不合的理由（這時對方已知道復合無望，不必再加強對方的印象），這容易挑起對方的情緒，造成不可收拾的局勢。

如果可能的話，最好用一些感性與祝福的話，例如：「我覺得很遺憾，雖然我們很珍惜這段感情，也曾努力過，可惜我們似乎有自己的原則與執著。分手後，我會有一段痛苦與難熬的日子，因為我已經習慣生活中有你的存在。在必要時，我可能會找一些知心朋友幫忙，協助我捱過這段日子。或許，我會讓自己過得忙碌，來沖淡分手的難過。我期待我們分手後還是朋友，可是，我不知道自己能不能做到，也不知道你願不願意。畢竟要將愛情化為友誼，需要一段時間。」

被迫分手者可能無法如此心平氣和地面對道別的場面，甚至拒絕道別。這是一種不想面對事實的反應，也表示內在的準備度不夠。被迫分手者不必勉強自己，等過一段時間後，有足夠的內在力量面對時，可以主動寫封信，跟對方說再見。

第六節
分手後之適應

當路齊掙扎在「伊人離去魂魄喪，夜晚淚水濕枕衾」的當下時，顏佳衣不解帶地陪伴在他身旁，讓路齊哭訴時有人傾聽，憤怒時有人分享。在顏佳的照顧下，路齊漸漸地走出分手的悲傷，不過，路齊的心思依然繫在前任女友身上，對前任女友仍抱著希望。

有一次，路齊聽到前任女友已經另結新歡，一時之間有如困在絕命的崖邊，失去了求生的意志。就在心灰意冷的當下，顏佳坦露對他的愛意。聽到顏佳的表白，路齊好像在茫茫的大海中發現救命的燈塔一樣，毫無猶豫地接納。就這樣，顏佳正式成為路齊的女朋友。

不過，即使路齊有了顏佳，依然會控制不了地想到前任女友。有一次路齊擁著顏佳，卻忘情地輕呼前任女友的名字。顏佳生氣地推開路齊後，才將路齊拉回到現實。路齊除了對顏佳感到愧疚之外，也對自己的行為感到疑惑。

問題與討論

1. 跟情人分手後，是否就會緣盡情了？可能還有哪些情形？

2. 跟情人分手後，立即找個遞補人選填補情人離去後的空虛，是否適當？原因為何？顏佳在這時候示愛是否妥當？

3. 跟情人分手後，在什麼情況下才適宜建立新的戀情？

一、分手後的後續情緣

大部分的人在分手後，或許短時間內會傷心欲絕，不過，通常在

一段時間之後，因為時間的沖淡與新經驗的磨練，而能夠跳脫當初的觀點，讓枝枝節節的陰霾有了新的意義，將過去揮之不去的悲憤與不甘欣然放下。

另有些人需花更長的時間，跟自己的情緒搏鬥，才能從絕望中找到希望。另有少數人至始至終，因為分手的創傷而一蹶不振。

「緣了情了」、「緣了情未了」、「緣未了情未了」，是情人分手後出現的三種狀況，這三種狀況跟分手後的症候群息息相關。

（一）緣盡情了

當事人在分手後，雖然未必立即做到「身心」放下，不過，透過理性地檢視交往過程，看到彼此的優缺點，看清彼此的堅持，頓悟自己的得與失，以及反省自己的學習之後，當事人悲喜交集，並且以祝福的心態看待對方。當事人分手後，雖然出現暫時性的分手症候群，不過，卻會很快地站起來，以嶄新的面目出發。

（二）緣盡情未了

當事人在感情結束後，無法忘掉過去，即使已開始一段新的感情生活，依然揮不去對過去戀情的眷戀。在一般情況下，感情的結束並非雙方心甘情願，因此，分手後，一方或雙方容易被「剪不斷，理還亂」的藕斷絲連所困擾。這時候，適應上的問題會跟著出現。

當事人正苦於無法適應之際，這時如果有人示愛，當事人往往會不加思索地接受，或將新戀情當成是挽回面子的工具。這種以新戀情掩飾舊傷的方法，不但對當事人的問題無法解決，而且還會影響新戀情的發展。例如，當事人因為被女友拋棄而耿耿於懷，進而對女人不再信任；如果當事人未適當處理這種心態，就貿然進入新戀情，便容易對新人有過多的懷疑，甚至將怨氣報復在新人身上。

一段感情結束之後，即使雙方當事人心甘情願理性分手，也不可立即進入新戀情。比較適當的作法是，先養精蓄銳一番，檢視自己在

舊戀情中的不足，澄清自己的價值觀，然後待機而發。有一些人只知道不斷地往前衝，不知道需要駐足停歇、自我檢討，以致於累積過往諸多解不開的情結，而大嘆情路坎坷。

（三）緣未盡情未了

雙方雖然提議分手，可是仍然藕斷絲連、分分合合，沒有一方有勇氣斷然離開另一方，這種情況常發生在雙方都還未有其他適合的對象出現時。因此，兩人雖然在口頭上叫囂，可是都不敢貿然付諸行動。

如果某天，一方打破這種分分合合的局面，毅然決然地離開，另一方因為還處在藕斷絲連的狀況下，就會出現分手後的症候群。

二、分手後的症候群

對王洛來說，被情人拋棄的痛苦遠比一刀斃命難受。這是他跟張盈分手後，飽受藕斷絲連的折磨時才體會到的。

他恨張盈，為什麼只丟下一句，「我們個性不合」，然後轉頭就走，不給他挽留的機會。如果真的「個性不合」，又怎麼能夠在一起這麼久、這麼恩愛呢？如果真的「個性不合」，不合的地方又在哪裡？他搜索枯腸，重新回顧整個交往的過程，想要找出可以說服自己的理由。不過，他找不到任何的蛛絲馬跡。

突然心思一轉，他自言自語地問自己：「難道這只是她想離開我的藉口？是不是她找到比我更好的人？不！應該不是這樣！她不是這種人！」

他的反駁聲還在迴響之際，一個令他心痛的畫面突然從腦海中浮起：「她那一天好像跟 xxx 有說有笑，難道是他？我真是傻瓜，原來她變心愛別人了，我好恨！我好恨！」

如此肯定的想法，卻被一個讓他放心的聲音所駁斥：「如

果真有此事，又為何事先沒有一點徵兆呢？」

隨著一個個想法的此起彼落，他的心情反反覆覆，手中一杯杯的苦酒，也在他忙於追根究柢中，一口接著一口地飲乾。

問題與討論

1. 情人分手後，可能出現哪些分手症候群？
2. 如何協助自己或他人走出分手的傷痛？

根據張老師所做的研究發現（顧瑜君，民76），面對分手時，一般人內心的感覺包括：希望挽回感情、震驚不能相信、悲傷、檢討自己是否做錯、覺得受欺騙不甘心、追究分手的原因與責任、解放的感覺、歉疚、沒有特別感覺。

在分手之後，出現的症狀包括：失眠、食欲不振、頭痛、胃痛、自殺的想法、不想跟別人接觸、有出世的念頭、容易動怒、暴躁、失去生命目標、覺得是失敗的人。

分手後出現的症狀，會因為感情投注的程度、交往的狀況、分手的原因等因素而不同。有些人即使跟愛人分手前已有第三者等著，也同樣會經歷程度不等的分手後症候群。畢竟，兩人曾經相愛過，而且曾在一起一段時間，已有某些方面的契合與共同習慣，這些契合與共同習慣絕非第三者一時之間能夠取代。因此，對於過往一段的留念，以及分手後症候群的出現，在所難免。

如果分手症候群一直持續不斷，或有傷害自己的念頭，都應該立即找外在資源的協助，例如，學校的輔導中心或張老師等社會機構。

三、走出分手的傷痛

情人分手後必會經歷一番重新調適的歷程，這個歷程可能充滿了孤獨、難受、不舒服、質疑、辛酸、怨恨等情緒，甚至失去理性地想要報復。分手也是一種創傷，要走出分手的傷痛，需要完成與創傷有

關的哀傷歷程。這歷程可能包括：

（一）一個支持、接納的環境

　　傾聽當事人的訴說，設身處地接納當事人內在的強烈感受，並且陪伴在當事人身旁。安慰與建議在這時候沒有多大幫助。這部分的工作可以由朋友、親人來完成。

（二）接受分手的事實

　　接納分手的事實，代表放棄原來擁有的某部分資源，而這些資源通常與滿足內在某些需求有關，例如，被愛、愛人、被肯定、被照顧、被重視、價值感、被扶持等。換句話說，分手代表須再度面對這些需求呈現真空狀態的事實。

　　另一方面，接受分手的事實，也代表當事人必須習慣一個人單打獨鬥的場面，將過去兩個人共同完成的工作，由自己獨力承擔。

　　以上的歷程不容易度過，因此需要時間慢慢完成。

（三）讓情緒傾洩

　　當事人得面對自己的情緒（例如，悲傷、憤怒）、接納自己的情緒與紓解情緒。這是對失落的哀悼歷程。

　　如果當事人只是一味地壓抑情緒，故作勇敢，因為哀悼的歷程沒有完成，因此，當事人的傷痛便持續存在。

（四）跟自己的失落說道別

　　情人分手時，有時候雙方沒有機會道別，只是匆匆幾句話了結；有時候只是不歡而散，沒有機會好好道別。沒有道別的結束，會在當事人心中留下沒有句點的遺憾。有道別，才能讓這段沒有完美結局的感情真正落幕。

　　如果因為某些原因，兩人無法面對面道別，寫封信給對方跟對方

說再見；或是，使用諮商技術中的空椅法，假設對方坐在一張空椅子上，跟對方對話道再見，也是可行的方法。

（五）適應一個人的生活

分手前，當事人的生活處處有情人的陪伴與扶持，分手後，當事人再度回到未戀愛前影單形隻的生活。因此，當事人需要重新適應，學習一個人面對問題。

（六）有勇氣接受新關係

真正走出分手悲傷的人，會有勇氣接受新戀情。不過，接受新戀情的原因，不是為了逃避舊戀情的傷痛，或是為了報復舊戀情留下的創傷，而是經過一番療傷止痛，自我檢討，獲得成長與滋養後，有能力創造更佳的兩性關係。

當事人經過以上的過程後，才能真正走出分手的傷痛，才能創造更健康的兩性關係。如果分手一段時間後，當事人依舊處在分手的傷痛中，而且干擾了正常生活，這時最好請專家協助。

此外，有一些因素有助於分手後的康復。Brehm（1987，引自陳月靜，民90）曾歸納出分手後調適佳者所具備的條件，包括：(1)經濟獨立；(2)擁有生活上的各種技巧；(3)有社會支持網絡；(4)心中早有準備關係可能生變；(5)認為自己值得被愛；(6)對兩人關係有建設性的觀點。

從經濟方面來說，目前大部分的人都有自己的工作，即使是學生，也都有自己的經濟來源，因此，經濟問題對分手後的適應比較沒有關連。就生活上的各種技巧來說，感情生變之前，情人通常是兩人相互扶持與依賴，分手後形單影隻，凡事都要自己來，就會加強自己的孤獨與無能。因此，跟情人分手後，學習獨立與照顧自己，將有助於適應分手後的生活。

此外，所謂「人無遠慮必有近憂」，在平常生活中，如果能夠加

強各種生活技能的學習，就會擁有足夠的內在資源面對任何壓力，而不是等到分手後，才開始學習。

就社會支持網絡來說，社會支持網絡是生活中不或缺的資源，尤其當個人遇到困難時。透過朋友、家人、社會資源的協助，不但可以找出更多面對壓力的方法，而且在適應的過程中，因有這些人的陪伴，會減少孤立與無助的感覺。如果分手是突如其來的意外，對當事人造成的壓力更大，適應的問題就更棘手。此時，社會支持網絡便有更大的發揮空間。

就分手的準備度來說，如果分手的跡象早已出現，雙方就有足夠的準備等待分手的到臨。如果分手的提議是突然降臨，然後被一方立即付諸實行，就會讓另一方措手不及。這樣的創傷也較難平復。因此，分手的決議與行動，必須讓雙方有足夠的心理準備。

就自我價值感來說，被動分手者因為被對方拋棄，自尊心、自我價值感與自信心急速降低，而認為不再被他人所愛。因此，當事人除了紓解情緒之外，自我價值感的恢復通常是處理的關鍵。至於主動分手者，內疚感可能是處理的重點。

就關係的正面影響來說，從兩人過去的關係中，看到自己的學習與成長，或是看到分手帶來的正面影響，也可以協助當事人度過分手的關卡。在分手一開始，當事人對兩人過去的關係通常偏向負面的詮釋，如果能有朋友、家人或專家，協助當事人跳開原先偏頗的角度，探索自己在這段感情中的正面學習，就能減低分手帶來的傷害。

此外，參加一些活動（例如，旅遊、學習技能等），協助自己分散注意力，免於鑽牛角尖；或是借助參加的活動（例如，成長團體），協助自己跳離原先的思考角度；或是尋求諮商專家的協助，深入探索自我，這些都是可行的方法。

情人分手之後，多久才能復原？這會因為當事人內在與外在資源之不同而有差別。心理成熟度高者，抗壓性強，復原快。外在資源多者，藉著這些資源的幫忙，恢復也可能較快。

此外，主動分手者與被迫分手者所需的時間可能不同。主動分手者通常有時間醞釀分手的意圖，分手後所需的復原時間較短。相反地，被迫分手者內在的準備度低，受到的傷害較大，需要復原的時間較長。

依據鄭淑麗（民 87）的研究：有 75% 的人在一年內恢復（不需要時間者 13.5%；未滿一個月 16.5%；一到六個月者 20.9%；六個月到一年者 20.1%）。不需要時間復原或復原時間未滿一個月者，可能是主動分手者，而後兩者可能是被迫分手者。

生命裡的每一段經驗都有多重的意義與啟示。或許，在經驗的當下，當事人迷失在主觀的詮釋中，固著了經驗的意義，讓自己陷入痛苦的泥沼。不過，事過境遷，心境轉換，新經驗會鬆動原先的固執，因此，大多數人在回顧過去的種種戀情時，總會為過去傻呼呼的理直氣壯啼笑皆非，而未盡的情與未完的緣就在笑談中被悄然放下。

第七節
分手經驗對未來戀情之影響

分手經驗對未來戀情有正面影響，也有負面影響。這些影響可能包括：更能跟別人溝通、對感情隨緣、更能體諒別人、更懂得珍惜、認清對感情的真正需要、知道如何保護自己、不敢輕易投注感情、對感情沒有安全感、擔心找不到更好的對象（鄭淑麗，民 87）。從以上所述的內容可知，分手經驗對未來的戀情有正面與負面的影響，對不同的人有不同的作用。

分手經驗對未來戀情的影響，可能跟幾個因素有關：(1)分手前的感情；(2)分手前的心理準備狀況；(3)分手的原因；(4)分手的過程；(5)之前分手的次數；(6)結束舊戀情與建立新戀情之間時間的長短；(7)對分手經驗的詮釋；(8)分手後的恢復時間；(9)分手後的恢復狀況；(10)個人的心理成熟度。

分手經驗對未來戀情的影響，是一個複雜的過程，絕非單一因素

可以說清楚。以上因素可以歸類為分手前、分手過程以及分手後等三類因素。在分手過程中，如果對這三類因素都有適當處理的話，分手的經驗雖然苦多於樂，對未來的戀情可能會有正面的意義。

【第十二章】

兩性溝通

　　「身無彩鳳雙飛翼，心有靈犀一點通」，相愛的兩人即使分隔兩地，聽不到對方的語言表達，看不到對方的身體姿勢，但憑藉著一股思慕的念力，仍然可以互訴愛意，傳達關心。

　　不過，在現實生活中，兩性不能單憑愛的力量，就可有如此飛天入地的靈犀。心中有愛卻拙於聆聽表達，兩性的溝通就會像九彎十八拐一樣窒礙難行。不良的溝通會帶起負面的情緒，負面情緒會阻塞當事人的理智，而讓尖酸的話語一股腦兒地傾巢而出。「良言一句三冬暖，惡語傷人六月寒」，利刀銳斧的惡語會綻開彼此的血肉，斬斷彼此的恩愛。即使此情此意得來不易，縱然兩人一再誓言相守，最後仍會遺憾、扼腕地各奔東西。

　　Lauer 與 Lauer（1985）曾探討婚姻維持十五年以上的原因。在排名前七項的原因中，夫與妻的選擇竟然完全相同。這七項為：將配偶當成最好的朋友、喜歡自己的配偶、視婚姻為一種長期的承諾、神聖地看待婚姻、有共同的目標、覺得自己的配偶愈來愈有趣、希望有成功的夫妻關係或婚姻關係。

　　以上七項原因的背後，都以有效的溝通為基礎。夫妻間因為有了有效的溝通，才能讓彼此成為朋友，形成共同的目標，相互喜歡與願意終身廝守。兩性溝通的重要性不喻而明。

　　本章論及兩性溝通之相關迷思、兩性溝通之定義與目的、溝通之歷程、兩性溝通特徵上之差異，以及促進兩性優質之溝通。

第一節
兩性溝通之相關迷思

　　不良的兩性溝通會讓雙方愛恨交織，涕泗縱橫，後悔今生相遇；優質的兩性溝通會製造愉悅的互動氣氛，讓彼此以為前世良緣今生續。要想掌握兩性溝通的祕訣，必得先破解兩性溝通之相關迷思。以下的敘述有誤，請加以修正：

1.「愛」是不需要直接透過語言與行為來表達。

2.如果對方愛我，就應該知道我的感受、想法與需要，即使我沒有直接說出。

3.人不需要學習就具有良好的溝通能力。

4.如果跟情人意見不同，為了維繫感情，最好不要讓對方知道。

5.兩性溝通就是一種說服對方接納自己看法的過程。

6.兩性溝通不需要什麼技巧。

7.「妻以夫為貴」，女人應該以男人的意見為意見。

8.衝突並非溝通方式，因此應盡量避免。

9.分析與批判對方的看法，有助於兩性感情的提升。

10.兩性溝通時應該以理性分析為優先，盡量壓抑情感的出現。

11.溝通時，最重要的是將自己的意見盡量表達，了解對方的想法反而是次要。

12.男女的溝通方式大同小異。

13.兩性溝通時，男性重理性，所以比較客觀；女性重感覺，所以往往比較主觀。

14.溝通時，男人通常心口如一，女人容易口是心非。

問題與討論

問題一：「愛」是不需要直接透過語言與行為來表達。

「愛他（她），就要讓對方知道」，所謂「讓對方知道」，是指直接透過語言與行來表達，讓對方理性上接收到，情感上感受到。

問題二：如果對方愛我，就應該知道我的感受、想法與需要，即使我沒有直接說出。

如果雙方不肯坦誠自己的需要、想法與感受，而讓彼此猜測，最後就會導致誤解與怨懟。

問題三：人不需要學習就具有良好的溝通能力。

良好的溝通能力並非天生，需要透過後天的訓練與學習。

問題四：如果跟情人意見不同，為了維繫感情，最好不要讓對方知道。

壓抑不同意見的結果，就是累積不滿，過多的不滿將成為感情的殺手。

問題五：兩性溝通就是一種說服對方接納自己看法的過程。

溝通不是在說服對方，而是讓雙方的想法公開，並且透過理解、協調，找出彼此能接受的協議。只想說服對方的溝通，會導致衝突與不滿，對彼此的關係只有害處，沒有益處。

問題六：兩性溝通不需要什麼技巧。

溝通可以分為優質溝通與不良溝通，優質溝通需要技巧。

問題七：「妻以夫為貴」，女人應該以男人的意見為意見。

如果女人只能聽話，不能表達意見，沒有機會參與協調，就會造成女人壓抑、男人自大，夫妻的感情就無法維繫。

問題八：衝突並非溝通方式，因此應盡量避免。

衝突是一種溝通方式，雙方因為意見不一樣而起衝突，是正常的現象。不過，要維繫感情，就不能讓衝突阻礙溝通，因此，要借助繼續溝通來解決衝突。

問題九：分析與批判對方的看法，有助於兩性感情的提升。

分析與批判對方意見，對兩性感情沒有助益。溝通不是分析與批判，而是了解與同理對方的感受與想法，以及表達個人的意見，然後再協調彼此的差異。分析與批判容易造成雙方尊嚴的損傷，製造惱羞成怒的局面，這不是良好的溝通方式。

問題十：兩性溝通時應該以理性分析為優先，盡量壓抑情感的出現。

溝通時，如果缺乏感情的滋潤與支持，溝通便會因為缺乏人性與感性的元素，而像支解機器一樣無聊、冷漠。

問題十一：溝通時，最重要的是將自己的意見盡量表達，了解對方的想法反而是次要。

溝通時，不只在表達自己的意見，也在了解對方的想法，這兩者

同等重要。

問題十二：男女的溝通方式大同小異。

男女的溝通方式大不同，請見本章第三節說明。

問題十三：兩性溝通時，男性重理性，所以比較客觀；女性重感覺，所以往往比較主觀。

人是主觀的動物，雖然男性可能比女性理性，而女性可能比男性感性，但是都一樣主觀。

問題十四：溝通時，男人通常心口如一，女人容易口是心非。

心口如一或口是心非，跟性別沒有關係，跟每個人的人格、情境、互動的對象、互動的主題有關。

第二節
兩性溝通之定義與目的

　　小芹見到易行疾言屬色地破口大罵，不覺悲從中來，心中的委屈更加強烈，哽咽的喉嚨再也無法說出話來，一時之間，淚水成河，泣不成聲。

　　易行見到小芹低頭不語、淚水盈眶，心中怒火更加熾烈，不自覺地忘了剛才爭吵的主題，話鋒一轉，就此時此刻小芹的低頭不語、淚水滿溢的行為大作文章。

　　小芹聽到自己的忍氣吞聲，不但未得到易行的憐惜，反而招來更多的蠻橫與辱罵，一陣陣的訝異與不甘蜂湧而至。不知過了多久，小芹突然抬起頭來，以淚水未乾的眼神，望著這個跟自己同床共枕多時，卻又似乎陌生的丈夫。一股無奈的聲音，不期然地自腦中升起，然後不斷地擴散、蔓延，最後讓小芹更加信以為真：「如果能夠重新來過，只願跟你擦身而過」。

問題與討論

1. 何謂兩性溝通？溝通的目的為何？
2. 以上易行與小芹是否達到溝通的目的？原因為何？
3. 從以上易行與小芹的溝通方式，為良好與不良溝通下定義。
4. 檢討自己跟親密愛人的溝通方式如何？

一、兩性溝通之定義

兩性溝通是指發生在情人之間、夫妻之間、異性朋友之間的語言與非語言之互動。溝通的結果可能提高雙方的關係，也可能不利雙方的關係。

二、溝通之目的

溝通是有目的，溝通的目的會因為溝通者雙方的關係、雙方的動機而不同。茲將最重要的目的歸納如下：

(一) 表達意見，滿足被了解的需求

不管在公車內、捷運內，隨意聽聽兩人之間的對話，就可以發現，語言溝通的內容，絕大部分是個人意見的表達，包括：個人的經驗、對某事與某人的看法或感受、給對方建議等。

表達意見，最主要是讓對方了解自己的想法與感覺。「被他人了解」，意味著有人共享酸甜苦辣的人生經驗，覺得有人陪伴、不是孤立獨存於世。

(二) 了解對方的想法

溝通的另一目的是了解對方的想法。溝通是你來我往的互動，每一個反應，都是依據對方語言與非語言訊息而發。沒有了解對方意思的溝通，容易造成誤解、帶來傷害。因此，溝通不能只是傳遞個人的

意見，與此同等重要的是，了解對方的看法。

（三）擴展視野

表達意見與了解對方想法的一個附帶收穫，就是擴展視野。固執己見的溝通只會讓當事人維持現狀，互動訊息不斷在雙方內在世界穿梭與激盪，才能開拓新見解，塑造驚豔不斷的深度人生。

（四）解決衝突、達成共識

溝通的目的之一，在於解決彼此的差異與達成共識。尤其是親密的兩性關係，相交愈深，坦露愈多，彼此間的差異就愈凸顯，真誠的溝通便不可缺。溝通時，透過彼此的了解，可以鬆動固著的思想與感覺，擴大包容與接納對方的氣度，進而協調出彼此都能接受的共識。

（五）學習尊重對方、表達關心與支持，提升雙方感情

透過溝通互動的過程，除了看到彼此的異同，謀求共識外，重要的目的之一，便是學習尊重對方、提供支持，表達關心，以提升感情。

常話說：「因誤會而結合，因了解而分開」，這樣的結果，產生於當事人看不到對方的優點，也盲目於自己的缺點，因此固執己見，放棄感情。這種了解不是真正的了解，也不是奠基於真正的溝通。

真正的溝通，會幫助雙方看到彼此的優缺點。當事人因為看到自己的缺點而放下執著，因看得對方的優點而肯定對方。溝通帶來了解，了解產生包容，因此，不同的意見與感受被尊重、被支持，脆弱的一面被關心，不同的看法被統整，感情也隨著互動的過程不斷被提升。

故事中的易行與小芹，是不良溝通的典範，這種溝通方式只能讓關係惡化，產生悔不當初的遺憾。雙方也可能誤以為，「因誤會而結合，因了解而分開」。其實，他們從來就沒有了解過對方，也從未真正溝通過。

第三節
溝通之歷程

探討溝通的歷程,可以從兩個角度切入:一是溝通要素,二是溝通廣度與深度。這兩個角度相輔相成:溝通要素可以作為檢討優質與不良溝通的差異;溝通廣度與深度可以反映出溝通者雙方的關係,以及雙方如何看待彼此的關係。溝通要素與溝通廣度、深度,都會影響溝通的歷程,因此,探討溝通歷程時,這兩個角度都必須考慮。

一、溝通要素與過程

　　岩濤原本認為,荷葉會因為自己提早趕到而驚喜萬分,沒想到荷葉看到他後,竟視而不見地接過他送的花,然後隨意將它擱在桌上。岩濤有點心痛與失望。學校的課還上不到一半,他就偷溜了出來,然後馬不停蹄地趕到荷葉家,為的就是要替她慶生。他覺得,跟其他男同學比較起來,荷葉算是幸福多了。正為著荷葉的態度懊惱時,偶然一抬眼,竟發現荷葉還沒準備好。一時之間,他再也無法壓抑情緒。

岩濤:(冷冷的口氣問)「妳怎麼還沒準備好?」

荷葉:(看到岩濤一副冰冷的表情,荷葉心想:「我就知道你根本不在乎我的生日,原來跟我在一起是這麼痛苦。我還沒準備好,還不是因為你反反覆覆。」這時對岩濤的不滿,直衝腦杓⋯⋯)「我不想出去,我的生日原本就沒什麼大不了的!」(荷葉用生氣掩飾傷心)

岩濤:(心裡很不高興地想著:「事到臨頭還在耍脾氣,早知道妳不在乎,我就不要那麼早趕到。」)「妳再

不快點，我們訂的位子會被取消。我看衣服也不用
換了，穿這樣也不錯。」

荷葉：（心想：「果然跟我在一起吃飯是這麼隨便，那麼勉
強，連我的外表都不在乎了。」愈想愈難過。）「如
果你嫌太晚位子會被取消，你一個人去吃好了！」
（面無表情地）

岩濤：（心想：「人家果然不領情，是我一個人自作多情。
至少也得體諒我為了趕回來不得不蹺課，而且冒死
騎快車。」）「今天是妳過生日，不是我過生日。
要不要到外面吃，就乾脆說一句。」（僵硬冷冰的
口氣）

荷葉：（心想：「我就知道，原來對我的感情是假的，才會
說得這麼乾脆、如此絕情。」愈想愈悲傷。）「我
生日又怎麼樣，你在乎嗎？（憤怒地）你根本不在
乎！」

岩濤：（心想：「我就知道妳存心找碴，不想跟我出去就明
說。」）「不在乎？如果我不在乎，幹嘛趕回來！」

荷葉：「趕回來？你也不想想你回來已經幾點了！」

岩濤：「我又不是老師，老師臨時要補課，我有什麼辦法！
更何況我回來時，妳根本還沒準備好！」

荷葉：「補課？誰相信是真的，還是假的！怎麼這麼剛好，
偏偏在這一天才補課？你的老師可真會挑日子。」

岩濤：（心想：「擺明了就是不屑跟我出去，難道她……」）

荷葉：（心裡非常悲傷，可是卻以憤怒的語氣說話）「被我
說中了，沒話可說了吧！」

問題與討論

1. 從以上岩濤與荷葉的溝通過程，分析溝通過程中涉及哪些要素？

2. 以上分析出的溝通要素中，哪些溝通要素對岩濤與荷葉的溝通結果具有關鍵的影響力？

3. 岩濤與荷葉的溝通過程將如何影響兩人的感情？

4. 如果劇本重寫，該如何修正才能形成優質的溝通過程？

溝通過程包括六個要素：發訊者、收訊者、訊息、運作系統、情境、發訊者與接收者之間的關係。

（一）發訊者與收訊者

發訊者是指傳遞訊息者，收訊者是指發訊者傳遞訊息的對象。溝通是個複雜的過程，在你來我往的互動中，每個人同時扮演這兩種角色，即使一方一直沉默無語，他的非語言行為也會傳遞一些訊號，來代替語言表達。

（二）訊息

訊息是指溝通過程中，發訊者與收訊者之間的語言與非語言訊息。語言訊息是指說出的話，非語言訊息是指身體姿態、面部表情、聲音的大小、語調的抑揚頓挫。在溝通過程中，語言訊息通常是受關注的焦點，而非語言訊息容易被忽略。其實，非語言訊息往往比語言訊息來得重要。發訊者與收訊者可以操控語言訊息，卻無法抑制非語言訊息的洩密。

（三）運作系統

運作系統是指發訊者與接訊者的訊息處理過程。運作系統處理訊息的過程，可以分為接收、詮釋與反應三部分。收訊者在「接收」訊息的過程中，並非全盤接收發訊者發出的訊息，而是挑選某部分訊息

（有時候會造成斷章取義的現象）進入詮釋過程。所謂「詮釋」，是以自己過去的生活經驗加以猜測與解釋，然後自以為是地認定其詮釋為正確。「反應」是指收訊者依據詮釋的內容來行動。就如以上岩濤與荷葉的互動來說，雙方各憑自己的詮釋來反應，因此錯誤百出。

（四）情境

情境是指發訊者與收訊者溝通過程中的物理環境與心理背景。物理環境是指互動時所處的空間，例如，房間、教室、圖書館，以及其中的任何設備。心理背景指發訊者與收訊者當時的心理狀態。

在一個時間內的溝通中，情境會變動不拘，而影響溝通內容。相對地，溝通內容也會造成情境的改變。例如，進行溝通時，會隨著溝通內容的轉變，而有不同的心理狀況出現。心理狀況的改變會直接或間接地改變溝通內容。教室內的明暗度會隨著陽光的強弱而不同，這種變化也會直接或間接地影響溝通內容。

（五）發訊者與收訊者之間的關係

以上各個因素的作用，會因為發訊者與收訊者之間的不同關係而不同，例如，夫妻關係、愛侶關係、朋友關係，對相同的訊息會有不同的詮釋，因而有不同的反應。

相對地，以上各個要素也會影響發訊者與收訊者之間關係，例如，良好的溝通要素使得夫妻關係更上一層，不良的溝通要素會損傷夫妻關係。

將以上幾個要素所組成的溝通歷程圖示如下（圖12-1）。從圖12-1可知，溝通是個非常細膩、複雜的過程。溝通者的語言與非語言行為、訊息的表達方式、溝通者的詮釋與反應、當時的情境等，都成為溝通過程的一部分，也是影響溝通結果的重要因素。在溝通過程中，因為過程過於複雜，難以抽絲剝繭找出因果本末，因此，往往釐不清誰是

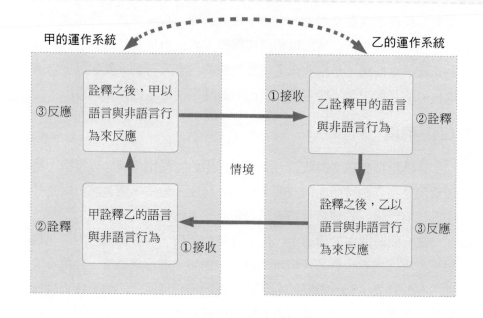

甲的運作系統　　　　　　　　　　　　　乙的運作系統

③反應　　詮釋之後，甲以　　　①接收　　乙詮釋甲的語言　②詮釋
　　　　　語言與非語言行　　　　　　　　與非語言行為
　　　　　為來反應

　　　　　　　　　　　　　　情境

②詮釋　　甲詮釋乙的語言　　　　　　　　詮釋之後，乙以　③反應
　　　　　與非語言行為　　　　　　　　　語言與非語言行
　　　　　　　　　①接收　　　　　　　　為來反應

圖 12-1　溝通歷程

誰非。不過，可以確定的是，當事人都會主觀認定自己是對的。

　　在岩濤與荷葉溝通的過程中，各個溝通要素都出了問題。第一，就情境因素來說，兩人當時的心理狀況充滿不滿的情緒，無法站在對方的立場思考。岩濤蹺課回來替荷葉慶生，以為荷葉會心存感動；但是，荷葉因為岩濤突然補課的事，讓原本計畫好的事有了變卦而心生不滿。因為彼此都沒有站在對方的立場想，因此，接下來的溝通便成為一連串沒有交集的自以為是。

　　第二，就傳遞的訊息來說，兩人語言所傳遞的訊息，大部分是相互指責的負面訊息，而忽略更深層的資訊，例如，非語言行為傳遞出發訊者的內在情緒。

　　第三，就運作系統來看，兩人都從自己主觀的角度詮釋收到的訊息，因此，讓自己顯得更委屈、對方更可惡。基於主觀的錯誤詮釋，一方表現的外在行為（說出的話）通常讓另一方產生更深的誤解，也

讓雙方受到更深的傷害。

第四，就雙方的關係來看，因為是男女朋友，因此，以上的不良溝通便會直接傷害雙方的親密關係。

如果岩濤與荷葉忘了檢討溝通結果雙方都有責任的話，那麼，每一次的互動將會是另一次的傷害。

▌二、溝通的廣度與深度

　　蕭逍從教室走出時，被紅梅從背後叫住。蕭逍看到紅梅後，一臉無奈的表情悄悄掛在臉上。

蕭逍：（平淡的語氣）「紅梅！什麼事？」

紅梅：（腆靦地）「我們邊走邊談，還是找個地方聊聊？」

蕭逍：「是很重要的事嗎？我看邊走邊聊好了！」

紅梅：（臉紅）「也沒什麼啦！只是想請教你一些事。」

蕭逍：「請教我一些事？什麼事？」

紅梅：（臉紅，低著頭）「我喜歡上一位男同學，可是，不知道怎麼讓他知道，也不知道他對我的感覺如何，所以現在很苦惱。當你有喜歡的女孩時，你會怎麼處理？」

蕭逍：（有點不耐煩）「很抱歉，這種事我無法幫上忙！」

紅梅：「難道你沒有喜歡的女孩嗎？」

蕭逍：（有點無奈）「對不起，我現在有急事，我看妳最好請教其他的人。」

紅梅：（有點急）「可是，我比較信任你，想聽聽你的意見。」

蕭逍：「我很感謝你的信任，不過，我真的無法幫上忙。」

紅梅：（期待的表情）「要不然，你可不可以告訴我，我該如何讓對方知道。」（臉紅，頭低下）

蕭逍：（無奈）「這種事我也幫不上忙，我也沒辦法告訴你
　　　　該怎麼做。或許，你可以問問其他人。」

紅梅：「你是男人，總有男人的想法嘛！」（撒嬌的口氣）

蕭逍：（無奈地）「每個男人喜歡的方式不同，所以我無法
　　　　給妳建議。」

紅梅：（腆靦地）「我喜歡的人個性跟你很像，你可不可以
　　　　告訴我，你喜歡對方怎麼表達？」

蕭逍：（嘆了一口氣）「這個問題我很難回答。我看，妳最
　　　　好請教別人……」

問題與討論

1. 從蕭逍跟紅梅的對話來看，蕭逍言語內涵的廣度與深度為何？

2. 從紅梅跟蕭逍的對話來看，紅梅言語內涵的廣度與深度為何？

3. 從兩人的對話內容來看，彼此如何看待對方？

4. 這樣的溝通內涵會有什麼結果？

溝通廣度是指溝通話題的數量，溝通深度指的是人格被洞察的程度（沈慧聲譯，民87）。在每一段時間內的溝通，都涉及溝通廣度與溝通深度。例如，朋友之間的聊天，常在不同的主題中轉換，這是指溝通廣度。每一個主題所涉及的深度各有不同，有些主題的內容膚淺，例如，明星的八卦；有些主題涉及個人隱私，例如，自己的墮胎經驗。溝通深度通常與自我經驗的開放有關，個人愈能開放自己的隱私，溝通就愈有深度。

社會滲透理論（theory of social penetration）將溝通廣度分為八個區，將溝通的深度以五個大小不同相互交疊的圓圈來表示（沈慧聲譯，民87）。如果將五個等級的深度給予不同的範圍限制，則溝通的廣度與深度就如圖 12-2、圖 12-3。

從溝通廣度－深度圖，可以分析每位溝通者在某次溝通互動中，

所吐露的廣度與深度。從兩位溝通者的溝通廣度－深度圖，可以分析每位溝通者對談話內容的投入狀況，以及兩人關係。例如，從圖12-2、圖12-3蕭逍與紅梅的溝通廣度－深度圖可以比較兩人談話內容的投入狀況，以及兩人的關係狀態。

　　從圖12-2蕭逍的溝通廣度－深度圖來看（就溝通廣度來說，不一定要分為八區，可以依照實際的需要分為不同的區，每一區代表一個主題），蕭逍的溝通內容涉及兩個主題。在Ａ主題中，其深度在最外一層；在Ｂ主題，也是在最外一層。可見，蕭逍在這次談話中，並沒有任何的自我表露。相反地，紅梅（圖12-3）開放的自我深度遠大於蕭逍。從兩人的關係來看，蕭逍可能不信任紅梅，可是，紅梅卻非常信任蕭逍；蕭逍只將紅梅當成一般的朋友而已，而紅梅卻將蕭逍當成知音好友。

　　另一方面，從這樣的互動廣度與深度來看，是一幅「落花有意，流水無情」的場景。紅梅可能對蕭逍「落花有意」，但是，蕭逍卻是

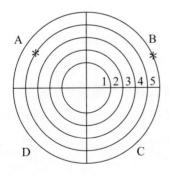

等級 1：只能自己知道　　　　　等級 1：只能自己知道
等級 2：只能讓好朋友知道　　　等級 2：只能讓好朋友知道
等級 3：只能讓朋友知道　　　　等級 3：只能讓朋友知道
等級 4：熟識的人都可知道　　　等級 4：熟識的人都可知道
等級 5：所有的人都可以知道　　等級 5：所有的人都可以知道

圖 12-2　蕭逍的溝通廣度－深度圖　　圖 12-3　紅梅的溝通廣度－深度圖

「流水無情」。

　　每個人感情的走向、雙方感情的深厚與變化，會反映在兩人溝通的廣度與深度。當一方對另一方沒有特別感情，或是感情已生變，這些狀況都會呈現在溝通廣度與深度上，不但溝通廣度的範圍變小，溝通深度也會停留在粗淺的層次上。

　　一般而言，溝通時一方的自我開放會引發另一方進一步的開放。可是，有時候並非如此，一方的進一步開放，反而會使另一方心生警惕，讓開放的深度嘎然而止。這是「詮釋」的因素使然，這也是溝通之所以複雜的原因之一。

　　當事人除了從溝通廣度－深度的狀況，了解雙方感情的變化外，最重要的是，尊重別人開放的程度與選擇。

第四節
兩性溝通上之差異

　　妻：（用手指著面前的一幅畫）「你覺得這幅畫怎麼樣？」

　　夫：（望了那幅畫一下）「我沒意見，如果妳喜歡就買下。」

　　妻：（帶著微笑）「我喜歡它的色彩，那種暖暖的感覺，讓人覺得很舒服。我想，這幅畫掛在我們的臥室，可以讓臥室看起來更溫暖。」

　　夫：「那妳就買下吧！」

　　妻：「不過，你會不會覺得價錢似乎貴了一些？」

　　夫：「如果嫌太貴就不要買。」

　　妻：「不買會覺得很可惜。你有沒有注意到畫上的線條多細膩；還有，那背景的顏色多好，讓整個主題鮮活了起來。」

　　夫：（很不耐煩）「妳到底要不要買？」

> 妻：「我是很想要，不過，你會不會覺得我太浪費、太奢華了，花了這麼多錢買裝飾品？」（撒嬌似地）
>
> 夫：「我沒有什麼意見。」
>
> 妻：（眼睛望了望對方，撒嬌地說著）「人家心疼你賺錢辛苦嘛！」
>
> 夫：（不以為然地）「妳買衣服跟化妝品不也花很多錢，什麼時候這樣考慮過。」
>
> 妻：（撒嬌地說）「人家打扮得美美的，還不是為了要讓你高興！」
>
> 夫：「我整天在外奔波，回到家都晚上了，還能看什麼，高興什麼。」
>
> 妻：（嘟著嘴，委屈地）「既然你這樣說，那就不要買了！」
>
> 夫：「既然不買，就走吧！」
>
> 妻：（站在畫前盯著畫看，一付不想走的樣子）
>
> 夫：（很不耐煩地拉起對方的手）「不買就走吧！」

問題與討論

1. 男女在語言表達上有何差異？

2. 從男人的角度看女人的表達，男人會有什麼想法？

3. 從女人的角度看男人的表達，女人會有什麼想法？

4. 從以上劇情中夫妻的溝通過程來看，如此的溝通方式對夫妻的感情有何影響？

5. 如果要提高以上夫妻的溝通深度，應該如何修正彼此的反應？

一、兩性溝通上之差異

　　兩性在溝通上的確有些差別。孫蒨如（民 86）認為：兩性溝通時，在語言細微度、形容詞的多寡、語句型態、表達策略、非語言的

表達與非語言的解讀各方面有差異。以下依據以上各方面的差異，並配合互動過程的廣度與深度，將兩性溝通上的差異說明於表 12-1。

當然，並不是所有的男性與女性都會出現表 12-1 所述的差異。兩性在語言與非語言行為上的表達特色，除了受社會期待的影響外，也受成長環境的影響。細膩的男人，溝通中的用字遣詞可能比女人更加精緻與感性；相對地，粗線條的女人，在溝通上恐怕比男人更加雄性化。

二、兩性溝通差異上之誤解

一般人都認為，「男性比較理性、乾脆，女性比較感性、囉唆」、「男性比較直接不善修飾，女性比較迂迴、做作」。這些溝通特性上的差異，往往造成兩性的誤解。誤解的產生，不在雙方溝通特性上的差異，而在於雙方不了解、不接受彼此的特性，卻堅持己見，進行主觀的詮釋所致。

兩性因為社會期望、成長背景所致，有各自的溝通特性，這種差異本無可厚非。只要雙方能夠了解與接納彼此的溝通特性，就可以降低誤解。例如，男性的快人快語，對上了女性的迂迴委婉，如果雙方不了解、不接納的話，男性就會抱怨女性虛偽，女性抱怨男性無情。又如，女性容易將心事往外拋，而男性通常將心事往內壓；如果雙方不明白彼此的差異，女性就會抱怨男性不真實，男性會抱怨女性守不住祕密。

再者，雙方都得學習「說清楚、問明白」的說話方式，不要用自己的經驗主觀詮釋對方的行為。兩性溝通特性上的差異，如果再加上雙方習慣的主觀詮釋，將會導致雙方誤會叢生，造成關係惡劣。因此，只要說話者表達清楚，聽話者問明白，就可以突破兩性溝通特性上的障礙，以及個人生活經驗上的限制。

要「說清楚、問明白」，必須具備一些要件與技巧，才能創造優質的溝通過程。這些要件與技巧將詳述於下一節。

表 12-1　兩性溝通上之差異

性別 特色	男	女	造成的誤解
語言細微度	大略 「告訴我，妳愛不愛我。」	細節多 「告訴我，你有多愛我」	男人太草率 女人太瑣碎
形容詞的多寡	形容詞少 「我愛妳。」	形容詞多 「沒有你的陪伴，就像獨行於沒有燈火的暗夜，令我恐懼不已，不知道該怎麼辦。」	男人太理性 女人太感性、愛作夢
語詞的句型	絕對性、果斷的語句多 「我不允許你心中有其他男人。」	試探性、禮貌性的語句多 「如果你心中另有別人的話，我會很難過。要我跟別的女人共享你的愛，會比殺了我更令我難受。」	男人不禮貌 女人太做作
表達的策略	直接 「我就是喜歡妳，沒辦法。」	間接、迂迴 「我知道愛不能勉強，我尊重你的選擇。不過，請你允許我繼續對你好，直到我可以把你忘記為止。」	女人太虛偽 男人太露骨、自負
非語言的表達	劣於女人 「我愛妳。」 （沒有親密的肢體動作）	優於男人 （投入男人的懷抱，依偎在對方的懷中）	女人心海底針 男人不關心女人
非語言的解讀	劣於女人 「妳說什麼就是什麼。」	優於男人 （看他閃爍不定的眼神，我就知道事情不是他說的那麼簡單）	女人太敏感、多疑 男人太遲鈍
溝通的廣度	少於女人 事業與車子是男人話中的主題	廣於男人 美容、服裝、先生、孩子、明星、他人的是非……	女人話太多 男人太無聊
溝通的深度	劣於女人 男人只有酒醉與作夢時才會說出心裡的話	深於男人 女人最愛、也最容易談心事	女人太容易信任別人 男人太陰沉

（改自孫蒨如，民 86）

第五節
促進兩性優質之溝通

　　有些人講起話來，口吐芬芳，連裊裊的餘音都能醉人心弦；相反地，有些人一張口就令人挫折連連，讓人想逃之夭夭。前者令人欽羨，後者令人心痛。語言表達能力雖然跟遺傳有關，不過，關鍵因素仍然操縱在後天的學習與訓練上。

　　溝通是一種技巧的運用，良好的溝通有賴良好的溝通技巧來羅織，而良好溝通技巧的養成有賴後天的學習。「不經一番寒徹骨，怎得梅花撲鼻香」，兩性的溝通尤其需要學習與演練，才能進入彼此的內心世界，分享彼此的喜怒哀樂。

▌一、溝通障礙

> 妻：「我看他說得天花亂墜，就信以為真，認為這種產品必定好用，所以就刷卡買了兩套。」
>
> 夫：「我早就說過了，有時候妳很白癡(2)，人家說什麼妳就相信什麼。那個人花了半個小時賺的錢，竟然是我半個月的薪水。也不想想我賺錢多辛苦(1)。」
>
> 妻：「人家看他一副老實的樣子，沒想到他竟然是個騙子。」
>
> 夫：「我跟妳說過好幾次了，看人不能看外表，妳老是學不會，現在又上當了(6)。」
>
> 妻：「我就是這麼笨，沒辦法。否則我也不會因為你看起來老實而嫁給你。」
>
> 夫：「說了老半天，妳還是搞不懂(1)。有些人看起來老實，內心未必老實；我不一樣，我是裡外都老實。我告訴妳，妳社會經驗還不足(3)。以後不要自作主張，先問

問我的意見，免得一天到晚上別人的當(9)。」

妻：「我怎麼不覺得你跟其他男人有什麼不一樣？我老是覺得上你的當。」

夫：「妳真是笨得像豬一樣(2)！我不想再跟妳說，再說下去我可能會氣炸(7)。」

妻：「我既然像豬一樣笨，為什麼你要娶我？」（有點不高興）

夫：「說來說去是我上妳的當。如果早一點知道妳這麼笨，我就……(1)。」

妻：「你為什麼老是罵我笨（委屈），我真的有那麼笨嗎？」（哭泣）

夫：「好了好了。有什麼好哭的。把眼淚擦乾，我不喜歡看到女人流眼淚(5)。」（不耐煩）

妻：（沉默）

夫：「錢被騙就算了，錢沒有了可以再賺(10)，希望以後妳會聰明點(12)。」

妻：（沉默）

夫：「說實在的，如果妳是我，會不生氣嗎？賺錢不容易呀！將心比心(11)。」

問題與討論

1. 兩人一組，分別扮演夫與妻。體會以上夫妻的溝通內容，帶給太太的感受。

2. 以上劇情中，先生的溝通出現哪些溝通障礙（每個加註的號碼，就是以下各類型的溝通障礙）？

3. 這些溝通障礙對夫妻的感情有哪些不良影響？

4. 如果改寫以上劇情，要如何溝通才能讓夫妻關係更和諧？

　　一般人在溝通中，常常夾雜著一些學自父母、師長等人的評價、教訓、建議、保證的用語，例如：「你應該……」、「你怎麼連這個也不會……」、「你一定可以做得很好」、「你應該再下一點功夫」、「你最好依照我告訴你的方法去做……」等；或是一些令人喪志的口頭禪，例如：「你笨得像豬一樣」、「豬八戒」、「也不拿鏡子照照」等。這些話讓人聽了不舒服、有壓力，以致於阻礙溝通，引爆情緒，或惡化彼此的關係。

　　有些時候，兩性深仇大恨的舉動，似乎毫無蹤跡可循，其實不良溝通是關鍵的原因之一。不良溝通所累積的不悅與壓力，有如埋在地底的炸藥地雷，只要時機一到，引線一燃，就會產生致命的爆裂。

　　Thomas Gordan 曾整理一些學者所提的溝通障礙之類型與作用（引自陳皎眉、鍾思嘉，民 85），包括批評、命名、診斷、評價性的讚美、命令、說教、威脅、過多或不當的詢問、忠告、邏輯論證、保證。這些溝通障礙造成人際疏離、冷漠，甚至仇視。要創造優質的溝通歷程，就得去除這些溝通障礙。

　　1.批評：對他人的意見、行為等給予負面的評價。例如：「你真傻，這麼容易相信她」。

　　2.命名：用某一類的名詞來描述他人的行為。例如：「你真像一座廣播電台」。

　　3.診斷：對他人的行為進行分析。例如：「妳就是因為缺乏父愛，才想找一個年紀這麼大的人當老公」。

　　4.評價性的讚美：在讚美的話語中，隱藏有某種期許或批評，讓聽者產生壓力或不舒服的感覺。例如：「你已經長大了，應該知道怎麼做」、「你是聰明人，我相信你可以把這件事做好」。

　　5.命令：要求他人依照指示來做，不給他人有選擇的權利。例如：「我要你下班後立刻回家」。

　　6.說教：指導他人應如何做事。例如：「早就告訴你不要這樣做，你就偏偏不聽。果然如我所料的一樣」、「男人不應該讓女人太囂張，

不然的話，以後恐怕難以駕馭」。

7.威脅：警告他人，如果做了某事或不做某事，將有不良的結果發生。例如：「如果你敢跟別的男人來往，我會讓妳吃不完兜著走」。

8.過多或不當的詢問：問太多問題或詢問的問題不對。例如：「妳昨天有沒有在他家過夜？」「你為什麼要跟她分手？是不是你腳踏兩條船？還是因為她另結新歡？」

9.忠告：對他人的問題給予建議。例如：「你年紀還小，應該認真唸書，不適合談戀愛」、「這種男人是花花公子，不適合當男朋友，應趁早離開他」。

10.安慰轉向：以安慰、鼓勵的方式，將對方的注意力轉移到別的地方。例如：「這個問題沒有什麼大不了的，還是想想明天要到哪裡玩」、「天塌下來都會有別人幫你頂著，你不需要那麼著急」。

11.邏輯論證：依照事實與邏輯的觀點來分析事情，而忽略對方的情緒和想法。例如：「說實在的，你這樣對待他也不對」、「一個銅板拍不響，一件事情的發生，往往兩方面都有錯」。

12.保證：以美好的未來圖像，企圖釋懷別人的擔心。例如：「失敗為成功之母，今天的失敗為明天的成功奠下基礎」。

二、優質的溝通

如果使用一些有效的溝通技術，將以上夫妻的對話重新修正的話，效果會不一樣。

> 妻：「我看他說得天花亂墜，就信以為真，認為這種產品必定好用，所以就刷卡買了兩套。」
>
> 夫：「花錢又受騙，讓妳很懊惱。」（情感反映技術）
>
> 妻：「沒錯。人家看他一副老實的樣子，沒想到他竟然是個騙子。」
>
> 夫：「妳生氣自己為什麼這麼容易上當。」（情感反映技術）

妻：「是呀！我也不知道自己為什麼這麼容易上當。」

夫：「看到妳這麼自責，我很心疼！」（情感表達技術）

妻：（撒嬌地）「那你說人家該怎麼辦才不會那樣笨？」

夫：「妳希望我告訴妳，怎樣讓自己變聰明。」（簡述語意技術）

妻：（撒嬌地）「難道妳不心疼我浪費了這麼多錢嗎？這可是你半個月的薪水！」

夫：「妳擔心我會生氣。」（情感反映技術）

妻：（委屈地）「是呀！人家害怕你會生氣！」（撒嬌地）

夫：「我的確生氣。」（情感表達技術）

妻：（委屈地）「我就知道。」

夫：（將太太擁入懷中，溫柔地說）「不過，妳難過我也會心疼。」（情感表達技術）

妻：「（臉貼在先生的胸口）是呀！人家還不都是為了你！」

夫：「似乎還有一些內情，告訴我怎麼一回事。」（具體化技術）

妻：「……。」

問題與討論

1. 兩人一組，分別扮演劇中夫妻，演練以上的對話，感覺以上的溝通中，太太的感覺如何？

2. 比較前一組對話與這一組對話，看看這兩組有何差異？

3. 這一組的對話內容，對夫妻關係有何影響？

4. 試著用優質的溝通歷程改寫易行與小芹的互動歷程。

5. 試著用優質的溝通歷程改寫岩濤與荷葉的互動歷程。

（一）良好溝通之要件

良好的溝通，是指雙方在溝通廣度與深度上，都令彼此滿意；並且溝通過程中的各要素都能充分、正確地運作，以達成相互了解、建立和諧關係，以及提升感情等目的。良好的溝通包括幾個要件：專注與傾聽、反映對方的感覺與想法、覺察自己真實的感覺與想法、直接表達自己的感覺與想法、善用非語言行為。

每一次的良好溝通都能協助雙方更開放、更坦誠，在溝通廣度與深度上有更進一步的推進。

1.專注與傾聽

良好溝通的第一步，就是專注與傾聽。專注與傾聽分為身體的專注與傾聽，以及心理的專注與傾聽。身體的專注與傾聽是指：當對方傳遞訊息時，收訊者：(1)面對對方，身體稍微前彎；(2)眼神與對方接觸；(3)適時點頭表示了解對方；(4)身體姿勢開放（代表內心的開放與接納）；(5)臉部表情反映對方的表達內涵。

心理的專注與傾聽指仔細聆聽對方的語言內涵與觀察對方的身體語言，而且注意對方敘述中音量的高低強弱、音調的抑揚頓挫。

要做到專注與傾聽並不容易，因為人往往將注意力放在自己身上，努力爭取發言的機會，情緒容易被對方的訊息所牽動而無法自制。

2.了解並且反映對方的感覺與想法

溝通時，須專注與傾聽對方的敘述，以求正確了解對方的感受與想法。在了解對方的感受與想法後，要將自己的了解傳遞給對方知道。

這樣做有兩個用意：(1)確定自己的了解是否正確，如果有誤解，讓對方有修正的機會；(2)讓對方知道自己用心聆聽他的表達。這是對對方的尊重與重視，對方會因為受到尊重，而感到被鼓勵，因此願意進一步表露自己。

3.覺察自己的感覺與想法

要能夠覺察自己的感覺與想法並不容易。透過成長適應的過程，

每個人都習得一套生存之道，或是習慣模式。這套模式限制了個人對感覺與想法的覺察，例如，男人容易覺察到憤怒的情緒，但感受不到悲傷的情緒；女人容易感受到悲哀的情緒，卻不易覺察到內在的憤怒。

當某部分真實的感覺與想法成為覺察中的盲點後，當事人不但感受不到自己這方面的反應，也體驗不到別人類似的反應。例如，當男性感受不到自己的悲傷時，便無法感受或接納女性的悲傷。因此，女性會誤以為：男人過於理性，無法感同身受地了解女人。

4.直接表達的感覺與想法

能覺察到自己的感覺與想法是一回事，有勇氣表達感覺與想法又是另一回事。許多時候，我們從個人的經驗中學得，表達某些感覺與想法會被恥笑，或是因為缺乏學習而不知如何表達。於是，真實的感覺與想法若不是被壓抑，就是以批判、諷刺、建議、迂迴、攻擊的方式來呈現，例如，先生：（關心太太的健康）「妳是嫌我錢多是不是，這麼冷的天氣老是穿這麼少！」（用憤怒的語氣說出）先生在乎的是太太的健康，可是表達的內容卻完全走樣。本章第三節故事中的岩濤與荷葉，就是以傷害對方的方式來表達內心的感覺與想法。

5.善用非語言行為

良好溝通的最後一個因素是善用非語言行為，這包括善於觀察對方的非語言行為，以及善用自己的非語言行為。

除了可以透過對方的語言表達了解對方外，還可以透過對方的非語言行為深入對方的內心世界。語言表達容易作假，但是，非語言行為卻在說話者的控制之外。因此，非語言行為所蘊含的訊息往往比語言訊息來得重要。

溝通者也需善用自己的非語言行為。非語言行為所傳遞的感覺，往往是語言行為難以達到的境界。「此時無聲勝有聲」，或許是兩眼含情相望，或許是雙手溫暖相握，身體語言所傳遞訊息，可以讓收訊者刻骨銘心、終身難忘。

　　以上所述的五點，可以協助溝通要素、運作系統、情境等因素充分運作，讓溝通結果達到當事人所預期的廣度與深度，以及創造良好的溝通歷程。

（二）溝通技術

　　專注與傾聽、反映對方的感覺與想法、表達自己的感覺與想法、善用肢體語言等，都涉及一些溝通技術的運用。溝通技術很多，以下介紹幾種基本卻重要的技術，包括：專注與傾聽（attending & listening）、簡述語意（paraphrasing）、行為描述（behavior description）、情感表達（feeling description）、情感反映（feeling reflection）、具體化技術（concreteness）與非語言行為技術。專注與傾聽的技巧已如上述，以下說明其他的溝通技術，並在本章附錄一提供練習範例。

1.簡述語意技術

　　在之前曾論及，在溝通過程中，溝通雙方常用自己的過去經驗詮釋對方的表達，以致於誤會叢生。「簡述語意技術」是指一方傾聽另一方敘述後，將自己的了解表達出來，以確定是否正確掌握另一方話中的意思。這種技巧可以避免收訊者主觀詮釋而產生誤解。

例一

　小菁：「他這個人不可靠。」

　小達：「妳是說他這個人會欺騙別人。」（簡述語意技術）

　小菁：「我不是這個意思，我是說，他這個人做事拖拖拉拉，
　　　　老是無法在預定的時間內完成計畫。」

例二

> 小菁：「你這個人什麼都好，就是用情不深。」
>
> 小達：「妳是說我不愛妳。」（簡述語意技術）
>
> 小菁：「我不是這個意思，我是說愛得不夠。」

例三

> 小達：「妳每天忙得團團轉，每次跟妳說話，都說不上兩句。
> 　　　　我看，我比妳的客戶還不如。」
>
> 小菁：「你是說你不喜歡我這麼忙。」（簡述語意技術）
>
> 小達：「我是說我被妳冷落了。」

　　不同的人對相同的話有不同的詮釋，如果收訊者沒有進一步澄清的話，可能會誤解發訊者真正的意思。

2.具體化技術

　　「具體化技術」是指，發訊者傳遞的訊息中如有不清楚的地方，收訊者針對這些不清楚的部分，請發訊者進一步說明。

例一

> 小菁：「他這個人不可靠。」
>
> 小達：「妳說他『不可靠』，是指什麼？」（具體化技術）
>
> 小菁：「我是說，他這個人做事拖拖拉拉，老是無法在預定
> 　　　　的時間內完成計畫。」

例二

小蓉：「你這個人什麼都好，就是用情不深。」

小達：「妳說我『用情不深』，可不可以再說清楚點？」（具體化技術）

小菁：「我是說你愛我愛得不夠。」

例三

小達：「妳每天忙得團團轉，每次跟妳說話，都說不上兩句。我看，我比妳的客戶還不如。」

小菁：「你說你比我的客戶還不如，可不可以將這句話說得更清楚點？」（具體化技術）

小達：「我是說我被妳冷落了。」

3.行為描述技術

是指具體描述別人可觀察到的行為。人與人之間的語言表達，常摻雜有價值批判的言詞或推論猜測的話語，這些話使對方感到被攻擊、被批判而不舒服。「行為描述技巧」只是將對方所呈現的行為描述出來，不加入個人的價值判斷與猜測。比較以下各例中兩人的語言反應：

例一

小依：「你今天比平常早到家，而且一到家就把自己關到書房。我叫了你幾聲，你都沒聽見，似乎非常專注在自己的事上。」（行為描述技術）

小畔：「你今天是哪根筋不對，叫了你幾聲都不理不睬，好像吃錯藥一樣。」（錯誤的溝通技術）

例二

> 小依：「我跟你說了五次，希望你講電話時不要太大聲，以
> 　　　　免吵到寶寶，可是似乎都沒有用。」（行為描述技術）
>
> 小畔：「你很頑固，老是說不聽。」（錯誤的溝通技術）

例三

> 小依：「最近一個月的約會，你每次都遲到三十分鐘以上，
> 　　　　也不給我一通電話，我常常等得很心急。」（行為描
> 　　　　述技術）
>
> 小畔：「最近約會你老是遲到，你是故意擺架子給我看，還
> 　　　　是已不再愛我，跟我約會真的那麼痛苦嗎？」（錯誤
> 　　　　的溝通技術）

4.情感表達技術

　　情緒的自我表露可以增進親密關係品質、有助於各種衝突的解決、增進關係滿意度與關係適應（Vito, 1999）。「情感表達技術」可以協助當事人清楚具體地表達自己的感受，達到以上所提的效果。

例一

> 李蟬：「我不覺得我在你的心目中有何重要性，或許你根本
> 　　　　就不在乎我。」
>
> 小軒：「妳的話讓我覺得很失望。」（情感表達技術）

例二

> 小蟬：「相處這麼久了，我們的想法依然南轅北轍。再這樣
> 　　　下去，只會增加彼此的痛苦，不如分手算了。」
> 小軻：「妳的話讓我好難過。」（情感表達技術）

例三

> 小軻：「如果不是妳一路扶持，不斷給我力量，我想，我不
> 　　　可能那麼快就站起來。我一定不會讓妳失望。為了妳，
> 　　　我會繼續努力。」
> 小蟬：「聽你這麼說，讓我很欣慰。」（情感表達技術）

5.情感反映技術

情感反映技術使用於一方進入另一方的內心世界，了解另一方敘述中所蘊含的情緒。然後跳出另一方的內心世界，將他（她）所體驗到的情緒傳遞給另一方知道。

例一

> 小蟬：「我不覺得我在他的心目中有何重要性，或許他根本
> 　　　就不在乎我。」
> 小軻：「妳對他感到失望。」（情感反映技術）

例二

> 小蟬：「相處這麼久了，我跟他的想法依然南轅北轍。再這
> 　　　樣下去，只會增加彼此的痛苦，不如分手算了。」
> 小軻：「你們想法上的差異讓妳覺得很無奈。」（情感反映

技術）

例三

> 小軒：「如果不是她一路扶持，不斷給我力量，我想，我不
> 　　　可能那麼快就站起來。我一定不會讓她失望。為了她，
> 　　　我會繼續努力。」
>
> 弓莘：「她的陪伴與支持讓你很感動。」（情感反映技術）

6.非語言技術

溝通時，透過「非語言技術」的使用，可以觀察對方的感覺或想法，同時也可以傳遞自己的感覺或想法。

例一

> 小林：「我現在已有固定的工作，生活很穩定，目前一切都
> 　　　很好，我想……」（頭低下）
>
> 小嵐：「你似乎有些重要的話要跟我說，但是又不好意思開
> 　　　口。」（非語言行為的運用）

例二

> 小嵐：（哭泣）「我怎麼知道我的同學這麼差，竟然當眾羞
> 　　　辱我。」
>
> 小林：（將對方擁入懷裡）「妳的同學讓妳很難堪。」（非
> 　　　語言行為與情感反映技術的運用）

例三

> 小嵐：（唉聲嘆氣、坐立難安）
> 小林：（握住小嵐的雙方）「看妳這個樣子我很心疼。」（非語言行為與情感表達技術的運用）

　　以上各技術可以單獨使用，也可以配合使用，例如，小依：「我跟你說了五次，希望你講電話時不要太大聲，以免吵到寶寶，可是似乎都沒有用（行為描述技術），我覺得很失望（情感表達技術）。」

　　因為每個人已有習慣的表達方式，對某些人來說，學習這些技術等於修改原先習慣的模式，因此，需要時間、耐心與練習。如果原本的表達方式已含一些有效的溝通技術，那麼學習的效果會是事半功倍。

附錄一：溝通技術練習

一、專注與傾聽技術

　　兩人一組，一人告訴另一人最近發生的事。傾聽者須表現身體與心理的專注與傾聽。一分鐘後，說話者說明是否感受到傾聽者的專注與傾聽，傾聽者說明在過程中對說話者的觀察。

二、簡述語意技術、具體化技術、情感表達技術與情感反映技術

　　請使用「簡述語意技術」、「具體化技術」、「情感表達技術」與「情感反映技術」回應以下每一句敘述：

　　1.小航：「我不是故意惹妳生氣，而是希望妳知道，有時妳也要尊重我的看法。我是男人，怎麼可以在公眾場合處處遷就一個女人。」

　　2.小航：「昨天我們說好今天到陽明山泡溫泉，可是妳一接到同事的電話，就把我們的約定取消，似乎妳的同事比較有魅力。」

　　3.小航：「妳不在乎別人的看法，可是我在乎。我不希望別人在我的背後指指點點，說我是個沒出息的男人。我沒辦法時時刻刻陪著妳，畢竟我有了事業，才可以給妳好的生活。」

三、行為描述技術與非語言技術（或配合其他技術一起運用）

　　請使用「行為描述技術」、「非語言技術」，回應以下描述：

　　1.小航：（早上太晚起來，因為太匆忙，將衣櫥的衣服弄得亂七八糟，毛巾、牙刷、牙膏也丟了一地）

　　2.小航：（下班後，回到家就罵小孩花太多時間看電視，嫌太太煮的菜不好吃，嫌家中東西太亂）

　　3.小航：（嘴巴哼著歌，整理庭院）

【第十三章】

婚　姻

青年男女從十來歲初嘗戀愛的滋味後，就不斷地沉浮於新、舊情人交替的送往迎來中。如此顛沛十數年的生命，為的竟只是「弱水三千，只取一瓢」，覓得終生廝守的伴侶。

即使目前離婚率高得令人捶胸頓足，不過青年男女，甚至體弱氣虛的老人，並未因此英雄氣短，鳴金收兵，反而愈挫愈勇，銳不可擋。沒品嘗過婚姻者立即想要夢想成真，婚姻曾破碎者努力想要重新築巢圓夢。「薄薄酒勝茶湯，醜妻惡妾勝空房」，婚姻究竟有何魔力，能讓世人如此不辭勞苦，前仆後繼？

「創業維艱，守成更難」，婚姻的維繫比婚姻的建立困難許多。十年長跑之後建立的婚姻，雙方若沒有努力經營，還是會像海沙築成的碉堡一樣，只要海浪一起，就堡毀沙散。那麼，維繫婚姻之道又是如何？

婚姻生活涉及的主題不勝枚舉，本章只探討最常見的幾個主題，包括：婚姻之相關迷思、婚姻之定義、婚姻之功能、婚姻衝突之遠因與近因、處理婚姻衝突之策略、美滿婚姻之營造與維持，以及性別平等對婚姻之意涵。

第一節
婚姻之相關迷思

在自由戀愛的社會中，絕大多數人都是因愛結合。可是，只有愛而沒有其他配套輔助的婚姻，仍會像空中樓閣一樣，不堪現實生活的考驗，看看目前節節攀升的離婚率就可知道。

婚姻中的配套之一，就是對婚姻的正確認知。每個人對婚姻都有一些看法，有些看法對於婚姻具有雪中送炭、錦上添花之功，有些卻會製造漣漪、掀起風浪，讓婚姻之路窒礙難行。

以下是一些有關婚姻之迷思，請修正錯誤的敘述：

1.每個人都應該結婚。

2.「男主外、女主內」是最佳的婚姻模式。

3.為了營造美滿的婚姻，夫妻不應該擁有各自的空間與時間。

4.為了維持美滿的婚姻，夫妻間應該盡量壓抑彼此的差異性，以避免衝突的發生。

5.夫妻的性生活，應該是先生採取主動，太太盡力配合。

6.為了建立美滿的婚姻，夫妻間應該盡量表現正面情緒，隱藏負面情緒。

7.夫妻有了衝突，最好的處理方法就是忽視衝突的存在，避免衝突釀大，破壞夫妻感情。

8.「妻以夫為貴」，女孩結婚後，應以先生的事業為重，努力做個輔助先生功成名就的推手。

9.夫妻相處，不需要直接表達想法、感覺與需求，如果雙方有愛，就應該心靈相通。

10.幸福的婚姻不會因為外在環境的變動而產生變化。

11.只要有愛，婚姻就會幸福。

12.夫妻間必須完全坦誠，最好不要有祕密。

13.如果有愛，夫妻婚前跟婚後的關係應該不會有改變。

問題與討論

問題一：*每個人都應該結婚。*

婚姻是一種選擇，單身也是一種選擇，哪一種選擇最適合，因人而異。不管選擇婚姻或維持單身，都有其優缺點，做何取捨，端視當事人的價值觀、人生目標而定。

從另一觀點來看，所謂的優缺點也會因人而異，例如，「寂寞」是優點，也是缺點。「寂寞」是無人陪伴的孤單，是一幅淒涼的畫面；但是，「寂寞」也是一種毫無拘束的「自由」。在同一個情境下，有人因寂寞而悲苦，有人因為沒有約束而欣喜。孰對孰錯，沒有絕對正確的答案，當事人覺得快樂便是答案。

問題二：「男主外、女主內」是最佳的婚姻模式。

沒有所謂最佳的婚姻模式。「男主外、女主內」是傳統社會對婚姻的期待，在性別平等的現代，這種觀念不一定適用。

不管採用哪一種模式，只要夫妻同意，而且覺得適得其位，就是最好的婚姻模式。不過，因為社會變動大，個人的需求也變動不居，模式得依實際狀況調整。

問題三：為了營造美滿的婚姻，夫妻不該有各自的空間與時間。

夫妻不能像是兩個完全重疊的圓一樣，沒有屬於各自的空間與時間。完全交集的夫妻，雙方得壓抑或放棄各自的需求，強迫自己遷就對方。長時間下來，因為需求呈現飢渴的真空狀態，浮躁、不安、厭煩的情緒必然浮現，並且腐蝕夫妻關係。於是，婚姻便成為雙方的累贅與負擔。

問題四、六、七：為了維持美滿的婚姻，夫妻之間應該盡量壓抑彼此的差異性，忽視衝突的存在，以及隱藏負面情緒。

破壞夫妻感情的殺手，不是夫妻的差異性，而是壓抑差異性、壓抑負面情緒，忽略出現的衝突。

夫妻有各自的成長背景，想法、態度上的差異在所難免。夫妻相處，貴在坦誠表達內心的需要與感受，協調彼此的差異。即使雙方有了衝突，透過衝突，可以看到彼此的內心世界，才能進行協調，解決問題。

粉飾太平的婚姻，是一方忍氣吞聲、壓抑不滿，視而不見彼此的差異與芥蒂。當忍耐達到極限而引爆衝突時，這種衝突往往具有毀滅性的殺傷力，可能讓婚姻破碎，緣滅情盡。有時候，被壓抑的衝突，會驅使雙方或一方往外尋找紓解對象，到頭來婚姻還是不保。

問題五：夫妻的性生活，應該是先生採取主動，太太盡力配合。

在男女平權時代，兩性的性自主權有法律的保障，性生活中誰主動、誰被動跟性別無關，也沒有一定的規格，而是需要雙方協調同意。如果一方不尊重對方的感受與需求，就會讓「性愉悅」變成「性虐

待」。

問題八：「妻以夫為貴」，女孩結婚後，應以先生的事業為重，努力做個輔助先生功成名就的推手。

「妻以夫為貴」的觀念，讓婦女的地位淪為成就丈夫的工具。這種失去自我的婚姻，在性別平等的時代，已非一般女性所能接受。

但是，就像沒有一件衣服可以適合任何人穿一樣，「妻以夫為貴」的觀念，是個人的選擇，無關乎對錯。只要女性認為這樣的婚姻可以接受，做這樣的選擇未嘗不可。

問題九：夫妻相處，不需要直接表達想法、感覺與需求，如果雙方有愛，心靈就會相通。

若誤以為，「如果對方愛我，就該懂得我心」，而癡癡期待對方摸透自己心意，這種自以為是的心態，常常讓一方或雙方的期望落空。到頭來，雙方的關係便瀰漫著懷疑、埋怨。好笑的是，傷心者其實是始作俑者。

問題十：幸福的婚姻不會因為外在環境的變動而產生變化。

婚姻就像人一樣，是「活」的，具有變動不居的特性。不管夫妻的愛有多深、意有多濃，婚姻狀況會因環境與人物的變動而改變。因此，隨時依狀況調整婚姻的經營模式，才是維持婚姻的不二法門。

問題十一：只要有愛，婚姻就會幸福。

美滿的婚姻除了要有愛來潤滑之外，還需要其他條件的配合，例如，穩固的經濟基礎、良好的溝通、有效的衝突處理模式……等。只有愛而沒有其他條件輔助的話，婚姻便會像空中樓閣一樣，虛而不實。

問題十二：夫妻間必須完全坦誠，不能有祕密。

夫妻間應該坦誠溝通，但是保有個人隱私實屬必要。有些隱私如果公開，可能弊多於益。例如，意料之外的短暫外遇、有多少私房錢、婚前有過多少男（或女）朋友、跟多少男（或女）朋友有過性關係、婚前是否曾懷過其他男人的小孩等，這些問題是否一定要讓配偶知道，值得商榷。

問題十三：如果有愛，夫妻婚前跟婚後的關係應該不會有改變。

戀愛的情境與婚後的情境不同，夫妻的相處模式跟談戀愛時的相處方式，也會有所差別。很多人結婚後，誤以為配偶不再像以前那樣真心對待，而對婚姻感到失望，這是沒有看清事實的緣故。即使雙方的愛依舊，愛的表現方式也會因狀況不同而改變。

第二節

婚姻之定義

依據民法的規定，男女雙方在符合某些條件後的結合，婚姻關係才會被法律承認，例如，男需滿十八歲，女需滿十六歲（未成年人結婚應得法定代理人的同意），並有公開儀式及兩人以上之證人，再經戶籍法為結婚登記者。

法律上對婚姻的定義，無法明確反映出婚姻的內涵。周麗端等（民88）曾列出不同學者對婚姻的定義，從這些定義中可看出，婚姻的內涵涉及：(1)婚姻關係是一種有利雙方發展的關係；(2)彼此在情感上獲得滿足；(3)彼此照顧、同甘共苦；(5)性關係合法化；(6)雙方對彼此有權利與義務；(7)一種穩定、社會認可的夫妻關係；(8)使子女的出生合法化；(9)是法律與實際生活的組合；(10)把男人與女人結合成一種相互關係，並據以建立家庭；(11)使男女分享情緒、身體親密、不同任務與經濟資源。

根據以上的內涵，可以將婚姻歸納出幾個特點：

1.婚姻是透過法律過程而形成的合法化關係，這種合法化關係使得夫妻關係得到合法的保障。

2.婚姻關係規範了夫妻的義務（例如，履行同居的義務），並且保障夫妻的權利。不過，這些權利與義務會隨著時代的變遷而有所更改。

3.婚姻關係使得子女有合法的地位。婚姻關係所生的孩子，在權

益上受到法律的保障。沒有婚姻關係出生的子女，透過 DNA 比對與父母親的承認後，才享有某些法律的保障。

4.婚姻關係是穩定、長久的關係。結婚須經過一套法定的法律程序，這種關係若沒有透過另一套法定的法律程序來解除的話，婚姻關係便永久存在。

5.有婚姻關係的夫妻可分享情緒、身體親密、不同任務與經濟資源，並獲得法律保障與社會認同。

6.法律與社會期待有婚姻關係的夫妻彼此照應、同甘共苦。夫妻本一體，生命裡的風雨，夫妻應共擔；生命裡的陽光，夫妻應同享。雖然這些沒有在法條中見諸文字，不過，早在結婚的那一剎那，就銘刻在每一對夫妻的心上。

7.法律保障有婚姻關係的家庭，例如，父母有撫養孩子、保護孩子、照顧孩子的義務，讓孩子在完整的家庭中成長。

綜合以上所言，婚姻可以定義為：「男女透過法定的法律程序結合成為夫妻後，被期待分享親密的身心互動，共同承擔家庭任務與分享經濟資源，克盡應負的責任與義務，彼此照應、同甘共苦，經營屬於兩人的家庭，讓下一代健康成長。」

第三節
婚姻之功能

李勤拖著一身的疲憊，騎著摩托車風馳電掣地往回家的路上飛奔。一想到今天老闆的臉色，他騎車的速度就加快了一些。他實在受不了老闆的霸氣，不過，為了這份薪水，不得不忍受。在加快馬力的情形下，比往常早了幾分鐘到家。

他尚未進門，就聞到空氣中飄送著一股令人垂涎的香噴

噴燉燒味。他喜歡吃紅燒蹄膀，所以只要老婆有空，飯桌上一定少不了這道菜。一想到老婆對他的體貼，疲憊的身心似乎輕鬆許多。

李勤一進門，就看到兩個孩子伏案寫功課。孩子聽到開門聲，知道爸爸回到家，馬上放下手邊的功課，快速地跑向父親，迫不及待地炫耀他們在幼稚園裡的表現。李勤問起孩子在學校的情形，並勉勵孩子要聽老師的教誨與遵守學校的規定。

入夜後，李勤躺在老婆的身旁，激昂地訴說老闆的不是。老婆耐心的傾聽，心疼的擁抱，讓李勤的情緒逐漸地平緩下來。老婆的溫柔氣息與體香，激起了李勤另一種慾望，於是，他翻身壓在老婆身上……。

問題與討論

1. 從以上故事中，討論婚姻的功能有哪些？
2. 這些功能與個人內在哪些需求有關？
3. 在這些功能中，哪些只有婚姻可以提供？
4. 婚姻對兩性有何不同的意義？

人為何要結婚？這是許多人心中的疑問，偏偏這個問題沒有標準答案。

一方面，時代不同，婚姻的意義也隨之而異，例如，傳統上婚姻是女人的「長期飯票」，女人婚後靠先生，年老時靠兒子。時至今日，女人有能力養活自己，不再依靠先生、兒子，因此，婚姻對女人已有不同的意義。對男人來說，「無後為大」的觀念是男人沉重的負擔，一直以來，婚姻是男人傳宗接代的主要工具。可是，時代變遷，想法改變，不想有孩子牽絆的男人愈來愈多。因此，婚姻的意義對男人而言，已不像從前。

另一方面，不同的人因為不同理由而結婚。有些人因為愛而結婚，有些人因為不想孤單寂寞而結婚，也有人因為欽羨對方的權勢、財富而結婚。即使同一個人，因為身處不同的人生階段或因為不同的經驗，對婚姻的看法也會改變。

不管人為何原因而結婚，總脫離不了與內在某些需求有關。人的內在需求操控著人的行為，而婚姻所發揮的某些功能，適巧可以滿足人的需求。在單身的世界中，或許可以用不同的方式來滿足這些需求；可是，畢竟無法像婚姻一樣，具有理直氣壯的踏實與滿足感。

一、建立家庭以滿足身心的歸屬感與親密感

「家」通常被形容為遮風避雨的地方，因為大部分的人在身心俱疲，或傷痕纍纍，或空虛寂寞的時候，第一個湧上心頭的想法，就是回到能夠讓身心安頓的「家」中。

單身者也有家，同居者也有家，不過，單身者所擁有的家，是專屬自己的地方，沒有人可以參與、共享，有時甚至滲透出孤獨、漂泊的氣息。同居者所擁有的家，雖然有人共享，不過，卻沒有保障，隨時可以拆除，因此，瀰漫著不穩定、未知數的感覺。

透過婚姻而組織的家庭，擁有家人、朋友與法律的祝福與保障。這些祝福與保障，加重了家的意義與重要性，於是，個人可以將各種疑難雜症帶回家中，跟家人分享，讓各種情緒在家人的關心下紓發排解。家人之間親密的情感交流，坦誠的思想交換，與無拘束的行為互動，讓家成了安頓身心、歸屬身心的處所。

二、提供生命的延續感

因為生命有限，自古以來，長生不老一直是人類的夢想。不過，不管科技再怎麼發達，這個夢想似乎遙不可及。於是，「孩子」就成為突破有限生命的暫時解答。

透過孩子的傳承，讓夫妻感受到生命的延續。大人的身體雖然隨

著時間的流逝而日漸腐朽，可是延續自己生命的孩子卻日夜壯大，這種生命傳承的感覺，足可以稀釋對生命有限的恐懼。

單身者可以靠著科技有了後代，可是，缺乏兩人共同孕育與扶植生命的樂趣。同居者也可以有結晶，只是，這個結晶可能會因為同居者拆夥而歸屬一方，對另一方來說，要看到、體驗到生命的延續，恐怕只得另起爐灶。

三、提供相互扶持的機會

夫妻的生命是一體的，休戚與共是必然的，無事時噓寒問暖，分享喜樂；有事時相互扶持，分擔苦難。現代社會，男女角色涇渭分明的觀念逐漸薄弱，生活中，夫妻角色互替，分工合作的狀況已不足為奇。此外，現代的女性大多為忙碌的職業婦女，先生分擔家務事勢在必行，因此，夫妻間的相互扶持更不可或缺。

沒有婚姻約束的單身生活雖然自在逍遙，不過，卻少了可以同舟共濟的伴侶，事事都得獨立承擔。同居者雖然有人共同分擔責任，不過，因為沒有婚姻約束，願不願意相互扶持就看個人的喜惡。

四、提供外在豐碩的資源，滿足依賴感

人小時候依賴父母，長大後除了依賴自己以外，更需要依賴外在環境。婚姻將兩個家族結合在一起，讓個人從環境中掌握更多的資源，於是，依賴需求便因為婚姻的結合而獲得圓滿的解決。

不管是單身或沒有婚約的同居，便沒有如此幸運。單身者無法像已婚者可以掌握如此豐碩的外在資源，更少了核心的依賴對象（即配偶）。同居關係缺乏法律的約束與保障，兩人的關係便如無法著地生根的浮萍，依著雙方的喜惡而起伏，讓依賴感構築在不穩定、不踏實的關係中。

五、提供學習、成長與自我實現的機會

如果生命需要不斷地學習、成長與自我實現，那麼婚姻便是最佳的場所。生命中的困境本來就無可避免，而婚姻更為生命增添更多的變數。為了突破婚姻中的曲折與苦難，人必須凝聚智慧、鼓起勇氣、尋求資源面對問題。就在這個過程中，個人的智慧被提升，心胸被擴大，見識更深遠，潛能也獲得發揮。

單身生活雖有較多的安寧、安穩，卻少了磨練身心的機會。同居生活雖然類似婚姻生活那樣挑戰多多，不過，同居者可以沒有責任地選擇逃避、拆夥，就是因為沒有機會被逼迫學習，成長就有限。

六、提供孩子社會化的途徑

家庭是孩子成為社會人最重要的地方。透過父母的教導與示範，孩子學習社會規範，內化道德成為良心，學習如何跟他人和平相處，以及學習遵守法治社會的一切規定。透過家庭的社會化過程，孩子成人之後，能夠融入社會，發揮才能，貢獻國家社會。

七、改變社會地位

婚姻是改變社會地位最快的方式。嫁入豪門，「飛上枝頭變鳳凰」的幸運女孩比比皆是；現代有些男孩不甘落後，抱持著「娶個有錢富家女，以減少奮鬥二十年」的夢想。從中下階層躋身成為社會名流，婚姻恐怕是最快的捷徑。

八、在某些權益上獲得法律上的保障

婚姻與同居最大的不同之一，在於某些權益上受到法律的保障。婚姻規範夫妻的責任與義務，保障孩子的合法地位，提供一個家的完整性。因為有了法律的保障，夫妻可以要求對方，甚至制裁對方，以保護自己的權益。

第四節
婚姻衝突之遠因與近因

言庭與文孄為了一些問題吵個不停。言庭為獨子，父母希望他快點傳宗接代，好讓他們放心。在父母的催促下，言庭希望文孄配合，完成父母的心願。可是，文孄另有想法。文孄目前工作順利，得到公司的重視，高升在即，懷孕生子顯然有礙前途。

除此之外，言庭傳統觀念極深，他希望文孄把重心放在家庭，更何況他的家產與收入，根本不需要文孄在外拋頭露面。可是，文孄卻不能苟同。她希望有自己的事業，不想完全依賴男人。

另外一個問題是，婚後文孄發現，自己無法適應夫家的生活，所以希望搬到外面住。可是，言庭是獨子，如果搬出去住，照顧父母的責任又將如何解決。因此，他堅持與父母同住。

因為兩人個性都好強，誰都不願意讓步，所以，問題一直無法解決。雖然他們深愛對方，可是，結婚兩年來，大小的熱戰冷戰持續不斷。

問題與討論

1. 以上故事中，有哪些問題造成婚姻衝突？

2. 除了以上的問題外，還有哪些問題可能是婚姻衝突的來源？

3. 如果從家庭生活週期各階段來思考，在不同的家庭生活週期中，較容易出現哪些問題？

4. 如果從兩個人的親密模式來看，有哪些看法源自兩人原生家庭

的信念或規則（或性別刻板化印象）？

衝突是互動的結果，也是互動的歷程。就結果而言，任何造成阻隔、不一致、緊張、防衛性溝通、焦慮、情緒不滿、對立、負面的人際情感，以及口語與非口語訊息的矛盾，都可以視為衝突。就歷程來說，這些不愉快的狀況只是衝突歷程中的一種過渡，有可能被引導至建設性的結果（葉光輝，民88）。

從以上敘述來看，夫妻之間的衝突乃生活常事，而且無可避免。不過，如果夫妻對這些常事不加以妥善處理的話，就容易日積月累，嫌隙日深，相處起來愈來愈不對味。

造成婚姻衝突的原因不勝枚舉，小如擠牙膏的方式，大如外遇的發生。夫妻間的衝突並非只具有殺傷力，也有正面的意義。例如，衝突反映問題的存在，讓夫妻有機會反省，以及了解對方的需要。不過，夫妻是否能夠化危機為轉機，透過衝突提升成長、促進感情，就得看兩人是否以開放、坦誠的態度面對。否則，夫妻間的衝突只會削弱婚姻存在的必要性。

要轉化婚姻衝突，並非如一般人所想的那樣簡單，因為這不是單方的問題，也無法流於「頭痛醫頭，腳痛醫腳」的膚淺。常常聽到一些夫妻抱怨：他或她想要跟另一半檢討衝突的原因，以謀求改善；可是另一半推卸責任，認為自己沒錯，該改變的是對方。因此，衝突持續發生，家中無法安寧。

夫妻努力想要改善婚姻衝突時，往往可發現，愈追究其原因，牽涉的層面愈廣、愈深。婚姻衝突是連續的過程，並非單一事件所引起的，而婚姻衝突事件，隱含了許多複雜的生活經驗（王沂釗，民89）。某些特定而一再發生的衝突事件，是由一些僵固的價值信念、互動模式、權力與情感關係，環環相扣所形成的結構循環（葉光輝，民88）。因此，夫妻發生衝突時，千萬別只顧在表面問題上作文章，努力撻伐對方的不是，而忘記從更深、更廣、更遠的角度，透視夫妻衝突的可能根源。

以下說明婚姻衝突的遠因與近因，並以圖 13-1 來表示。

■ 一、婚姻衝突之遠因（根源）

夫妻衝突的原因即使如此明顯易見，卻也只是表面因素而已，例如，夫妻因為擠牙膏方式不同而起爭執。旁觀者聽了這個故事後準會捧腹大笑，認為夫妻竟為這種小事傷和氣，真是幼稚無知。

其實，習慣本身是個人過去用以適應環境的模式，這個模式曾幫助個人走過環境中的波折，幫助個人生存。因為習慣曾有如此的作用，才得以被個人保留下來。因此，習慣的養成，背後往往有複雜的機制在支持，而這個機制牽扯著個人過去求生存的經驗，以及交織著生存過程中的某些想法、信念與情緒。

要當事人打破原有的習慣，就等於要改變習慣背後的整個機制，拿掉個人過去生存的依賴，讓個人置身於無法預知結果的恐懼中。這種恐懼與害怕，會讓人拒絕改變，拒絕面對現實與事實。這也就是為什麼人常常固執己見，甚至視而不見習慣中的缺點。

夫妻之間的衝突也是一樣，有時候，夫妻兩人為了一些令人啼笑皆非的芝麻小事而爭執不下。其實，這只是表相，背後真正的原因在於退讓必帶來自我改變，而自我改變必帶來恐懼與害怕。因為當事人對於習慣背後的機制沒有覺察，完全不知道自己之所以不想改變的真正原因，所以更會固守原先的習慣。

不過，這並不是意味著，人必須屈服在習慣之下。如果當事人願意逐步嘗試，耐心克服內心的恐懼，或是借助豐富的人生經驗來突破內在的障礙；或是尋求專家的協助，探究與改變習慣背後的機制，習慣的改變並不困難。

婚姻衝突的根源所牽扯的層面既多又廣。個人從出生後的所有經驗，都關係著成年後的婚姻狀況。在其中，以家庭經驗最為重要。家庭經驗為個人成年後的婚姻寫下劇本，而家庭外的經驗，有著修正、補充、加強的功效。當然，人有自由意志，人有選擇的自由與能力，

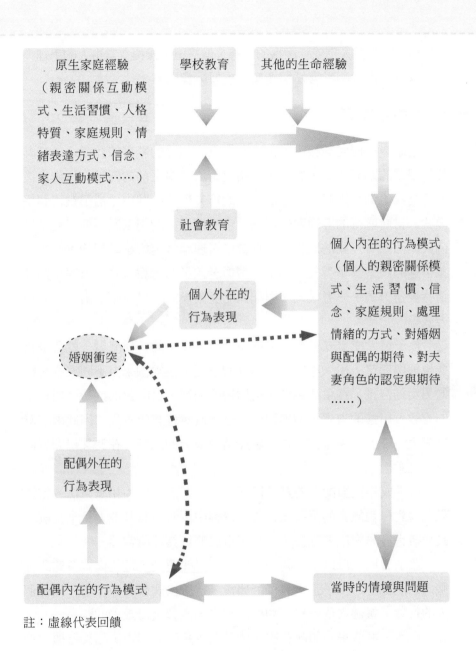

註：虛線代表回饋

圖 13-1　婚姻衝突歷程圖

這種種經驗對個人造成什麼樣的影響，最終還是操控在當事人的手裡。

以下分別說明影響婚姻衝突的重要影響因素：

（一）原生家庭

生命中的任何經驗，再也沒有像家庭經驗的影響如此深遠。精神分析學派的始祖 Freud 認為，人格奠定於六歲之前的經驗，六歲之後的行為只不過是重複六歲之前養成的行為模式，其中包括了親密關係模式。目前盛行的客體關係理論，也支持個人的親密關係模式奠基於個人與照顧者互動的過程中。社會學習理論肯定觀察學習的重要性，孩子透過觀察，學習父母的生活習慣、孩子的管教方式、家庭規則、情緒表達方式、思考模式、與配偶的互動模式，以及婚姻衝突的處理方式等。

孩子長大成家立業後，這些源自原生家庭的各種學習，就會被當成規則與期望，用來經營自己建立的家庭。當兩個來自不同家庭經驗的男女結合後，在生活習慣、對婚姻的期待、對配偶的期待、對孩子的管教、用錢的方式、價值觀……等，自然會有所差異，因此衝突難以避免。不過，影響孩子未來處理婚姻衝突的關鍵，在於父母面對衝突的互動模式。

孩子成年後與配偶的互動模式，通常習自父母的相處方法。常窺見父親對母親施暴的男孩，在成長過程中，若沒有其他力量來化解，長大後也容易對配偶施暴，並且視自己的行為理所當然。

孩子看見父母以不良的互動模式面對問題後，這些模式會銘印在腦內的記憶中。孩子長大有了配偶後，這些模式會發揮作用，操控個人的行為，讓個人依照銘印的模式來走，複製父母走過的路。

當然，事情未必如此悲觀。孩子在成長的過程中，如果有機會觀察到其他良好的婚姻互動模式，或是能夠透過自我成長，覺察父母不良婚姻品質的因素，便可以修改先前銘印的模式，為自己創造美好的婚姻。

（二）學校教育

在學校生活中，透過課程上的學習、師生互動與同儕間意見的交流，可以加強、修正家庭經驗的學習內容，或是補充家庭經驗中的不足。例如，在性別不平等家庭中成長的孩子，透過學校的性別平等教育，可以修正孩子內在性別不平等的互動模式。

反之，如果學校教育未善盡職責，不但修正不了家庭對孩子的負面影響，還會惡化家庭遺留在孩子身上的不良學習。

（三）社會教育

電視媒體、報章雜誌所傳遞的思想，對於個人從家庭經驗中習得的行為模式，也有修正、加強、補足的功效。例如，電視媒體中有關婚姻生活的節目、報章雜誌中有關婚姻生活的報導，不管是教育性或是新聞性的資訊，都有助於個人修改或加強原本已有的行為模式。

反之，如果媒體充斥著以暴制暴的衝突解決模式，以及錯誤的婚姻認知，便會加強個人從家庭與學校習得的不良學習。

（四）其他的生活經驗

個人的其他經驗（例如，同儕互動、師生互動），或透過親身體驗，或透過觀察學習，也會加強、修正、補充原本已有的行為模式。

▍二、婚姻衝突之近因

夫妻因為成長背景不同，對一些問題的看法自然有所差異。這些差異的看法容易導致衝突而影響婚姻。以下是幾種常見的婚姻衝突問題，夫妻想要有美好的婚姻，就必須妥善處理。

（一）當時情境

夫妻會如何處理發生的事件，當時的情境具有相當的影響力。例

如，同樣的事件發生在公眾場合與家中，處理方式可能不同。愛面子的人為顧及形象，可能採取不理不睬的忍耐；但是，同樣事發生在家中，處理的方式可能不同。

又例如，當夫妻一方或雙方心情不好時，包容力便會降低，衝突就容易產生；相對地，當雙方或一方心情愉悅時，便願意大事化小，小事化無，衝突就無從產生。

發生的問題是否為夫妻所在乎的事項，也關係著夫妻的反應。外遇問題的嚴重性，遠超過不小心丟了一萬元。

此外，當夫妻正承受外在壓力時（例如，失業、工作壓力），任何的其他事件都可能引爆夫妻衝突。

（二）婆媳問題

自古以來，婆媳問題一直是夫妻離異的重要因素之一。雖然，現代媳婦也是家庭經濟的主要支柱之一，地位比傳統媳婦來得高些，但是，仍舊得面對婆媳問題的挑戰。

婆媳之間常因為代溝、生活習慣、價值觀的南轅北轍，以及婆婆不習慣地位被取代而失和。為了減少這些衝突，有些媳婦不希望婚後跟公婆同住。不過，理想與現實常無法配合。夫婦兩人非得有雄厚的經濟基礎，否則願望難以達成。另有些人即使經濟能力足夠，卻因為某些因素而難以成行。例如，婆婆為寡婦，需要兒子媳婦照顧；或是兒子臍帶未斷，心理上仍舊依賴母親；或是母親離不開兒子，於是千方百計想要留住兒子。

如果兒子有能力調解婆媳之間的衝突，婆媳問題就不容易坐大而威脅婚姻。可惜的是，有些男人能力不足，若不是選邊站，讓某方女人落單；就是逃之夭夭，留下兩位女人互相廝殺。有些男人自我欺騙，假裝問題不存在，讓婆媳問題愈演愈烈；有些男人利用兩個女人的矛盾衝突，從中獲利。

在婆媳問題中，最關鍵的人物不是婆媳，而是男人。只要他能發

揮潤滑作用，往往可以大事化小，小事化無。但是，如果他推脫逃避，讓婆媳不斷短兵相接，在女權高漲的現代，離婚恐怕會是最終結局。

此外，婆媳要想好好相處，總得彼此退讓一步，亦即鬆懈彼此內在行為模式所塑造的期望，而不是要求對方配合自己。婆婆因為媳婦的嫁入而大權旁落，媳婦因為嫁入婆家而自由受限。因此，雙方有必要調整已經習慣的模式。

（三）經濟問題

「貧賤夫妻百事哀」，沒有足夠經濟基礎的婚姻，往往無法長久存在。一些夫妻之間的衝突，起因於經濟匱乏。台灣目前大部分的家庭是雙薪家庭，可是，台灣的生活水準過高，賺錢跟不上花錢的腳步，即使夫妻都有工作，入不敷出是常事。孩子出生後，家庭的花費更呈倍數成長，經濟負擔常讓夫妻喘不過氣來。在天天為錢坐困愁城的情況下，再美的愛情也會成泡影。林松齡（民 89）的研究發現：家庭的經濟、丈夫工作的穩定性，皆會影響妻子對婚姻品質的評價。

經濟問題不僅涉及財富的多寡，也涉及用錢的方式。夫妻兩人用錢方式不同，可能會引發過度浪費或過度吝嗇的埋怨。除非兩人相互妥協，否則這類的衝突會持續不斷。

如果男女在婚前有良好的理財觀念，並且對婚後的生活有良好的經濟規劃，就可以減少婚後經濟問題的困擾。有些男女在婚前被愛情沖昏了頭，沒有足夠的理性釐清婚後的現實問題，以致於婚後被經濟問題逼得焦頭爛額之時，才後悔當初的過度天真。只要用心，這個問題是可以避免的。

（四）傳宗接代的問題

由於受到一些錯綜複雜因素的影響，身心健康但無法生育的夫妻愈來愈多。目前發達的科技雖然讓不少夫婦受惠，但生育問題仍是某些夫妻的遺憾。生育問題之所以威脅婚姻的存在，是因為國人「傳宗

接代」的觀念重。「不孝有三，無後為大」，誰都不願意擔起香火斷絕的罪過。

不孕的問題會因為性別的差異，而有不同的結局：若先生不孕，絕大部分的太太會願意陪伴先生至老；若太太不孕，那麼太太的下場就值得憂慮。除非先生的兄弟眾多，可以由其他的兄弟完成家族使命，否則，不孕的女人想要保住婚姻，實在困難。

（五）溝通問題

婚姻生活中，小事如送禮、旅遊，大事如孩子的管教、買房子的決定等，點點滴滴都需要夫妻面對面溝通。透過溝通，雙方才有機會了解彼此，才能進行協調。

有人因為配偶不願意溝通或溝通不良，而憤恨不平，最後由失望、絕望，到心冷、心死。溝通不良就像蟲蟻腐朽房屋一樣，一點一滴地蛀蝕基樑。等到當事人發覺屋搖地動之時，通常為時已晚。

溝通要有技巧，無效果的溝通只會愈抹愈黑，使雙方怒氣高漲，例如，挖瘡疤、數落對方不是、損毀對方尊嚴。溝通除了需要靠技巧，更需要溝通的雙方坦誠以對，將心比心，找到雙方的平衡點，而不是一心要求對方屈服於自己的想法。

人的溝通模式通常學自父母，並且貯存於內在行為模式中。跟配偶溝通時，這些模式便操控全局，讓溝通導向某種結果。只要用心觀察，便可以挖掘出原生家庭的模式。好的溝通模式應被保留，不良的溝通模式應該被修正。

（六）價值觀問題

所謂價值觀是指個人在生命中，重視或想追尋的目標或理想，也是評判行為的標準。

夫妻兩人如果價值觀南轅北轍，衝突就會日增。例如，一方重視工作，所以放假時仍不忘記工作；另一方重視休閒，所以休閒時絕不

工作。如果兩人各持己見，衝突迭起，最可能的結果是，各自哀憐所嫁非人、所娶非人，然後過各自的生活。

即使夫妻兩人價值觀不同，只要願意溝通協調，彼此退讓一步，輪流滿足彼此的需要，問題仍然可以解決。

（七）生涯規劃問題

生涯規劃是指夫妻兩人在最近一年、五年、十年，或甚至一生中，共同想達成的目標，例如，何時生孩子、何時買房子，或是何時進修。生涯規劃除了給予夫妻生活動力、凝聚夫妻的向心力、提升兩人對「家」的認同感與成就感外，還可以避免意外事件動搖夫妻的感情。

「人無遠慮，必有近憂」，夫妻若沒有良好的生活規劃，便少了抵擋意外災害的能力，也沒有足夠的目標凝聚夫妻感情，於是，削弱了兩人在一起的理由與婚姻的價值。研究中發現：夫妻倆人若早一步規劃未來的人生，便可以藉由完成兩人共同規劃的生涯，將兩人的婚姻昇華到更美滿的境界（賴憶真，民 91）。

有時候，夫妻雖然彼此有生涯規劃，不過，兩人的規劃卻南轅北轍。這時候，就得面對現實，協調出同時滿足雙方部分需求的方案。

（八）兩性不平權的觀念

傳統的性別角色視女人為男人的附屬品，當新思想湧入時，男女不平權的觀念已逐漸褪去。

但是，無可否認地，直到目前，仍有一部分男女堅持男女不平權的態度。於是，夫妻被迫接受不適合自己的僵化角色，在綁手綁腳的生活中勉強度日。當夫或妻的潛力無從發揮，日子便充滿唉聲嘆氣，於是，婚姻生活變得黯淡、灰色、枯燥與無聊，最後夫妻不得不另覓生機。

兩性平權的婚姻中，夫妻的角色、權利與義務須透過彼此的協調，並且隨著情況的需要做彈性的調整。這種人性化的設計，創造出多變、

新鮮、新奇與平等的婚姻特色。在相關研究中發現：愈是兩性平權的婚姻，夫妻愈覺得美滿（Buunk & Mutsaers, 1999）。

在兩性平權的年代，兩性有責任重新審查內在的行為模式，修正自大與自卑的部分，學習尊重彼此的潛能與選擇。

（九）家事的分擔問題

由於目前女性大多為職業婦女，是家庭經濟支柱之一；加上社會上盛行「新好男人」主義，於是，男人分擔家務成為天經地義的事。

男人分擔家務，除了可以減低太太的壓力，調適太太的情緒外，還可以傳遞對太太的疼愛與重視，以及提升夫妻感情。林松齡（民89）的研究發現：先生分擔的家務愈多，夫妻的糾紛與衝突就愈少；先生對臨時必要的家務協助愈多，夫妻互訴心聲的頻率就愈多，妻子的心理困擾也就愈少。王美惠（民76）的研究也有類似的發現：當家務分工愈平等，性別角色愈現代化，則婚姻滿意度愈高。

不過，仍然有一些男人「身處現代，心在古代」，婚前嬌生慣養，婚後對家事毫無概念，更談不上主動出擊扛起家務重任。更有甚者，堅持擁有家事豁免權，只有享受被侍奉的權利，沒有為家務付出的義務。於是，所有的家務全部落在太太身上，讓太太在工作一整天的同時，還得忙著張羅三餐，整理家務，搞得焦頭爛額、脾氣火爆。

張青惠（民85）的研究曾述及離婚婦女在丈夫袖手旁觀不肯幫忙家務時的憤怒。因為受到傳統觀念的影響，操持家務被認為是女性應負的責任。若丈夫不肯分擔家務，婦女只得一肩挑起，集妻子、母親、媳婦、職業婦女於一身；由於角色負荷過重，而引發不適應的情緒。

「家」是夫妻所共有，夫妻雙方不但有責任維護家的健康運作，而且責任應隨機彈性變換。如果男人堅持「家務為女人家的事」，女人在「主外」與「主內」雙重煎熬之下，對男人的愛情便會逐漸被蒸發，對家的迷戀也會逐漸被稀釋，然後理智清醒地問自己：何苦委身當個侍奉男人的奴隸？接下來便是不顧一切代價換取自由之身。

（十）個性適配的問題

「個性不和」常被當成離婚的主要理由，例如，夫妻兩人皆強勢又好發號司令，這種「王見王」的火爆場面，常將婚姻搞得慘不忍睹。

其實，即便一開始夫妻兩人的個性無法相容，只要兩人願意協調、改變，就不會走上離婚之路或成為怨偶。最怕的是，雙方各執己見，這種硬碰硬的對峙，若不是造成兩敗俱傷，就是一方暫時委屈求全，壓抑不滿配合對方，直到忍無可忍，而揮刀斷情。

就如前面所提，個性的形成有其背後機制，因此，個性的改變無法一蹴可幾。婚姻既是長長久久的事，給予雙方足夠的時間改變，也是理所當然的事。

（十一）孩子管教問題

夫妻來自不同背景，受到原生家庭的影響，對孩子的管教，自然會有不同的意見。可是，常見夫妻為了孩子的管教問題，各執己見，最後借題發揮，新仇舊恨一湧而起。「爭個人的輸贏」反客為主，成為夫妻衝突的主題；而「孩子的管教問題」卻退居幕後，成為無關緊要的背景問題。

原生家庭的管教方式，有值得保留的部分，也有待改進的地方。天底下沒有十全十美的父母，也沒有十全十美的管教方式，更何況知識日新月異，過去認為對的看法，在時代更替後，可能被推翻。因此，父母應該吸取新知，檢討原生家庭的管教方法，然後給孩子更適當的教育方式。

孩子出生前，夫妻便應該討論孩子的管教問題，並且隨著孩子的發展、新知識的出現、家庭情境的改變，調整管教方式。

如果夫妻從不檢討自己受管教的方式，有了孩子之後，就直接套用，這樣一來，不但不見得合適的管教方式繼續被延用，夫妻也會因為管教問題而傷和氣。

（十二）外遇問題

在婚姻殺手中，外遇恐怕是頂尖高手。外遇傷害夫妻間的信任感、忠誠度、安全感、歸屬感，也讓未外遇的一方置身在被背叛、被拋棄、自尊心下降的煉獄中。

根據 Charny 與 Parnass（1995）的研究，34%的婚姻因為外遇而結束；43.5%的婚姻因而氣氛不良；6%的婚姻雖然被保住，不過品質空無；14.5%的婚姻因而有了改進。換句話說，85%的婚姻因外遇問題而遭到破壞。目前台灣離婚率之高令人心痛，與外遇比例的攀高不無關係。

外遇不只是出軌者的問題，也是婚姻問題的反映。一般人會將矛頭指向出軌者，配偶也往往認為出軌者該受譴責；於是，出軌者成為婚姻問題的代罪羔羊，外遇所反映的婚姻問題反而被忽略。

婚姻問題的形成，跟夫妻兩人的內在行為模式有關，問題的解決還是得回到根源的地方。如果夫妻願意坦誠溝通，進行協調，婚姻還是有辦法挽回。如果覺得這部分工作進行不易，有必要的話，可以尋找婚姻諮商專家的協助。

（十三）沒有支持網絡

支持網絡包括夫妻的親朋好友、社會資源、師長等。支持網絡可以提供夫妻重要的資訊、解決問題的可能方法、精神與物質支持，以及協調夫妻之間的衝突。

夫妻冷熱戰時，若有親朋好友打圓場，替夫妻架起溝通的橋樑，便可以化危機為轉機。林松齡（民89）的研究發現：支持網絡愈多的婚姻，妻子對婚姻的滿意度愈高。在研究中，並未發現支持網絡對男人的婚姻有所助益；或許，男人不喜歡家醜外揚，不願意吐露心聲，反而浪費支持網路資源。

一些人因夫妻感情不睦而傷人傷己者，如果當時有支持網路的慰藉，就有機會冷卻理性喪失的衝動。缺乏支持網絡的婚姻，就像孤軍

奮戰的士兵，糧盡援絕之時，也是壯烈成仁之刻。

支持網絡的獲得，需要自己主動建立與主動尋求。平時不重視這些資源者，以及堅持家醜不外揚的好面子者，通常無法善用這些資源。

（十四）不滿意的性生活

婚姻的功能之一，就是提供夫妻紓解性慾的管道。性慾是人天生的需求，就像人餓了須進食、渴了須飲水一樣，是如此平常，卻又如此重要。無法紓解的性慾雖要不了人命，卻也足以讓人飢渴得「抓狂」。

夫妻性生活不只紓解彼此的性衝動，最重要的是，透過身體上的親密接觸，表達對彼此的愛意、關懷、重視與體貼。前一個晚上享受過魚水之歡的人，在第二天早上總是春光滿面，心情愉快，活力十足。

相對地，性生活不滿意的夫妻，不只是生理上懊惱不已，心理上更覺得孤單、洩氣與無奈。這時候，如果有人取而代之滿足其需要，當事人就容易演出出軌的戲碼。

不滿意的性生活可能是生理或心理的問題。現在科技與醫療如此發達，生理問題容易解決，心理問題透過心理諮商也能夠處理。如果當事人諱疾忌醫，不願意尋求協助的話，婚姻生活便會受到影響。

（十五）夫妻聚少離多

時間與空間向來是感情的殺手。夫妻間若沒有足夠的時間互動，感情就會愈來愈淡薄。夫妻長時間分隔兩地，因為遠水救不了近火，婚姻的內涵會被架空，使得外界的誘惑力容易介入。

夫妻為了生活打拚，長時間分隔兩地，第三者便有機會介入。分隔兩地的夫妻為了避免婚姻受到衝擊，可以事先商量預防策略，以及如何加強夫妻的熱情度、承諾度與親密度。當然，再好的策略都可能因為局勢比人強，而英雄無用武之地。

或許，夫妻在決定是否過著聚少離多的婚姻生活時，應該同時考

慮到：物質生活與婚姻生活，孰重孰輕？任何一個選擇都有其優缺點。事前經過審慎的考慮與評估，如果不幸婚姻無法保全，至少事先已有心理準備，傷害就會降低一些。

（十六）差異的心理成熟度

夫妻結婚幾年後，往往會因為經驗不同、接觸面不一樣，而出現心理成熟度上的落差。婚姻衝突，跟雙方心理成熟度的差異不無關係。

心理愈成熟的人愈能接受新經驗、新挑戰，心理愈不成熟的人愈害怕外在環境的挑戰與衝擊。夫妻的心理成熟度如果南轅北轍，就無法相扶持共患難，又如何面對婚姻中的種種挑戰？

「自我成長」是終生的學習目標，如果夫妻不斷地自我成長，讓雙方的心理成熟度不斷提高，凝聚力便愈強，就愈有能力面對婚姻問題的衝擊。

可惜的是，現代的夫妻忙於搶錢，疏於心理成長；於是，家中的物質生活愈來愈優渥，可是夫妻的心靈卻愈來愈空虛、愈沒有交集，也愈沒有能力處理婚姻問題。

（十七）一成不變的生活方式

夫妻是人，不是機器，無法像機器一樣長時間重複同一動作，而不感到厭倦。許多人忙於工作，追求成就，沒時間經營婚姻，於是，婚姻生活落入沒有變化的窠臼。一成不變的婚姻生活，讓婚姻沒有驚奇、沒有刺激、沒有色彩，稀釋了夫妻間的吸引力與凝聚力。

以上各因素對婚姻的傷害程度，會因為夫妻對各因素的重視程度而不同。例如，對重視經濟的配偶來說，經濟因素對婚姻的殺傷力，可能比其他因素來得強；可是，對不重視經濟因素而重視性生活的配偶而言，不美滿的性生活就足以摧毀婚姻。夫妻對相同問題不同的重視程度，也是一種婚姻衝突。

有種種的原因會造成婚姻衝突，每一種衝突的來源可能跟成長的經驗有關。在處理婚姻衝突時，不要單就表面的問題作文章，應該先檢查雙方的內在行為模式。從修正內在模式的相關期望或規則，找出夫妻兩人可以接受的平衡點。

第五節
處理婚姻衝突之策略

> 黃顥與麥貞為了上星期活動行程的變化，而吵得不可開交。他們最近工作忙碌，已經好幾個星期沒有時間在一起，好不容易上星期天兩人忙完工作，又有出遊的興致，因此決定到陽明山賞花。就在出發之前，黃顥的好朋友打電話過來，請求黃顥幫他搬家。黃顥不便拒絕只好答應。麥貞知道後大怒，認為黃顥重視朋友甚於太太，而且對她不守信。黃顥認為，陽明山隨時可去，好朋友搬家也只不過這一次，麥貞應該拿捏事情的輕重緩急，因此，對於麥貞的吵鬧很不以為然。於是，兩人各認為自己有理，不肯先低頭認錯。就這樣，冷戰了好些天不講話。

問題與討論

1. 故事中，黃顥與麥貞面對衝突問題時，使用哪些因應策略？效果如何？

2. 除了故事中黃顥與麥貞的衝突因應策略外，還有哪些常見的因應策略？這些策略的效果如何？

3. 哪些衝突因應策略對婚姻有建設性的效果？

4. 婚姻衝突的因應策略如何習得？

夫妻面對衝突時，會有一些因應之道，研究中發現：即使關係沒

有困擾的夫妻,在衝突的情境中,也會出現扭曲的自我態度。例如,夫妻雙方都會強調自己的需要、受傷的情感;合理化自己的行為;責備配偶挑起戰端;描述配偶的行為非理性、不可理喻,以及提起配偶過去的不良紀錄(Schuetz, 1999)。夫妻這些扭曲的自我態度,目的都試圖證明「我對、你錯」。當爭執達到極點時,一方或雙方可能失去理性,而做出後悔的事來。因此,夫妻處理衝突時,首先應避免以上態度的出現。

夫妻處理衝突時,各有不同的因應策略。有些策略事倍功半,有些事半功倍。夫妻得隨時檢討這些因應策略的效果,才能有效地面對不同的婚姻衝突。

以下是一些常見的因應策略,讀者可以深思自己面對親密關係衝突時,是否慣用這些策略?其效果如何?最重要的是,透過跟別人交換心得的過程中,習得有效的因應策略。

林佳玲(民89)在其研究上,提到六種夫妻因應婚姻衝突的策略:

1.爭執(批評、諷刺、報復)。

2.自我責備(憂鬱、自責、煩惱、睡眠、健康受困)。

3.正向回應(跟伴侶身體接觸、分享樂趣、共同參加活動、共同回憶美好往事)。

4.自我興趣(獨自活動、不跟伴侶共同參加活動)。

5.逃避(拒絕、壓抑衝突)。

6.尋求社會支持(尋求親友與專業人員協助)。

「爭執」是將負面情緒往配偶身上發洩,以「傷害對方」的方式來因應婚姻衝突。「自我責備」是將負面情緒往自己身上壓抑,並且以悲哀、憂鬱、失眠、身體症狀、罪惡感、無望感、無力感來面對,這是一種「傷害自己」的方式。這種方式雖然不會引發火爆場面,可是,卻讓夫妻之間充滿一股沉重、灰色的肅殺氣氛。

夫妻使用「逃避」策略因應衝突時,會壓抑彼此的不滿,降低問題的重要性,或忽視問題的存在,以「美滿」的假象掩飾問題。這種

策略讓婚姻問題潛藏，沒有機會獲得解決。王沂釗（民 89）的研究發現：夫妻面對婚姻衝突時，若一方未參與溝通或處理衝突，或是採取消極不願意面對衝突的逃避態度，就會讓衝突問題持續影響婚姻關係。

「自我興趣」因應策略是指夫妻雙方或一方發展自己的興趣，將時間投入個人的活動中，例如，花更多的時間跟朋友在一起、結交新朋友。這是藉著從事與問題無關緊要的活動，來逃避問題。在相關研究中發現：「自我興趣」對婚姻有不良的影響（例如，李良哲，民86）。

「社會支持」因應策略是指親朋好友的支持網絡或專家的協助。這種方式本來具有正面的意義，不過國人往往「勸和不勸離」，因此，有婚姻衝突的夫妻通常被勸告以「忍耐」、「委曲求全」、「以孩子為重」的方式面對衝突。這種策略雖然可以暫時維持婚姻，卻無法解救婚姻。

尋求婚姻專家協助，是一種有效的因應策略；可惜，國人「家醜不外揚」心態的作祟，不願意讓專家介入。

在各種因應策略中，「正向回應」因應策略對婚姻衝突的處理較有幫助。研究上發現：使用「正向回應」因應策略的夫妻，婚姻滿意度較高（李良哲，民86；林佳玲，民89）。所謂「正向回應」是指，例如，夫妻花更多的時間做有趣的事，跟配偶在一起時讓自己看起來更迷人，讓配偶知道自己愛他（她）、在乎他（她）等（Bowman, 1990）。

對「正向回應」有一點補充的是，Bowman（1990）發現：所謂「正向反應」因應策略是指改善婚姻的情感部分，而不是使用認知、理性的策略處理問題。理性與認知的問題解決技巧，對婚姻的幫忙只有暫時性效果。這種看法與王沂釗（民89）的研究發現類似，亦即夫妻處理衝突問題時，須將衝突視為一互動歷程，而且須了解配偶如何看待整個衝突事件，以及感同身受地體會配偶的情緒感受，才有助於衝突的化解。

從以上資料可知，因應婚姻衝突的策略中，「正向回應」對處理婚姻衝突有較佳的效果。而所謂「正向回應」，除了應重視衝突問題的解決外，更應該強調雙方的情感互動。

第六節
美滿婚姻之營造與維持

顏波與小曼相擁著在客廳中曼舞。清慢的樂音，柔和的燈光，將他們帶回到二十幾年前相識的那一幕。二十年來婚姻生活的點滴，隨著緩慢的舞步，在他們的腦海裡慢慢甦醒。他們輕聲地告訴對方自己的記憶，有同甘共苦的畫面，也有獨力支撐的淒涼場景，抑制不了的淚水，隨著情緒的波動潸潸而下。

他們品嘗過婚姻的甜蜜，也經歷過婚姻的悲苦，是什麼力量讓他們在重重關卡中峰迴路轉，數次將瀕臨破裂邊緣的婚姻扭轉乾坤？建立婚姻不易，維持婚姻更難，不過，似乎在婚姻中，存在著某些因素，可以支持夫妻度過婚姻難關。他們仔細討論著，想要理出個頭緒來，作為第二十年的結婚禮物。

問題與討論

1. 如何預防婚姻衝突？
2. 如何覺察姻狀態以調整經營婚姻的方式？
3. 哪些因素有助於造就美滿的婚姻？
4. 哪些因素能夠支持夫妻度過婚姻難關？

「婚姻的建立不易，維持更難」，男女婚前長跑，經過多少風雨之後，才塵埃落定，步上紅毯。不過，婚姻的起點，卻是另一場硬戰

的開場。婚姻極少一開始就幸福美滿。人事物的變遷，都會降低婚姻
存在的價值。因此，美滿婚姻有賴夫妻的營造與維持。

如何締造美滿姻緣？以下分為消極與積極兩方面來說。消極方面
方面包括：改善或預防婚姻衝突、隨時檢驗婚姻狀態以適度調整；積
極方面為提升美滿婚姻之正面因素。

一、婚姻衝突之預防

預防婚姻衝突不是壓抑衝突的存在，而是減少可能觸動衝突發生
的因素。

家庭生活週期通常與夫妻衝突的問題類型有關，因此，了解目前
所處的家庭生活階段，便可以協助夫妻預防未來問題的發生。例如，
對年輕的夫婦來說，婆媳問題、經濟問題與性生活問題，可能比中年
的夫婦來得重要。如果夫妻提早準備，就可以減少衝突的發生。

Zilbach（1989，翁樹澍、王大維譯，民88）將家庭生活週期分為
三大期，共七小階段。從各階段的特色，可以推論出相關的夫妻問題。
例如，第一個孩子出生時，分擔家事、生涯規劃、夫妻相處的重要性，
便被凸顯出來。

配合第五節所提的夫妻衝突的近因，將三個週期七個階段可能出
現的婚姻問題列於表13-1。

表 13-1　家庭生活週期階段與各階段可能面臨之婚姻問題

週期與階段	可能面臨之衝突問題
(1)醞釀期：「情侶形影不離」，求婚、訂婚 階段一：結婚成為夫妻	婆媳問題、傳宗接代問題、經濟問題、溝通問題、價值觀問題、生涯規劃問題、家事分擔問題、個性相配問題、不滿意的性生活、原生家庭問題、兩性不平等問題
階段二：第一個小孩出生	婆媳問題、經濟問題、溝通問題、價值觀問題、生涯規劃問題、家事分擔問題、個性相配問題、孩子管教問題、沒有支持網絡、聚少離多問題、不滿意的性生活、兩性不平等問題
(2)中期：家人開始分開 階段三：孩子開始上學	原生家庭問題、經濟問題、溝通問題、價值觀問題、孩子管教問題、沒有支持網絡、生涯規劃問題、家事分擔問題、聚少離多問題、外遇問題、兩性不平等問題、不滿意的性生活、心理成熟度差異問題
階段四：最後一個孩子進入社會	價值觀問題、生涯規劃問題、外遇問題、不滿意的性生活、溝通問題、心理成熟度差異問題
階段五：第一個孩子開始離家（例如，結婚）	婆媳問題、傳宗接代問題、溝通問題、生涯規劃問題、外遇問題、不滿意的性生活、價值觀問題、心理成熟度差異問題
(3)後期：完成 階段六：最後一個孩子離家	婆媳問題、生涯規劃問題、價值觀問題、溝通問題、不滿意的性生活
階段七：伴侶死亡	生涯規劃問題、不滿意的性生活問題、經濟問題

　　從以上表 13-1 可以看出，有些衝突問題可能持續一生，有些只出現在某幾個階段。在婚姻的愈早階段，造成衝突的可能原因愈多。

■ 二、婚姻狀態之檢驗

　　婚姻有各種不同的類型，不同的學者從不同的角度切入，便有不同的分類。彭懷真（民 90）將婚姻分為五種類型，包括：內婚、外婚、同質婚、異質婚、單偶婚。王淑芳等（民 89）也曾將婚姻的類型分為五類，其內容大同小異。從這些學者的分類中，可以抽出四個向度，根據這四個向度，將婚姻分為以下幾類，如表 13-2 所示。

表 13-2　婚姻之類型

類↘向度↙程度	衝 突 性		責 任 性		情 感 分 享		相 處 時 間	
	高	低	高	低	高	低	高	低
慣常衝突性	◆		◆		◆		◆	
盡義務型		◆	◆			◆		◆
你儂我儂型		◆	◆		◆			◆
好朋友型		◆	◆		◆			◆
無可奈何型	◆		◆			◆	◆	
暮氣沉沉型		◆		◆		◆		◆
不切實際型		◆		◆	◆			◆
利益結合型		◆		◆		◆		◆

註：同一向度在高低程度同時有「◆」者，表示不同的人可能有不同的情況

　　依婚姻狀況分類的重要性，不在於命名本身（讀者也可以自己命名），而在於從不同的類型中，了解婚姻的狀態與婚姻問題，這樣才能對症下藥，解決婚姻問題。將各類型婚姻說明如下：

（一）慣常衝突型

　　夫妻常為了小事起口角，生活中火藥味瀰漫。不過，這類夫妻因為責任重、情感交流多，以及相聚時間多，長期相處後，彼此習以為常，形成習慣，不吵不鬧還覺得不對勁，吵吵鬧鬧反而讓婚姻得以持

續下去。

（二）盡義務型

夫妻衝突少，感情低落，相聚時間少，婚姻的維繫純粹是為了盡義務，特別是為了子女的緣故。

（三）你儂我儂型

夫妻衝突少、責任感重、情感好、相聚時間多，是一般所謂的神仙眷侶。許多婚姻一開始是屬於這類型，隨著時間、人物、環境的變遷，婚姻的類型便起了變化。一些夫妻年輕時同甘共苦，老年時少不了彼此，感情愈陳愈香，也會成為你儂我儂型。

（四）好朋友型

這類型婚姻夫妻衝突少、責任感重、情感濃，因為希望彼此有較多的自由，所以相聚的時間可能少。這種互動模式有如好朋友一樣。

（五）無可奈何型

這類婚姻衝突多、相處難、感情低落，因為無法卸下的責任與義務（例如，為了給予孩子完整的家），而不得不勉強湊在一起。

（六）暮氣沉沉型

這類型夫妻衝突、責任、情感皆低，相處時間卻多。老年夫妻若不努力經營婚姻的話，婚姻容易落入這種狀態。

（七）不切實際型

這類夫妻雖然感情好、衝突少、相聚時間多，可是，卻沒有能力面對現實環境的要求，例如，善盡撫養子女的責任，維持一個相當經濟水準的家庭生活。電視上曾出現的鴛鴦大盜，可能屬於這類型婚姻。

（八）利益結合型

在這種婚姻中，夫妻兩人或其中一人純粹是為了利益而結合；如果夫妻分開，一方或雙方的利益便消失，因此不得不在一起。例如，有一些男性跟對方結婚的目的，在於一步登天，減少奮鬥的辛苦。

以上四個向度，還可以有不同的組合，以上所提的類型只不過是其中幾種而已。婚姻是「活」的，婚姻類型不會固定不變，會隨著夫妻生活經驗的改變、相處時間的長短，以及環境的變化，而產生內涵與型態的改變。

婚姻類型反映婚姻問題，要想建立與維持美滿的婚姻，夫妻兩人應隨時檢驗自己的婚姻型態，覺察婚姻問題，並且隨時調整互動模式，才能安穩地走在婚姻的道路上。

▎三、加強美滿婚姻之正面因素

婚姻生活中有哪些因素可以提升與維持婚姻的美滿？從一些國外學者的研究結果，似乎可以找到一些啟示。例如，Silberman（1995）的研究發現：在愛情三元素中（親密、熱情與承諾），親密感是維持滿意婚姻最重要的因素，其次是熱情因素。不過，在維持婚姻上，只有親密與熱情因素似乎是不夠。例如，Clements 與 Swensen（2000）探討五十歲以上夫妻的婚姻品質發現：對配偶的承諾度因素，與婚姻品質最有關。其他因素，如婚姻年數、性別、參與宗教禮拜與否、自我的發展狀況等，都與婚姻品質無關。

Lauer 與 Lauer 的研究，恰巧可以說明親密、熱情與承諾在維持婚姻上是同等重要。Lauer 與 Lauer（1985）曾對婚姻維持十五年以上的夫妻進行研究，探討夫妻能夠長期廝守的原因。結果發現，在排名最前的七項，夫與妻的選擇竟然完全相同。這七項為：(1)將配偶當成最好的朋友；(2)喜歡自己的配偶；(3)視婚姻為一種長期的承諾；(4)將婚

姻視為神聖的；(5)有共同的目標；(6)覺得自己的配偶愈來愈有趣；(7)希望有成功的夫妻關係或婚姻關係。這七項的內涵包含了熱情、親密與承諾三元素。

在統整相關研究後，或許可以這麼說，夫妻因為成長背景不同，婚姻衝突的發生自然難免。不過，有些夫妻在互動的過程中，由於內在行為模式的內涵相近，衝突的問題較少，婚姻滿意度較高；有些婚姻的衝突問題較多，婚姻滿意度自然較低。

不過，不管夫妻兩人碰到哪些問題，只要婚姻生活中充滿熱情、親密與承諾，婚姻問題便容易解決；若缺乏了以上三要素，婚姻的存在性便受到威脅。

要如何營造熱情、親密與承諾呢？報紙曾刊登一則投稿的文章，值得夫妻深思。作者是一位太太，有家傳隨意亂丟臭襪子的習慣。結婚後，太太的惡習便出現，先生卻從不責備太太，反而跟在太太後面收拾。太太一開始懷疑先生的好脾氣是做樣子，因有意試探而依然故我，就這樣過了兩年，先生卻始終如一；太太受其感動，而修正其惡習。先生的處理策略是「正向回應的」典範。

古人常講「反求諸己」，要責備別人之前，先檢討自己。心理諮商裡也有類似的觀點：透過改變自己來改變別人。「人之患在好為人師」，大部分的人只看到別人的缺點，理直氣壯地要求別人改進，可是卻看不到自己的盲點。「要求對方改變而相互指責」，是最常見的處理方式。夫妻之間的熱情、親密與承諾，常在相互指責中一點一滴地流失，讓婚姻破滅在雙方的自以為是之下。

回頭再看看 Lauer 與 Lauer（1985）研究歸納的七個要項，每一項都是以「欣賞」、「喜歡」的角度來看待配偶。或許每個人在結婚之前，都應該先自我檢討一番，看看自己看待別人的心態是欣賞或批判。這種模式絕對會擴大到婚姻生活中。

總而言之，培養夫妻之間的熱情、親密與承諾，首要條件，在於要求配偶改變之前，先要求改變自己，並且以「欣賞」的角度來包容

配偶。除此之外，良好的溝通技巧、問題解決技術、情緒調適能力、壓力調適能力等，都是必備的要件。

第七節
性別平等對婚姻之意涵

性別平等觀念對婚姻造成某種程度的衝擊，這些影響力擴及不同的層面。要享有美滿的婚姻者，不可不知性別平等對婚姻的意涵。分為幾個要點來說：

一、不婚成為主流的選擇之一

當男女平權後，女人有能力養活自己，不必再為一張「長期飯票」委曲求全；女人有更多的人生目標可以追求，婚姻只不過是其中之一而已；女人有更多的管道可以滿足個人需求，不必再依靠婚姻。因此，婚姻對女人的重要性便降低。

在現在的社會中，傳宗接代的壓力比以前的社會低，男人再也不必為了傳宗接代而結婚。再說，現代的科技發達，傳宗接代的功能可以透過科技來達成，因此，不婚也成為男人可能的人生選擇之一。

二、夫妻角色的彈性調整

夫妻的角色不再固著於內外之分，而是依據情境需要而改變。當太太有能力，也有意願負責房屋的修補工作，而先生有興趣三餐的規劃與調理，就可以身體力行，不必顧慮社會期待的性別角色。

換句話說，夫妻角色的分配不再依據生理性別，而是依據個人的選擇與情境的需要。

三、夫妻的責任與義務不再因性別而有差異

以往先生是家庭的經濟支柱，是家庭的決策者，是家人的靠山。

性別平等後，男性性別所幻化的巨人形象落入平凡，男人有權利選擇是否繼續以前傳統角色的沉重負擔；只要女人願意，他可以選擇與女人平攤，或是由女人獨立承擔。當然，女人的責任與義務也不再像以前一樣。換句話說，性別平等後，夫妻之責任與義務的劃分，不再以性別為依據，而是透過協商與選擇。

四、尊重女人的事業生涯

長久以來，女人婚後都以先生的事業為重，甘於成為男人背後的推手，沒有機會成為生命的主人。女人即使有生涯規劃，也是配合男人的需要。

性別平等時代的女人，以自我實現為生命目標，即使已婚，也不再居於次等位置，而是要有屬於自己的事業生涯。如果為了現實需要，被迫調整規劃，也不是為了成就男人。

相對地，男人必須尊重太太的需求與期望，不能自私地要求太太以他為主，或是貶低太太事業生涯的重要性。因此，婚姻生活的任務之一，是透過夫妻的相互協助，達成雙方實現自我的目標。

五、相互尊重的婚姻生活

「相互尊重」是現代婚姻生活的特徵之一，這種觀念不只來自於性別平等的要求，更來自憲法對每個人人格權的保障。不能給予人格尊嚴的婚姻，對於性別平等年代的男女來說，便沒有存在的必要。

因此，當女人得不到男人應有的重視與尊重時，女人會主動出擊，要求男人修正行為，或不再眷戀沒有營養的婚姻。

第十四章

婚姻暴力

在父權社會中，女人只是攀附於男人的附屬品，男人對女人有絕對的支配與操控權，婚姻暴力（marital violence）是男人權力的展示，也是告知女人要安分守己、逆來順受的手段。對女人而言，若失去生存依靠、情感歸依的男人，天地就會變色，生命就會不保。因此，男人的暴力只不過是女人為了生存該付出的代價。

現代的社會，女性經濟獨立，才能有揮灑的空間，氣勢與男性匹敵，婚姻有自由選擇的權利。可是，眾裡尋他千百度的努力與共赴生死的決心，到頭來還是得不到祝福，枕邊的愛人化為張牙舞爪的狼人，成為令人日夜驚悚的夢魘。是什麼原因，讓原本信誓旦旦的婚姻中途變質？是什麼原因，讓女性的地位改善之後，仍然逃不過昔日的命運？

男人的地位即使不如往昔那樣風光，不過，一家之主的尊嚴仍高高在上。在這樣神聖光環環繞下，沒想到，男人有時也跟命運多舛的女人一樣，成為受暴的一群。女人的哭啼、女人的柔弱、女人的需要保護，早已被社會肯定與接納。女人受暴，會引起社會的扼腕與憐惜；可是，男人被妻子欺凌，似乎於情不合、於理相悖，超出大家的期待與理解，只會引起他人的不齒與唾棄。於是，受暴的男人只能像吃了黃蓮的啞巴一樣，有口難言，暗自飲泣。在性別平等之後，男人是不是有勇氣突破緘默，反抗女人的施暴？

本章論及婚姻暴力之相關迷思、婚姻暴力之定義、婚姻暴力之成因、阻礙婚姻受暴者求助之因素、婚姻暴力之防治，以及性別平等對婚姻暴力之意涵。

第一節
婚姻暴力之相關迷思

所謂婚姻暴力之迷思，是指對婚姻暴力的錯誤看法。迷思之所以被認同，是因為受到「男尊女卑」刻板化心態的影響。這些錯誤觀念除了將施暴者的暴力合理化，以及矮化女人的生存價值，也企圖說服

女人接納受暴的地位。由於女人長期受到「男尊女卑」觀念的催眠，遇到婚姻暴力，若不是怨天恨地、消極悲觀，就是安於受暴的地位。

要避免婚姻暴力，就得先消除婚姻暴力之相關迷思。

1.一方配偶對另一方的口頭威脅，不算婚姻暴力。

2.在台灣，只有少數的家庭有婚姻暴力問題。

3.婚姻暴力是家庭問題，並非社會問題。

4.夫妻關係是「床頭打床尾和」，因此，執法單位或外人最好「勸合不勸離」。

5.婚姻暴力是避免不了的現象，必然存在於每個社會中。

6.男人本來就比女人容易衝動，因此，打老婆是男人的自然反應。

7.「打是情、罵是愛」，夫妻間的暴力衝突是愛的表現。

8.「家醜不可外揚」、「百年修得共枕眠」，夫妻間的暴力衝突還是忍一忍算了。

9.夫妻間的暴力衝突是前世註定的因果，施暴的一方是來索債，受暴者應該認命。

10.婚姻暴力只是暫時性的婚姻問題，不會持續循環下去。

11.婚姻暴力只發生在社會的中下階層。

12.婚姻暴力中的施暴者，通常教育程度較低。

13.婚姻暴力中，受暴者必然做錯事，施暴者才會施以暴力。

14.恩愛夫妻不會發生婚姻暴力。

15.會對配偶施暴的人，從外表可以看出來。

問題與討論

問題一：一方配偶對另一方的口頭威脅，不算婚姻暴力。

婚姻暴力是家庭暴力的一種，依據「家庭暴力防治法」第二條的界定：「所謂家庭暴力者，謂家庭成員間實施身體或精神上不法侵害之行為。」因此，夫妻間一方口頭威脅、語言辱罵，而使另一方心生畏懼，便是婚姻暴力。

問題二：在台灣，只有少數的家庭有婚姻暴力問題。

根據估計，台灣地區經常受丈夫毆打的已婚婦女約有七萬人之多，若加上情緒、心理和性虐待，受暴人數可能更多（台灣婦女資訊網，民91）。現代婦女基金會八十四年所做的調查中，有高達35%的婦女表示曾被丈夫虐待，而11%坦承被毆打過。又依據家庭暴力防治中心從民國八十八至九十一年的統計，在家暴案件中（包括兒少保護、婚姻暴力、老人保護、其他家虐），婚姻暴力案件年年遙遙領先其他家暴事件（家庭暴力暨性侵害防治中心網站，民91）。如果依據「家庭暴力防治法」對暴力的定義，將各種符合定義的情形都一起計算，可以確知的是：婚姻暴力普遍存在於社會中。

問題三：婚姻暴力是家庭問題，並非社會問題。

婚姻暴力不只是家庭問題，也是社會問題。社會中有某些觀念，以及某些措施，可能助長婚姻暴力的發生，例如，「男尊女卑」、「夫妻問題外人無法插手」、「勸合不勸離」等觀念。

問題四：夫妻關係是「床頭打床尾和」，因此，執法單位或外人最好「勸合不勸離」。

「床頭打床尾和」的觀念，讓婚姻問題無法獲得妥善的注意與解決，也讓婚姻暴力持續下去。「勸合不勸離」的態度，讓婚暴受暴者得不到應有的支持與幫助，也讓施暴者有恃無恐地繼續施暴。

問題五：婚姻暴力是避免不了的現象，必然存在於每個社會中。

婚姻暴力是可以避免的現象。婚姻本身沒有給予施暴者施暴的權利，受暴者也沒有義務承受暴力。婚姻是有利雙方發展的一種關係，因此，婚姻暴力是被唾棄的行為，不是社會應有的現象。

問題六：男人本來就比女人容易衝動，因此，打老婆是男人的自然反應。

這種想法將男人的施暴合理化，允許男人對太太施暴。男人是否比女人衝動，跟婚姻暴力無關，因此，不能以此為藉口對太太施暴。

問題七：「打是情、罵是愛」，夫妻間的暴力衝突是愛的表現。

「打不是情，罵也不是愛」，真正愛一個人，不會有打、罵的行為出現。這是施暴者對自己行為合理化的藉口。

問題八：「家醜不可外揚」、「百年修得共枕眠」，夫妻間的暴力衝突還是忍一忍算了。

「家醜不可外揚」、「百年修得共枕眠」，是施暴者逃避責任的藉口，也是受暴者逃避面對問題的自我欺騙。「家醜」的受暴者如果不向外求救，可能一輩子受苦，或喪失生命。

問題九：夫妻間的暴力衝突是前世註定的因果，施暴的一方是來索債，受暴者應該認命。

這種錯誤的想法，給予施暴者施暴權利，剝奪受暴者求援機會。

問題十：婚姻暴力只是暫時性的婚姻問題，不會持續循環下去。

婚姻暴力不是短時間或暫時性的婚姻問題，會長久持續下去。

問題十一：婚姻暴力只發生在社會的中下階層。

婚姻暴力發生在社會各個階層中，不只發生在中下階層。

問題十二：婚姻暴力中的施暴者，通常教育程度較低。

受過高等教育者，也出現婚姻暴力行為。有些研究甚至顯示：施暴者比例中，以教育程度在大學（含）以上者最多（陳若璋，民81a）。

問題十三：婚姻暴力中，受暴者必然做錯事，施暴者才會施暴。

受暴者之所以受暴，未必因為做錯事。即使做錯事，也不應該受到如此的對待。

問題十四：恩愛夫妻不會發生婚姻暴力。

婚姻暴力跟夫妻恩不恩愛沒有絕對關係，婚姻暴力也發生在恩愛夫妻身上。

問題十五：會對配偶施暴的人，從外表可以看出來。

會對配偶施暴的人，無法從外表看出來。

第二節
婚姻暴力之定義

　　跟茗月講完電話後，言葶心情不自覺地沉重起來。茗月在電話中通知言葶有關下週開同學會的事，並且希望她出席。

　　茗月每年都舉辦同學會，將所有的同學湊在一起，分享彼此生活與工作上的點滴。言葶婚前曾參加過幾次，婚後因為先生多方阻攔，才跟其他同學沒有聯繫。

　　一想起這件事，言葶就心酸了起來。她不明白，為什麼她先生醋勁這麼大，一天到晚疑東疑西不相信她。她的前一個工作就是這樣弄丟的。現在的工作似乎可以讓他放心，不過，他仍三不五時地威脅言葶，甚至出示恐怖圖片，言葶為此做了好幾天的惡夢。

　　言葶除了每天上下班之外，其他的地方都不敢去，連回娘家都得經過她先生同意。她就像被關在籠子的鳥兒，一點自由的空氣都呼吸不到。她覺得好痛苦，深深體驗到「生命誠可貴，愛情價亦高，若為自由死，兩者皆可拋」這句話的意思。她對她先生的愛情早被恐怖所取代，她想爭取自由，不過，勢單力薄，不成功便成仁的下場非她所願，因此，遲遲不敢有所行動。

問題與討論

1. 言葶的遭遇是否是婚姻暴力的一種？理由何在？
2. 除了言葶的遭遇外，婚姻暴力還包括哪些情況？

　　依據民國八十七年六月二十日公布的「家庭暴力防治法」第三條界定，婚姻暴力的當事人是指配偶、前配偶、現有或曾有事實上之夫

妻關係者。依據第二條之規定，暴力是指身體或精神上不法侵害之行為。除了肢體上的暴力外，任何的打擾、警告、嘲弄或辱罵他人之言語、動作，或製造使人心生畏怖情境之行，皆屬騷擾性之暴力行為。

Schecter 與 Ganley（1995，彭淑華、張英陣、韋淑娟、游美貴、蘇慧雯譯，民 88）將婚姻暴力界定為：由成年人或青少年對其親密愛人所採取的一種攻擊與強制的行為，包括身體、性、心理上的攻擊，以及經濟上的壓迫。

身體方面是指任何身體上的傷害。性方面是指任何強迫配偶或同居人或有親密關係者從事他們不願意的性行為。心理方面是指以本人或他人生命為要脅，或以語言行動恐嚇，或限制其行動，將其隔離不與外界接觸。

在以上的定義中，可知：(1)婚姻暴力不只存在於婚姻關係中，還可能存在於沒有婚姻基礎卻有夫妻事實的伴侶中，或是同性戀中；(2)所謂的「暴力」不一定是肢體上的施暴，也包括心理上威脅、情感上的虐待，以及經濟上（衣食住行）的剝奪；(3)一般認為施暴者為男性，其實，有愈來愈多的案例顯示，女性也可能是施暴者。有些學者認為：男性與女性使用暴力的狀況均等，不過，女性施暴是為了自我防衛（例如，Dotson, 1996）。不管在哪種情況下，可以確定的是，男女打架時，因為男人孔武有力，受傷者往往是女性，因此，容易造成「施暴者都是男性」的扭曲形象。

第三節
婚姻暴力之成因

> 葉雙注視著鏡中傷痕累累的身軀，以及浮腫變形的臉頰。原以為已經井枯水涸的淚水，竟不聽使喚地從那布滿血絲的眼眶中滑落下來。隨著淚水的滾落，是一陣陣抽搐的疼痛。

這疼痛來得如此猛烈，竟讓她跌坐到地上，雙膝緊靠胸前，低頭縮起身子來。她深深地嘆了一口氣，靜靜地任由那疼痛啃噬。她覺得好累、好累，無力再做任何努力，如果能夠讓她立即死掉，那將是對她的一種恩寵。

她從不相信自己會步上媽媽的後塵，墜入那昏天暗地的婚暴中。她原以為只要做個忍讓順從的好女人，就可以感動男人，就可以擁有跟母親不一樣的人生。誰知道，命運似乎愛跟她開玩笑，這樣一位斯文寡言的男人，竟然也跟父親一樣是個披著羊皮的虎狼。父親拳腳相向的景象，媽媽哀嚎無助的叫聲，像個解不開的詛咒，一幕幕地在自己的身上重演，就連她剛剛在鏡中看自己的眼神，以及接下來的動作，竟也跟母親如此神似……。

問題與討論

1. 在一般人的觀念中，會如何詮釋葉雙遭受婚姻暴力的原因？

2. 請任選兩個有關婚姻暴力的理論，說明葉雙婚姻暴力可能成因。

在西方的研究中，有不同的理論闡述婚姻暴力發生之成因，以下從心理學、社會學以及生態學觀點介紹各理論，並以相關研究進一步說明。

一、心理學觀點

(一) 客體關係理論 (object-relation theory)

客體關係理論認為，個人小時候與重要他人（例如，母親）的互動經驗，會被內化，成為未來人際互動的指引。這些內化的指引，就像已經寫好的劇本，在個人成年後，引導個人演出早已寫好的劇情。

當個人選擇結婚對象時，內化的指引會讓個人受某一類人吸引、

墜入愛河，然後結婚成家。施暴者與受暴者的結合，是依循這樣的規則來進行，婚姻暴力的發生，只不過是重複個人幼時與重要他人的互動經驗而已。個人之所以無法跳脫內化指引的擺布，是因為這些指引在個人的覺察之外。施暴者或受暴者都被囚困在劇場中，強迫性地將小時候的經驗化為一齣齣婚姻暴力的戲碼。

李文瑄（民89）曾以Walker（1979）的「暴力循環論」（cycle of violence），說明內化指引與婚姻暴力的關係。婚姻暴力的發生分為三個階段，在這個三個階段中，不管施暴者或受暴者，都回到小時候的經驗，成為那個曾經受傷的小孩，並且讓配偶成為過去生命中的重要他人（例如，父母）。然後，重複演出幼時與重要他人的互動經驗。

1.緊張升高期

在第一階段，施暴者使用語言刺激或辱罵受暴者。施暴者之所以會對受暴者憤怒與責備，是因為施暴者意識上覺知受暴者行為上有了錯失。或許，受暴者的行為不完全盡如施暴者的理想，可是，施暴者對受暴者的情緒反應，超越了實際狀況。

換句話說，表面上，施暴者正與受暴者（愛人或配偶）互動；可是，實際上，施暴者已將受暴者當成是小時候的重要他人（例如，父母），並且，將小時候對重要他人的強烈情緒，加諸在受暴者身上。因此，受暴者的行為像是火藥的導火線，引爆了施暴者對重要他人的強烈情緒。

就受暴者來說，受暴者認為施暴者的責備言之有理，因為如果他（她）沒做錯，施暴者就不會如此盛怒。這種感覺與想法，是來自於小時候受暴者犯錯時，重要他人對他（她）嚴懲的緣故。也就是說，在此時此刻，表面上施暴者是受暴者的配偶；可是實際上，受暴者讓自己退化成為小孩，而施暴者成為受暴者小時候的重要他人，施暴者的暴行因此被受暴者合理化。

2.急性暴力期

當緊張升高到最高點時，施暴者會加劇其暴力，除了口語上的刺

激外,可能出現肢體上的暴力。

就受暴者而言,施暴者的暴行引爆了受暴者小時候對重要他人的負面情緒,於是,受暴者會加以反擊。不過,這種反擊會激怒施暴者對重要他人更多的怨恨,使得暴力行為加劇。

3.蜜月期(後悔討好期)

在一陣你死我活的拚鬥結束後,施暴者看到受暴者傷痕累累、委屈哭泣的模樣,會喚起他小時候擔心被重要他人拋棄的害怕。於是,拚死拚活地想留住受暴者。

對受暴者而言,施暴者的軟言要求,會重新激起他(她)對重要他人的依賴與愛戀。於是,受暴者回到施暴者的懷抱,享受暴風雨後的陽光,並且懷抱一個夢想,就是「明天會更好」。

由於人的行為受內化指引的操控,除非內化指引被修正,否則婚姻暴力會不斷重現。

(二)特質論(character theory)

特質論認為,婚姻暴力的產生,是因為施暴者與受暴者各有異於常人的特質。施暴者因為本身特質的影響,而出現虐待、毆打別人的行為。受暴者也因為本身的特質,而引起別人的虐待。在國內與國外,都有這方面的研究,也有一些結論產生。

1.社經地位、教育、程度與年齡因素

就社經地位來看,婚姻暴力可能發生在任何社經地位家庭中。陳若璋(民81a)訪談的婚暴受暴者中,有一半來自中上社經地位家庭。周月清(民90)的研究中,婚暴受暴者來自中下社經地位家庭的人數最多。這種研究上的差異可能是取樣的誤差所致,但是,也表示:婚暴可能發生在任何社經地位家庭中。

從教育程度來看,在周月清(民90)的研究中,施暴者以高中職與專科人數最多,而受暴者以國中學歷最多。在陳若璋(民81a)的研究中,施暴者教育程度在大學(含)以上者最多,而受暴者以中學

程度最多。依據鄭瑞榮、許維倫（民88）的研究發現：婦女教育程度愈高，愈有機會防止婚姻暴力的發生。

從年齡來看，國外研究發現：夫妻年齡愈小，愈容易產生婚姻暴力（Kessler, Molnar, Feurer, & Appelbaum, 2001; Shiw, 1999）。國內的研究似乎與國外有差異。周月清（民90）的研究發現：施暴者年齡在三十到五十歲以上最多，而受暴者年齡在三十五到三十九歲最多。在陳若璋（民81a）的研究中，對施暴者集中的年齡層未加以說明，不過，平均年齡為 36.31 歲，而受暴者年齡集中在三十到四十歲之間。從以上研究資料可以歸結：婚姻暴力可能發生在各年齡階層上，不過，以三十歲以上最多。此外，愈是早婚的女性，遭受婚姻暴力的可能性就愈高（鄭瑞榮、許維倫，民88）。

2.心理特質因素

施暴者與非施暴者是否在一些心理特質上有所差異？受暴者與非受暴者是否在一些心理特質上也有所不同？如果可以從研究中找到一些蛛絲馬跡，或許男女在交往期間與選擇對象時，就可以防範於未然。

⑴施暴者的心理特質

Walker（1979）曾研究四百位受暴婦女之配偶與性伴侶，歸納出十種施暴者特質：①自我評價偏低；②相信暴力可以控制女性；③性別歧視的態度與刻板化的性別角色；④凡事外在歸因責備他人；⑤變態的嫉妒心理；⑥雙重性格傾向；⑦以酗酒和濫用藥物來應付壓力；⑧具攻擊性與性侵犯行為；⑨衝動、情緒易失控；⑩不認為暴力行為有負面效果。

最近研究獲得的結果，與 Walker（1979）的看法相近。例如：①男性喝酒後，更可能出現肢體與口頭的暴力行為，而太太飲酒後則不會如此（Leonard & Quigley, 1999）；②施暴的男性比非施暴的男性具有更多非理性想法與自動化思考，更多的認知扭曲（Eckhardt, 1995; Eckhardt & Kassinove, 1998），有效的衝突解決策略較少（Eckhardt & Kassinove, 1998）；③衝動的人格特質透過憤怒／敵意、濫用物質與婚

姻不美滿等中介變項影響婚姻暴力的產生（Stuart, 1998）；④嫉妒因素跟其他因素互動而影響婚姻暴力的發生（Szinovacz & Egley, 1995）。

此外，依附型態與婚姻暴力有關。例如：①不安全依附型比安全依附型的先生，更有可能對太太施暴；②過度專注依附型（preoccupied）的先生因為太太的退縮而施暴；逃避依附型（dismissing）的先生因為太太的防衛而施暴；③過度專注依附型的先生因為害怕被太太拋棄而施暴；逃避依附型的先生為了控制太太與肯定自己的權威而施暴（Babcock, 1997; Babcock, Jacobson, Gottman, & Yerington, 2000）。

最後，Holtzworth-Munroe、Bates、Smutzler 與 Sandin（1997）回顧美國的相關研究結果，歸納出男性施暴者的特徵，包括：人格異常者、具有依附／依賴問題者、具有憤怒／敵意特質者、有酒精問題者、缺乏社會技巧者（特別在婚姻互動上）、腦部曾受傷者、男性荷爾蒙有問題者、對女性具有某種偏見態度者、對暴力有錯誤歸因者、遭到壓力挫折者、在原生家庭曾經驗暴力者。

(2)受暴者的心理特質

受暴者有幾項心理特質包括：①自尊心較低；②覺得配偶的虐待是因為自己有錯；③抱持傳統為先生與孩子犧牲的觀念；④常自責、壓抑、宿命觀、消極、悲觀，但又表現堅強的生存韌性；⑤相信只要犧牲、忍讓，就會有改善的一天，相信問題只能靠自己解決；⑥在暴力的家庭中成長；⑦缺乏社會支援；⑧經濟與情緒依賴配偶；⑨長期感到憂鬱、壓力、有身心症，可能有酗酒或服藥；⑩缺乏判斷何者會導致生命危險的能力（陳若璋，民 81c；Klingbeil & Boyd, 1984）。

須注意的是，婚姻暴力的產生，往往不是施暴者或受暴者單一因素所致，而是當事人與環境因素共同運作的結果。此外，以上所列的心理特質是統計的結果，可能在某些婚姻暴力中，施暴者與受暴者並不具有以上的特徵。

（三）挫折－攻擊理論（frustration/aggression theory）

挫折－攻擊理論認為，挫折是引發攻擊的主因，當個人透過攻擊方式而體驗到情緒的宣洩後，就學會以攻擊來減輕挫折感。近代的挫折－攻擊理論由 Berkowitz（1990）加以修正，有以下的假說（王以仁、林淑玲、駱美芳，民 86；Berkowitz, 1990）：(1)攻擊的線索在攻擊行為產生前就存在，不過，如果個人處在憤怒情緒中，即使線索不存在，也可能有攻擊行為；(2)攻擊行為有個別差異，已有攻擊習慣的個人比尚未有攻擊習慣的個人，表現更多的攻擊行為；(3)置身隱含有攻擊線索的情境中，個人會有較多的攻擊行為出現。

從挫折－攻擊理論來詮釋婚姻暴力，可以歸納出幾點：

1.婚姻暴力是施暴者處理挫折的方式，而且施暴者沒有其他處理挫折的有效方法。相關研究中（例如，Anson & Sagy, 1995）的確發現：施暴者缺乏處理問題的有效方法，內在常有隱藏的憤怒，任何風吹草動的刺激就足以引燃施暴行為。即使在線索不足的情況下，也會讓施暴者理智喪失，而對受暴者拳腳相向。

2.如果施暴者的施暴行為成為他處理婚姻問題的習慣，那麼更有可能在類似的情境中，一再使用暴力。這也就為什麼受暴者的委曲求全、忍辱負重，無法讓施暴者幡然悔悟的原因之一。

挫折－攻擊理論的某些觀點，已散諸於其他的理論中，並且在相關研究中獲得支持。

▋ 二、社會學觀點

（一）社會學習論（social learning theory）

社會學習論強調觀察學習對行為養成的重要性，因此，施暴者與受暴者的行為，是透過觀察、模仿而學到。在這方面的研究，特別強調施暴者與受暴者小時候對婚姻暴力的觀察學習經驗。

在一些研究上發現：施暴者的暴行與原生家庭的婚姻暴力有關（陳若璋，民81b；Moody, 1997）。兒童時期目睹過婚姻暴力的成年人，可能出現憂鬱、極度悲傷、攻擊、高度活動、行為異常等問題（Alalu, 2000; Moody, 1997）。

其他研究進一步發現：小時候原生家庭的暴力經驗，對孩子成年後造成的影響，會因孩子的性別而有差別。例如，男性的施暴行為通常與暴力情境因素有相關，不過，這些經驗對女性的傷害大於男性（Mihalic & Elliott, 1997）；在兒童期曾經目睹過婚姻暴力的女人，將來可能成為婚姻暴力的受害者（陳若璋，民81b；Baker, 2000）。

(二) 社會交換論 (social exchange theory)

社會交換論從個人的行為後果說明行為的產生、持續與消除。當個人的行為結果獲得的酬賞大於付出時，該行為就會持續下去。在婚姻暴力中，如果施暴者從施暴行為中，獲得的酬賞大於付出的代價，暴力行為就會受到鼓勵與增強，而持續下去。

依據此種觀點，環境因素對施暴行為的反應，會影響施暴者後續的行為。例如，當施暴者對受暴者施暴後，受暴者如果更加柔順、服從，反而會增強施暴者的暴行；如果施暴者的親戚朋友對施暴者的行為諸多包容，也會讓施暴者有恃無恐。換句話說，如果社會對性別平等或相關措施不積極推行的話，婚姻暴力的問題會持續下去。

社會交換論的缺點是，將施暴者的行為原因歸因於外在環境，而不強調施暴者的自我反省與責任問題。

三、生態學觀點

(一) 資源論

資源論以家庭關係中資源與權力的相互關係，說明婚暴的發生。資源愈多的家庭成員，權力愈大，就愈有機會使用暴力。不過，這種

看法似乎無法解釋性別上的差異表現。Shiw（1999）探討資源權力與婚姻暴力的關係。他將資源權力分為客觀的資源權力與主觀的資源權力。客觀的資源權力包括教育與收入的程度；主觀的資源權力為當事人感覺自己對配偶的依賴程度。結果發現：⑴就整體言，男性的資源權力愈多，暴力行為就愈少；女性的資源權力愈多，暴力行為就愈多；⑵男性配偶的收入愈高，對家庭的經濟愈有貢獻，暴力行為就愈低；相反地，這些因素卻使得女性的暴力行為提高；⑶不管男性或女性，愈覺得需要依賴另一配偶時，暴力行為也會愈低；⑷不管男性或女性，婚姻愈不滿意，暴力行為就愈高；⑸從年紀來看，不管男性或女性，年紀愈小，暴力行為愈高。

　　以上研究似乎反映出：男人愈有資源，暴力行為的發生率就愈低；女人愈有資源，暴力行為的發生率就愈高。不過，由於該理論的相關不多，需要有更多的研究來驗證。

(二) 代間傳遞理論（intergenerational transmission theory）

　　在某些觀點上，代間傳遞理論與社會學習理論有些相似，例如，子女的婚姻暴力，可能與目睹父母的婚姻暴力有關。不過，社會學習理論強調觀察、學習與增強因素，而代間傳遞理論則強調代間傳遞的內在歷程。

　　婚姻暴力是否會在代與代之間延續下來？如果這種看法獲得支持，那麼這種傳遞是透過何種歷程，使得婚姻暴力像因果循環一樣，在代與代間交替？

1.婚姻暴力的代間傳遞

　　相關的研究發現：成長過程中有過暴力經驗者或目睹父母施暴者，有更高的可能對配偶施以暴力（Cappell & Heiner, 1990; Markowitz, 2001; Stith, Rosen, Middleton, Busch, Lundeberg, & Carlton, 2000）。

　　如果父母的婚姻暴力會產生代間傳遞，更進一步的問題便是：父親施暴與母親施暴，對不同性別的孩子是否有不同的影響？對此問題，

目前的研究未有一致的結論。Kalmus（1984）的研究發現：目睹過父親對母親施暴後，不管兒子或女兒，都有可能成為未來婚姻暴力的施暴者與受暴者。換句話說，父親對母親的施暴行為，對不同性別的孩子具有相同的影響力。

Jankowski、Leitenberg、Henning 與 Coffey（1999）的研究結果則有不同的發現，他們認為：看到同性別父母施暴後，才會讓子女長大後成為施暴者；如果看到父母雙方互相施暴，則子女可能成為受暴者。

Palfai（2000）以戀愛中的男女為研究對象，除了探討不同父母的施暴行為，對不同性別子女的影響外，還探討社會支持因素（例如，同儕的撫慰）對代間傳遞所產生的修正效果。結果發現：(1)母親的肢體暴行與女兒未來成為施暴者與受暴者有關，但是對兒子沒有影響；(2)母親對父親的心理施暴，與子女將來成為親密關係中的受暴者有關；(3)父親的施暴行為對子女沒有影響；(4)社會支持（例如，朋友的撫慰）可以緩和母親暴行對女兒的代間傳遞，可是，這種社會支持卻會加強兒子的暴力行為。

Doums、Margolin 與 John（1994）探索婚姻暴力的三代代間傳遞，結果發現：對男性而言，目睹過暴力的人，有三代之間的傳遞影響；對女性而言，只有兩代的傳遞效果。換句話說，這種代間傳遞對女性與男性會有不同的影響。

婚姻暴力對不同性別目睹兒童產生的影響，各研究雖然有不同的結論，不過，仍然有某些類似的看法：(1)婚姻暴力可能在代間傳遞；(2)不同父母的婚姻暴力行為對不同性別的子女可能有不同的影響；(3)成長在婚姻暴力家庭中的孩子，如果有良好的社會支持，這種代間傳遞的影響可能被修正。

2.婚姻暴力代間傳遞的內在歷程

探討婚暴代間傳遞歷程之重要性，是基於預防上與治療上的考量。如果能夠知道這種代間傳遞的內在歷程，就可以透過適當預防與治療策略，一方面中斷代間的傳遞，另一方面治療婚暴的當事人。因此，

這方面的研究一直是研究者鍥而不捨的努力。

　　尋找內在歷程的研究分為兩部分進行：第一部分是從施暴者本人的特徵上著手；第二部分是從父母間施暴對其子女產生的影響上探討。

　　就第一部分研究來說，直到目前為止，研究結果的發現莫衷一是，不同的學者有不同的結論。目前所發現的代間傳遞機制包括：施暴者認同施暴態度（Markowitz, 2001）；親子間類似的依附型態（Adamson, 1998; Zeanah & Zeanah, 1989）；對婚姻衝突抱持負面的結果預期（Duggan, 1998）；無法自我控制（Avakame, 1998）；無效的婚姻解決策略（Choice, Lamke, & Pittman, 1995）；父母婚姻暴力造成孩子的創傷經驗，而轉化為反社會行為傾向（Simons & Johnson, 1998）；施暴者小時候目睹過父母婚姻暴力事件，造成內在創傷，而養成性別不平等的態度、負面自尊、影響婚姻滿意度、以酗酒面對問題的惡習，以及認同婚姻暴力，最後導致婚姻暴力（Stith & Farley, 1993）。

　　就第二部分研究來說，父母婚暴對孩子的成長具有不良的影響：⑴父母親的語言暴力與肢體暴力，對兒童的問題行為有預測作用，其中，語言暴力又比肢體暴力的影響更大；⑵父母婚姻暴力愈嚴重，兒童問題行為就愈嚴重。這些問題的行為模式降低了孩子面對未來婚姻問題的能力，並且驅使孩子成為婚暴施暴者與受暴者（曾寶玲、周麗端，民 88）。

　　Wolker Finkelhor（1998，引自陳怡如，民 90）整理了近二十年來這方面的研究，歸納父母婚暴對目睹兒童的影響如下：

　　在直接影響方面：⑴在父母婚姻暴力中，兒童可能成為暴力下的受害者；⑵產生極端恐懼與無助的創傷後壓力症候群，並且出現與暴力相關之情緒和行為問題；⑶兒童為自己與其他家人的安危焦慮，為受暴的一方父母悲傷，對施暴的父母有兩極的矛盾情感，因無法改變暴力情境而無助、沮喪、自責，此種複雜情緒轉化為攻擊、退縮、逃家、自我傷害與同儕疏離等行為；⑷對暴力錯誤的認知，以暴力作為人際操控的方式，並且學到以暴力解決問題的模式，包括親密關係上

的衝突問題。

在間接影響方面，父母管教的不一致、施暴者與受暴者無法善盡父母責任等因素，對孩子的身心皆會造成不良影響。

以上兩部分研究反映出：兒童目睹父母婚暴後，造成內在創傷，這些創傷經驗成為代間傳遞的中介歷程，讓婚姻暴力在不同的世代中傳遞。或許，要避免婚姻暴力在自己身上發生，重要的因素之一就是，婚前仔細觀察對方父母間、親子間的互動歷史，以及檢討自己成長過程的經驗。否則，容易成為代間傳遞的受害者。

（三）系統理論（system theory）

系統理論強調人與環境中各因素環環相扣、牽一髮而動全身的關係。當任何一相關因素改變，所有相關因素的互動型態便改變。婚姻暴力是個人、家庭與社會三大因素互動的結果，婚姻暴力的解決也可以從任何一因素開始。

另一類系統理論是從家庭的封閉與開放型態，說明婚姻暴力的成因。依據這一類理論的看法，施暴者欲維持他在家中的權威，可是事與願違，理想與實際產生差距，因而與配偶有了衝突。如果家庭系統是封閉型態，會使得外在緩和與協調的資源無法進入，就會引燃婚姻暴力（陳若璋，民81b）。

以上各理論所強調的因素，都被納入系統理論中，不過，系統理論還重視大環境中的其他因素，以下說明以上各理論尚未涉及的因素：

1.家庭經濟狀況

「貧賤夫妻百事哀」，自古以來，就認為家庭的經濟狀況會影響夫妻關係。翻開報紙看看，所有夫妻相殘的動機大致可分為二類：一為情殺，二為財殺。夫妻之間因為錢財問題而口角，進而動手傷人、殺人的事件已非罕見。

陳若璋（民81b）的研究發現：失業率、工作不穩定、收入低與對工作不滿意，是影響婚姻暴力的重要因素。國外研究方面也發現，

家庭經濟狀況與婚姻暴力有關（Anson & Sagy, 1995）。

　　從另一觀點來看，婚姻暴力的產生，除了與家庭的整體經濟狀況有關外，與男女配偶對家庭的經濟貢獻也有關係。Shiw（1999）的研究發現：當男性的收入愈高，對家庭的經濟愈有貢獻時，暴力行為就愈低；相反地，這些因素卻使得女性的暴力行為提高。

　　綜合以上所言，一個家庭的整體經濟狀況，以及夫妻每個人對家庭經濟的貢獻程度，可能與婚姻暴力有關。

2.婚姻狀況

　　研究顯示：婚姻的滿意程度，可能與婚姻暴力有直接或間接的關係（鄭瑞榮、許維倫，民 88；Cano & Vivian, 2001; Stith & Farley, 1993; Stuart, 1998）。導致婚姻不美滿的因素很多，包括：夫妻間的衝突、個性不合、思想差距太大、施暴者有不良嗜好或犯罪（鄭瑞榮、許維倫，民 88）。不良的因素愈多，婚姻就愈不美滿，夫妻衝突也就愈多，婚姻暴力的發生率可能愈高。

3.外遇問題

　　現代社會的已婚或未婚男女，由於接觸頻繁，相識、相熟的機會增加，外遇的事件也多了起來。有些外遇的男人因為太太捉姦與指責，而動手打人；有些男人則因為太太外遇，尊嚴受損而揍人。不管外遇者是本人或配偶，都沒有權利施暴。該檢討的是夫妻雙方，畢竟施暴的結果只會讓婚姻關係惡化。

4.性生活不良

　　沒有飯吃，會餓死人；沒有性生活，不會奪人性命，不過，卻讓人有滿肚子牢騷。不良的性生活，帶來的是對彼此的失望、委屈、抱怨、內疚，這種痛苦的感覺更勝於沒有性生活的苦悶。性生活的不良，未必會直接引爆婚姻暴力，不過卻會導致其他的夫妻問題（例如，外遇），而提高婚姻暴力的發生率。

5.溝通不良

　　研究顯示：夫妻間的溝通技巧與婚姻暴力有關（Vivan & Malone,

1997）。例如，會施暴的先生通常出現惡意—防衛的溝通型態與負面
的互動態度（Murphy & O'Farrell, 1997）；曾經學習過有效溝通技巧
者，婚姻上的問題較少，負面情緒也較少（Markman, Renick, Floyd,
Stanley, & Clements, 1993）。因此，進行婚姻暴力治療時，溝通技巧的
學習一直是必要的學習內容（例如，Behrens & Sanders, 1994; Madanes,
Keim, & Smelser, 1995）。

6.缺乏有效解決問題的策略

夫妻衝突時，雙方解決衝突的策略是否有效，是決定婚姻暴力發
生與否的重要因素之一（Anson & Sagy, 1995; Choice, Lamke, & Pittman,
1995）。如果解決策略無效，自然會以最直接、最快速的反應來面對。

從社會學習理論與代間傳遞的內在歷程來看，婚暴施暴者可能從
父母的婚姻暴力中，學習到以暴力解決問題的模式。因此，治療婚姻
暴力時，問題解決策略的學習也是必要的課程之一（例如，Behrens &
Sanders, 1994）。

7.外在壓力

外在壓力，例如，社會經濟狀況不佳、工作上的問題、失業、政
治不安定等，會引燃婚姻衝突，造成婚姻暴力。Cano 與 Vivian（2001）
的研究發現：生活壓力與婚姻暴力有關，不過，不是直接關係，是間
接相關。生活壓力透過婚姻滿意度、憂鬱、對施暴者的認同、早年父
母的婚姻暴力，以及酒精的濫用與依賴因素，影響婚姻暴力的發生。
換句話說，生活壓力觸動原先已存在的問題，然後引發婚姻暴力。

以上各個理論所提出的觀點與相關研究，讓人目不暇給，有種霧
裡看花的感覺。雖然造成婚姻暴力的因素繁多，不過，可以歸納為遠
因、中介因素與近因三類。以下先將相關理論與研究整理歸納（表
14-1），再從遠因、中介因素、近因與結果，說明婚姻暴力的成因歷
程（圖 14-1）。

表 14-1　婚姻暴力之相關理論說明摘要

理論	內容說明
心理學觀點	
客體關係理論	1.個人小時候與重要他人互動的經驗，會被內化成為未來人際互動的指引。婚姻暴力是重複施暴者與受暴者小時候與重要他人的互動經驗。 2.婚姻暴力依循著緊張升高期、急性暴力期、蜜月期三個階段不斷的循環。
特質理論	1.婚姻暴力發生在各年齡層、各種社經地位家庭、各種教育程度的人群中。 2.施暴者與受暴者各有異於常人的心理特質。
挫折—攻擊理論	1.婚姻暴力的施暴者以暴力方式處理問題，並且從暴力行為中紓解了挫折所帶來的負面情緒，而學習以暴力方式紓解壓力。 2.如果施暴者養成以暴力處理婚姻問題的習慣，那麼便可能在類似的情境中，一再使用暴力。
社會學觀點	
社會學習論	1.婚姻暴力施暴者與受暴者的行為，是透過觀察、模仿而學到。 2.婚姻暴力對目睹兒童的影響，會因為目睹兒童的性別而有不同。
社會交換論	在婚姻暴力中，如果施暴者從施暴行為中，獲得的酬賞大於付出的代價，暴力行為就會因為受到鼓勵與增強，而持續下去。
生態學觀點	
資源論	1.以家庭關係中夫妻所擁有的資源與權力說明婚暴的發生。資源愈多的家庭成員，因權力愈大就愈有機會使用暴力。 2.依據研究顯示，男性的資源愈多，暴力行為愈少；女性的資源愈多，暴力行為愈多。
代間傳遞理論	1.婚姻暴力可能會代間傳遞。 2.婚姻暴力的代間傳遞會因性別而有不同。 3.婚姻暴力可能會在孩子心中留下創傷，藉著創傷反應，使得婚姻暴力得以在代間傳遞。
系統論	1.婚姻暴力涉及各種個人與環境因素。 2.除了以上各理論所提的因素外，另包括：(1)家庭經濟狀況；(2)婚姻狀況；(3)外遇問題；(4)性生活不良；(5)溝通不良；(6)缺乏解決問題的有效策略；(7)外在壓力。

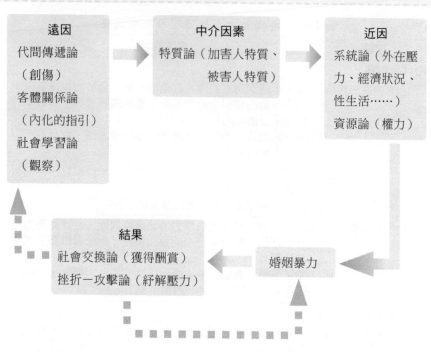

註：虛線代表回饋

圖 14-1　婚姻暴力之遠因、中介因素、近因與結果之歷程

　　代間傳遞、客體關係理論與社會學習論所描述的幼時經驗，不但為個人成人後的婚姻暴力寫下劇本，而且造就婚姻暴力施暴者與受暴者的心理特質。個人成長後，在環境壓力的衝擊下，以及施暴者與受暴者心理特質的催化下，婚姻暴力的戲碼便一幕幕地上演。每一次婚姻暴力的落幕，不但增強了施暴者與受暴者內在劇本的操控力，也加強了以暴力解決問題的方式。

第四節
阻礙婚姻受暴者求助之因素

　　每一次葉雙被她先生毒打後，就穿著長袖長褲上班，以免多事的同事七嘴八舌。有一、兩位關心她的同事，適時地傳送關懷與支持，讓她在灰心絕望之際，還可以感到一絲的溫暖。

　　這些朋友一再勸她離開她先生。這個問題她想過，不過，她覺得，前世因果今世償，如果前世沒有虧欠她先生的話，何以他會如此對她。如果將前世債還清了，或許他不會再對她施暴。這樣的想法，竟能夠安頓她混亂怨恨的心，讓她心平氣和地跟她先生相處。

　　當初嫁給她先生時，除了因為愛他之外，也是想要盡速逃離她成長的家庭。如果她離婚，目前的家散了，原生家庭原本就是她的夢魘，那麼她可以到哪裡去？一想到自己可能像無根的浮萍，隨風四處漂流，心情就沉重起來。她也擔心，別人會如何看待離婚的女人？她又該如何面對別人質疑的眼光？

　　即使她願意離婚，她先生會願意嗎？會不會招來更殘酷的毒打？這個時候有誰可以救她？她不想把同事牽扯進來，以免同事遭到池魚之殃，可是想來想去，實在想不出誰可以幫助她。她深深地嘆了一口氣，如果離婚可以解決問題，為何母親被父親虐待了二十幾年，仍然苦苦守在父親身旁呢？她愈想愈覺得離開她先生，對自己未必有好處。

問題與討論

1. 讓葉雙在婚姻暴力後不願意求助的原因為何？

2. 在這些原因中，哪些原因是個人因素？哪些原因是環境因素？

3. 如果葉雙要走出婚姻暴力，該如何處理？葉雙四周的人該如何幫助葉雙？

4. 社會有哪些機構可以協助婚姻受暴者？

婦女遭受婚暴之後，因應的方式各異。有的尋求親友的庇護；有人選擇自我傷害（例如，自殺或吸毒）；有的尋求專業人員的協助（鄭瑞榮、許維倫，民88）。不過，更多的婚暴受暴者在婚暴發生之時或發生之後，沒有向外求助，而是忍氣吞聲獨自默默承受，被動地等待下次更嚴厲的考驗。有些女人在遭受多年的毒打凌虐之後，才集聚反擊力量，讓施暴者血債血還，或是將自己血淚的經歷公諸於世。

如果男人是婚暴的受暴者，處境恐怕比女性受暴者更慘。在男尊女卑的聲浪中，社會期待男兒建立頂天立地的巨人形象，因此，男性受暴者難於啟齒道出自己的苦風淒雨。

是什麼原因讓這些婚暴受暴者不願意挺身而出，反而選擇萎縮在黑暗的角落，苟延殘喘地暗自飲泣？是因為傳統的「家醜不可外揚」？或是為了「給孩子完整的家庭」？亦或是不願意背負「離婚」的惡名？還是另有其他的原因？

依據周月清（民90）的研究，受暴婦女不離開婚暴關係的原因，依序分別為：⑴為了孩子；⑵經濟不能獨立、對施暴者還抱著希望（二者並列）；⑶無法離婚；⑷害怕被施暴者打得更嚴重；⑸擔心別人怎麼想；⑹無處可去；⑺宗教因素；⑻愛；⑼宿命。

陳婷蕙（民86）與黃維仁（民85）分別從身體層面、心理層面與社會層面，論及阻礙受暴婦女脫離受暴關係的因素。身體方面的相關因素有：施暴者以嚴重的身體傷害來恐嚇受暴者。

心理方面的相關因素包括：⑴受暴者的習得無助感；⑵受暴者在

施暴者身上投注情感、時間與金錢，而產生心理上的承諾與眷戀；(3)施暴者與受暴者產生「敵對共生感」，兩人相生相滅無法分離。

社會方面的相關因素包括：(1)缺乏所需的資訊；(2)需扛負撫育子女的重擔；(3)窘迫的經濟能力；(4)娘家的支援薄弱；(5)偏誤的警方人員態度；(5)現行的法律困境。

阻礙婚暴受暴求助的因素涉及的層面極廣，這些因素大致可以歸納為個人的知識不足、心理因素作祟與社會支援不夠。知識不足與心理因素作祟屬於個人因素，而社會支援不夠屬於環境因素；環境因素有待整個大環境的努力，而個人因素則有待當事人自求多福。其實，解鈴還需繫鈴人，解決問題的關鍵仍繫在當事人身上。如果當事人自己事前不預防，事後不自救的話，外圍的力量也只能點到為止，幫助有限。

第五節
婚姻暴力之防治

婚姻暴力是可以預防的，即使不幸遇人不淑，也有方法自救。以下從婚前的預防與婚後的婚暴處理，來談婚姻暴力的防治。

一、當事人部分

(一) 婚前婚姻暴力之防治

愛情的熱度，讓當事人雙眼盲目，感性瀰漫，而忽略跳出關係之外，理性地檢驗對方。

婚姻暴力是可以預防的。施暴者在無意中，總有一些蛛絲馬跡外洩，只要當事人用心觀察，必能掌握到可疑證據。如果再加點理性的提醒，點破「我的愛可以令對方改變」的神話，就可以在暴力上身之前急流勇退。

1.檢驗對方是否有暴力傾向

社團法人台灣省婦幼協會網站（民91）曾提供一些問題，用以協助戀愛中的男女檢驗對方，免得自己日後淪為婚暴受暴者的一員。以下整理歸納台灣省婦幼協會網站所提供的問題，並參酌婚姻暴力的定義，以及婚姻暴力各理論的觀點，提出以下重要問題：

(1)對方如何處理生活中的挫折與壓力？

因為施暴者缺乏處理問題的策略與負面情緒的能力，因此，觀察對方在挫折、壓力情境中的反應，就可以發現重要的資訊。

(2)當你們雙方有衝突時，對方如何處理？

施暴者通常沒有能力或策略處理親密關係中的衝突，只要觀察對方在衝突情境中的反應，或許會有所斬獲。須注意的是，有些施暴者的暴行在婚前、婚後都會出現；可是，有些施暴者善於偽裝，婚前不動聲色，婚後才露出猙獰面目。因此，當事人得小心提防，審慎觀察。

(3)對方是否殘酷地對待動物？曾以暴力對待他人或家中其他成員？

Holtzworth-Munroe 與 Stuart （1994）曾依據婚姻暴力的嚴重性、施暴的對象、心理異常／人格異常三個向度，將婚暴的男性分為三類，分別為家庭型（family only）、不良運作／邊緣型（dysphoric/border-line）與一般暴力／反社會型（generally violent/antisocial）。

家庭型施暴者施暴的對象僅限於家人，暴力程度為輕度。這類婚暴施暴者占施暴總人數的50%。

不良運作／邊緣型施暴者施暴的對象以家人為主，不過有時候會及於他人，或有犯罪行為出現，暴力程度為中度至重度。這類婚暴施暴者占施暴總人數的25%。

一般暴力／反社會型施暴者施暴的對象會擴及家庭以外的人，而且有犯罪史，施暴程度為中度至重度。這類婚暴施暴者占施暴總人數的25%。

因此，對暴力的檢驗，應包括對方是否曾對他人、家人或動物施暴過。

(4)對方是否自尊低落、自我價值感低落？（注意：過度膨脹自己，
　　也是一種自尊、自我價值感低落的象徵）

　　婚暴的施暴者常出現低自尊、低價值感的特徵。施暴者自尊低落
與價值感低落，讓他（她）覺得處處不如對方、備受對方威脅，而憤
怒填膺。另一方面，施暴者擔心對方棄他（她）而去，因此內心矛盾
叢生。這種矛盾讓親密關係的互動，抹上不安、多疑的色彩。

(5)對方是否企圖讓你（妳）在他的操控下，包括切斷你（妳）與
　　其他人的接觸？

　　施暴者對受暴者的操控，與前一題低落的自尊與價值感有關。透
過對受暴者的操控，才可以稍微安頓被拋棄的擔心。

(6)對方是否以你（妳）的成功為榮？是否鼓勵你（妳）有積極的
　　理想與目標？

　　第 4、5、6 題互有關連。愛人的成功，會貶低施暴者的自尊與價
值感，挑戰施暴者對愛人的操控力量。因此，施暴者不會以愛人的成
功為榮。

(7)對方是否具有同理心，能感同身受地了解別人的感受？

　　施暴者缺乏同理心，無法站在別人的立場體驗別人的感受，卻完
全從自己的立場詮釋別人的行為。施暴者認為婚姻上的一切問題都是
受暴者的錯，施暴者加諸在受暴者身上的暴力，都是受暴者罪有應得。

(8)對方在性別平等上的態度如何？是否瞧不起異性，視異性為次
　　等動物？

　　性別平等的內涵包括：允許彼此自由表達感受、經濟共同分擔、
責任共同分享、相互尊重、相互協調。婚暴施暴者瞧不起另一性別，
認同對另一性別施暴的態度。因此，對性別平等所涉及的內涵，表現
不茍同的態度。

(9)對方的父母是否有婚暴的歷史？對方小時候是否曾經是暴力的
　　受害者？

　　請參閱「婚暴代間傳遞理論」相關描述。

⑽對方的父母是否有酗酒與藥物濫用的歷史？對方是否目前為酗酒或藥物濫用的一員？

請參閱「婚暴心理特質論」相關的描述。

⑾對方是否曾對前任愛人施暴過？

如果對方曾對前任愛人施暴過，現任愛人將無法倖免於難。

⑿對方是否曾經對你（妳）施暴過，然後為此後悔討好你（妳），並且保證同樣情形不會再發生？

請參閱「暴力循環論」的說明。

⒀檢查對方的依附型態

各種依附型態的說明，請見第二章「愛情」。

⒁對方是否容易情緒衝動，而且無法控制。

施暴者情緒易被激起，而且控制不了，必須借助施暴行為紓解內在沸騰的情緒。

⒂對方是否容易將責任歸罪於他人？

不願意認清事實，覺察不到自己的缺點，是施暴者的特質之一。雖然「愛面子、死不認錯」，是許多人超越不過的障礙；不過，施暴者已到眼盲、心盲，扭曲事實、黑白不分，睜眼說瞎話的地步。

⒃對方的情緒反應是否呈現兩極化？有時候極度慈悲，有時卻極度殘忍。

情緒在兩極中擺盪，時而出現一極端或另一極端，連當事人都無法控制，這種狀況是有些婚暴施暴者的特徵之一。

⒄對方在生活中，是否有正向的社會支持或人脈，以緩和生活中的壓力與挫折？

有施暴傾向者往往人際關係惡劣，沒有社會支持的協助。有些施暴者雖然交友廣闊，卻難獲得正面的支援。

⒅對方是否為精神異常者？

不是所有的精神異常者都是婚暴的施暴者，只有某些類別的精神病患容易成為婚暴的施暴者，例如，反社會人格異常者。有關這類知

識，請參考《變態心理學》與《精神疾病診斷手冊》等專書。

　　⒆從對方平日的表現，你（妳）擔心若提出分手，可能遭到對方
　　　的報復，因而遲遲不敢採取行動？

　　有些施暴者因為對方要求分手而殺傷、殺死對方或對方家人。這
類的施暴者從平日的相處就有線索可尋。如果對方的行為讓你（妳）
有此擔憂，就該請教專家。

　　以上各項問題只是綜合各種不同看法所形成的建議，因此，無法
說明孰重孰輕，也無法給予分數以確定施暴者的得分標準。這些問題
用來提醒每位愛情中的男女，為了自己的終身幸福，花點理性與時間，
檢查對方的某些細節，以避免一失足成千古恨。如果懷疑對方可能會
是婚暴施暴者，可以諮詢婚姻暴力專家，再做進一步確認。

　　此外，有時候為了鑑定對方的行為，未必要先成為男女朋友後，
才有機會觀察。只要當事人在跳入愛河之前，先以「停、聽、看」的
理性，對對方做一番評估，就有機會避免日後的後悔。

2.了解自己

　　從以上相關理論與研究結果顯示，成長於婚姻暴力家庭中的孩子，
容易留下心理創傷，而成為婚暴的施暴者或受暴者。當然，事情未必
如此悲觀，只要願意省察自己的成長經驗，對自己有正確的了解，並
且藉著其他正面經驗修正自己的不足，對婚暴的預防必有實質的效果。

　　了解自己包括：了解自己的成長經驗、身心特質、價值觀、兩性
態度、對婚姻的期待、對婚姻的規劃與準備程度、危機調適能力、解
決問題能力、處理衝突情境能力、情緒調適能力等。

3.建立外在支持網絡

　　外在支援網絡具有多方的功能。在平時可以提供資訊、交互訊息、
給予建議與諮詢，對問題有防範未然的功效；在急迫時，可以發揮同
舟共濟的實質幫助。婚暴的受暴者通常缺乏外在的支援網絡，以致於
困在婚暴的愁城無法突圍而出。在婚前多建立支援網絡，除了能夠減

少自己成為婚暴的受暴者外，還可以在婚暴發生時，借助支援網絡的力量，幫助自己脫離苦海。

4.熟悉婚姻暴力的相關知識與社會救援機構的訊息

婚姻暴力可能發生在戀愛中、同居時，以及結婚後，因此，婚前具備婚暴的相關知識，以及社會救助機構的訊息，可以讓自己避免誤上婚暴賊船，或在不幸上了賊船之後，知道如何尋找社會資源的協助。

婚暴知識包括：婚暴產生的可能原因、婚暴防治知識、婚暴發生時的危機處理策略、婚暴發生後的處理原則、相關的法律知識、社會相關的救援機構（可上網查詢社會相關的救援機構）等。

5.不斷自我成長

現代的社會要求每個人要有終身學習的理念與行動，除了在知識層面上要活到老學到老外，在心理層面上要不斷自我成長。

知識上的自我成長包括：了解兩性身心狀況、維持有效的兩性互動（例如，衝突處理策略、溝通方式），以及其他與家庭有關的知識。在心理層面上的成長，最重要的是不斷尋求自我了解，以及突破原生家庭對自我成長上的窒礙。

如果男女在婚前實踐終身學習的理念，在婚後繼續維持終身學習的行動，那麼婚姻暴力的發生率自然會降低，甚至可以消弭於無形。

6.要有尋求專家協助的勇氣與習慣

「人生不如意事，十有八、九」，這句話道出了生命的多災多難。不過，「塞翁失馬焉知非福」，人生的問題除了帶給當事人一些表相的困擾外，往往蘊含著自我成長的推力。因為通往自我成長的路是如此艱辛難捱，有時候需要借助專家的協助；有了專家的一路陪伴，才能在跌跌撞撞的路途中，堅持勇往直前。

此外，人具有驚天地泣鬼神的巨大力量，卻容易被自己繪聲繪影的幻象所屈折。婚暴受暴者的韌性讓人驚訝，可是自困囚牢的無知也令人嘆息。如果有了專家的點破與提醒，或許，婚暴的受暴者與施暴者可以提早撥開疑雲、解決問題。

國人碰到問題，尤其是家務事，總認為「家醜不可外揚」而自絕於人，讓有心協助者搖頭嘆息，莫可奈何。如果人人能夠養成「能力有所不及，自該求助於專家」的習慣，自然可以減少婚暴的發生；即使發生了，施暴者與受暴者也可以減少彼此的傷害。

7.加強性別平等的態度

即使性別平等的口號喧囂塵上，有一些人仍是父權社會的餘孽，揚棄不了男尊女卑惡習。一份以在美國的中國人、韓國人、越南人，以及高棉人為取樣對象，探索亞洲人對婚姻暴力的態度，結果發現：(1)有24%至36%的受訪者同意在某些情況下，先生可以對太太施暴，例如，太太不貞、不煮飯與不做清潔工作；(2)東南亞的受訪者比東亞的受訪者更支持先生在特殊情況下有施暴的權力，韓國人最反對使用暴力（Yoshioka, Dinoia, & Ullah, 2001）。

另有一份對住在西岸（West Banks）與拉薩走廊（Gaza Strip）的巴勒斯坦男人所做的研究發現：雖然這些受訪者認為使用暴力者該為自己的暴力負責，不過，傾向於同意在某些情況下（例如，太太不貞），先生有權力毆打太太（Haj-Yahia, 1998）。無可否認地，抱持著這種態度的人，將使婚姻暴力的問題持續下去。只要兩性有尊卑之分，一方認為有權奴隸另一方，婚姻暴力就容易發生。

兩性應該具有性別平等的素養。如果原生家庭未能提供如此的環境，當事人也該有義務與責任，順應時代潮流，修正性別不平等的看法；否則在性別不平等的關係下，有權者自然容易對無權者施暴。

（二）婚後婚姻暴力之預防

婚姻暴力的導火線，往往是生活上的一些衝突或壓力。如果夫妻熟悉解決問題的策略、擁有良好的溝通模式、學會調適情緒的方法，對減少婚姻暴力的發生，會有某種程度的幫助。

許多夫妻不具有以上所提的策略或方法，為了創造美滿的婚姻生活，必須要相互提醒與學習。

（三）婚後婚姻暴力之處理

婚後才發生婚姻暴力，會讓受暴者陷入驚慌與癡呆中，不但難以接受不幸的事實，而且不相信枕邊人竟是披著羊皮的虎狼。在此時，最怕當事人不肯面對現實，一味地自我欺騙，最後淪為習慣性的受暴者，欲振乏力而無法跳出火坑。

當婚姻暴力第一次發生後，受暴者就必須痛定思痛，為自己預留後路。這並不是說，第一次婚姻暴力發生後，就毫無亡羊補牢的機會。如果夫妻都願意坦然面對，對生命歷程做徹底的探索與澄清，雙方便能以更成熟的方式互動，也會更珍惜彼此的感情與陪伴。很可惜，大部分夫妻並非如此理性，而是用一些理由欺騙自己，讓婚暴一直延續下去。

如果受暴者對施暴者已心生恐懼，懷疑施暴者可能有再次施暴的危險，就必須記住以下的原則（請上相關網站以獲得更多資訊，例如，台灣婦女資訊網站、家庭暴力防制委員會），給自己與孩子留下生機：

原則一：在第一次婚姻暴力發生時，受暴者就該立即採取行動做最壞的打算，不要心存僥倖，以為這只是偶發事件。施暴者不會就此罷休，可能第二次、第三次的暴力會接踵而來。如果受暴者顧念夫妻情分，不想立刻報警處理，至少也得到醫院治療，開具驗傷單，並且將傷口拍照存證，作為將來舉證之用。

原則二：暴力發生時，不要想以暴制暴，而反唇相譏刺激施暴者，或者，動手動腳、動刀動槍。這種作法只會引來施暴者更強烈的暴力。

原則三：記得囑咐鄰居，在聽到你（妳）緊急呼救或奇怪聲響時，要立即打電話向警局求救。

原則四：暴力發生時，注意保護自己的頭、臉、頸、胸、腹等重要部位，並且大聲呼救。如果能夠立即逃離現場，就快速逃命。

原則五：暴力發生時，避免逃到家中危險的地方，例如，廚房（有刀、鐵器等器具）、陽台（有可能摔下去）、密閉的地方（例如，地

下室、浴室等，鄰居聽不到求救的聲音）。

原則六：將一些現金、提款卡、存摺、印鑑、身分證、健保卡等重要物品，放入租用的銀行保險箱，以備將來之需。

原則七：如果有孩子的話，要教導孩子在暴力發生之前或當下離開現場，以保護自己，或報警處理。

原則八：暴力發生後，記得盡可能留下物證，包括被撕裂的衣物、凶器等。

原則九：將庇護中心或家暴防治中心的電話號碼留在身邊，以備不時之需。

原則十：如果決定申請法律保護，必須在六個月內提出告訴。

原則十一：有任何疑惑或擔心，要善於應用社會資源，保護自己與孩子。

二、執法與協助單位對婚姻暴力之正確認知與處理

（一）重新檢驗傳統觀念的價值

「勸合不勸離」向來是國人處理別人婚姻問題時，最能讓自己安心的原則，即使執法單位也不能免俗。能夠讓夫妻破鏡重圓，畢竟是功德一件；而拆散別人姻緣，卻是損德不利己之事。

可是，如果能夠花點時間、用點腦筋，在受暴者斑斑血痕的身上，重新拼湊當時的具體輪廓，重現暴力發生時的圖象，就可以清楚看到：受暴者母子驚恐無助萎縮於一角，任由筋暴眼凸、面目猙獰的施暴者瘋狂襲擊，其慘不忍睹的情境，更甚於台灣地下的屠宰場。這種看似做功德的「勸合不勸離」，不但便宜了施暴者的暴行，而且可能讓受暴者因為得不到理解與憐憫，而放棄了求助、求生的意志，在下一次的暴力中，甘願赴死以求解脫。

因此，執法人員有必要重新檢驗傳統觀念的價值性，再依據真實

的狀況，以救助受暴者的心情，協助受暴者脫離婚暴的煉獄。

（二）執法人員對性別平等的正確認知

性別平等理念的落實，對於婚姻暴力的遏止，可以產生一些影響力。以性別平等的理念遏止婚姻暴力時，重要的環節之一，就是執法人員對性別平等的正確認知。如果執法人員對性別平等沒有正確的認知，在處理婚暴事件時，因為無法感同身受了解異性受暴者的感受與處境，就會以「大事化小，小事化無」的無所謂態度，草草了事。

周月清（民90）探討受暴婦女與專業人員對婚暴的認知，結果發現：不但婚暴受暴婦女對婚姻暴力有認知上的迷思，專業人員對婚姻暴力也有認知上的迷思，尤其是男性專業人員。因此，研究者建議：提供醫療、警政、司法、教育及社扶人員繼續教育與訓練，以改變這些防治系統之專業人員處理家庭暴力之方式與執法態度，尤其是針對婚姻暴力認知迷思上的澄清，使其積極於公正受案與辦案，而且能以同理心面對受暴婦女（p. 127）。

總而言之，婚姻暴力問題，不單是施暴者或受暴者的個人問題，或是家庭問題，也是社會問題。婚姻暴力的防治，除了個人須努力外，社會更應該扛起責任。

第六節
性別平等對婚姻暴力之意涵

性別平等對婚姻暴力之意涵，可分為兩方面來說：

一、女性方面

女性對婚姻暴力的認命，有部分原因來自於經濟無法獨立、教育程度較低、將離婚視為不名譽的事。這些原因的背後，是基於性別不

平等的態度。

如果受暴女性秉持著性別平等的態度：(1)絕不會自居人下，任由男人掌控或施暴，或甚至覺得對方的暴行有理。(2)女人在婚前會追求經濟獨立，婚後也不會任由自己寄生於男人。(3)女人能夠擺脫傳統思想的毒害，不在乎別人的想法，而將離婚視為擺脫婚姻暴力的必然途徑之一。(4)女人相信自己的自主權利，因此遭到婚姻暴力後，會主動出擊，尋求協助，不會坐以待斃。

換句話說，性別平等可以讓女人更自主、更獨立，更肯定幸福的權利操之在我，以及肯定男性對她的尊重是義務。

二、男性方面

就男性來說，男性對於受暴命運的認命，部分原因來自於傳統「男尊女卑、男強女弱」的觀念作祟。

「男尊女卑、男強女弱」的觀念，讓男人不習慣當弱者，更不屑當弱者。因此，當男人受到女人施暴時，被男人認為違背常理，既丟臉又沒面子。於是，受暴的男人只得忍氣吞聲。

只要男性秉持著性別平等的態度，就可以打破了「男人是巨人」的假象，讓自己的脆弱像女人的脆弱一樣，可以毫無羞恥地攤開在陽光下，甚至肯定自己求助的行為，以及以受暴經驗訴請離婚。

簡言之，性別平等的態度，讓婚暴的受暴者學會肯定自己的自主權、人格權，追求幸福的權利，要求配偶尊重、肯定求助行為。相對地，婚姻暴力的發生率便會逐漸降低。

【第十五章】

婚外情

　　現代的夫妻能夠風平浪靜攜手度過一生，沒有第三者掀起的拍岸驚濤，已近似神話；相反地，婚姻中摻雜著第三者的揮毫潤色，卻成為婚姻生活中的普遍現象。是現代人的挫折忍受力比較高、心胸比較開闊，還是因為沒有能力扭轉而被迫無助地接納？

　　國外的研究發現：超過一半以上的已婚男女，在其一生中，至少會發生一次外遇。在男女的比例上，男性已婚者發生外遇事件的比例高於女性（例如，Hite, 1987; Nass, Libby, & Fisher, 1981; Wiederman, 1997）。是什麼原因讓外遇事件如此猖獗？外遇事件如何發生？當事人的感受如何？該如何預防外遇事件？如果發生了又該怎麼辦呢？

　　「外遇」是現代夫妻的恐懼，卻又是難以避免的難題。看來夫妻如果沒有十八般武藝，婚姻真是難以保存。

　　本章論及外遇之相關迷思、外遇之定義、外遇之成因、外遇之歷程、外遇之類型、兩性外遇之比較、外遇之預防與處理，以及性別平等對外遇之意涵。

第一節
外遇之相關迷思

　　一般人對外遇有一些迷思，這些迷思不但無助於認識、預防與處理外遇事件，而且可能阻礙外遇問題的解決。以下幾個有關外遇的敘述，請加以修正：

1.外遇的產生，是因為第三者的誘惑。
2.出軌者都是道德薄弱的好色者。
3.外遇的產生，是因為外遇者之配偶不完美。
4.婚姻幸福者一定不會有外遇發生。
5.只要夫妻一方能夠嚴格把關，另一方就沒有機會外遇。
6.只要管好先生的荷包，他就無法偷吃路邊野草。
7.性關係隨便的女人容易成為外遇的第三者。

8.女性不會有精神與身體外遇。

9.自古才子多風流，愈是有才幹的男人，愈可能發生外遇。

10.愈是循規蹈矩的男人，愈不會發生外遇。

問題與討論

問題一：外遇的產生，是因為第三者的誘惑。

外遇的產生或許跟第三者的誘惑有某些關連，不過，跟其他因素也有關係。此外，單一原因不足以構成外遇事件的發生。

問題二：出軌者都是道德薄弱的好色者。

出軌者並非個個是道德薄弱的好色者。影響一個人出軌的原因眾多，道德薄弱與好色是眾多原因之一。

問題三：外遇的產生，是因為外遇者之配偶不完美。

配偶完不完美是一回事，會不會發生外遇是另外一回事，兩者沒有絕對的關連。

問題四：婚姻幸福者一定不會有外遇發生。

婚姻幸福者也可能出軌，只要天時、地利、人和三者配合好的話。

問題五：只要夫妻一方能夠嚴格把關，另一方就沒有機會外遇。

不管夫妻的一方如何嚴格把關，只要另一方有心，還是有機會出軌。多年前的「午妻」就是活生生的例子。

問題六：只要管好先生的荷包，他就無法偷吃路邊野草。

以前男人外遇，需要花大把鈔票，現在男人外遇不一定得花錢。更何況男人有工作，要存私房錢只是舉手之勞而已。

問題七：性關係隨便的女人容易成為外遇的第三者。

性關係隨便的女人不一定有興趣當外遇的第三者。有些中規中矩的女人也有可能成為外遇的第三者。

問題八：女人不會有精神與身體外遇。

女人像男人一樣，會有精神與身體外遇。近年來，女人身體外遇的比例急追男性，甚至男女趨向平衡（自由時報，民92）。

問題九：自古才子多風流，愈是有才幹的男人，愈可能發生外遇。

「自古才子多風流」，「風流」非指外遇，而且才幹與外遇未必有關係。沒有才能而有外遇者大有人在。

問題十：愈是循規蹈矩的男人，愈不會發生外遇。

循規蹈矩的男人也有發生外遇的可能。外遇是多種因素促成，或許，循規蹈矩可以降低外遇的發生率，但是，不會隔絕外遇的發生。

外遇的發生，由不同的原因共同促成。不同的人原因可能不同，即使相同的人，在不同的外遇事件中，原因可能不同。

外遇的產生可說防不勝防，尤其在婚姻關係薄弱的今日。夫妻除了盡量減低外遇的促發原因外，最重要的是，培養處理外遇的能力。

第二節
外遇之定義

故事一

春雄看著身旁剛剛睡著的妻子，一種說不出的興奮在全身蔓延。他轉過身，背對著妻子，然後面帶微笑地閉上眼睛，一如往常一樣，快速地進入他期待的幻想世界中。在那隱密的世界，他似乎看到對方滑膩赤裸的身軀，於是，貪婪的雙手與雙唇馬不停蹄地攻城掠地。在對方全然地開放、配合下，他的情慾在頂點爆裂，汗流浹背，氣喘如牛，卻似乎意猶未盡……。

故事二

　　在一番激烈的廝殺之中，吉生的情慾肆無忌憚地擺弄著小豔顫抖的身軀。那種陣陣風馳電掣的酥麻，激起他狂野的咆哮。看到小豔欲仙欲死的醉人模樣，他情不自禁地再次用起力來。

　　如果不是小豔，他再也體會不到當男人的樂趣。一想起剛剛兩人的狂野豪放，生命的脈動似乎再次跳躍了起來。「牡丹花下死，作鬼也風流」，此時此刻，他完全體會那種意境。

　　不過，心念一轉，想到家中的老婆，他的身體開始軟弱無力，臉色也跟著黯淡起來。如果時光能夠倒流，自己可以風流在一夫多妻的時代，那該多好……。

問題與討論

　　1. 春雄與吉生的狀況，是否都可稱為「外遇」？兩人的狀況有何不同？

　　2. 沒有性關係的紅粉知己，是否也是一種外遇？

　　外遇分為身體外遇與精神外遇。身體外遇是指已婚者與配偶之外的人發生性關係（簡春安，民80），例如，故事中已婚的吉生跟配偶之外的女人有了實質上的性關係。精神外遇是指已婚者對配偶之外的人有性慾望與性幻想，例如，故事中春雄的性幻想。

　　精神外遇很容易發生，不過，精神外遇對個人與家庭的影響較少，除非當事人願意吐露，否則沒有人會知曉。因此，一般學者研究外遇時，通常以身體外遇為主。

　　如果將身體外遇與精神外遇的比例相加，這個數字將使大多數的男女對愛情徹底絕望，不再對婚姻懷抱任何希望。

　　親密的紅粉知己是一種精神外遇。一開始雙方雖然沒有性關係，不過，難免會有性幻想。時間一久，要維持真正的純友誼相當困難，

性關係的發生通常難以避免。

第三節

外遇之成因

> 明耀帶著委屈的表情，對素鵑細訴著太太的不賢淑與婚姻的坎坷。他告訴素鵑，原本以為這一生可能蒼白度過，沒想到卻在這時枯木逢春，遇到素鵑，這或許是老天爺對他的可憐。她對他的愛，有如在行屍走肉的軀殼注入靈魂；沒有她，他就感受不到活著的意義。素鵑心疼地輕撫著明耀的臉龐，忍不住地潸然淚下，當第三者的不甘與愧疚也頓時放下。她下定決心，要用她的愛滋潤明耀枯乾的心靈，以彌補他在破碎婚姻中所受的苦難。

問題與討論

1. 外遇的發生跟哪些因素有關？
2. 婚姻不美滿會造成外遇嗎？原因為何？
3. 你（妳）對素鵑的決定有何想法？
4. 面對明耀的自白，該如何處理？

外遇產生的原因錯綜複雜，無法以單一原因說明。每個原因的重要性，可能因為情境、人物，以及其他因素之不同而不同。「當局者迷」，當事人認定的原因，可能只是旁枝末節。因此，尋找外遇事件的成因時，必須從各種不同的角度切入。以下從個人與社會兩方面探討外遇的成因。

▌一、個人方面

（一）偷摘野花的冒險刺激

有句話說，「妻不如妾，妾不如偷，偷不如偷不著」，對外遇對象的著迷，有時候無關乎外遇對象的條件，而跟冒險做這件事所引起的刺激，以及不確定是否「偷得著」的患得患失心態有關。不相信的話，看看外遇中的第三者，並非個個都是令人垂涎的美女，或貌似潘安的俊男；很多時候，第三者的條件竟然比不上外遇者本來的配偶。

一些國外學者曾對此種外遇心態做了研究，其結果支持外遇事件的偷偷摸摸與冒險犯難，比外遇對象的條件更具吸引力。Layton-Tholl（1999）的研究發現：(1)受試者回想祕密戀情時，喚起狀態強度高於回想非祕密戀情；(2)受試者對祕密愛人有過度注意的傾向；(3)祕密戀情公開後，祕密戀情與祕密愛人所引起的喚起強度與注意力便降低。

換句話說，「野花總比家花香」的背後原因，在於外遇者對「犯法」的興奮與害怕東窗事發的不安，這種興奮與不安營造出一種迷惑的情緒，外遇者將這種迷惑的情緒解釋成第三者的魅力。當偷偷摸摸的事情被攤在朗朗乾坤的陽光下後，興奮與不安隨之散去，不切實際的魅力也就蕩然無存。

（二）性癖好、性價值觀與性外遇的機會

有高度可能出軌者的特徵，包括：對性有強烈的興趣、對配偶不滿意與低程度的投入、有機會跟他人性接觸（Treas & Giesen, 2000）、開放的性價值觀（Treas & Giesen, 2000; Wiederman, 1997）。

因為生理因素及成長因素的影響，每個人的性趣、性需求強度與性態度三方面各有不同。基本上，男性與女性有同樣的性需求、性強度；不過，男性在成長過程中，社會包袱較少，因此，性態度比較開放，對自己的性行為與外遇有較多的包容（例如，Sheppard, Nelson,

Andreoli-Mathie, 1995）。或許因為如此，已婚男性的外遇事件一直比已婚女性多。當然，這只是原因之一。

另一方面，外遇機會的多寡會影響外遇的發生率。有外遇機會者，不一定發生外遇事件。不過，機會多者可能比機會少者容易發生外遇。例如，跟異性接觸機會較多的行業，外遇的可能性高於跟異性接觸機會少的行業。

或許單一原因無法說明外遇的發生率，不過，當多個因素同時存在時，機會就大得多。

（三）婚前性行為與婚前性行為的次數

台灣未婚男女的婚前性行為日益普遍，台灣的外遇事件也日益擴大，婚前性行為的氾濫是否跟外遇的發生率有關？

國外研究發現：婚前性行為年齡、婚前性行為的伴侶人數，與婚後性外遇的可能性有關。二十歲之前有婚前性行為者，比二十歲之後才有婚前性行為者，婚後出軌的比例較高（White, Cleland, & Carael, 2000）。

在美國，婚前性行為是被認可，甚至被鼓勵的──這種情形跟台灣的狀況不符合。雖然台灣婚前性行為人數與日俱增，社會對婚前性行為也較以前寬容，不過並不鼓勵。因此，國外研究結果雖有參考價值，卻不可斷然將此結果運用於國人身上。

（四）當事人的婚姻狀況

婚姻狀況不良向來為外遇者的藉口。無可否認地，外遇中的部分當事人的確婚姻不良。Wiederman 與 Allegeier（1996）的研究發現：婚姻美滿與否，是外遇最重要的因素。不過，婚姻不美滿而未有外遇者，大有人在；婚姻美滿者，照樣有出軌的可能。似乎，婚姻美不美滿並不是外遇的決定性因素。

婚姻狀況與外遇兩者之關連，在認定上有一些困難。第一，婚姻

美滿與否難以界定。婚姻美滿與否是當事人夫妻的主觀認定，夫妻的說詞可能不一致，旁人更難以客觀論斷。第二，美滿婚姻的內涵難以釐清。

J. Reibsten 與 M. Richard（文慶譯，民 84）曾從兩個觀點來看婚姻問題與外遇的關連。筆者進一步將這兩個觀點結合，並且命名為婚姻的橫切面與縱貫面，讓婚姻問題與外遇的關係更清楚地呈現。

1.婚姻的橫切面與外遇的關係

婚姻的橫切面包括四個層面：

⑴**公眾面**：指伴侶的共同社交生活，以及伴侶與家人共同活動時產生的舒坦與喜悅的感受。

⑵**實際面**：伴侶必須合作完成的日常活動與家務事。例如，育兒、清潔、三餐的打點等。

⑶**感情面**：包括彼此的默契、情誼、支持、共同的興趣、價值觀、體諒和溝通。

⑷**性愛面**：指夫妻性滿足、喜悅、刺激、自由，以及雙方共同經歷的性樂趣。

如果婚姻不美滿是孵化外遇的因素，那麼，到底哪個層面的缺失與婚姻不美滿有關？這個問題的答案似乎因人而異。

在這四個層面中，夫妻重視的層面可能不同。一方重視的層面，另一方可能不以為然，例如，女人強調感情面，男人強調性愛面。另一方面，婚姻處於不同的週期，或是外在環境的變遷，都會改變層面的重要性。

或許可以這麼說，夫妻重視的層面愈無法從婚姻中獲得滿足，而且無法被滿足的層面愈多，愈自覺婚姻不美滿；相對地，愈有可能助長外遇的發生。

2.婚姻生命週期（縱貫面）與外遇的關係

婚姻生命週期的某些階段，由於外在環境改變，夫妻關係面臨調適的必要。如果夫妻不思索新的適應方式，婚姻的運作就容易出現問

題。這些生命週期包括：剛結婚的前幾年、小孩降臨時、邁入中年期、孩子長大離家時。

第一個危險期出現在剛結婚的前幾年，尤其是未有孩子之前。剛結婚的前幾年，除了考驗雙方對婚約的承諾外，也是學習如何適應對方的關鍵時刻。國人的婚姻不僅僅是男女的結合，更是兩個大家族的連結，夫妻婚後前幾年出現齟齬是稀鬆平常的事；不過，對夫妻而言，可能是生命中的大考驗。如果這時適巧有第三者出現，就可能動搖夫妻一方或雙方當初的誓言與堅持。

孩子是夫妻關係的潤滑劑。夫妻關係在搖擺欲墜當下，孩子可以協助一方或雙方抗拒外遇的誘惑，激發繼續努力的勇氣。相對地，若沒有孩子的緩衝，第三者出現時，夫妻一方或雙方因顧慮減少，抗拒外遇誘惑的能力降低，便容易違背誓言，留戀第三者的溫柔。

第二個危險期是孩子降臨時。孩子是夫妻關係的潤滑劑，也是磨損劑，孩子的降生，會讓夫妻關係滑落（苗延威譯，民85）。過去款款深情、儂儂話語、五彩繽紛的兩人世界，現在卻被雜亂無章、縱橫交錯的哭鬧聲、抱怨聲、嘆氣聲，以及怨懟的眼神所占滿。

此外，原本透過配偶滿足的需求（例如，被注意、被重視、被愛），因為孩子的出世而落空。於是，配偶的一方在未滿足需求的驅使下，便可能直往第三者溫柔的窩裡鑽。

第三個危險期是配偶雙方邁入中年時。有些夫妻年輕時感情不睦，因為孩子還小，不得不勉強在一起。孩子成人獨立後，已無後顧之憂，夫妻一方或雙方便開始追求新生活，尋覓夢中的理想配偶。

另一種情形是，夫妻中年時不但有錢、有閒，而且孩子不再成為生活的牽絆。當重新省思過去的生活，發現以往的生命色彩過於乏味、平淡與保守，於是，一反過往作風，大膽、冒險地嘗試各種活動。活動多了，跟異性接觸的機會多了，外遇的機會也相對地增多。

第四個危險期是當孩子離家時，即「空巢期」。夫妻年輕時，某些衝突與差異被當時的生活壓力所壓制，未浮上檯面成為明顯的問題。

孩子離家就業或就學後，夫妻閒暇時間多了，當年未解決的衝突便一股腦兒地湧出。或是，夫妻沒有共同的興趣，或適當的活動規劃，多了空閒時間，就等於多了爭吵時間，因此，讓第三者有機會介入。

婚姻的功能之一，在於滿足人某些需求，當婚姻無法發揮功能，當事人必然困擾不已。如果當事人不直接面對問題，卻希冀從第三者得到彌補，這種作法有如飲鴆解渴，渴雖暫解，卻賠了婚姻與家庭。

當內外在環境轉變時，夫妻原本的相處模式必然面臨挑戰而需要調整。成熟的人會隨著內外環境的變動，調整夫妻的互動模式；不成熟者則希望改變他人來迎合自己，如果未能如其所願，就會往外尋找，外遇也就難免。

外遇對婚姻有強大的殺傷力。外遇讓配偶經驗到被遺棄的悲傷與憤怒；降低了配偶的自信心與信任感；毀傷了配偶的自我形象，喚起想離開的衝動。

根據Charny 與 Parnass （1995）的研究：34%的婚姻因為外遇而結束；43.5%的婚姻因外遇而氣氛不良；6%的婚姻雖然被保住，不過品質空無；14.5%的婚姻因外遇而有了改進。

看來，婚姻亮起紅燈時，最好面對問題謀求改善。如果自作聰明，想藉著齊人之福逃避問題的話，便容易落入「福未到手，禍卻臨門」，妻（夫）離子散，得不償失的困境。

（五）對另一半的報復

有些外遇的發生，是因為一方不甘心配偶背叛，為了讓配偶嘗嘗痛心疾首的背叛之苦，而加入外遇的陣容。這種外遇的比例到底多少，至今未有研究探討。不過，這種兩敗俱傷的報復方式，會讓原本不良的婚姻雪上加霜，毫無撥雲見日的機會。

（六）肯定自我的價值

對某一些人來說，外遇只不過用來證明自己魅力依舊、風采猶存

的工具。這些人不斷製造緋聞來欺騙自己，讓自己以為年華歲月不曾在他（她）身上刻下痕跡。

（七）個人內在成長問題的反映

個人成長過程中的經驗，會影響他（她）成年後的行為，這種影響也反映在外遇行為上。例如，不安全依附型態者會借助外遇逃避內在問題；個人小時候愛、被愛、被重視、被注意等需求未滿足，成人後藉著外遇來引起配偶的重視與注意，或是藉著配偶與第三者的爭寵、討好，來凸顯自己的重要性。

■ 二、社會方面

外遇的產生與社會因素不無關係。P. Vaughan（李郁芬譯，民90）提出七點可能助長外遇發生的社會因素。以下根據台灣情況，重新整理與歸納如下：

（一）朋友、同事間的推波助瀾

外遇事件會在朋友、同事間相互傳染。當朋友、同事令人垂涎地炫耀自己的豔遇時，會挑撥起其他人蠢蠢欲動的心思。當這些人的膽子被壯大，有樣可學，又有伴可以作藉口後，便會像野馬脫韁一樣，讓情慾恣意奔馳。

（二）妻妾多表示能力強

在國人的社會裡，妻妾的多寡是男人財力、權力與能力的象徵。看看當今社會中，有多少達官顯貴能夠堅守「一夫一妻」的法制，沒有到處留情，廣結紅粉知己？天底下有多少男人，會以鄙視的眼光而非羨慕的眼神，看待妻妾成群的男人？「大丈夫當如此也！」這種讚嘆，恐怕是大部分男人的心聲。於是，男人一有機會，傳統的餘風便在體內四處流竄，尋找紓解的管道。

（三）嚮往童話般的婚姻

　　琴與瑟，必須經過長久的練習、協調後，才能和鳴；婚姻也是一樣。在現實婚姻中，夫妻的差異，若沒有經過長時間的溝通、協調、接納與包容，就無法一唱一和、和諧搭配。

　　大部分故事情節中，常常以「有情人終成眷屬」來結束，而且，「從此王子與公主過著幸福快樂的生活」。這樣的結局常塑造一種假象，讓人以為夫妻婚後都會成為神仙眷侶。其實，任何夫妻都得面對生活中大小瑣碎事情的挑戰，這種挑戰衝擊著夫妻的感情與諾言。經不起考驗者，可能會一拍兩散，以離婚收場。換言之，「從此兩人過著幸福快樂的生活」是一種不可能實現的海市蜃樓。

　　偏偏有人懷抱著這種童話似的夢境不放，只要現實生活不如意就自怨自艾，或是企圖從第三者身上圓夢。是他們沒有理智判斷故事情境與現實生活的南轅北轍？還是這些人因過度投入故事情境，而混淆了夢想與現實？看起來，戀人們婚前最好測量婚姻現實感，通過者才能步入禮堂結婚。

（四）過度強調性魅力與外表

　　有史以來，從沒有一個時代像現代一樣，整個社會熱衷於皮肉外相與感官刺激的追逐上。人的外表影響人的自信，追求外在美使自己與他人感覺舒適本無可厚非。但是，社會形成一種虛榮似地過度熱切，以致於為了外貌而不惜大量借貸或作奸犯科。

　　此外，感官刺激只是生命的一部分，可是社會過度強調性魅力、性能力，因此，讓性魅力與性能力成為自尊、自信的代表，甚至生命價值的判斷標準。

　　影響所及，夫妻之間相互挑剔，先生嫌太太不夠漂亮、不夠性感，讓他的生命失去色彩，而大肆收刮路邊的野花嫩草；太太嫌先生癡肥、性能力不足，讓她的青春虛度，而不惜向外尋求慰藉。在這種心態下，

外遇不發生也難。

（五）性行為氾濫與婚姻角色上的壓力

夫妻需要有相當的心理成熟度與問題處理技巧，才能扮演婚姻中的角色與面對婚姻中的壓力；夫妻對婚姻也要有某種程度的現實感，才能接納與包容婚姻中持續不斷的挫折。事實上，有一些夫妻婚前對婚姻沒有這種成熟的認知，而是因為「想要在一起」的衝動；或是，因為兒女先來報到，不得不急忙補票。這種情形尤以性行為過度開放的今天為最。

這種匆忙狀況下湊合的婚姻，夫妻通常被柴米油鹽醬醋茶的日常瑣碎、婚前未覺察的個性差異，以及各種不同的婚姻角色，壓得喘不過氣來。這些壓力不但剝奪了婚姻的樂趣，而且讓婚姻成為沉重的累贅。於是，不具有婚姻壓力的外遇，便成為逃避壓力的搶手貨。

（六）社會風氣對外遇的寬容

「一個銅板拍不響」，外遇事件往往需要外遇者與第三者的兩情相悅，才會水到渠成。以往的第三者常以不知對方已婚的理由為自己辯駁，現今的第三者一反前人的保守與謹慎，追求的不是一生一世的相隨，而是青春不留白的曾經有過。於是，不管對方已婚或未婚，「只要我喜歡，什麼都可以」。為了短暫的曾經擁有，不在乎摧毀他人好不容易建立的婚姻。

再從另一角度來看，就可以知道外遇事件為何如此猖獗。年輕的一代將外遇當成劃過天空的片段火花，中年人抱持著逢場作戲不必在意的心態，老年人以過來人的心理驕傲生命中曾有過的輕狂。嚴肅看待外遇事件者，只有外遇事件中的受害者，也就是外遇者的配偶。生命中的所愛、所信、所賴，被第三者與外遇當事人摧殘殆盡，這種痛不欲生的剝奪，足以讓受害者自我毀滅。可惜，疏離冷漠的台灣社會，誰會在乎這股事不關己的怨氣？即使有些人曾為無辜的受害者發出茶

餘飯後的悲憫，不過，這些悲憫很快地就被疏離與冷漠的感覺稀釋沖淡。這樣的社會風氣縱容了外遇第三者與外遇當事人，也讓外遇事件狂妄地滋長。

雖然影響外遇的成因眾多，又因人而異；不過，了解外遇的成因，對外預的預防會有一些功效。第五節談到外遇類型時，可以跟第三節所提的「外遇之成因」相結合。類型與成因的結合，可以更具體地描繪出較適當的外遇防治方法。

第四節
外遇之歷程

外遇的醞釀與結束，是一段歷程。這段歷程因人、因情境而異：有些外遇關係尚在醞釀階段，因沒有適當的情境、事件湊合而無疾而終；有些外遇關係雖然成真，但在外遇當事人的配偶發現前，關係中的兩人就緣盡情了，分手說 bye-bye。這個歷程包括哪些階段？外遇關係人包括外遇第三者、外遇當事人與外遇當事人的配偶，這三者的心路歷程又為何呢？

以下先論及外遇的歷程，之後再說明關係人的心路歷程。

一、外遇之歷程

外遇的過程包括五個階段，分別為：醞釀期、成真期、衝突期、糾纏期與抉擇期，如圖 15-1 所示。整個過程，以及每個階段會持續多久，因人、因狀況而異。有些過程甚至持續一輩子，直到外遇當事人死亡才結束；有些在短短的時間就經歷開花、結果、凋謝。

（一）醞釀期

在醞釀期中，第三節所提的外遇成因中的某些因素，會將第三者

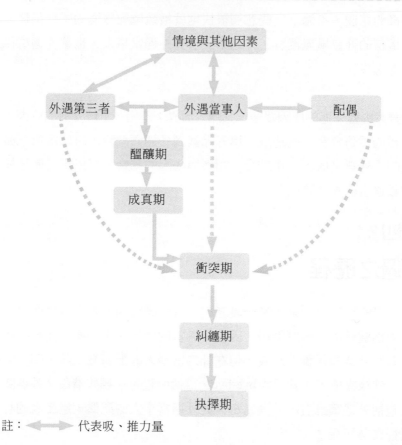

註： ←——→ 代表吸、推力量

圖 15-1 外遇之歷程

與外遇當事人推入外遇的戲碼中。不過，環境、第三者、外遇當事人
與配偶等四者，彼此存在一些抗衡的力量，阻礙外遇的形成。當誘惑
力大於抗拒力時，外遇才可能成真。

例如，第三者與外遇當事人雖然彼此有意，但是在其他因素緩衝
之下，沒有機會相互表白，或是沒有機緣湊合，最後不了了之。現實
生活中，這種狀況相當普遍。

（二）成真期

外遇當事人與第三者正式成為情侶，開始一段甜蜜的情愛生活，尤其在剛開始階段，感情可能快速達到高峰。兩人的交往在偷偷摸摸中進行。這種偷偷摸摸的互動雖然辛苦，卻很刺激，讓兩人在一般平凡的家庭生活之外，再次品嘗到戀愛的滋味。

外遇持續一段時間後，不一定會進入下一階段（衝突期）。有些外遇當事人與第三者互通款曲一段時間後，因為吸引力不再，在彼此的同意下，互道珍重；有些人只是逢場作戲玩玩而已，在配偶發現前，就收斂玩心，將這段感情處理掉。如果雙方都有家庭，經過一番評估，覺得付出的代價太大，也會同意結束。

（三）衝突期

外遇事件被外遇當事人的配偶發現後，正式的戰爭便開始。如果第三者未婚，又有心奪愛的話，這場戰爭將轟轟烈烈。外遇當事人夾在第三者與配偶之間，左右為難，不知如何是好。尤其四周親朋好友好奇、質疑、批判的眼光，讓外遇當事人像是犯錯的小孩那樣難堪。

在三角關係中，感受最沉重的人，可能是外遇當事人的配偶與孩子。配偶與孩子嚴重感受到背叛與被拋棄的沉痛，還得時時面對第三者強大的火力掠奪，以及四周朋友同情卻又不知所措的眼光。

如果第三者是大家熟識的人，那麼第三者將很難立足。在大家指指點點之下，有些第三者會羞愧得落荒而逃，有些卻打定主意要奪愛成功，挽回面子。

（四）糾纏期

第三者、外遇當事人與配偶三人之間，形成一種相互糾纏的三角關係。糾纏情形的持續，是因為局勢鼎立，無法有清楚的勝負。三角關係的糾纏，讓三方感受到的痛苦遠多於快樂。

這段時間會持續多久，因人、因狀況而異。如果外遇當事人對第三者用情不深，以及配偶有勇有謀的話，三角關係便會快速結束。如果第三者眼見情境不利自己，而且有更好的人可以取代外遇當事人的話，也會自行請退。

如果外遇當事人猶猶豫豫，抱持著「船到橋頭自然直」的態度，那麼這段婚外情可能持續一段相當長的時間，甚至直到外遇當事人死亡為止。

（五）抉擇期

三方糾纏一段時間之後，局勢有了清楚的變化，若不是外遇當事人做了抉擇，就是有一方自動退出。於是，三角關係重新回到兩人關係，外遇過程終告結束。

■ 二、外遇關係人之心路歷程

了解關係人心路歷程的重要性，在於知己、知彼，將心比心，對於外遇的預防與處理會有助益。可惜有關外遇關係人的心路歷程之研究極少，尤其是在男性外遇方面。以下就這三者的心路歷程說明。

（一）外遇第三者

朱惠瓊（民91）曾探討未婚女性與已婚男性交往的心理歷程，將其內容摘要說明如下：

1.進入關係階段

一開始第三者不會特別在意對方已婚身分，並且視對方為普通朋友。不過，在長期互動下，因為感受到對方的體貼，或是同情對方的婚姻，而逐漸對對方產生好感。在初期，有些人沒有考慮到雙方未來的發展，因此覺得這樣的關係無所謂；有些人會因為對方已婚身分而有掙扎，甚至不再想跟對方來往。

2.關係維持階段

讓這段關係持續進展的原因，是因為「對方的體貼」、「談得來」、「對方對自己很好」。換句話說，相信對方出於真心與心靈上相互依賴，這兩個因素對關係的發展有重大影響，而不是對方的已婚身分。

當關係穩定之後，第三者開始對對方有了期待，最重要的是承諾離婚與執行承諾。這種期待會隨著交往的時間而加強。

對方履行離婚承諾之程度會影響外遇第三者的情緒。如果對方離婚成功，第三者會感到愧疚；如果對方離婚不成或遲遲未行動，第三者便感到難過、生氣。不管對方離婚是否成功，第三者不會將外遇的責任歸於自己，而是歸於對方的主動，或對方婚姻不佳。

此外，第三者因為情敵（對方的原配）的存在，使得占有欲增強，要求對方付出更多，並且以對等的付出拉住關係。因此，對第三者的照顧，需較一般異性交往更為用心，才能讓第三者產生信任感。

3.關係的移動

關係移動是指從交往到後來關係的改變。關係的轉變包括分手、因對方實現離婚的承諾而跟對方繼續交往。

跟對方分手的方式有兩種。一種是第三者主動提出。即使是第三者主動提出，心中還存有不甘，不甘的原因是由於付出很多。第三者向來就是被社會批評、指責的角色，除了四周朋友不看好外，自己的家人與對方的家人也反對。因此，第三者比一般男女交往付出更多。如此的付出沒有如願的結局，第三者當然心有不甘。

另一種分手方式是對方主動提出。這種情況下，第三者同樣心有不甘，不過，迫於無奈，也只得接受。

另一種比較美好結局的是，對方離婚，第三者美夢成真，能夠跟對方繼續交往。不過，第三者得一一說服他人（朋友、自己的家人與對方的家人）接受，才能得到祝福。

（二）外遇當事人

蕭英玲（民92）從已婚女性外遇的研究中，歸納出已婚女性外遇的歷程包括五個階段：

1.吸引期

外遇對象可能是舊日情人或在職場認識的熟人，因有共同的話題與興趣，而進一步接觸。此時，外遇當事人通常處於被動地位。當對方表示有意發展婚外情時，外遇當事人因情慾無法控制而無力抵抗。

2.發展期

親密關係的發生是逐步進行，大多數外遇當事人採取順水推舟的態度，有些人會有衿持，不過沒有強烈的排斥與拒絕。

外遇當事人在此時出現內在衝突。有些外遇當事人希望只有情感的投入，不希望跟對方有性關係；有些則出現情感與理性上掙扎的不安，擔心對方只是逢場作戲，擔心自己無法自拔，以及因違反道德而內疚。不過，這些與社會懲罰的恐懼感無關。

3.甜蜜期

性行為與自我揭露增多，彼此的吸引力增強，約會的次數頻繁。這跟一般男女墜入愛河的狀況類似。因為擔心外遇被發現，於是，盡量保持家庭的完整性，以及跟以往一樣的作息。

4.轉變期

關係的轉變在於一方無法滿足現況，期待與現實的落差超出個人的忍耐範圍。例如，一方要求另一方離開家庭，或是外遇已無法滿足某一方的需求時，就會出現結束關係的想法。

5.結束期

關係結束時，通常需花上一段時間在分與合中糾纏。當外遇當事人認清事實，了解無法改變現況後，就會痛下決心。投入較深的外遇當事人，會經歷刻骨銘心的痛楚。

外遇帶來的影響因人而異。有些希望婚前就認識目前的外遇情人；

有些改變對配偶外遇的憎恨態度；有些認為如果遇有契合的人，可能還會發展婚外情。

（三）外遇當事人的配偶

當女人發現自己的丈夫有外遇時，通常經歷哪些歷程？依據謝孟潔（民92）的研究結果，整理如下：

1.前期的困境

有以下幾個特點：(1)自我質疑（認為是自己的因素導致丈夫外遇，生氣、產生羞恥感，拒絕內心真實的感受）；(2)情緒起伏不定（陷入回憶婚姻中的點點滴滴，導致情緒時好時壞）；(3)無法找人傾訴（環境中沒有適當的傾訴對象、害怕不名譽事外揚、害怕外界的輿論批評）；(4)想挽回丈夫的心（犧牲、乞求、自殺）。

從以上描述可知，外遇當事人的配偶幾乎亂了分寸，對自己失去信心，擔心外遇不名譽的事外揚，以及擔心受到外界的輿論。因為不敢找人傾訴或向外求援，於是，將所有的悲苦往肚裡吞。

這時候，外遇當事人的配偶雖然努力想挽回先生的心，可是，丈夫正與第三者熱戀，於是，退讓、犧牲、乞求、自殺的方式，似乎都無法打動丈夫，讓丈夫回頭。

2.後期困境

後期的困境包括：(1)離與不離的掙扎（對家的需要、對婚姻的依賴，相對於丈夫不願意回頭的無奈，而造成內在衝突）；(2)孩子的問題（如何獨力撫養孩子）；(3)經濟問題（子女的教育費、生活費等）；(4)重建生活模式（調適自己的生活步調，如何在沒有丈夫的情況下，獨立照顧孩子）。

面對丈夫的外遇，配偶轉變心境的方式是：因對丈夫失望轉而關心自己的需要；搬離令自己難過的地方，或丈夫搬離妻子；將自己的不幸歸於命運，經由時間來療傷止痛。

以上呈現的資料，都以女性為主，這是因為研究男性的資料很少。

研究所得的女性資料不可能推論出男性的狀況，不過，男性所經歷的衝突、矛盾、困境可能類似。

第五節

外遇之類型

外遇的原因盤根錯節，因此架構出不同的外遇類型。以下所談的外遇類型各有不同的成因，這些成因有些在第三節詳細敘述過，本節所涉及的外遇成因，可以補充第三節的不足。

一、E. M. Brown 的看法

Brown（1991）從內在動力的觀點，將外遇的類型分為五種，分別敘述說明如下：

（一）逃避衝突型外遇（conflict avoidance affairs）

逃避衝突型外遇可能發生在婚姻的十二年內。外遇的目的在博取配偶的注意。外遇的產生，是因為夫妻的一方或雙方為了創造完美的婚姻，或是為了取悅對方，而不願意讓彼此的差異顯露或壓抑負面的看法。當內在的不滿與失望累積到一定的程度時，外遇就成為抒發挫折，打破夫妻美好假象，獲得配偶注意的方式。外遇者可能是對夫妻關係最不滿意的一方。

（二）逃避親密型外遇（intimacy avoidance affairs）

逃避親密型外遇的目的在阻止對配偶太多感情的投入，以避免自己受到傷害，外遇發生在結婚後幾年內。當雙方要發展出真正親密關係時，因為一方擔心親密關係傷害到自己，因此藉著外遇來阻礙跟配偶貼近，以保護自己不受傷害。

逃避親密型外遇的特徵之一是，配偶雙方都有外遇。外遇可能發

生在婚姻的六年內。

(三) 性上癮型外遇 (sexual addiction affairs)

這類型外遇可能發生在任何年齡階段或任何婚姻階段，丈夫比太太更容易有這類型外遇。當事人不斷拈花惹草，不過，並沒有投入感情。當事人的配偶面對當事人拈花惹草的行為後知後覺，或刻意否認。

Brown（1991）認為，這類型的外遇跟當事人小時候的成長經驗有關。當事人小的時候，母親將他視為父親的替身，利用他來滿足情緒上的需要。因此，當事人得放棄自己的需要來滿足母親。這些未滿足的需求，隨著當事人的成長，進入他的成人生活，而後藉著外遇，試圖填補過去的不足。可是這種桃僵李代的方式，只會讓當事人食不對味，因而不斷追逐尋覓。

(四) 空巢型的外遇 (empty nest affairs)

空巢型外遇的當事人通常是中年男子，結婚已二十或二十年以上。這類男人對太太沒有深厚的感情，跟太太的結合是因為想逃離原生家庭，或是想從婚姻中獲得安全感，或是為了給孩子名分，或是認為婚姻是男人應該有的經歷。因此，婚姻裡沒有值得當事人眷戀的內涵。結婚多年後，夫妻因為缺乏情感基礎而同床異夢，或分房而睡。當事人對外遇對象不是逢場作戲，關係維持可能超過兩年以上，甚至跟配偶離婚。外遇的對象通常比當事人年輕很多，可以帶給當事人活力、興奮與浪漫，讓當事人恍如年少。

(五) 逃離家門型外遇 (out of the door affairs)

這類型外遇可能出現在婚姻的十五年內，外遇的目的不是為了男歡女愛，而是為了結束目前的婚姻。潛意識安排故意讓配偶發現外遇，希望由配偶提出離婚，協助自己逃避結束婚姻的責任。這種想藉由外遇結束婚姻的策略，對女人比較可行。以男性為主的社會，因為「逢

場作戲是男人的特權」，因此，許多太太都願意等待先生回頭。

即使外遇者透過這種方式取得離婚，然後跟第三者結婚，這種婚姻也不會持久，因為外遇者根本的問題未獲得解決。

二、F. S. Pitttman 的看法

Pittman 與 Wagers（1995）從另一觀點來探討外遇，跟 Brown（1991）看法不同的是，Pittman 與 Wagers（1995）認為有些外遇的第三者，對當事人的婚姻反而有維持的幫助。以下說明 Pittman 與 Wagers（1995）所提出的四種外遇類型。

（一）意外型外遇（accidental infidelity）

這類型外遇的發生雖然純屬意外，不過其來有自。意外型外遇的夫妻，一方對性生活不在意，另一方對性沒有經驗，使得兩人的性生活缺乏情趣，流於平凡、枯燥。即使外遇者無心外遇，不過，在匱乏的身心與外在環境的牽引下，還是容易有出軌的意外。

另有一些人即使擁有美好的性生活，還是有不足的遺憾，因此，也容易被外在環境所誘，而演出意外的戲碼。

這類型的外遇者不認為跟對方有感情，因為對自己的行為感到羞愧，因此，不希望跟外遇對象的關係繼續維持下去。

（二）調情聖手型外遇（philandering）

調情聖手型外遇以男性為主，這類型外遇者藉著跟不同女人的性關係，來處理自己內在的問題，例如，害怕被女性控制。他們有幾個特徵：(1)無法鍾情於固定的伴侶，因此不斷變化伴侶；(2)透過女人來證實自己的雄性氣概；(3)具有兩性不平權的態度；(4)以不同的面貌出現，包括：迷人型調情聖手（熟練的社交技巧、外表迷人、有自信）、友善型調情聖手（對女人態度友善、喜歡助人）、英雄型調情聖手（例如，電影中的 007 詹姆斯龐德，藉著喜歡對他有敵意、危險的女人，

來降低被女人的操控）、敵意型調情聖手（對女性懷著憤怒）。

(三) 羅曼蒂克型外遇 (romantic affairs)

在人生轉換時期或生活產生變化時，夫妻需要做些改變來適應新狀況，在這個時期，外遇的一方因不想改變而藉著外遇來逃避改變。例如，孩子長大獨立後，對父母的依賴降低，父母的重要性便逐漸消失。有些父母不肯面對現實調整心態，於是藉著外遇事件想找回失去的價值感。

(四) 婚姻安排型外遇 (marital arrangement)

這類型外遇出現於夫妻有了問題，因為雙方不想解決，便各自尋覓另一春天。有時候，外遇事件反而成為婚姻的支柱。例如，利用三角關係來平衡失衡的夫妻關係。

以上各類型外遇有各自不同的成因，讀者如果有興趣的話，可以進一步探討不同外遇類型的預防與處理方法。

第六節
兩性外遇之比較

故事一

　　這幾天來，綠蕙刻意避免跟嘉杉接觸。她知道如果再這樣下去，事情終究會曝光。她先生吃喝嫖賭的惡行讓她蒙羞，她已不在乎名譽，可是她必須考慮孩子的感受。孩子因父親的不長進而不見容於人，不能再因為她的不賢淑而抬不起頭來。嘉杉的確是個好人，她喜歡他，他也喜歡她。偏偏命運愛作弄人，婚後她才遇到他。「如果能早一點認識嘉杉，那

該有多好！」她常常這樣無奈的感嘆。她想過離婚，但是，她擔心離婚後會失去孩子，也擔心離婚後嘉杉不願意娶她，以及不見容於嘉杉的家人。她被這些問題困擾得六神無主，不知何去何從。

故事二

辭言跟裕齡在一起之前，已經對裕齡坦承，他已婚，還有兩個小孩。他認為，他們都是成年人，彼此都應該坦誠，讓雙方自由選擇；更何況讓裕齡知道他已婚的事，也是讓她提早知道他是不可能對她負什麼責任。對辭言而言，外遇是生活中的點綴，可以讓他在沉重、無聊的生活中加點不一樣的色彩，為生命增添一些活力。他也知道，裕齡不是他第一個外遇的對象，也將不會是最後一個。如果逢場作戲可以滿足彼此的需要，又不用負責任，何苦不為呢？更重要的是，他知道如何不讓外遇對象介入他的家庭生活。如果第三者膽敢讓他太太知道的話，那就是彼此緣盡情了的時候。這種拿得起放不下的女人，他一點都不希罕。

問題與討論

1. 故事中，綠蕙與辭言因何原因外遇？兩性外遇的原因有何不同？
2. 故事中，綠蕙與辭言以何心態面對自己的外遇？
3. 男人與女人的外遇事件曝光後，面對的社會壓力有何不同？
4. 如果你是綠蕙的先生，會如何處理？如果妳是辭言的太太，會如何處理？如果處理這兩者的方法上有所差異，造成差異的原因為何？

一、兩性外遇之目的

男性與女性外遇的目的不同。男性外遇以性關係為主，女性外遇

以感情關係為主（Brown, 1991）。女性外遇通常不是偶發事件，即使現代女性有機會跟男性分庭抗禮，在外面衝鋒陷陣，不過，家庭的美滿仍然是女性最大的心願；再加上，社會對外遇的女性諸多苛責，讓外遇的女性難有生存的空間。因此，已婚女性通常不會為圖一時之快，而以婚姻、名譽，以及未來的生存冒險賭注。對女性來說，當已有的婚姻無法起死回生，當情感的紓解找不到出口，她才會另覓生機——這時，女性通常抱著必死的決心。

以國內女性為受試的研究發現：女性外遇的動機是因為婚姻關係的負面推力太強，包括：跟先生分隔兩地、先生有外遇、跟先生話不投機、生活沒有交集、得不到先生的關心與疼惜、先生只重視性的結果而非過程。這些婚姻上的遺憾，適巧可以從第三者身上得到補償（蕭英玲，民 92）。當然，女性以性滿足為目的的外遇不是沒有，不過，跟男人比較起來，畢竟不成比例。

男性以事業為主，交際應酬的場合多，逢場作戲的機會也多。逢場作戲機會的多寡與外遇事件的發生率未必成正比，不過，只要男性抱著來者不拒的瀟灑態度，又有社會的推波助瀾，就容易抵擋不住入口肥羊的誘惑。這種外遇關係通常一開始以是性滿足為目的。

Sprecher、Regan 與 McKinney（1998）的研究出現一些有趣的發現：⑴已婚男性對外遇對象雖有情、有愛，可是對對方的承諾度低，不太可能跟對方結婚。即使跟太太離婚，也會因有其他外遇對象，而降低跟原先外遇對象結婚的可能性。⑵已婚男女外遇時，結局可能不一樣。男性不太可能離開太太而跟外遇對象在一起，女性卻可能離開丈夫，跟隨外遇對象而去。

這研究說明了，男女外遇在原因、心態與期望上有所差異。

▌二、兩性外遇之後果

自古以來，男性打野食的行為，雖然被認為與法不合，為道德不容，可是，社會環境對男性外遇總比對女性外遇多了一分包容與諒解。

男性外遇後的回頭，會獲得無數的掌聲，認為「浪子回頭金不換」。太太們會以感恩的心態，熱淚盈眶地迎接回頭的丈夫，感謝丈夫對她們的厚愛。

看看近幾年來那些達官貴人的緋聞，太太們不但寬容先生們的花心，甚至挺身為丈夫辯駁護航。有句台語說：「仙人打鼓有時錯，腳步踏錯誰人無」，意思是說，即使有法術的仙人都會出錯，一般凡夫俗子更不可能不犯錯，所以，要原諒犯錯知錯的人。所謂「知過能改善莫大焉」，只要改過向上，就是一種莫大的善行。社會對待外遇的男人，就是將這句話忠實地實踐。

可是，社會對待外遇女性就沒有如此慈悲。有多少男性願意接受回頭後的太太？恐怕天底下沒有幾個男人有如此的氣度。所謂「殘花敗柳生存無益」，女性外遇曝光後，不但婆家會頒下斬立決的行刑令，娘家也會斷絕關係，以免玷污門楣，甚至社會其他無關緊要的人也會成為「千夫所指無疾而死」的劊子手。外遇後的女性真是進退失據。

社會差別待遇地對待出軌的男女，這恐怕也是助長男性外遇的重要原因之一。

第七節
外遇之預防與處理

外遇成因複雜，預防與處理外遇問題並非易事，也沒有放諸四海而準的原則。因此，當事人必須根據自己的狀況、情境、目標、對方狀況（其他兩人），找出最有利自己的方式，並且隨著狀況的變化而調整處理的策略。

▌ 一、外遇之預防

（一）預防外遇成因的出現

了解外遇的成因，降低外遇成因的發生，對於外遇的預防有一些作用。例如，覺察與調整自己的性癖好、性價值觀；覺察自己的婚姻狀況，隨著情境調整夫妻的互動模式；夫妻之間坦誠的溝通，適當滿足彼此的需求；有效的問題解決技巧與衝突處理技巧；肯定自我與配偶在婚姻中的價值；培養夫妻共同的興趣，以及共同規劃生涯；培養正確的價值觀，以抗拒朋友的引誘。

此外，外遇的發生並非只有負面的意義，也具有正面的意涵，外遇的發生顯示婚姻面臨危機。夫妻愈能坦誠溝通，表達自己的需要，以及共同面對問題，愈能化危機為轉機。

（二）不斷自我成長

夫妻雙方需要不斷的自我成長，才能以更成熟的方式面對婚姻問題，例如，降低逃避問題的自我防衛，以更寬闊的角度欣賞配偶的優點與包容配偶的缺點，覺察婚姻的意義與自我實現的關係。

（三）尊重婚姻制度與對婚姻的承諾

對婚姻制度的尊重與對婚姻的承諾，可以抗拒外遇的發生。如果夫妻尊重婚姻制度與對婚姻的承諾，便會增強彼此的凝聚力與吸引力，提高面對問題的意願，重視配偶的福祉，願意犧牲一己之私來成就家庭的幸福。這些有利因素將可以抵擋外遇的吸力。

（四）加強對家庭的責任

父母有責任撫養、保護、照顧孩子，以及給予孩子完整、健全的成長環境。孩子的一生幸福繫於成長的家庭，外遇破壞的，不只是夫

妻兩人的福祉，更涉及孩子的一生幸福。父母的外遇，留給孩子的是抹不掉的創傷，這創傷的影響包括：孩子未來的兩性關係、孩子長大成為父母的親子關係、孩子未來跟配偶的關係、孩子未來跟上司、同事的關係……等。為人父母者不可不知，也不可不引以為鑑。

維持一個幸福、健全的家庭，是夫妻兩人的責任。加強夫妻對家的責任感，有助於夫妻抗拒外遇的誘惑。

（五）敏感自己抗拒外遇誘惑的能力

了解自己抗拒外遇誘惑的能力，有助了解自己的優缺點，以及修正缺點，或是避免涉足讓自己把持不住的場所，以減少外遇的發生。

（六）事先預想如何抗拒誘惑

「凡事豫則立，不豫則廢」，每個人在外遇事件未出現之前，都得事先設想在誘惑情況下的處理方法，果真置身其中時，就可以從容應付，不會任由情境擺布。

夫妻間如果事先討論抗拒誘惑的處理方式，果真事情發生，因為有事前演練，效果即使不如預期，也不會令配偶絕望。

（七）深知外遇帶來的傷害

外遇的殺傷力絕大多數是弊多於利。夫妻如果多閱讀這方面資料，或是多觀察四周朋友外遇的後果，就能夠體會外遇帶來的傷害。有了這份體驗，夫妻面對誘惑時，至少多了一份自制力。

（八）善用外在資源

社會上有一些機構提供婚姻諮詢、婚姻問題的解決、外遇的預防與處理、原生家庭的探討……。這些資源對於外遇的預防有寶貴的幫助。

■ 二、外遇之處理

外遇發生後的處理，比預防更棘手。「木已成舟」，人家已登門入室，總比人尚在門外的保衛戰來得辛苦，也來得驚險。外遇當事人或配偶不必被動地讓事件順其自然，或任由他人宰割；化被動為主動，結果即使不如己意，至少也曾為自己做些事。

（一）找尋專家協助

知道自己的配偶有外遇時，容易慌了陣腳，而做出一些不利的舉動。傳統的一哭二鬧三上吊，容易讓原來薄弱的夫妻關係雪上加霜，反而加強外遇配偶離去的決心。即使這些策略讓外遇配偶心生害怕，而暫時回頭，不過，夫妻關係也被蒙上與狼共舞的恐懼。因此，首要之務就是讓自己冷靜，然後再理性處理。

如何讓自己冷靜下來呢？找專家協助處理情緒是最有效的方法。找朋友談，或自己想方法紓解，可能會有一些幫助，不過，深度與廣度似乎不夠。如果有專家一路相助，當事人便可以深入探討自己、自己與配偶的關係，甚至涉及原生家庭的問題。對這些方面透徹了解之後，才能找出有效的因應之道。

（二）尋求有經驗者的協助

一般人都喜歡徵求朋友或有經驗者的意見，這些朋友的建議常常五花八門，讓人無所適從。有時候即使各種建議都試過，結果卻愈弄愈糟。這是因為每個人的狀況不盡相同，沒有任何方法是最佳的處理策略，適用於他人的方法不一定適用自己。

如果當事人不願意找專家幫忙，只希望獲得朋友的建議，就需要先了解自己跟配偶的狀況、自己的期望、自己的資源，再考慮各種建議的優缺點，然後，選擇對自己最有力的處理方法。

同樣地，市面上有許多書教導讀者如何處理外遇，這些方法不能

被盲目使用。只有在對自己、配偶、兩人關係，甚至孩子狀況清楚後，選用的方法才可能適當。

（三）重建自尊與自信

外遇者的配偶有時候會懷疑自己的條件不好，才導致外遇發生，於是不惜投入大量金錢，改善所認定的缺點。例如，有些女人投注大筆金錢美容塑身，希望自己的條件能超越第三者而讓丈夫回頭。雖然改善外貌對提升自尊與自信有些幫助，可是卻不是好方法。

如何重建自尊與自信呢？(1)了解外遇的產生涉及多方因素，絕非單一因素所促成，因此，不必自我責備與自我懷疑。(2)了解自己失去自尊與自信的原因。當事人的自尊與自信愈低，就愈感到徬徨而愈沒有主張，愈沒有主張就愈容易誤信別人的建議，而讓狀況更糟糕。因此，了解失去自尊與自信的原因，才能找回自尊與自信，也才有能力面對如此棘手的問題。

（四）勇於面對問題

是否要讓外遇配偶知道事情已曝光，這問題見仁見智。最好先跟專家諮商後再決定。如果決定攤牌，就得跟配偶坦誠溝通，一起探討外遇的原因，了解彼此的需求與期望，以及了解是否有機會補救。當然，有些配偶不願意面對問題，拒絕溝通與商討；在這種情形下，必須給對方時間，也暫時將注意放在整頓自己上。

（五）清楚自己的權益與做最差的打算

外遇者的配偶應該清楚有關的法律條文，這方面問題可諮詢免費法律顧問，這些法律顧問的資訊可以從網站查到。

事情的結局未必最糟，不過，提早做最壞的打算，可以避免自己措手不及。最壞的打算是指離婚，因此，須知道離婚過程的相關事宜，包括：法律規範的權益、如何經濟獨立、財產的分配、孩子的監護權、

重新調適生活、規劃未來等問題。

第八節
性別平等對外遇之意涵

性別平等對外遇的意涵有二：(1)女性找回生命的自主性，不再壓抑情感與生理上的需求，並且主動地尋找紓解的途徑。(2)兩性需以更寬闊的胸襟看待外遇問題。

就第一點來說，蕭英玲（民92）的研究顯示：女性外遇，是因為女性無法從丈夫身上滿足被關懷、親密感、性、激情等需求，於是向外尋覓。這樣的研究結果反映出，現代女性不再像傳統女性一樣，不願意承認自己身心上的需要，不再被動地等待丈夫主動給予，而是跳脫道德上的桎梏，直接在家庭外尋找心靈上與生理上的慰藉。

不過，女性矯枉過正的態度並不值得鼓勵。蕭英玲（民92）研究中的已婚女性，對自己的出軌行為並不後悔，有些受試者甚至表示如果再找到契合的人，不排除再次外遇的可能。婚姻問題應該雙方面對面解決，而不是借助外遇來補償婚姻中的缺失。這種逃避的處理方式，若形成習慣，對婚姻只有傷害，沒有助益。

毋庸置疑，部分男性外遇也是基於以上的問題，也運用以上的方式逃避婚姻問題。這種處理方法將導致婚姻破碎。

就第二點來說，婚姻像人一樣，也會生病。人生病了需要藥物救治，婚姻生病了也需要醫治，而非將婚姻毀滅。大部分的女性願意接納外遇回頭的男性配偶，可是大部分的男性卻沒有如此的胸襟。外遇是婚姻問題，不是一方配偶的問題。夫妻要有這種體認，才不會沉溺在相互指責中，而忘記跳出主觀的情緒，理性地檢討雙方的責任與問題。性別平等年代的夫妻，需要用更寬廣的心胸，發揮更多的智慧來面外遇問題。

【第十六章】

離　婚

　　男女結婚時，心中總有千萬個期盼，希望兩人天長地久長相廝守。可是，多的是曾經信誓旦旦的婚姻，在親朋好友記憶猶新之際，卻一時烽火齊燃，轉眼成灰炬。當初「君作磐石無轉移，妾作蒲葦韌如絲」的堅定，與此時「誓言如山倒，人兒蹤飄渺」的凋零，兩相對照之下，真令人忍不住地低首欷歔，千萬個疑惑也在剎那間蜂擁而至。

　　如果相聚是痛苦，相守是不可能，那麼離婚會是必然的結局。曾經相愛過的人，面對離婚的下場，無論多麼堅強，都將是一場痛苦的經歷。這痛苦來自於離婚時將「我泥中有你、你泥中有我」的一體斷然撕裂，痛苦也來自於離婚後，過去記憶不斷從腦海竄起，然後滲入、蛀蝕離婚後的生活。

　　走入離婚的淒涼，就是摧毀過去的苦心經營，帶著傷痛讓一切回歸至零；走出離婚的陰影，就是有勇氣迎接新關係的到臨。在走入與走出之間，是一段有如幼兒習步一樣的危危顫顫、跌跌宕宕。「不經一番寒徹骨，哪得梅花撲鼻香」，這撲鼻的梅花香味來得可是辛苦萬千，沒有體驗過離婚滋味的人，實在無法道出箇中的淒苦。女人如此，男人又何嘗不是這樣！

　　本章論及離婚之相關迷思、離婚率增加之原因、離婚之成因、從婚姻破裂到離婚之歷程、離婚後之壓力與適應、前夫前妻之相處，以及性別平等對離婚之意涵。

第一節
離婚之相關迷思

　　有些人對離婚有一些迷思，這些迷思讓當事人在面對離婚抉擇時，猶豫不決，或做錯決定。以下是其中一些迷思，請加以修正：

　　1.第二次婚姻往往比第一次婚姻好。

　　2.第二次婚姻未必比第一次婚姻好，因此最好不要離婚。

　　3.離婚是一種不名譽的失敗。

4.「薄薄酒勝茶湯，醜妻惡妾勝空房」，守住婚姻總比單身好。

5.女人比男人不願意離婚。

6.女人離婚會比男人離婚吃虧。

7.離婚者容易受到社會的排斥。

8.應該以「勸合不勸離」的態度撮合想離婚的夫妻。

9.離婚後立即建立新戀情，可以盡速消除離婚的傷痛。

10.夫妻要離婚，最好等到孩子長大。

問題與討論

問題一：第二次婚姻往往比第一次婚姻好。

第二次婚姻不一定比第一次婚姻好。一般人認為：當事人在第一次婚姻失敗後，必然從中得到教訓，會更珍惜第二次婚姻，因此第二次婚姻「應該」比第一次好。其實不然。如果當事人未曾對第一次婚姻努力過，也沒有認清第一次婚姻失敗的原因，那麼，第二次婚姻只會重蹈覆轍，落入第一次婚姻的模式。

相反地，如果當事人在第一次婚姻失敗後，不斷自我反省，看清自己的盲點，學習一些必備的技巧（例如，問題解決技巧、溝通技巧等），並且經過一番休養與調整，那麼，對第二次婚姻的經營可能比第一次婚姻好。

問題二：第二次婚姻未必比第一次婚姻好，因此，最好不要離婚。

夫妻關係的維持需要建立在平等的立場上，彼此相互尊重、相互扶持。如果一方固執己見、唯我獨尊，只顧一己之私，不惜犧牲另一方來成就自己，這種婚姻就沒有維持的必要。婚姻的經營需要有感情，但更需要有理性。該斬斷時藕斷絲連，就會作繭自縛，痛苦一生。

問題三：離婚是一種不名譽的失敗。

離婚不是不名譽的失敗。以目前台灣離婚的比例來看，離婚已成為一些人生命歷程的一部分。如果生命是一連串學習的過程，那麼，離婚只不過是學習的一環而已。

話雖如此，除非必要，也不要輕言別離。婚姻是將兩個來自不同家庭的個體結合在一起，因背景不同，觀念相異，衝突自是難免。重要的是，如何取得協調，達成共識。如果這些努力都不願意做，就輕言別離，那麼，恐怕每一次的婚姻都會有類似的下場。

問題四：「薄薄酒勝茶湯，醜妻惡妾勝空房」，守住婚姻總比單身好。

守住婚姻不一定比單身好。有人害怕離婚，是因為認為沒有婚姻的單身生活必定孤獨、寂寞、淒涼，因此，死守著沒有溫度、毫無營養、充滿病毒的婚姻而不放。

生活的品質、生命的意義與婚姻沒有必然的關係。不會經營生活的人，不管已婚或單身，都會過著羨慕別人憐哀自己的生活。有婚姻或單身都是個人的選擇，走進自己願意經營的一條路才是重點，無關乎有婚姻或單身。

問題五：女人比男人不願意離婚。

有愈多的趨勢顯示：主動提出離婚者往往是女人。在傳統社會中，女人不適於出外工作，只能依靠男人過活；女人離了婚等於斷了依靠，因此，即使婚姻再怎麼不好，為了生存，也不得不忍辱偷生。

現代的女人經濟獨立，才能有機會揮灑，不必再依賴男人，也不必屈就於沒有品質的婚姻。因此，愈來愈多的女人主動提出離婚訴求。

問題六：女人離婚會比男人離婚吃虧。

女人離婚不一定比男人離婚吃虧。在傳統社會中，離婚的女人被認為帶有瑕疵，因此再婚不易；離婚又帶著孩子的女人，更談不上有二嫁的機會。相反地，社會對離婚的男人諸多包容，以及男人握有經濟大權；因此，男人即使帶著孩子再婚，也是炙手可熱的對象。

不過，在男女平權的現代社會，情況可能有所改變。女人經濟獨立，思想比以前開放，具有生涯規劃的觀念，離婚時不一定會爭取孩子的監護權，因此，再婚的機會自然比以前容易多了。

再看看離婚的男人，除了有孩子絆手絆腳外，還得撥一部分薪水

贍養前妻；有意跟離婚男人組織家庭的女人，算盤不管怎麼打，結果都不合算。說起來，離婚男人未必比離婚女人吃香。

問題七：離婚者容易受到社會的排斥。

離婚者不一定會受到社會的排斥。離過婚的人通常隱藏離婚的事實，因為他們認為離婚是生命中的污點。不過，以目前高居不下的離婚率來說，離婚是司空見慣的常事。可以預知的是，未來有二次、三次婚姻的人將不再是風雲人物。

問題八：應該以「勸合不勸離」的態度撮合想離婚的夫妻。

「勸合不勸離」不一定是適當的作法。中國人喜歡勸合不勸離，如果能讓破鏡夫妻握手言歡，總是美事一椿。這種想法有兩個問題：第一，夫妻之間的問題，外人實無法確知；夫妻衝突時的反應，也非外人摸得透底。如果以為讓夫妻兩人延續姻緣就是好事，而不深思其中的問題，即使夫妻暫時停火休兵，因為問題尚未解決，還是隱藏著隨時可能爆發的危機。

第二，一般人認為，拆散姻緣是造業，會受到報應。為了免於受到老天爺的懲罰，於是，不管夫妻的問題如何，大部分人會盡力撮合。換句話說，「勸合不勸離」的原因之一，是為了自己的利益，而不只是為他人。

不問是非的過度熱心是不恰當的，但是，過度的疏離也是禍害。電視上曾有一宣導短片，內容是希望民眾知道街坊鄰居有婚姻暴力事件發生時，發揮「人飢己飢，人溺己溺」的精神，立即通報有關當局，以免受暴者繼續受暴。這是因為目前有一些人對他人的事漠不關心，以致讓原本可以避免的悲劇一再重演。

「不介入」可能造成遺憾，「介入過度」可能帶來傷害，如何拿捏，恐怕得靠智慧。

問題九：離婚後立即建立新戀情，可以盡速消除離婚的傷痛。

離婚是一段漫長的過程，可能持續數年。如果離婚當事人想藉著新戀情來淡化離婚的傷痛，或是縮短離婚適應的過程，就是將未處理

的舊傷加在新關係上。離婚後的適應期雖然痛苦難挨，卻是療傷反省、養精蓄銳的關鍵時機。如果沒有這段時間的自我探索，恐怕會舊酒裝新瓶，讓悲劇再次發生。

問題十：夫妻要離婚，最好等到孩子長大。

有一些人的婚姻狀況雖然很糟糕，為了給孩子完整的家，而不考慮離婚。惡劣的夫妻關係，冷熱戰持續不斷，孩子在這種家庭成長，身心將飽受摧殘。如果真心考慮孩子的福祉，那就好好處理夫妻問題；如果的確無法生活在一起，給孩子妥善安排後，再談離婚事宜。

第二節
離婚率增加之原因

毋庸置疑，目前台灣的離婚率逐年攀高，而且攀高的速度一年比一年加快。不只台灣，全世界都有類似的狀況。Lester（1996）分析二十七個國家從一九五〇至一九八五年間結婚率與離婚率的變化狀況，結果發現：有二十二個國家的結婚率降低，離婚率升高，包括台灣在內。從一九八五年以來直至今日的二十年間，整個世界經歷更多的變化，這變化也帶動了離婚率的成長。以目前台灣的狀況來說，將有三分之一的婚姻落入令人堪慮的下場。

是什麼原因讓婚姻的根基如此淺薄？是什麼原因讓現代夫妻可以如此瀟灑，揮起慧劍斷情緣時竟能如此迅速？戴靜文（民91）曾從社會結構角度，以及離婚率的變項，說明離婚率攀高的原因。以下整理戴靜文（民91）之資料，並配合台灣的社會結構，以及心理層面的因素，將影響台灣離婚率升高的可能原因摘要說明於表16-1。

從表16-1的說明可知，離婚率的提高是多種因素交織而成，在這些因素的激盪下，離婚成為普遍的社會現象。看來，結婚的人在喜悅之餘，也不要忘記步上離婚的可能性。

表 16-1　影響台灣離婚率升高的可能原因

因素	說明
社會結構角度	
1.家庭功能、結構改變	現代家庭的重要性降低，例如，傳統的生育功能已不如以前重要。 現代大多數的小家庭不跟父母同住，夫妻離婚，父母無法干涉。
2.選擇伴侶的方式改變	過去時代的婚姻由家長作主，現代人的伴侶由自己選擇。即使更換伴侶，也毋須取得父母同意。
3.結婚目的改變	在過去，結婚的目的是為了傳宗接代，生育意味濃厚。在現代，結婚的目的是為了找個可以長期相守的伴侶。
4.道德制裁力減低	在過去，外遇者會被嚴懲，離婚會被恥笑。在現代，外遇是無可避免的意外，離婚是結束個人不幸，尋求幸福之路。
5.再婚可能性增加	在過去，離婚會被恥笑，再婚不容易。在現代，離婚的夫妻被鼓勵再婚。
6.同儕團體的鼓勵	四周親朋好友的離婚，會鼓勵其他人以離婚解決婚姻問題。
7.法律約束力放寬	現代法律規範離婚的條件，比過去時代放寬許多。
8.婦女就業率提升	現代婦女多為職業婦女，經濟獨立，更有勇氣離婚。
9.子女數減少	現代子女數比以前少，離婚後的負擔比過去時代輕，讓更多人有勇氣離婚。
10.兩性平權	在兩性平權時代，人人有權利追求理想的婚姻，離婚不再像以前一樣受到歧視。
心理層面因素	
1.原生家庭問題	原生家庭中如果有人離婚，會具有鼓勵作用。原生家庭如果是單親家庭，更具有強化作用。
2.心理健康問題	現代社會浮動不居，單親家庭又多，造成更多人心理不健康，婚姻不和諧，離婚率也就相對提升。

第三節
離婚之成因

　　井深一想到一雙可愛的兒女，壓抑不住的哀思一股腦兒地齊聚眉間。他嘆了一口氣，點了一支菸，然後凶猛地抽了起來。冉冉的煙霧中，全是他一雙兒女的影像，這一幕幕的影象拉扯著他心中的情緒。他好想讓這雙兒女擁有幸福的家，就像其他孩子一樣。這是他做父親應負的責任，也是他多年來努力的目標。

　　自從井深發現太太圓緣另結新歡後，就打定主意要離婚。他不怪圓緣，因為錯不全在她。他的工作無法讓他有固定的時間陪伴她與孩子。偏偏圓緣天性依賴、膽小，應變能力差，無法處理生活中突如其來的意外，因此，常常抱怨沒有寬厚的肩膀可靠。

　　此外，兩人的想法差距太大，也讓夫妻的感情無法加溫。井深希望圓緣用錢要有規劃，不要他賺多少她就用多少；可是，圓緣認為井深常不在家，她生活太空虛，只得靠購物來補償。井深建議圓緣學習一些才藝，打發時間；偏偏圓緣厭惡學習，又沒有耐心。井深希望圓緣盡好責任，看好孩子的功課；圓緣認為花些錢把孩子託給安親班老師來教，自己可以省很多力氣。井深對圓緣使不上力，圓緣覺得井深不可理喻。就這樣，生活上點點滴滴的摩擦，讓兩人愈離愈遠。

　　這段婚姻早在兩年前就變了樣，井深知道自己常不在家，安頓不了圓緣早已飛離的心緒，最後必走上離婚之路。只是，為了孩子，他不得不慎重考慮。當知道圓緣有了外遇後，雖然離婚的心意更加堅定，但是，一看到兩個孩子天真的臉龐，

他的心就猶猶豫豫。他甚至想過，只要圓緣願意收心，他就願意破鏡重圓。只是，「剃頭擔子一頭熱」，他的苦心，圓緣能了解嗎？她願意回頭嗎？

問題與討論

1. 造成井深與圓緣離婚的原因有哪些？

2. 除了以上的原因外，還有哪些原因可能促成夫妻離婚？

3. 井深與圓緣的婚姻是否已走到無法補救的地方？如果想要補救，夫妻可以如何努力？

極少人離婚時，是帶著愉悅的神情簽下離婚證書；也很少人在離婚後，能躲過「情緒紊亂紛雜，心思千頭萬緒」的茫然、無助、無依。是什麼原因讓夫妻兩人願意痛下狠心，拆散辛苦建立的家庭，走入如此的煎熬？

一些學者（例如，林蕙瑛，民84；黃俊傑，民85）曾歸納出離婚的原因，包括：婚姻暴力、外遇、個性不合、對婚姻的期望與理想差距過大、婆媳不和、雙方已無愛情、性生活不協調、先生不願意負擔家計等。這些原因大家耳熟能詳，不過，讓人奇怪的是，四周親友的婚姻有些即使充斥著以上因素，卻能奇蹟似地獨存。似乎除了以上因素之外，還有一些為學者所忽略的莫名原因。

社會交換論試圖以投資報酬率的觀點說明人際關係的聚散。在婚姻中，夫妻的投資報酬率如果在公平的狀態下，關係就能維持；反之，如果一方入不敷出，犧牲過大，關係就會夭折。

那麼，夫妻關係的投資報酬率跟哪些因素有關？曹中瑋（民73）曾提出婚姻五經綸的概念，以五個層面來看婚姻的目的，這五個層面反映出婚姻生活中的五種重要需求。需求的滿足與否決定了婚姻的幸福感，也影響離婚的決定。婚姻五經綸如表 16-2 所示：

表 16-2　影響離婚決定的可能因素

層面	說　　　　明
生物層面	性的吸引、外表吸引、繁衍子孫延續後代、健康狀況
經濟層面	經濟生產力、財產多寡、收支分配與運用、食衣住行的滿足、妻子是否需要就業負擔家計
社會層面	家庭背景是否相似、共同的宗教信仰與活動、教育程度的適配、職業地位的滿足、朋友親戚的交往與社交活動
心理層面	彼此是否相愛、精神上的相互扶持、彼此的信任
哲學層面	類似的人生觀、人生理想、價值觀、心理成長的狀況

　　在以上各因素中，哪些因素最為重要？這些因素繁多複雜，又要如何整理歸納，看出端倪？直到目前，沒有放諸四海而準的規則來計算各個因素的重要程度；也並沒有一個計算方法，能夠依據各因素的重要性，算出夫妻離婚的可能機率。其原因如下：(1)每個因素的重要性對不同的人有不同的意義；(2)每個因素的重要性會因不同狀況而異。因此，夫妻必須隨時覺察婚姻狀況與以上各因素的關係，才能及時依據相關因素補救婚姻。

　　以上所提的五類需求，只是個人因素而已，環境、時代背景，以及其他因素對離婚的決定也具有影響力，而且影響個人因素的運作。例如，地理環境因素與離婚的決定有關，所以都市離婚率高，鄉村離婚率較低。

　　以下說明影響離婚決定的其他相關因素：

一、地理位置

　　都市的離婚率向來比鄉村高，這是因為都市的隱密性高，跟鄰居的互動少，獨立性與個人化高；住在都市的人離婚後，不用擔心鄰居的竊竊私語、指指點點。由於這些因素的鼓勵效應，讓都市夫妻決定離婚時，能跳開地理環境的壓抑作用。

　　相對地，鄉村地方民風保守，個人的隱私難以隱藏；即使夫妻吵架如此芝麻綠豆小事，也會被四處廣播，離婚之事更容易成為街坊鄰居茶餘飯後評論的議題。因此，夫妻考慮離婚時，往往朝三暮四，不敢斷然抉擇。

二、重要需求的滿足與否

　　需求的重要性因人而異。有些夫妻因為經濟因素而離婚；有些夫妻即使粗茶淡飯也甘之如飴，卻忍受不了價值觀上的衝突。不同的人重視不同的需求，對甲重要的需求，乙可能嗤之以鼻。

　　個人過去生活中，由於某些原因，使得某些需求無法獲得滿足；這些無法獲得滿足的需求，其重要性會被強調與誇大，成為支配個人生命方向的力量。婚姻是夫妻用來滿足需求的途徑之一，尤其是幼年未滿足的需求。如果婚姻功能不佳，無法讓當事人得償所願，當事人因此受挫，一旦遇有更好的機會，便容易放棄舊人，屈從新人。

　　處於不同婚姻階段的夫妻，重視的需求會有所不同，離婚的原因因此不同。例如，年輕夫妻可能因為經濟問題而離婚，而中年夫妻可能因為外遇問題而離婚。

三、性別

　　性別因素影響男女對不同需求的重視。一般而言，男人重視生物層面，女人強調心理層面。因為男人重視生物層面，所以女人千變萬化，一天一個樣，讓男人眼花撩亂；因為女人重視心理層面，所以男人甜言蜜語，讓女人滿足浪漫的遐想。男人缺乏生物層面的滿足，女人缺乏心理層面的滿足，心思就會往外奔放。這就是為什麼一對夫妻離婚時，先生跟太太所認定的離婚理由不一樣。

　　當然，重視生物層面的女人，強調心理層面的男人，也不少。只是，在探討決定離婚的因素時，性別的影響力不可忽視。

■ 四、當事人對離婚的態度

個人對離婚的態度，會影響他（她）對離婚的抉擇。秉持「和則聚，不和則散」信念者，只要婚姻不能符合期待，便可能自動求去。相反地，擁有「家和萬事興，新人總不如舊人好」信念者，只要婚姻狀況差強人意，不要太離譜，也會願意將就下去。

父母是否離婚，會左右孩子離婚的抉擇。若有父母離婚為榜樣，孩子一旦覺得婚姻不滿意，就可能出現「拿得起、放得下」，毫無猶豫的理所當然。當然，有些孩子因為深受單親家庭或再婚家庭的切膚之痛，長大後不管婚姻如何，誓死也要給孩子一個完整的家，因此絕不考慮離婚。

四周朋友是否離婚，也具有一種鼓勵作用。如果當事人四周的朋友都是離婚的單身者，而且因為離婚而有更好的發展，當事人面臨離婚抉擇時，就容易偏向仳離的決定。

■ 五、夫妻角色的適配狀況

儘管現在是性別平等的時代，堅持傳統觀念的男女仍舊不少。擁有傳統婚姻觀念的夫妻，只在乎婚姻能否滿足社會期待，夫妻內在需求的滿足與否反成為次要。相反地，持有現代觀念的人，個人需求的滿足凌駕社會期待。

如果夫妻兩人受到社會化程度不等，接受新資訊薰陶的狀況不同，這種差異就會反映在角色期待上，對於婚姻的經營會產生直接的衝擊。台灣的研究顯示：婚姻滿意度最高的是「妻現代、夫現代」，其次依序為「妻傳統、夫現代」、「妻傳統、夫傳統」，最後是「妻現代、夫傳統」（蔡詩薏，民 90）。國外研究也有類似的結果（Eshleman, 1991，引自 Swenson, 1996）。

女性長期受到「男尊女卑」觀念的欺壓，苦無機會平反。當「性別平等」的先驅者登高一呼，女性自然把握機會起而響應，如此一來，

女性接受新潮流洗禮的速度自然比男性快。相對地，「妻現代、夫傳統」的比例也就多了起來，離婚率當然緊跟著升高。

在「性別平等」的年代，女性不想再委屈於卑微地位。如果先生願意接受時代趨勢的洗禮，夫妻的想法就容易趨於一致。相反地，如果先生堅持迂腐的封建思想，誤以為大權在握，有權利支配妻子，在女人二嫁、三嫁不足為奇的現代，太太可能會想通「長痛不如短痛，此處不留人自有留人處」的道理，而主動提出離婚。

六、當時的環境狀況

夫妻感情惡化時，當時的環境狀況會影響離婚的可能性。例如，未有孩子的夫妻、孩子已長大成人的夫妻、經濟獨立的女人等，較願意離婚。需求無法滿足的夫妻比比皆是，但是如果沒有其他要件推波助瀾的話，婚姻還是會繼續走下去。

七、催化的問題事件

有些問題事件的發生，對於原本就不快樂的婚姻，有加速摧毀的功效。例如，不管台灣或國外的研究都顯示：離婚與外遇有相當高的關係。李嘉莉（民90）調查高雄縣市二百零五位離婚婦女發現：外遇居離婚原因的首位。李雅惠（民89）的研究發現：外遇是離婚的引爆點，七位受訪者中有六位受訪者的離婚念頭始於先生的外遇。就國外的研究而言，Charny 與 Parnass（1995）的研究顯示：34%的婚姻因為外遇而結束。目前離婚率高居不下，與外遇事件的節節升高不無關係。台商在大陸包二奶的事件頻傳後，離婚事件也就跟著多了起來。

其實，外遇事件發生之前，婚姻可能早就亮起紅燈。有些夫婦為了保留形象或某些原因，故意掩飾婚姻問題，讓外人無法從亮麗的婚姻外表，透視滿目瘡痍的內部。因此，外遇事件可能非離婚的主因，只是引爆離婚的催化事件。

八、雙方是否具有同理心

夫妻每一次的衝突都是修正婚姻的轉機。因此，婚姻的決裂不在於婚姻問題或衝突的多寡，而在於夫妻是否能敏銳覺察問題的存在，以及是否願意共同解決。

要夫妻敏銳覺察問題的存在，以及願意共同面對，並不是一件容易的事。其原因在於，婚姻問題是兩人問題，必須兩人共同承擔面對，只要夫妻一方不理不睬，不願意承認問題的存在，或是將過錯推給另一方，婚姻問題就永遠無解。

要夫妻勇於敏銳覺察問題的存在，勇於面對問題，關鍵在於夫妻雙方都需具備同理心。所謂同理心，是指設身處地了解對方的思想、感覺，並且將這份了解傳達給對方。要懂這句話的意思並不困難，但是要力行就不容易，因為「知」與「行」之間總有一段距離。大部分的人在面對衝突時，總是急於表達自己的看法，或為自己辯駁，沒有耐心聽對方說話，而且都自以為了解對方。

舉個例子來說，當太太告訴先生：「你每次都說會撥時間陪我度假，可是沒有一次兌現！」太太可能暗示先生，她內心有個需求，期望先生陪伴、期望跟先生共處；或是暗示先生，夫妻長久沒在一起，有了疏遠的感覺；或是暗示先生，她覺得難過，因為她被忽視。

如果先生這樣回答：「我這麼忙還不是為了想多賺點錢，讓妳過好日子。妳還有度假的時間，我連度假的想法都不敢有！」先生這樣的反應，目的是要太太將心比心，不要人在福中不知福。但是，這種責備的口氣與內涵，只會挑起太太的不滿，加深太太的落寞與孤單。長久下來，太太的需求無法滿足，挫折感填膺，夫妻感情也就降溫。

即使一開始夫妻的觀念差異大，但是只要跳入彼此的立場，了解彼此的需求、感受與想法，便可軟化雙方的堅持。相對地，不具同理心的夫妻，只能獨自感嘆「你（妳）不懂我的心」。因為夫妻的期望與慾望常常落空，婚姻之路也就困難重重。Long（1996）的研究支持

這樣的看法：配偶間如果缺乏同理心，離婚的可能性便提高。

九、是否有宗教信仰

一個人是否有宗教信仰，會影響他（她）離婚的可能性。基督教義不鼓勵離婚，《聖經》裡將愛解釋為：「愛是恆久忍耐又有恩慈；愛是不嫉妒……不求自己的益處，不輕易發怒，不計算別人的惡……凡事包容，凡事相信，凡事盼望，凡事忍耐，愛是永不止息。」因此，當夫妻關係出了狀況，信徒可能會先反求諸己，再以包容、寬大的心懷對待對方。「十年修得同船渡，百年修得共枕眠」，佛教勸人惜緣，並且轉化惡緣為善緣。

宗教的力量，有時候能夠協助當事人走過婚姻的低潮期，度過離婚的危機。不過，因為宗教對教徒的影響深淺不同，教徒對教義的詮釋也有不同，因此，並不是每個教徒都能透過宗教的力量來維繫婚姻。

十、女性是否有工作

有工作的婦女不但經濟獨立，而且從工作中提升了見識，增加了人脈資源。因此，婦女有能力突破過去依賴的角色，建構自己想要的人生。

婚姻不幸福的婦女知道自己擁有相當的資源，不必委曲求全，因此，離婚便成為女性樂意的選擇。

十一、社會階層

社會階層不同者，重視的需求或價值觀可能不一樣，決定離婚的因素就有所差異。例如，中下階層的人需要為生活奔波，經濟層面的匱乏可能是夫妻衝突的主要來源；中上階層的人物質充裕，精神層面的重要性高於物質層面，精神需求不滿足，可能會導致夫妻爭執。換句話說，社會階層不同的人，離婚的原因可能不同。

從本節的敘述中可以歸納出：離婚的理由因人、因時、因地而異。其複雜性由此可見。

第四節
從婚姻破裂到離婚之歷程

離婚是一段歷程，包括：醞釀離婚、決定離婚、正式離婚，以及離婚後的適應等階段。有些夫妻在正式離婚之前，可能會先分居，給彼此一段時間考慮。有的人在分居之後，突然領悟到婚姻的好處，也看到配偶的優點，因此決定不離婚；有的人在分居之後，體驗到當夫妻不如當朋友來得自在，因此決定離婚。

離婚的歷程相當漫長。這段過程到底是怎樣的心路歷程？當事人可能經歷哪些考驗？是不是每個離婚者都有類似的經歷？男性與女性的心路歷程是否一樣？以下先論及從婚姻破裂到離婚的一般歷程，再從兩性的角度說明兩性離婚的心路歷程。

一、從婚姻破裂到離婚之歷程

社會學家認為從婚姻破裂到離婚的歷程，可能經過孤獨感、敵對感與背叛感三個階段，這三個階段有一定的順序（戴靜文，民91）。不過，離婚過程甚為複雜，當事人的心情在這歷程中，已看不出何者為先，何者為後；再加上每個人的狀況不一樣，因此，三階段的關係未必呈直線型態，可能如圖 16-1 所示：

（一）孤獨感

因為婚姻問題讓夫妻雙方不再重視彼此，而交談無心，言不及義，形同陌路。有些夫妻因為一開口便引爆衝突，所以乾脆避免交談，只在必要情況下，隨便交代兩句了事。夫妻雙方因為沒有心靈上的溝通，沒有感情上的依賴與互動，以及不被對方重視，而倍感孤獨。

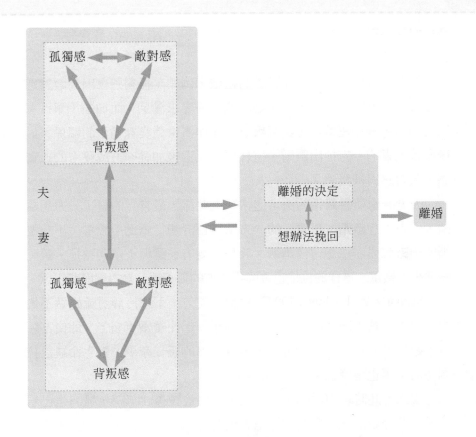

圖 16-1　夫妻從婚姻破裂到離婚之歷程

（二）敵對感

　　因為長時間被對方忽視，內在一些需求無法滿足（例如，被愛、被重視），而引發強烈不滿與敵對。有些夫妻出現言語上的針鋒相對，或在肢體上動粗。婚姻走到如此地步，一方或雙方覺得沒有留戀的必要。

（三）背叛感

　　夫妻的一方或雙方，因為受不了婚姻破裂所呈現的氣氛，而往外

尋找取代的對象。

以上三者呈現一種交互影響的循環，例如，孤獨感會因為敵對感（如夫妻的爭吵）與背叛感（如配偶往外尋求滿足）而加強，而孤獨感的加強，會加速敵對感與背叛感的運作。這種交互循環的關係，最後導致夫妻的一方提出離婚。這種要求反過來加強一方或雙方的孤獨感、敵對感與被叛感。

夫妻離婚前對離婚的決定通常缺乏共識，最常見的是，一方想離婚，一方不想離婚。想離婚的一方千方百計想從婚姻中脫身，不想離婚的一方想盡辦法想留住婚姻。於是，雙方在離與不離間拉扯，讓問題愈來愈嚴重。這樣的拉扯也會強化雙方的孤獨感、敵對感與背叛感。

Schnartz 與 Kaslow（1997）建議，雙方坐下來冷靜討論婚姻不愉快的原因，讓不願意離婚的一方看到在一起比離婚更痛苦。即使不願意離婚的一方仍舊不悅，可是，至少震驚的感覺減少，對生命缺乏控制感的反應也會降低。

或許，此時可由婚姻專家介入，即使最後復合無望，雙方也已看清楚彼此分歧之處，對婚姻的執著也會放下。

■ 二、女性的離婚歷程

每位女性離婚的歷程不盡相同，任何對歷程的描述都無法盡括所有的狀況，再加上國內對女性離婚歷程的研究不多，因此，以下描述的離婚歷路，只能反映某一類女性的離婚狀況。不過，從過程中，至少可以窺見女性面臨離婚時的委屈與掙扎。

（一）醞釀離婚

人生活在不同事件相互交織的大網絡中，生活中的每件事會擴散搖動整個大網絡。婚姻對女人來說更是如此。女人將婚姻視為一生一世的事業，當婚姻出現問題，就如同整棟建築物的根基被動搖一樣，

讓女人陷入天旋地轉的驚懼中。

女人通常比男人更願意面對問題、解決問題。女人在悲痛、焦慮之餘，會不斷自問為何婚姻落入如此慘境；同時也不忘東詢西問，希望挖掘出挽救婚姻的良方妙計。

大多數的女人不會輕言分離。或許夫妻朝夕相處磨練出的「依賴情感」，或許曾經攜手度過難關的「革命感情」，讓女人在屢試屢敗之後，仍舊懷抱希望，不願意放棄任何一絲曙光。可惜的是，改善婚姻不能繫於一方的努力。女人單方的付出，對於扭轉大局將如螳螂擋車一樣，容易功虧一簣。

當女人有了孩子之後，照顧孩子便成為她捨命付出的責任。因此，女人即使被先生折磨得希望殆盡，還是不會忘記處理家務、照顧孩子，四處張羅生活費。這種「外無援糧，內盡掏光」的付出，水深火熱實不足以描述其一、二。

「一頭蠟燭多頭燒」，當女人心力交瘁後認知到：這種犧牲無法挽救危勢，這樣下去孩子會受到更大的傷害。這樣的認知迫使女人認命地承認失敗，也讓離婚的念頭開始出現。然後，女人便自哀、自憐、自卑，心死地將自己封閉起來。

有些婦女為了給孩子一個完整的家，擔心離婚使孩子受到歧視、擔心離婚會失去依靠（其實早已沒有了依靠），即使出現離婚的念頭，也不敢痛下決定。為了等待孩子長大，等待男人回頭，只得在漫長的生活中煎熬。

對女人而言，離婚的過程中，最痛苦的階段是在離婚前，等著先生迷途知返，或等著孩子長大，或擺盪在離與不離間的掙扎（張青惠，民85）。這是一段前途未卜的階段，此刻的不同決定，都將為自己、孩子寫下不同的後半生。

（二）決定離婚

離婚對女人來說是迫不得已的選擇。一方面，「家」是女人身心

歸屬的地方，也是她一生努力的關注所在，而離婚會斬斷自己跟家在情感、法律、經濟、撫育、社區、精神上的關連（Bohannan, 1970，引自李雅惠，民89）。女人非到萬般無奈，不會下此決定。

女人決定離婚後，有時候是自己主動提出，有時候是配偶先要求。李嘉莉（民90）研究中的二百零五位離婚受試者中，先提出離婚者，以女人居多。李雅惠（民89）歸納出讓女性主動提出離婚的原因有：認為付出太多不值得、丈夫已在外重組家庭。其實，這兩個原因有個共同點，就是似乎事情已沒有轉機，再努力也看不到未來。

主動提出離婚的女人，即使一切尚未考慮周詳，不過，心理上至少有了一些準備。曾經煞費苦心，努力想要挽回，如今因大勢已去，只得主動求去，心裡雖難過卻可以接受，所以不會有太大遺憾。

如果男人主動提出離婚，因為女人毫無心理準備，就會措手不及。不過，男人主動提出，讓大局明朗，女人雖受傷，卻也看清事實。

當然，有些女人即使知道婚姻無望，或是男人已主動要求離婚，仍然堅持苦守。沒有了男人，還有孩子跟自己相依為命，日子似乎還可以走下去。

（三）正式離婚

離婚幫助女人卸下了沉重的心理負擔，讓紛雜的生活歸於平靜，讓雜沓的思緒開始沉靜，女人開始思考過去、現在、未來。這條路畢竟是自己選擇，女人的韌性再次發揮無遺，女人的自我也開始抬頭。

張青惠（民85）的研究發現：離婚後，女性已不再被動地因應環境，而是開始思考，並開始為自己有所行動，為自己的生命承擔責任，亦即自我開始萌芽。

女人從離婚的過程一路走來，經歷「石破天驚」的驚慌、「無語問蒼天」的哀憐、「壯士斷腕」的決心，最後到「雲破日出」的輕鬆，生命在數度的盪氣迴腸中，不斷更新改變。女人走出舊婚姻枷鎖後，似乎才領悟到窗外的天空多蔚藍。

三、男性的離婚歷程

影響男人與女人離婚的因素不會完全一樣，男人與女人的離婚歷程也不盡相同。

（一）醞釀離婚

對男人而言，「事業」是父母對他的期待、是社會給予他的壓力、是他跟朋友較勁的籌碼，也是讓配偶驕傲的禮物。沒有事業的男人，是窩囊、是羞恥，會抬不起頭、會受人嘲笑。

男人必須掙扎於「擴外」與「安內」的拉扯中。男人期望同時擁有成功的事業與幸福的家庭。偏偏人的精力、時間有限，男人顧得了事業，就顧不了家庭。男人的薪水愈高，太太受到冷落、得不到情緒支持的時刻就愈多，第三者介入的機會也愈多。如果男人以家庭為重，除非有豐厚的家產來墊底，否則，每天的柴米油鹽醬醋茶會將愛情變薄、變淡。男人沒有事業，似乎也保不住家庭。

我們的教育沒有教男人如何在事業與家庭中取得平衡，激烈競爭的世界，讓男人來不及思考就倒向一邊，結果往往兩邊的比重懸殊，贏了事業卻輸了婚姻。在這方面，女人通常以家庭為重，事業為輔，所以衝突反而少。

男人擁有成功事業的同時，往往沒有能力兼顧到家人的需要；偏偏男人比女人更依賴配偶，更需要「家」的呵護。女人四處都有知心朋友，有地方紓解感情，有地方獲得情緒支持。男人身處殺戮戰場，四周皆是亦敵亦友、非敵非友。因此，男人需要家來滋養生息，才能再度披甲上陣。

當男人無法從配偶身上得到滋養、依賴、呵護時，男人便無力面對爾虞我詐的外在世界。這時候，男人便想要往外尋求慰藉，離婚的念頭也在這時響起。

（二）決定離婚

　　男人面臨離婚的抉擇，有時候比女人有更多的掙扎，因為男人知道孩子需要完整的家，而自己依舊依賴配偶，即使這時已有第三者在等候。

　　讓男人下定決心離婚，是因為跟太太已經水火不容；或太太另有男人；或太太離婚的意志堅定；或男人在外面已另組家庭，第三者加緊火力催促。林莉菁（民89）的研究發現：夫妻處於是否決定離婚這個階段，是關係最惡劣的時候。一方可能離家出走數個月未行夫妻之實，或是一方提出離婚而爆發另一方的激烈行動。不願意離婚的一方，經歷內在衝突與掙扎後，才不得不同意離婚。

（三）正式離婚

　　男人簽字離婚後，因為離開了長久以來的紛爭，心情便逐漸輕鬆了起來。可是，另一方面，想到往後的日子，想到孩子的教養，想到責任要一肩挑起，就墜入千迴百折的無助中（梁竹記，民92）。換句話說，脫離了離婚前混亂的情緒，卻帶來離婚後另一番的現實難題。

　　離婚後的男人，一方面離婚過程的身心俱疲尚未恢復，另一方面卻得兼顧事業與家務，因而陷入更深的心力交瘁中。不過，走出陰霾之後，生命因為新的體驗而被重新建構。不管在兩性關係、親子關係與其他的人際關係上，都有一番更深入的看法。

　　夫妻在正式離婚後，事情尚未結束，另一種新的磨練才剛展開，那就是離婚後的適應。離婚涉及情感上、法律上、經濟上、撫育上、社群上與精神上的離婚。適應離婚所面臨的挑戰，絕不亞於離婚過程。這一次的脫胎換骨，會讓離婚當事人再度成為浴火中的鳳凰。

第五節
離婚後之壓力與適應

　　石磊無神地躺在床上，腦筋一片空白，直到鬧鐘在耳旁響個不停，神智才有點清醒。他知道該起床準備上班。可是，不爭氣的眼皮竟是如此沉重。

　　不知多久，兒子搖著他的胳臂大叫：「爸爸！我上課快遲到了！」他起身看了時鐘，才知道時間緊迫，於是手忙腳亂地幫兒子穿了制服，然後提了公事包往外跑。開門時，玻璃映出自己穿著睡衣的狼狽樣。這才想起自己臉沒洗、牙沒刷、衣服也沒換。他要兒子等他一下，可是兒子擔心遲到受罰而頻頻催促──這催促聲愈是讓他心煩。好不容易出了門，將兒子送入校門後，才發現兒子還沒吃早餐。他愈想愈心疼，於是買了麵包，託校門警衛送過去給兒子。

　　石磊講著電話，眼睛卻不停地看著手錶。兒子就快下課了，他要溜班接兒子，偏偏老闆交待個不停。好不容易放下電話，快速走到門口，卻被同事攔了下來。同事問東問西，盡是聊些言不及義的內容，他心裡詛咒，卻還得陪著說笑。就這樣耽擱了一些時間，到了校門，看到兒子哭喪著臉，由老師陪在身旁。他向老師道謝，向兒子道歉，然後帶著兒子往安親班跑。石磊一路上想著，明天最好不要再發生同樣的事，否則怎麼對得起兒子？可是，他想不出誰可以幫他。這一陣子，他好煩好亂，似乎一切都雜亂無章。

　　石磊躺在床上，累了一天卻毫無睡意，翻來覆去都是孤單與寂寞的身影。他想到前妻，新仇舊恨一股腦兒湧了上來。他想到女兒，眼眶不禁紅了起來。就這樣，起起伏伏的情緒，

一個接著一個，來來去去地擾得他無法入眠。

他起身走到客廳，點了根菸抽起來。這時候，兒子哭著從房間跑了出來，坐到他的身旁，告訴他，他想媽媽、想妹妹，他要媽媽、要妹妹，問媽媽、妹妹什麼時候回來。石磊沉默了起來，不知道該如何回答。他無言地將兒子抱在懷裡，心情沉到谷底。兒子哭一哭，就在他懷裡睡著。他看了看懷裡的兒子，無意中瞄到桌上一張紅色喜帖──這是幾天前朋友寄來的，信封上面斗大的字寫著他與前妻的名字。他楞了一下，不自覺地心痛了起來。

問題與討論

1. 離婚後的適應歷程為何？
2. 男女離婚後，可能需面對哪些內、外在壓力？
3. 哪些因素會影響離婚後的適應？
4. 哪些方法有助於離婚後的適應？

一、離婚後之適應歷程

離婚有如經歷喪失的悲傷過程（grief process）。Parkes（1970，引自李開敏、林方皓、張玉仕、葛書倫譯，民83）曾將喪失的哀傷過程分為四個階段。從以下四個階段的描述中，可以窺知離婚後可能的適應歷程。

哀傷的適應歷程包括：⑴失落後的麻木期：借助麻木來逃避失落的事實；⑵渴望期：希望失落的人能夠回來，而且否認失落會是永恆；⑶解組與絕望期：正常生活受到影響，難以發揮原有的水準；⑷重組期：恢復正常生活。以上四個階段並非涇渭分明，時期與時期間多有重複。

茲將以上四個階段與離婚後適應歷程的關係說明如下：

（一）失落後的麻木期

　　離婚後，熟悉的枕邊人，甚至心愛的孩子倏然離開。一直以來，這些人物跟自己的生命緊密相連；而今畫面依舊，人兒不在，兩相對照之下，令當事人難以接受、難以面對。於是，有些人借助藥物、酒精來麻醉自己，有些人縱情聲色來逃避現實。

（二）渴望期

　　離婚當事人在這時期產生一些不切實際的幻想，認為對方可能會後悔回頭，向自己低頭認錯，然後兩人重新比翼雙飛，回到往日快樂的日子。這是一種認知上與情感上衝突的結果。在認知上，離婚已成事實無可否認，可是，情感上依然執著，因此，透過不切實際的幻想來重燃希望，欺騙自己。

（三）解組與絕望

　　離婚當事人在情感上與認知上一致，體認到活生生不可改變的事實，往事已矣，無法挽回，因此，情緒跌落到谷底。

（四）重組期

　　離婚當事人將離婚的事實統整入自己的生命經驗中，不但重新找回自己，而且從離婚的經驗中自我成長。此時，離婚當事人對於離婚事實的認定，在情感上、認知上與行為上都能一致。

　　張青惠（民85）的研究個案中，離婚婦女因為離婚事件的磨練，而對自己有更深的省思與了解，包括：了解自己的優缺點、原生家庭、成長經驗、學會規劃未來、接納自己、了解自己的價值、更有自信等。

　　因為離婚的原因、個人的狀況、環境的資源因人而異，不同當事人停留在同一階段的時間長短有所不同。

二、離婚後之壓力

夫妻離婚後適應上的困難，有部分來自離婚後所面臨的壓力。這些壓力包括心理上、經濟上與社會上三方面。如果在這三方面善加處理的話，將有助於離婚後的適應。

（一）心理方面之壓力

很少人離婚後，可以很快地放下情緒的牽扯，以友善的態度祝福緣斷的配偶。更多的情況是，憤恨、不滿、不甘的情緒填膺，以詛咒的心態等待對方受到報應。這些情緒無時無刻腐蝕著當事人的心靈，午夜夢迴時，仍控制當事人的思緒，讓當事人咬牙切齒。

另一方面，當事人離婚後，生理上的需求無人滋潤，心理上的空虛無人寄託，因此，在短期間，身心遍嘗孤獨、寂寞。此外，別人關心的話語，以及不知情朋友的追問，會讓當事人的往事重現，加重當事人的傷痛。

以上的種種狀況，會一再傷害當事人的自尊、自信、自我價值，讓當事人覺得自己一無是處，想要退縮封閉。

（二）經濟方面之壓力

男女離婚後，最直接的具體影響就是經濟壓力，尤其是已有孩子的離異夫妻，與沒有經濟能力的婦女。

沒有工作的婦女，離婚後，經濟資源被截斷，經濟上的需求將成為離婚後，最直接、最現實的壓力。

已有孩子的夫妻離婚後，孩子若跟著父親，父親得兼具母職，便會心有餘而力不足；這時，花錢託人照顧孩子是可能的選擇，不過這樣做，必然增加經濟壓力。研究顯示：離婚有無子女會影響離婚男性之經濟狀況，而且離婚男性須身兼數職，在教養子女上有無法完全取代母親角色之困擾（劉彥君，民86）。

如果孩子跟著母親，母親在親職方面的壓力不大，經濟壓力才是最大的挑戰。即使女性離婚前就有工作，以目前女性的收入，要養活自己，外加撫育孩子，生活並不容易，更何況有時孩子可能不只一個。

(三) 社會方面之壓力

社會方面的壓力來自於一些社會情境。例如，夫妻聚會的邀約、喜慶悼喪夫妻聯袂出席的場面。當事人如今形單影隻，去也不是，不去也不是。尤其逢年過節，夫妻、情侶成雙入對的情況，會加深當事人的傷痛。

有些離婚者的朋友會減少跟離婚者來往的頻率，因為害怕自己的婚姻受到威脅。例如，擔心離婚朋友成為單身後，對自己的配偶具有吸引力；或是擔心自己的配偶受到離婚人士的蠱惑。

此外，目前台灣社會雖然用更寬的尺度來看待離婚者，不過，一些保守人士依然對離過婚的男人與女人採排斥的態度。有些父母不願意將女兒嫁給離過婚的男人，或不允許兒子娶離過婚的女人。

離婚是一種「喪失」（loss）的過程，依據 Holmes 與 Rahe（1967）的研究：離婚的壓力指數僅次於配偶死亡，高居第二。其壓力之大可想而知。

如果離婚者離婚前曾評量自己擁有的資源，找出協助的管道，在離婚後，便會有更多的能力面對離婚的壓力。

三、影響離婚後適應之因素

一些研究發現：離婚者面對生理或心理疾病、車禍，或其他災害時，出現比未離婚者或單身者更高的自殺率與死亡率（例如，Kitson & Holmes, 1992）。這些研究似乎反映出：離婚後當事人的適應能力會降低。不過，並非所有離婚者都有類似的狀況。有些人離婚後，經過痛定思痛的反省，反而提高挫折忍受力。當然，另有一些人離婚後，長期處於自怨自艾的深淵中，若有其他壓力出現，便容易一蹶不振。

這種差異可能與離婚後的適應狀況有關。

從研究中發現一些因素有利於離婚後的適應，這些因素稱為復原力（resilience），包括：個人特質、社會支援網絡、正向認知、社會因應技巧、原生家庭的支持、處理情緒的能力、宗教。復原力扮演著支持、提升幸福感、催化、穩定、注入希望等角色（蔡群瑞，民91）。以下就幾個影響離婚後適應的重要因素詳細說明：

（一）離婚時的年齡與結婚年齡

離婚時年紀愈輕，因再婚的潛力豐厚，恢復的狀況可能愈好；結婚年齡愈短，投入婚姻的心血與情感較少，若再加上沒有孩子的牽絆，離婚後的適應可能較好。

（二）離婚者的人格特質

健康的人格特質有助於離婚後的適應。樂觀、進取、有自信、認為生命操之在我的人，對挫折有較高的忍受力，比較有勇氣面對離婚後的心理、經濟與社會壓力，因此，離婚後的適應較佳；相對地，凡事悲觀、蕭條、退縮、依賴的人，離婚後的適應較差。

Mercy（1999）的研究得到一項有趣的結果：主動提出離婚的女性有較高的內控特質。此項結果反映出：人格特質對行為的影響，反映在離婚的整個過程，不只是在離婚後的適應。

（三）離婚前夫妻的感情狀況

夫妻離婚未必都是因為兩人水火不容。有些夫妻迫於現實因素而離婚，例如，夫妻原本恩愛，但是由於婆家或娘家從中作梗，迫使夫妻分離；或是由於一方無法生育，雖然夫妻之愛能夠超越生育上的缺陷，但迫於現實的壓力，不得不另謀嫁娶。這種分離的創傷，即使離婚後男女各自婚嫁，但仍會是終身耿耿於懷的憾事。

相反地，有些夫妻水火不容彼此怨恨，在一起成為強大的壓力，

離婚反而是解脫。這種離異雖然也會造成雙方一時的適應不良，不過因為解除了往昔的壓力，一方或雙方會很快地喜歡新的生活方式。

（四）所經歷的離婚過程

有些夫妻經過彼此協調後，在理性、和平的方式下簽字離婚；相反地，有些在拉扯了一籮筐的火爆事件後，才心不甘、情不願地分手。

前者離婚後的適應可能比後者佳。前者是在各種條件談妥後離異，在這種過程中，當事人至少要到補償的條件，或是看透事情毫無轉寰餘地，再執著無益，而做了對自己最有利的選擇。後者處於情緒高漲的狀況，理性尚未就緒，自我還未整頓，就衝動簽字，這種離婚方式自然不利於離婚後的適應。

（五）離婚前的準備程度

有些夫妻正式離婚前，彼此早知道，離婚是遲早的事。夫妻的一方或雙方可能在尚未離婚前，就鋪好離婚後的出路。因為當事人早有準備，因此離婚後便會有較佳的適應。

有些夫妻其中一方在毫無預警的狀況下，向配偶提出離婚要求。這種突如其來的壓頂雷震，會讓配偶驚愕得手足無措。如果想離婚的配偶找不出說服另一方配偶的理由，或使出恐嚇手段（例如，棄養、不回家）強迫配偶簽字，這種離異方式讓配偶滿身傷痕，離婚後的適應自然諸多困難。

除了心理上的準備度外，其他方面的準備狀況也會影響離婚後的適應，例如，是否有足夠的經濟能力、是否能夠安頓好孩子的照顧、對離婚相關法律是否了解、是否有外在資源的協助。

離婚後的適應問題，就像是追求人生目標一樣，有事前規劃的人會穩健地踏出每一步；沒有事先安排的人，每一步都導向未知的未來，而且步步驚慌。

（六）人際支援網絡

人際支援網絡是指原生家庭的家人、其他的親朋好友，以及社會相關機構（例如，由離婚者組成的互助會，或政府提供的社會福利機構）。

人無法離群索居，因為人有親近他人的需求，並且必須從外在環境取得協助的資源。離婚是生命中重大的壓力之一，除了要靠個人本身的資源外（例如，健康的人格、獨立的經濟），更需要借助外在資源的協助。單打獨鬥的因應，終究會讓人身心俱疲，導致自暴自棄。

Kunz 與 Kunz（1995）的研究發現：人際支援網絡有助於離婚過程與離婚後的適應。離婚後減少參與人際組織活動者，不但無助於離婚後的適應，也無助第二次的婚姻品質。

人際支援網絡可以提供精神上的支持、物質上的協助、訊息的交流，以及法律上的幫助，減少離婚當事人在生活上、精神上、物質上的壓力，以及增進個人的成長。

（七）因應技巧

因應技巧包括解決問題技巧、紓解壓力技巧、情緒調適技巧、做決定技巧、尋找訊息的技巧等。離婚會帶來一些問題與危機，以上這些技巧可以協助當事人解決離婚後的種種問題，提升當事人適應的能力。例如，Lesliann（2001）的研究發現：對憤怒情緒的處理（情緒調適技巧之運用），有助於離婚後的適應。

（八）宗教

離婚帶給當事人一些疑惑，這些疑惑沒有正確答案，可是一些當事人卻深陷其中，固執地想理出個所以然，因此干擾了離婚後的適應。

宗教可以回答人生一些難題，不管其答案是否屬實，只要能安頓當事人的疑惑，就可以釋懷當事人的情緒。此外，宗教可以分散離婚

當事人的注意力，減少當事人鑽牛角尖的執著，減緩離婚的傷痛。

綜合以上所言，離婚涉及多種關係的切斷，並非只是跟配偶脫離關係而已。離婚後的適應過程雖然因人而異，不過有些因素可以加快當事人離婚後的適應。每位有意結婚者或已婚者都應該熟悉，以備不時之需。

■ 四、協助離婚後適應之活動

有一些活動可以協助離婚當事人適應離婚後的壓力，例如，日記可以紓解情緒；旅遊可以散心，分散注意力，擴展視野；閱讀可以得到啟示；離婚互助團體可以提供精神支持，分享經驗，提供重要訊息；成長團體可以處理離婚創傷，探索婚姻問題的根源，提供自我探索的機會和精神支持；社會福利機構可以提供法律上、資訊上、經濟上的協助；諮商專家協助處理離婚創傷，探索婚姻問題的根源，提供自我探索的機會，促進離婚後的適應。

資源、方法俯拾皆是，只要離婚當事人願意採取行動，就有機會從離婚傷痛中站起來。

第六節
前夫前妻之相處

夫妻離婚後是否因為關係結束，而從此忘情不相往來？其實不然，離婚雖然結束了兩人有形的關係，卻剪不斷兩人在某些層面上的關連。這種關連會讓雙方在離婚後，依然維持某種方式的接觸，例如，電話、e-mail、寫信、他人傳述、當面接觸。尤其已有孩子的離婚夫妻，總會因為孩子的關係再度碰面。

夫妻離婚後是否能夠和平相處？這要看離婚時彼此對離婚理由的認知、離婚的處理、離婚後的適應而定。

　　前夫前妻對離婚理由的認知，會影響夫妻離婚後的互動狀況。如果雙方確知婚姻繼續，痛苦就會延續，離婚後，雙方將樂於保持聯繫。相反地，如果夫妻離婚，是一方受到另一方的脅迫，這種被迫的痛心，將影響雙方離婚後的互動，甚至造成老死不相往來的決絕。

　　離婚過程中涉及某些問題的處理，例如，子女監護權的歸屬、共同擁有物的劃分、探視權的協議、贍養費的給予。如果雙方的處理合情合理，公正公平，顧及到彼此的利益，離婚後，雙方不但不會彼此記恨，還可能互有聯繫，經常問安道好。相反地，如果離婚過程中，一方爭權奪利，豪取強奪，侵占另一方便宜，這種狀態下的離婚，吃虧的一方對另一方恨之入骨，見面時便難以和平共處。

　　離婚後的適應狀況，會強化或淡化離婚前的摩擦，然後再間接地影響前夫前妻的接觸。例如，離婚後的生活優於離婚前，離婚前的摩擦自然會被淡化，離婚後雙方的互動就會和顏悅色。相反地，如果一方或雙方離婚後適應不良，離婚過程中的負面情緒會被強化，雙方碰面的機會自然減少。

　　依據 Textor（1994）的觀察，離婚後的夫妻有幾種類型的關係型態，包括：(1)雙方成為朋友，並且有很好的互動；(2)成為合作關係，但不涉及情感；(3)雙方的情感糾葛依舊，為了孩子的管教問題常起衝突；(4)雙方不再有關係，而且不往來。

　　前夫前妻碰面後通常談些什麼？絕大部分都繞著孩子的話題打轉，或許中間會夾雜一些日常生活的瑣事，或工作上的狀況，不過絕少涉及雙方離婚的理由、目前的感情生活等敏感問題。

　　前夫前妻互動的狀況，會隨著時間與環境的變遷，而用更成熟的方式對待對方。事過境遷後，前夫前妻會因為更多的生活磨練，更成熟的個性，與更寬廣的包容力，將之前的干戈化為玉帛；即使沒有成為噓寒問暖的朋友，至少見面時可以坐下來寒暄道好。

第七節
性別平等對離婚之意涵

一、鼓勵女性勇於主動追求自己的選擇

女性在離婚的過程中，往往處於被動的地位，性別平等後，女性不再認命於卑微的角色，轉而要求先生尊重其人格、地位與尊嚴，並要求權利、義務均衡。這其中包括：結婚的目的改變、家務平均分配、擁有個人的事業、家庭的抉擇透過協商、性關係有自主性、尊重個人的身體界限。這對婚姻造成前所未有的衝擊，也鼓勵女性主動放棄不滿意的婚姻。

此外，女性教育程度提高、經濟獨立、視野比以前開闊、人際資源與資訊比以前豐富、女性再嫁不難等，讓女性更有能力承擔離婚的後果，因此勇於主動結束不利自己的婚姻。

二、再婚成為普遍現象

在過去，離婚的女人就像是貼了污名的標籤，再婚困難。性別平等後，女性不但主動結束不幸的婚姻，而且主動追求再婚的機會。

即使目前有部分的人無法接受離婚的女人，不過，性別平等的強大鼓動力，給了離婚女人向傳統舊觀念挑戰的勇氣，因此勇於主動追求自己的幸福。

相對地，男人也因為性別平等的影響，而有更佳的再婚機會。在過去，離婚男人雖然身價比離婚的女人高，但是，離婚男人身價比未婚男人低，因此，有些女性不願意嫁給離婚的男人，有些父母不同意將女兒嫁給離婚的男人。性別平等後，兩性有了離婚的自主權與追求幸福的權利，這種態度解放了過去對離婚的狹隘觀念。

在性別平等的社會中，離婚是個人的自主權。離婚不再涉及價值

判斷，而是受尊重的個人權利。因此，不管是離婚的男人或女人，都
比以前有更佳的機會再婚。

第十七章

性騷擾與性侵害：
概念篇

　　最近幾年來，校園性騷擾（sexual harassment）（以下以性騷擾含括性騷擾與性侵害）事件風聲鶴唳地見諸報章雜誌，引起社會大眾一陣陣嘩然。其實，不僅是校園，工作職場上女性受到性騷擾或性侵害的駭人聽聞，早就招然若揭。

　　女性為社會弱勢團體，女性受害者不容易找到為自己挺身的公理正義。即使「兩性工作平等法」（資訊可上網取得）已頒布實施的今天，仍有女性受害者因為得不到公平對待，憤而自殺死諫。

　　當然，在開放的社會下，女性不是唯一受害的性別，男性有時候也淪為女性騷擾的對象。例如，Fiebert 與 Tucci（1998）調查一百八十二名男性大學生受性騷擾的經驗，結果顯示：70%的受試者在五年內經驗過女性不同程度的性要脅，其中以輕度與中度的性要脅最多；年輕學生遭受性要脅的比例比年長學生高。Fine、Shepherd 與 Josephs（1999）研究顧客與售貨員之間的性騷擾，結果發現：女售貨員受到性騷擾的程度比男售貨員輕。Gerrity（2000）調查一所大學的男雇員，在其調查的樣本中，超過 50%的男雇員曾經歷過性別騷擾，20%的男雇員曾被性誘惑。

　　從男性與女性受到性騷擾的比例來看，大部分的研究都有類似的發現：女性比男性較容易受到性騷擾（例如，Zweig, Barber, & Eccles, 1997）。就性騷擾的創傷症候群來看，男性與女性對性騷擾的感受雖然不同，所造成的不良後遺症卻很相近。

　　憂鬱症堪稱二十一世紀的文明病，其實，性騷擾早就出現於各世紀間，肆虐於世界各個角落，其嚴重性凌駕憂鬱症之上。

　　解決性騷擾問題不能單靠科技文明或物質文明，根本的解決之道在於落實兩性平權的理念，以及促進兩性的相互尊重。

　　本章論及性騷擾之相關迷思、性騷擾之定義與類型、性騷擾之成因、性騷擾受害者之因應方式、性騷擾受害者之身心反應，以及性騷擾事件在舉證與裁定上之難題。

第一節
性騷擾之相關迷思

　　因為認知信念是影響人類行為反應的重要因素之一，性騷擾事件的發生，也跟加害者與受害者在某些方面的錯誤信念有關。有些人在錯誤信念的引導下，將性騷擾視為無傷大雅的行為，或是錯誤地以為，性騷擾是受害者心中想要卻未明確表達的期待。這種看似無心之過失，卻足以讓受害者飽嘗身心痛楚。因此，覺察有關的信念，是防治性騷擾的要務。以下敘述有誤，請加以修正：

　　1.女人對性這回事常口是心非，如果女人說「不」，其實內心是說「要」。

　　2.女人有能力逃脫男人的性騷擾。

　　3.女人對性騷擾的認定，跟男人沒有什麼不同。

　　4.男人與女人看待性騷擾的嚴重性，沒有什麼差別。

　　5.性騷擾的真實發生率比想像中還少。

　　6.在職場上，男人很少對女人性騷擾。

　　7.當男人無法抑制性衝動時，便有權向女友或配偶強索。

　　8.當男人對女人投資很多時，便有權要求女方用身體回報。

　　9.女人對男人挑逗時，男人便有權強暴對方。

　　10.女人如果穿著性感，就是給男人性暗示。

　　11.女人期望男人用強迫手段跟她發生性關係。

　　12.性衝動是天生的需求，所以性騷擾是無法避免的行為。

　　13.生命若少了性，人生就變成黑白。因此，性騷擾是正當的行為。

　　14.那些被性騷擾的人都是自找的。

　　15.只有男人才會對女人性騷擾，女人不會這樣對待男人。

　　16.生命比貞操重要。

　　17.男人受到性騷擾時，不會像女人一樣，有不良的影響。

18.其實，男人喜歡被性騷擾。

19.性騷擾不是嚴重的社會問題。

20.性騷擾的受害者，事後若還能談笑風生的話，表示該事件對他（她）的傷害不大。

21.如果受害者沒有強力抵抗，就是兩情相悅。

22.如果受害者沒有說不，就不算是性騷擾。

23.思想與言行較開放的女人，被性騷擾是活該。

問題與討論

問題一：女人對性這回事常口是心非，如果女人說「不」，其實內心是說「要」。

有一些男人受了性別刻板化印象的影響，自以為女性對「性」這檔事，沒有男性來得坦白、主動，於是扭曲女性的意願，自作聰明地霸王硬上弓。

Muehlenhard 與 Hollabaugh（1988）調查的六百一十名女大學生中，有 60%以上表示：當她們拒絕男性求歡時，內心的確不想跟對方有親密行為。值得注意的是，這份研究距今十多年，在女權蒸蒸日上的今天，女性更敢於表達內心的意願，意即女性口頭上的「不要」，也是她內在的心聲。因此，食古不化的男人如果不即時修正錯誤的信念，恐怕會誤人誤己。

此外，有些男人故意扭曲女性的意願，來允許自己強暴對方，以及逃避責任。

問題二：女人有能力逃脫男人的性騷擾。

有幾點可以說明女人不容易擺脫男人的性騷擾：第一，男人的力氣大於女人，除非女人身懷絕技，否則難以抵擋男人的施暴。這就是為什麼女人殺男人時，往往趁男人睡著時才下手。

第二，不管在職場上或學校中，男人的地位通常高於女人。女人的抗拒需要付出相當大的代價，例如，學分被當、拿低分、降職、調

換到高難度的工作單位，或失業。需要工作才能維生的女人，在面臨男人的性騷擾時，便沒有能力保護自己。

因此，處理性騷擾的司法單位與行政懲處單位，需具備性別意識，才能依據現實狀況秉公處理。

問題三：**女人對性騷擾的認定，跟男人沒有什麼不同。**

國內的研究極少有這方面的探討，不過國外的研究資料相當豐富。國外的資料顯示：男女對於性騷擾行為的認定並不完全一樣，女性所認定的範圍大於男性。在性賄賂、性脅迫、性暴力等，男女之間的認定沒有差別；對於含糊不清或嚴重性輕微的行為，例如，粗魯的語言、黃色笑話、無傷大雅的調戲等，男女之間的認定就有差異（Frzaier, Cochran, & Olson, 1995）。換句話說，男性對女性性騷擾時，通常不知道自己的行為已踰越界限。

問題四：**男人與女人看待性騷擾的嚴重性，沒有什麼差別。**

由於兩性所承受的社會壓力不同，因此，看待性騷擾的態度不同。

依據Corr與Jackson（2001）的研究發現：男生看待性別騷擾的嚴重性低於女生，因此認為，工作職場上的性騷擾事件極少發生。

對女性來說，自小受縛於「貞操」的枷鎖，以及社會大眾容易污名化受害的女性，因此，性騷擾對女性而言，有如談癌色變的恐怖。

問題五：**性騷擾的真實發生率，比想像中還少。**

性騷擾事件的發生率，遠超過一般人的想像。媒體所揭露的比例，只不過是冰山的一角。如果將所有類別的性騷擾事件合併計算的話，恐怕大部分的人都曾有過嚴重程度不一的受騷擾經驗。

問題六：**在職場上，男人很少對女人性騷擾。**

大部分的職場是兩性混合的工作場合，因此性騷擾容易發生。其中，又以男人性騷擾女人的比例較高。

依據Fitzgerald（1993）的統計：在職場中，每兩位女人就有一位女人在其生涯的某個時刻會被性騷擾。依據福爾摩沙文教基金會（焦興鎧，民89，引自傅岳邦，民89）對國內婦女所做的調查發現：近

30%的婦女有這方面的困擾。

問題七：**當男人無法抑制性衝動時，便有權向女友或配偶強索。**

每個人對其身體都有自主權，在任何情況下，別人無權侵犯。即使是夫妻或親密男女，一方也不能強迫另一方滿其性需求，否則，就是觸犯刑法的強迫性交或強迫猥褻罪。

問題八：**當男人對女人投資很多時，便有權要求女方用身體回報。**

有一些男人將感情當作商品來經營，論斤秤兩地計較自己的付出與報酬，甚至瘋狂地強迫對方用「性」來回報。這種人將愛人當作物品，將親密關係當成妓女與恩客之間的買賣關係。

雖然兩性看待愛情的方式不同，不過，兩性交往過程中的投資，都是心甘情願的付出，當初並沒有承諾：「如果沒有結局，就得賠償損失。」男人強迫女人用身體回報，是一種扭曲的變態行為，構成刑法的強制性交罪。

問題九：**女人對男人性挑逗時，男人便有權強暴對方。**

所謂「性挑逗」，是一種主觀的詮釋，男人跟女人的詮釋可能不同。有些人習慣使然，說起話來嗲聲嗲氣，並沒有所謂的「性挑逗」。同樣地，有些人動作、思想開放，也並不意味想要跟對方上床。

兩性詮釋異性行為時，因為立場不同而有不同的解釋。大部分的研究顯示：男人通常從性的觀點詮釋女人的行為（Haworth-Hoeppner, 1998）。女人說的話、做的事，甚至穿著與打扮，都會讓男人貼上「性」的標籤。女人一個友善的行為，可能被男人詮釋為「性挑逗、性暗示」。當男人自以為是的詮釋讓自己性興奮時，並沒有權利將責任推向女方，也沒有權利要女方負責。

即使女方一開始的確有此想法，可是在最後一刻改變心意，這時，男方最好掉頭，趕緊進行「自我」滅火工作。

問題十：**女人如果穿著性感，就是給男人性暗示。**

這是男人的錯覺。任何人都有穿著的自由，只要不妨害風化，高興怎麼穿就可以怎麼穿。

穿著性感的女人並不是給男人性暗示。女人的穿著常為「悅己」而非「悅人」，即使是為了獲得讚賞，真正的目的還是為了「悅己」。例如，檳榔西施性感的穿著，目的在「賺錢」，而非給予男人性暗示。「穿者無心，看者有意」，女人是否穿著「性感」，只有女人自己知道，而且也是女人的自由。

問題十一：女人期望男人用強迫手段跟她發生性關係。

這是「男尊女卑」觀念下的錯誤想法。男人在發動攻勢之前，就應該先了解女人的想法，而不是一廂情願地假借女人之意願，來滿足自己的私慾。

問題十二：性衝動是天生的需求，所以性騷擾是無法避免的行為。

這是一種不合邏輯的合理化。一個人對性衝動的處理情形，往往反映該人之品德與修養、對兩性尊重之程度、個人心理成熟度與面對問題之能力。因此，性衝動的控制與紓解是個人的責任。

問題十三：生命若少了性，人生就變成黑白。因此，性騷擾是正當的行為。

「生命若少了性，人生就變成黑白」，這種看法無關乎對錯，是個人的價值觀問題。有些人重視性需求，生命中得要有性生活才行；有些人超越生物面的需求，認為性生活可有可無。這兩種人的作法只是個人價值觀的反映而已。

不過，個人不能為圖利自己而傷害他人。個人的選擇無關乎對錯，但是必須利己利人，而且須為選擇負責。換句話說，性騷擾是不正當的行為。

問題十四：那些被性騷擾的人都是自找的。

絕大多數性騷擾事件的發生，都不是被害者自找的，加害者為了脫罪，或是模糊偵辦方向，往往編出一些莫須有的說詞。

在性騷擾的事件中，加害者、受害者與情境可能都是重要的因素。不過，許多性騷擾的發生跟受害者的行為無關。

問題十五：只有男人才會對女人性騷擾，女人不會這樣對待男人。

男人同樣會被女人性騷擾。國外研究發現：曾有男人在女人的武力攻擊與威脅下，被困在房間內、轎車裡，被綑綁在床上，無可奈何地跟女人性交（Struckman-Johson & Struckman-Johson, 1992）；而且，女人使用的暴力花招，不亞於男人。

國內是否也有男人被女人性騷擾，恐怕也有。國內男人比國外男人保守、好面子，碰到這種事更難以啟齒。

此外，不只女性會性騷擾男性，男性也會性騷擾男性（Berdahl, Magley, & Waldo, 1996）。

問題十六：生命比貞操重要。

這是個人的價值觀問題，無關乎對錯。重要的是，社會大眾對於選擇「生命比貞操重要」的人，不應該給予污名化，或對其執行價值審判。

問題十七：男人受到性騷擾時，不會像女人一樣，有不良的影響。

一般人誤認為：男人比女人強壯，不可能成為受害者；或是，男人對男人不可能發生性騷擾；或是，男人喜歡被性騷擾。因此，誤以為男人受到性騷擾時，不會有類似女人的創傷反應。

其實，男人跟女人一樣，被性騷擾後會出現不良的反應。

問題十八：其實，男人喜歡被性騷擾。

有一些人抱持著錯誤的觀念，認為在性關係中男性是受益者，因此，即使男性被性騷擾，也是有甜頭可吃。這是性別刻板化印象造成的誤解。不管是男人或女人，沒有人願意自己的身體受到侵犯。因此，男人像女人一樣，不喜歡被性騷擾。

問題十九：性騷擾不是嚴重的社會問題。

性騷擾是普遍、而且嚴重的社會問題，其嚴重性與普遍性遠超出一般人的想像。

問題二十：性騷擾的受害者，事後若還能談笑風生的話，就表示該事件對他（她）的傷害不大。

受害者受到傷害的嚴重性，往往無法從外表行為判斷。有些人借

助無所謂的外表行為（一種自我防衛），才能逃避痛苦；有些人借助藥物、酒精來麻痺，才能降低對痛苦的感受。因此，受害者外表的行為無法反映內在受創的狀況。

問題二十一：如果受害者沒有強力抵抗，就是兩情相悅。

這是很嚴重的誤解。受害者沒有強力抵抗，可以分幾種情況來說：⑴受害者心智未成熟（例如，兒童、青少年與智能不足者），還不諳人事。⑵受害者被下藥，無法抵抗。⑶受害者受到脅迫，為了保護個人的性命，不得不從。⑷受害者是女人，加害者是男人，女人的強力抵抗，在男人眼中只是螳臂擋車，不算強力抵抗。因此，不能從受害者有沒有強力抵抗，就認定「雙方是兩情相悅」。

問題二十二：如果受害者沒有說不，就不算是性騷擾。

受害者可能迫於加害者的權勢與威脅，而無法說不，例如，上司對下屬性騷擾，或是老師對學生性騷擾。因此，加害者無法藉用「對方沒有說不」的說詞來脫罪。

問題二十三：思想與言行較開放的女人，被騷擾是活該。

我國憲法賦予每個人言論、思想與人身自由。只要沒有侵犯別人，或危害國家、社會，這些自由都受到憲法與法律的保障。憲法與法律保障的對象，不分男女，因此，「思想與言行開放的女人」具有同樣的自由。

「思想與言行開放的女人，被騷擾是活該」，這是扭曲的「男尊女卑」之思想，也是加害者為自己脫罪的說詞。

綜合以上所言，性意識（sexual ideology）是一套知識、信念、方式與意義的系統，這套系統被用來管理個人性行為的表達（Morrison, McLeod, Morrison, Anderson, & O'Connor, 1997）。當這套系統發生錯誤時，個人就可能表現扭曲的性行為。因此，性騷擾的發生與性意識的內涵息息相關。

扭曲的性意識，包含錯誤的性觀念、錯誤的同性戀觀念，與性別

刻板化印象等三種態度（Lottes & Kuriloff, 1992）。性騷擾的發生，可能與這三種錯誤的態度有關（Briere, Malamuth, & Check, 1985; Struckman-Johnson & Struckman-Johnson, 1992）。

兩性在這三種態度上都可能有錯誤的信念，不過男性錯誤的信念比女性高（Morrison, McLeod, Morrison, Anderson, & O'Connor, 1997）。這或許是男性性騷擾女性的比例，高於女性的可能原因之一。

「預防勝於治療」，防治性騷擾的發生，恐怕比收拾事件發生後的殘局更重要。要預防性騷擾的發生，就要從糾正錯誤的性觀念與澄清性騷擾之迷思著手。

第二節
性騷擾之定義與類型

故事一

　　雲環跟這位網友通mail已有半年。最初說好彼此不見面，只當個傾吐心事的朋友。誰知道，兩人愈聊愈深，到最後似乎有些變質走樣，「心靈的溝通」壓抑不了見面的渴望。就在兩人同意下，約了時間見面。

　　雲環走出捷運站後，就看到手持一朵紅色玫瑰的「他」。高大碩長的身材，似乎跟自己的想像差不了多少，不過，心裡的喜悅卻讓自己慌亂了起來。「既來之則安之」，雲環給自己打氣。

　　雲環微笑地叫出對方的名字，並且表示自己的身分。那男人先是一臉訝異，然後拉長了臉，有氣無力地迸出了一句話：「妳的樣子（眼神上下打量）……跟我的想像完全不一樣。女人應該有女人樣，妳的樣子太男性化！女人不先照顧好自己的外表，男人怎麼會喜歡！為什麼現代的女生老是將

自己打扮成男不男、女不女的樣子。」男人搖搖頭，沒有再說一句話，轉身就走。雲環驚訝地望著轉身離去的男人，張著嘴，一句話也吐不出口。

故事二

　　白揚又接到組長要他晚上留下來加班的電話。他心情惡劣地盯著桌上的公文，卻一個字也看不進去。他實在不知道為什麼每次只有他一個人加班，而所謂的加班，只不過是陪組長聊天，然後送他回家。他認為，白天在公司努力工作是他的責任，晚上陪組長聊天不是他份內的業務；更何況，他實在不喜歡每次送組長回家時，組長在車內藉故親近的舉動。風聞組長是同性戀者，因此，對於組長的意圖，白揚更覺得噁心。他愈想愈生氣，於是，打了電話給組長，說家中有急事，今天晚上不便加班。

　　一連幾次，組長找他加班時，他都推說有事。幾次推託之後，組長不再找他。他以為以後可以不再被騷擾，誰知道，年終發獎金時，他被告知「工作不力」而沒有年終獎金。他氣得想要找組長理論，可是，一想到工作難找，失業的人這麼多，只好忍了下來。

問題與討論

1. 雲環網友的行為是否構成對雲環性騷擾？原因為何？
2. 白揚是否受到組長的性騷擾？原因為何？
3. 如果雲環與白揚受到性騷擾的話，這兩類性騷擾有何差別？
4. 第三節所談的理論中，哪些理論可以解釋以上性騷擾的成因？

一、性騷擾之定義

性騷擾與性侵害是嚴重程度不一樣的加害行為。程度嚴重的性騷擾屬於性侵害行為。依據民國八十六年一月二十二日公布的「性侵害犯罪防治法」，性侵害是刑法規範的犯罪行為，屬於刑法第十六章的妨害性自主罪。刑法中雖然未規範性騷擾的刑責，不過卻可以援用其他相關法令來處置。以下分別界定性騷擾與性侵害。

(一) 性騷擾

依據民國九十一年三月八日公布的「兩性工作平等法」，職場上的性騷擾是指下列二款的情形之一：

1.受雇者於執行職務時，任何人以性要求、具有性意味或性別歧視之言詞或行為，對其造成敵意性、脅迫性或冒犯性之工作環境，致使侵犯或干擾其人格尊嚴、人身自由或影響其工作表現。

2.雇主對受雇者或求職者為明示或暗示之性要求、具有性意味或性別歧視之言詞或行為，作為勞務契約之成立、存續、變更或分發、配置、報酬、考績、陞遷、降調、獎懲等之交換條件。

在學校方面，依據「性別平等教育法草案」（教育部，民92）：「性騷擾係指以明示或暗示之方式，從事不受歡迎且具有性意味或性別歧視之言詞或行為，致影響他人之人格尊嚴、學習或工作之機會或表現，但未達性侵害之程度者。不管是色瞇瞇的窺視或盯視、令人不舒服的黃色笑話、暴露狂、有意無意的身體碰觸，或是其他身體侵犯行為等，都包括在其中。」

依照以上性騷擾的定義，我們日常生活中的人際互動，處處充斥著性騷擾行為。例如，男性常常揶揄胸部豐滿的女性為「大乳牛」，或者嘲諷胸部平坦的女性為「太平公主」、「木蘭無長兄（胸）」、「洗衣板」、「飛機場」。這些貶低女性的稱呼，造成女性人格尊嚴損傷，形成具有敵意的工作或學習環境，已符合「性騷擾」的定義。

又如，職場上令人不舒服的黃色笑話、眼神，或貼滿性感女人或男人的海報，以致於造成不安全的工作環境，影響工作人員的工作情緒、工作效率；或是校園中出現以上的行為或言論，造成不安全的學習環境，而影響學生的學習表現──這些都是性騷擾。此外，網路傳播的穿透力，讓各式各樣的黃色笑話、黃色圖片與色情廣告，在不同的網路信箱中穿梭，不管信箱當事人是否願意──其實，這也是性騷擾。

換句話說，只要是含有性意味而且令人不舒服、不歡迎的言詞與舉止，不管是透過言詞表達、眼神傳遞、網路傳輸或是實際行動，以致於影響個人的人格尊嚴、工作機會、學習機會與個人表現，但未達性侵害標準者，都屬於性騷擾的範疇。

有一點須注意的是，目前對性騷擾行為的判定，是以被騷擾者的感受為標準，而非騷擾者自己的認定。

（二）性侵害

依據民國八十六年一月二十二日公布的「性侵害犯罪防治法」，性侵害罪是指刑法第二百二十一條至第二百二十九條及第二百三十三條之犯罪，亦即刑罰第十六章所指的妨害性自主罪。以下就妨害性自主罪說明。

妨害性自主罪有兩類：強制性交與強制猥褻。強制性交是指：「對於男女以強暴、脅迫、恐嚇、催眠術或其他違反其意願之方法而為性交者，處三年以上十年以下有期徒刑，前項之未遂犯罰之。」

強制猥褻是指：「對於男女以強暴、脅迫、恐嚇、催眠術或其他違反其意願之方法而為猥褻行為者，處六月之上五年以下有期徒刑。」

刑法第十六章「妨害性自主罪」另有條文規範加重強制性交罪與強制猥褻罪。加重強制性交罪，處無期徒刑或七年以上有期徒刑；加重強制猥褻罪，處三年以上十年以下有期徒刑。此外，「兒童與少年福利法」第三十條第九項規定，任何人對於兒童及少年不得有：強迫、引誘、容留或媒介兒童及少年為猥褻或性交。

■ 二、性騷擾之類別

性騷擾類型之劃分，因為所依據的標準不同而不同。以下介紹幾種不同的分類方法：

（一）依性騷擾的嚴重程度

性騷擾的程度有輕重之分，大致可分為五個等級（清大小紅帽工作群，民 91；Fitzgerald, Shullman, Bailey, Richards, Swecker, Gold, Ormerod, & Weitzman, 1988），分別為性別騷擾（gender harassment）、性挑逗（seduction）、性賄賂（sexual bribery）、性要脅（sexual coercion）與性侵犯（sexual imposition）或性攻擊（sexual assault），說明如下：

1.性別騷擾

對某一性別有侮辱、貶抑、敵視、引誘的言語或態度；注視、送秋波、拋媚眼、吹口哨；因為性別而有不同的對待；在生涯選擇上給予性別評論等；對性騷擾受害者二度強暴的言論。

例如，以「女人不適合讀理工科、男人不適合唸文科」的態度來評斷男女的生涯選擇；稱外貌不揚的男女為「長得很抱歉」、「恐龍妹」；或是，在明知不受歡迎的情況下仍一再邀約、死纏爛打；或是，對性騷擾受害者給予不當的言論：「有人想摸妳，妳就要偷笑」。

2.性挑逗

不受歡迎、不合宜或帶有攻擊性的口頭或肢體上的吃豆腐行為。例如，在別人沒有意願之下討論該人的性事；要求對方約會、陪自己喝酒、建立性關係等；未經同意而觸摸別人的身體，說出占便宜的言詞，展現猥褻的圖片或動作；講黃色笑話。

3.性賄賂

要求以性服務作為利益交換的工具。例如，以升遷、調職、加分作為約會或性服務的獎勵。

4.性要脅

使用肢體、武器、權威、威脅、藥物或酒精等脅迫方式，占對方便宜。例如，威脅對方不合作便要報復；強吻、強迫的性行為。

5.性侵犯或性攻擊

強暴，或造成對方肢體傷害的暴力或異常行為，例如性虐待。

以上第四、五類性騷擾程度，已達到刑法第十六章妨害性自主罪的標準。

（二）依性騷擾的性質

依性騷擾的性質來分，可分為陌生人的性騷擾與非陌生人的性騷擾（黃富源、張錦麗，民 84，引自張錦麗，民 88）。

1.陌生人的性騷擾

陌生人的性騷擾分為兩種，包括心理疾患的性騷擾（例如，暴露狂、猥褻電話）與一般人性騷擾（例如，公車上的性騷擾）。

2.非陌生人的性騷擾

非陌生人的性騷擾分為三類，包括同事之間的性騷擾、客戶的性騷擾、職務關係不平等之優勢者所為的性騷擾。

不管是陌生人的性騷擾或非陌生人的性騷擾，從程度最輕的性騷擾到最嚴重的性侵害，都可能發生。

國內性騷擾的情況如何呢？依據福爾摩沙文教基金會（焦興鎧，民 89，引自傅岳邦，民 89）對婦女所做的調查發現，近 30%的婦女有這方面的困擾。在八十五年九月至八十八年十二月，由台北市上班族協會所發布的四項相關調查報告指出：有近半數之職業婦女曾有這方面之煩惱（焦興鎧，民 90）。

依據陳若璋（民 82）的研究，約四分之一受調查的大學生曾遭受性騷擾；有 4%受調查的女性曾遭遇嚴重的性騷擾；只有 1%受調查的

男性曾有類似的經驗。

這樣的數字雖然令人驚悚，不過卻可能低估實際的發生率，例如，大部分網路使用者幾乎天天被迫收到、看到色情電子郵件；報攤上不堪入目的色情雜誌與錄影帶店養眼的光碟比比皆是；各種公共場合充斥著黃色笑話與性別歧視話語。台灣要防治性騷擾，恐怕得先進行道德重整運動。

在國外的研究方面，雖然每篇研究獲得的結果有些出入，不過出現的數據也都相當驚人。例如，在 Garrett-Gooding 與 Senter（1987）的研究中，有 64.7%的女性曾受過性騷擾。Kalof、Eby、Matheson 與 Kroska （2001）的研究中，有 40%的女大學生與 28.7%男大學生曾受過教師的性騷擾。Spriggs（2000）的研究中，有 37.3%的女學生與 20% 的男學生曾遭受性要脅。Spitzberg（1999）統整一百二十篇研究資料，受試者超過十萬人的研究發現：13% 的女性與 3%以上的男性曾被強暴；25%的男性與女性曾遭受性要脅。

大眾對性騷擾的焦點，通常放在後果嚴重或意圖明確的性騷擾上，因為這類性騷擾受害者嚴重的身心傷害明顯易見。

輕微或意圖模糊的性騷擾，常常隱藏在人際互動中，出現的頻率極其頻繁。被騷擾的一方雖然不悅，因為礙於情面不便發作，而騷擾者因為未曾留意對方的反應而渾然不知。因此，這類的性騷擾往往為一般大眾所忽視。

性騷擾的發生率絕對比研究呈現的數據要高出許多。如果將以上幾類不同型態的性騷擾合計，那麼曾遭遇過性騷擾的人數比例，恐怕會令人目瞪口呆。

第三節
性騷擾之成因

性騷擾事件為何會發生？是環境使然？是加害者個人的異常，抑

或是受害者的咎由自取？還是「一個銅板拍不響」，雙方都有責任？

目前有不同的模式說明性騷擾發生的成因，雖然這些模式對於性騷擾的解釋範圍有限，不過，卻有截長補短的互補功能。以下介紹相關的模式。

一、自然／生理模式（natural/biological models）

自然／生理模式分為兩種模式，第一種是荷爾蒙模式（hormoal model），另一種為進化適應模式（evolutionary adaptation model）

（一）荷爾蒙模式

荷爾蒙模式將性騷擾視為正常的性驅力表現，不管男性或女性都有這樣的天性，只不過女性性驅力的強度不如男性那樣猛烈（Tangri & Hayes, 1997）。

（二）進化適應模式

這種模式從生育與投資報酬率的觀點詮釋性騷擾。生育是兩性建立親密關係的主要目的，不過，兩性達成此目標的過程中，使用不同的策略與心理機制。對男性而言，性騷擾是低投資高報酬率的策略，因為性騷擾提高女性受孕的成功率。對女性而言，由於她們為了生育所投注的心血多於男性，因此，女性對於性這件事，比男性謹慎多了（Tangri & Hayes, 1997）。

以上兩種模式對性騷擾起因的詮釋過於簡單、狹隘與偏頗，也將男性不合理的行為給予合理化。

不過，有一點值得注意的是，Sheets 與 Braver（1999）的研究的確發現：受害者對性騷擾行為的詮釋，會受加害者外表吸引人的程度、是否為理想配偶的人選等條件之影響。

■ 二、組織模式（organizational models）

在組織模式下，有兩種模式：第一種是性別角色波及理論（sex-role spillover theory），另一種為組織權力模式（organizational power）。

（一）性別角色波及理論

所謂性別角色波及，是指將性別角色帶入工作場所，讓性別角色影響工作角色的現象（Gutek & Morasch, 1982）。換句話說，是性別角色模糊了工作角色的現象。

在職場中，不管工作人員為女性或男性，工作目標的達成是主要任務，因此，工作角色應該比性別角色來得重要。例如，不管位居決策者是女性或男性，通常被期待表現睿智、果決、有膽識、有擔當的行為（工作角色），才能順利達成上級交辦的任務。

不過，性別角色往往被帶入工作場合中，而干擾了工作角色。在職場中，男性工作人員通常不將女性工作人員視為同類，而以一貫男性對待女性的方式來看待女性工作人員。例如，期待女性在行為（服從、體貼）、外表（溫柔婉約）、穿著（長裙）、打扮（擦粉、抹口紅）反映出女性特質；跟女性工作人員互動時，可能出現甜言蜜語的誘惑、具有性意涵的碰觸，將對方當作黃色笑話的對象。

另一種角色波及現象是，在工作上，女性執意呈現誘人的女性化行為，男性堅持表現躍進的男性化態度（Gutek & Morasch, 1982）。

在性別比例懸殊的工作場所中，少數民族的性別會更加凸顯，因此，更容易被性騷擾。不過，少數民族長久處於被性騷擾的環境後，會逐漸被同化，而降低對被騷擾的感受。

Burgess 與 Borgida（1997）的研究支持了性別角色波及理論的看法，其研究發現：(1)從事非傳統工作的女性，無法區分不同類型性騷擾的嚴重程度，而從事傳統工作的女性卻能夠清楚區別。(2)從事非傳統工作的女性因為受到男同事的同化，降低了對性騷擾的知覺，當碰

到騷擾事件時，比較不會採取積極的行動。

　　當性別角色與工作角色的性質重疊時，也會出現性別角色波及工作角色的現象，不過，因為工作角色與性別角色性質符合，另一性別的行為不會被詮釋為性騷擾。例如，從事護士工作的女性工作人員，其工作場所絕大多數是女性，即使工作場所中男同事要求她們溫柔、體貼，甚至出現肢體碰觸（性別角色波及工作角色的現象），她們通常不認為是性騷擾。當性別角色與工作角色的性質不重疊時，性騷擾行為才會被覺知到（Burgess & Borgida, 1997; Gutek, 1985）。

　　總而言之，在一個性別比例懸殊的工作場所中，因為受到性別角色波及的影響，工作場所中的少數性別比較容易被性騷擾。性別角色與工作角色性質重疊的職場中，即使出現性騷擾行為，受騷擾者不會將之視為性騷擾。此外，久處性騷擾工作場合中的受騷擾者，因為被同化的關係，對性騷擾行為的知覺會降低。

（二）組織權力模式

　　依據該模式，組織提供一種機會結構，在這種機會結構下，位高權重者可能利用下屬滿足性需求（Crocker, 1983; Tangri & Hayes, 1997; Tangri, Burt, & Johnson, 1982）。由於女性在工作場所擔任的職位通常較男性低，因此受性騷擾的機會較高（Tangri, Burt, & Johnson, 1982）。不過，不管握權者是男性或女性，都可能發生高職位、高權力者性騷擾低職位、低權力者。

　　這個模式可以說明上司對下屬的性騷擾行為，不過，無法解釋同一階層內同儕間的性騷擾。基本上，同階層的性騷擾可能多於上司對下屬的性騷擾。此外，依據 Fitzgerald（1993，引自 Bargh, Raymon, Pryor, & Strack, 1995）的看法，只有少部分男主管會對女下屬性騷擾。

三、社會文化模式（sociocultural model）

　　在這個模式下有兩種看法。第一種看法認為：性騷擾反映父權社

會中的男性優勢地位。社會鼓勵男性主動、操控，在政治與經濟上占優勢地位，卻鼓勵女性居於被動、服從的弱勢地位（Tangri, Burt, & Johnson, 1982）。社會對兩性的不同期待，是一種偏頗的社會系統問題（Tangri & Hayes, 1997），而性騷擾是這種偏頗社會系統的產物。

第二種看法將性騷擾視為一種正常的行為反應。在異性化意識下，男性被塑造成支配、領導、性主動等特質，而女性則被塑造成服從、滋潤、性防守（sexual gatekeeping）與自我戒禁等特性。對兩性的不同教化，是一種社會常規，兩性的不平等是正常的現象。性騷擾反映男性的支配地位與女性的從屬地位（Tangri & Hayes, 1997）。

以上兩種看法雖然有不同之處，不過，基本上都強調社會文化因素在性騷擾事件中扮演的關鍵角色。第二種看法雖然將性騷擾視為正常的行為反應，不過，卻也反映出社會文化的偏頗思想塑造了性騷擾現象。

呂寶靜（民 84）曾依據以上理論探討性騷擾的可能起因，結果發現：年紀輕者、職位低權力小者、教育程度低者、任職年資低者、機構規模大者、工作場所男女比例懸殊者、與異性接觸機會多者、在充斥性文化職場工作者，比較容易受到性騷擾。換句話說，組織模式與社會文化模式的部分看法受到支持。

就國外研究部分，例如，Grant（2000），以及 O'Connell 與 Korabik（2000）等，也部分支持以上模式的看法。

四、個別差異模式

有些學者試圖比較性騷擾加害者與非加害者，以及受害者與非受害者之間的差異。這些研究所得的結果，有些可以補充以上理論的不足，有些反映以上理論的觀點。

(一)加害者與非加害者之間的差異

有一些研究發現，性騷擾加害者與非加害者在某些層面上有差異。

1.人格特質

人格是行為的主宰，行為是人格的反映。人格有缺陷的人，行為就可能出現問題。相關的研究顯示：異常人格者容易成為性騷擾者，因為異常人格會導致酒精濫用與性暴力的幻想，而出現性騷擾行為（Hamburger, 1995; Lalumiere, 1996）。

此外，高性騷擾傾向與低性騷擾傾向者在某些方面有差異。高性騷擾傾向者在以下方面的程度較高：錯誤的性信念、人際間暴力行為的接納度、性別刻板化印象、錯誤的強暴迷思、強烈男性化的自我知覺（Craig, Kelly, & Driscoll, 2001; Pryor & Stoller, 1994）、負面的操控性行為、以貶低女性的表現來滿足內在對權力與社會操控的需求（Craig, Kelly, & Driscoll, 2001; Driscoll, Kelly, & Henderson, 1998）。

2.愛情型態

男性性騷擾者的愛情型態屬於遊戲人間的愛情模式，他們的愛情短暫、浪漫、沒有承諾，並且在性或非性的領域，都有追求新奇、刺激的特性（Lalumiere, 1996）。這種追求新奇、刺激、短暫的愛情型態，是反社會人格異常者的特徵之一，女性的性騷擾者也出現類似的型態（Russell & Oswald, 2001）。

3.傳統的性別角色

Driscoll、Kelly 與 Henderson（1998）的研究發現：與低性騷擾傾向者的男性比較，高性騷擾傾向的男性擁有較多男性化特質，並且以較傳統的態度對待女性。從性別角色的觀點來看，愈認同傳統男性角色的男人，對性騷擾愈抱持著支持的態度與信念（Hamburger, 1995; Truman, Tokar, & Fischer, 1996），這些信念會加強使用暴力與強暴的傾向（Hamburger, 1995）。

4.過去遭受性騷擾的經驗與否

曾經遭受過性騷擾的女性，會比未受過性騷擾的女性更有可能成為性騷擾者。在 Russell 與 Oswald （2001）的研究中發現：有大半以上（81%）的加害者曾經是性騷擾的受害者，而且，比非加害者的女

性對性騷擾有更高的忍受力、更女性化。

5.權力

有權力者是否容易成為性騷擾者？雖然組織權力模式認為握有權力者可能利用下屬滿足性需求（例如，Crocker, 1983），不過，只有少數的主管才會對女性下屬性騷擾（Fitzgerald, 1993，引自Bargh, Raymon, Pryor, & Strack, 1995）。

到底什麼因素使這些少數主管成為性騷擾者？可能的原因是，高性騷擾傾向者在操控與性兩個想法之間有更強的連結（Pryor & Stoller, 1994），當高性騷擾傾向者握有權力時，便容易喚起對下屬的性感覺（Bargh, Raymon, Pryor, & Strack, 1995）。換句話說，高性騷擾傾向者的內在認知中，權力、操控與性之間產生了扭曲的連結。

從加害者的特質說明性騷擾事件的起因時，要小心詮釋以上的資料。加害者之所以成為加害者，絕非受單一因素的影響。性騷擾事件的發生，涉及加害者、被害者與情境等因素，而這些因素的重要性，可能依不同的性騷擾事件而不同。

（二）受害者與非受者之間的差異

是不是有人容易成為性騷擾的受害者？如果答案是肯定的話，那麼這些人的特質又是什麼？當然，具有這些特質的人未必成為受害者，還得有其他因素配合，才可能成為受害者。

1.性別

雖然男性與女性一樣，可能被性騷擾，不過，從理論與實際的研究結果顯示：女性比男性更容易受到性騷擾（Tangri & Hayes, 1997; Zweig, Barber, & Eccles, 1997）。民國九十一年國內性侵害統計數字顯示：受性侵害的女性有三千零二十六人，男性有八十八人（內政部內政統計資訊網，民93）。

就加害者的性別來說：在性騷擾方面，男性加害者人數是女性加

害者的兩倍；在性要脅方面，男性加害者的人數是女性加害者的三倍（Kim, Gordon, Armber, Marian, & Lynette, 2003）。

女性之所以容易成為受害者，而男性容易成為加害者，可能的原因有：⑴自古以來，社會對男性的性活動較寬容，讓男性對女性的性騷擾不容易被制裁；⑵從組織權力模式的觀點來說，社會的掌權者通常是男性，因此容易發生男性性騷擾女性的事件；⑶從社會文化模式的觀點來說，男性被塑造成支配、領導與性主動的特質，因此容易成為性騷擾的啟動者；⑷依據 Sheets 與 Braver（1999），以及 Rigers（1991）的看法，兩性對性騷擾的界定不同，因此容易發生男性不認定而女性卻認定的性騷擾行為，例如，女性無法接受的黃色笑話，男性卻以為幽默好笑。

2.工作類型

依照組織模式的觀點，從事非傳統工作的女性遭受到的性騷擾比例，多於從事傳統工作的女性（Burgess & Borgida, 1997; Grant, 2000; O'Connell & Korabik, 2000）。

不過，Sadd（1997）持不一樣的看法，他的研究顯示：非傳統工作的女性比傳統工作的女性能以更有效的態度面對性騷擾的情境與應付權威人物。Sadd（1997）認為可能原因是：⑴傳統工作的女性對性角色的態度與預期，讓她們無法保護自己；⑵傳統工作的女性缺乏能力辨識性騷擾的情境；⑶傳統工作的女性缺乏知識或技巧來面對性騷擾的情境。

以上研究結果上的差異，或許，可以這麼說：從事非傳統工作的女性，由於在男性化工作環境中耳濡目染，而習得較多的男性特質，因此較有能力面對男性的性騷擾。可是，從事非傳統工作的女性由於習慣了男性的性騷擾行為，而降低了對性騷擾行為的敏感度。

另一方面，從事傳統工作的女性依舊抱著「男強女弱」的態度，因此面對男性性騷擾時，容易陷入不知所措的處境。至於「女性缺乏能力辨識性騷擾的情境」，這一點值得商榷。依據 Driscoll、Kelly 與

Henderson（1998）的研究發現：女性具有相當的準確力，可以判斷哪些人可能具有高度的性騷擾傾向。

女性之所以缺乏能力辨識性騷擾的情境，可能的原因之一是：因為女性認為自己是弱者，為了適應性騷擾的工作環境，不得不降低辨識性騷擾情境的能力。這是一種生存的自我防衛。

3.年齡

不管男性或女性，年紀愈小者，愈容易受到性騷擾（呂寶靜，民84；Grant, 2000）；而且年齡不同，受到性騷擾的類型不同（呂寶靜，民84）。

不只年齡小者容易受到性騷擾，中年婦女也是容易受到性騷擾的一群（O'Connell & Korabik, 2000）。至於原因為何，需要進一步探討。

4.是否單身

單身者比已婚者更容易遭受到性騷擾（呂寶靜，民 84；Grant, 2000）。或許是未婚者的吸引力比已婚者高。當然，單身者受到性騷擾的比例是否高於已婚者，還得考慮其他相關因素，例如，年齡、職位、工作場所等。

5.職位與權力的大小

依據組織模式，職位低、權力小者容易遭受到性騷擾，而且對受害者愈是握有掌控權者，愈容易對受害者性騷擾（O'Connell & Korabik, 2000）。

6.小時候是否曾經受過性騷擾或虐待

Grant（2000）的研究發現：女性小時候的受虐經驗（包括性虐待、肢體虐待或家庭暴力）與不同類型的性騷擾有高相關。Brenner（1996）的研究更指出：小時候曾受過性虐待者，容易在兒童期成為性騷擾的加害者，在青少年期或成年期成為性騷擾的受害者或加害者。

7.心理特質方面

容易成為受害者的心理特質，包括：過度依賴、過度壓抑自己的情緒與感受（內政部性侵害防治委員會網站，民91）。此外，具有神

經質者（neuroticism）與自戀性人格者（narcissism）愈容易報告感受到或碰到職場上的性騷擾 （Wislar, Richman, Fendrich, & Flaherty, 2002）。

在解讀以上因素時，需要小心，因為並不是所有的研究都支持各因素的影響力。換句話說，單一因素並不足以解釋性騷擾的成因，對不同的情況、不同的人，需要不同因素的共同促成。

五、情境／個人模式

該模式由 Pryor（1992），以及 Pryor、LaVite 與 Stoller（1993）提出。該模式以兩個因素預測性騷擾行為的發生，分別為情境因素與加害者個人特質因素。

（一）情境因素

情境因素是指情境中的社會規範（social norm）是否容許性騷擾行為的存在。如果機構主管對於性騷擾行為持寬容或冷漠的態度，潛在的加害者就容易化衝動為實際行動，性騷擾別人。

除了主事者的態度外，還包括環境中是否：⑴掛有性意涵明顯的圖片（例如，裸女圖）；⑵工作場所中的餘興晚會有性意涵的娛樂節目；⑶刻在牆上的文字或圖畫有性意味；⑷工作場所有性意涵明顯的電腦軟體；⑸工作環境中有排擠男性或女性的工作黨派存在。

Pryor（1992）曾針對以上所提的環境因素做過大規模的分析，結果發現：女性性騷擾事件的發生與以上的環境因素有關。

（二）加害者個人因素

對性具有社會性操控（social dominance）傾向者，容易有性騷擾的行為出現。對這種人而言，女性是性玩物，對女性的性騷擾，是呈現權力的一種方式。

以上各單一的模式，雖然無法解釋所有性騷擾事件的起因，不過，卻具有某部分的真實性。或許對不同的性騷擾事件，需要不同的模式來解釋。此外，這些理論與研究結果有助於性騷擾的防治。將各種理論模式的內涵整理如下（見表 17-1）。

第四節
性騷擾受害者之因應方式

對性騷擾的受害者而言，這是一種無法言語的驚懼、憤怒經驗，受害者如何面對這麼不舒服的事件？有哪些因素影響受害者的因應？以下先談性騷擾受害者之因應方式，後論影響因應方式之因素。

一、受害者對性騷擾之因應方式

雖然不同的學者有不同的看法，不過卻大同小異。Knapp、Faley、Ekeberg 與 Dubois（1997）認為，因應的方式包括：逃避、否認、協調、提出申訴（advocacy seeking）與社會因應（social coping）。Fitzgerald（1990，引自 Fitzgerald & Swan, 1995）從內在與外在兩個向度，將受害者的因應方式分為兩大類，內在方式有：(1)忍耐；(2)否認；(3)孤立（detachment）；(4)再歸因（reattribution）；(5)虛幻式的控制（illusory control）。外在方式有：(1)逃避；(2)姑息（appeasement）；(3)肯定（assertion）；(4)尋求機構或組織的協助；(5)尋求社會支持。

Magley（2002）認為，女性碰到性騷擾時，不會完全被動地任由加害者加害，而會採用一些策略來反抗，包括：行為上的面對（behavioral engagement，例如，申訴）、行為上的逃避（behavioral disengagement，例如，尋求社會支持）、認知上的面對（cognitive engagement，例如，自我責備、懇求）、認知上的逃避（cognitive disengagement，例如，否認、忍耐）。

從以上的因應方式來看，有些比較積極，有些比較消極。積極方

表 17-1　性騷擾之相關理論模式

模　　式	內　　涵
自然／生理模式	
1.荷爾蒙模式	性騷擾是正常的性驅力表現，女性的性驅力不如男性強。
2.進化適應模式	從生殖與投資報酬率的觀點詮釋性騷擾。兩性使用不同的策略與心理機制達到生育的目的。對男性而言，性騷擾是低投資高報酬的策略。
組織模式	
1.性別角色波及理論	性騷擾是由於性別角色波及工作角色所致。
2.組織權力模式	工作組織中，握有權力與高職位者可能會利用下屬滿足性需要。
社會文化模式	
1.偏頗的社會系統	性騷擾是偏頗社會系統所造成。
2.社會常規論	性騷擾是社會對兩性不同的教化所造成。
個別差異模式	
1.性騷擾加害者特質	性騷擾的發生與加害者的人格特質、愛情型態、傳統性別角色、是否曾遭受性騷擾等因素有關。
2.性騷擾受害者特質	性騷擾的發生與受害者的性別、工作類型、年齡、是否單身、職位權力大小、心理特質、小時候是否曾遭受過性騷擾等因素有關。
情境／個人模式	
1.情境因素	性騷擾的發生與機構主管對性騷擾的態度、環境中是否充斥性意涵的訊息等因素有關。
2.個人因素	性騷擾加害者是社會性操控傾向者（將女性視為玩物）。

式是否比消極方式好，很難論斷。有時候，受害者另有考慮，為求周全，不得不暫時消極以對。不過，如果受害者只是一味地消極面對，不敢積極因應，這時候，不但無法解決性騷擾的困擾，還會讓自己與他人一再受害。

二、影響受害者消極因應之因素

　　絕大部分的人受到性騷擾時，都想討回公道，可是，迫於某些因素，不得不暫時委屈。依據國外的研究，女性受到性騷擾後，很少申

訴（Magely, 2002）。國內也很少有人敢跟加害者對簿公堂。到底哪些因素讓受害者消極因應？可能因素如下：

（一）文化因素

在「男尊女卑」的社會中，女性從小被教導成為弱者，被要求服從男性、尊重男性，羞愧自己的反抗心態，凡事先反求諸己。在這種文化脈絡下，女性受到性騷擾時，常不知如何以對，也無力應對，或質疑自己的感覺。因此，通常忍耐因應，或責怪自己行為不當才招致別人的騷擾。

傳統社會鼓勵男人操控女人，對女人採取主動；因此，男人侵犯女人時，不覺得理虧。即使性別平等的今天，仍舊有一些男人持著這樣的觀念。

文化因素讓男人囂張，讓女人萎縮，讓受了委屈的女人選擇忍氣吞聲、否認事實，沒有勇氣為自己挺身而出。

（二）環境因素

受害者所處的環境會影響他（她）的因應方式。一直以來，男人是社會的掌權者，公司裡的指揮、管理者，而女人是服從、執行者。女人受了性騷擾時，有權、有勢的男人一方面藉著直接的威脅、欺壓、剝奪，讓受害者心生害怕。另一方面，有權、有勢者的外在資源比較豐富，巧言狡辯的聲音比較容易被聽到，即使受害者想要辯駁，也沒有足夠音量洗去別人先入為主的印象。

如果受害者的生活環境充斥著錯誤的迷思（例如，被性騷擾的女人是因為行為不檢、衣著暴露、眼神挑逗），受害者擔心一旦為自己伸張正義，可能被污名化，反而難以面對朋友、同事、男朋友（丈夫）、親人質疑的眼神。於是，只得保持緘默。

男人如果受到性騷擾，也可能面臨同樣的問題，甚至處境更加難堪。在身體上、經濟上、權勢上，男人被認為比女人強；如果男人遭

受女人的性騷擾，會讓人有「跌破眼鏡」的感覺，不相信的人可能比相信的人多。因此，男人比女人更不想讓別人知道自己是性騷擾的受害者。

(三) 個人因素

性騷擾的受害者，之所以暫時不願意申訴的可能原因之一，是由於受害者仔細評估之下，發現此時申訴必須付出相當大的代價，因此，選擇暫時委曲。例如，受到老師性騷擾的學生，由於成績操控在老師的手上，擔心老師刁難，讓自己畢不了業，因此，暫時忍氣吞聲。

目前社會經濟不景氣，失業者遍處都是。為了保住工作養家活口，有些受害者只得選擇沉默。

此外，受害者以往因應挫折與衝突的方式，也會影響他（她）此時的反應。習慣忍氣吞聲者，除非性騷擾的嚴重程度超越了他（她）的承受能力，或是有其他因素的鼓勵，否則，受害者可能沿用原先的因應方式。

(四) 社會因素

一個社會的申訴管道是否暢通，司法體系是否公平、公正，會影響受害者的處理方式。暢通的申訴管道，以及公平、公正的司法體系，會鼓勵受害者勇於面對問題，尋求法律保護。

此外，社會如果對性騷擾有積極的防治策略，包括：教育民眾認識性騷擾、宣導相關的法律知識、清楚界定性騷擾行為、教導民眾如何面對性騷擾的情境、事後如何處理、如何運用內在與外在資源、如何克服舉證困難等問題，受害者就不會持著消極態度。

性騷擾受害者的反應，受種種因素的影響。如果受害者能夠運用社會資源（例如，諮商專家），擴大自己的思考角度，就能看到更多有效的因應策略。消極的因應方式只是暫時的權宜之計，如果此種反

應方式成了習慣，不但遏止不了加害者的惡行，還鼓勵了加害者繼續
我行我素，讓更多的人遭受類似的經驗。

第五節
性騷擾受害者之身心反應

性騷擾是普遍而嚴重的社會問題，媒體曝光的新聞只不過是冰山
的一角，還有更多、甚至更嚴重的性騷擾事件，因為某些因素而被沉
埋封鎖，無法浮出檯面。受害者因為得不到公理正義的伸援，無法直
抒冤屈，因而夜夜重歷惡夢的糾纏，即使悲憤交加，也只能獨自飲泣，
他人愛莫能助。

這種陰影所帶來的沉重，可以讓生命灰白，讓意志消沉，讓人世
間的一切索然無味，讓生命的存在成為一種恥辱與悲憤。有些受害者
以自毀的方式了卻此生，這種舉動雖然令人嘆息，卻也不難理解。

或許加害者從不知道，輕輕、隨意的一個碰觸，竟會像是一把利
刃刺入受害者的身、心、靈。有形的瘡疤會隨著時間的流逝而癒合，
可是，無形的創傷卻隨著時間的飛馳而加速潰爛。生命的韌性雖強，
但是，長期被恐懼、驚嚇、無助、羞恥的感受一點一滴吞噬後，行屍
走肉便成為生命存在的唯一方式。

每個人的身體與心理，都像是一個國家的疆土，加害者對受害者
的侵害，就像是一國家對另一國家領土的惡意侵犯。領土被侵犯的人
民，將感受到極度的恐慌與憤怒，美國九一一恐怖攻擊事件就是明證。
將心比心，不難想像性騷擾對受害者造成的傷害是如何的巨大。

在不同的研究上發現，性騷擾對受害者造成的不良影響包括：作
嘔、失眠、低自尊、害怕、生氣、無助、孤立、神經質與憂鬱。這種
身心上的不良影響會間接造成受害者在學業上表現不良（van Roosmalen
& McDaniel, 1998），增高工作壓力、降低工作效率與工作滿意度（Pi-
otrkowski, 1998），出現社會與心理上的適應困難（例如，酒精濫用）

（Fitzgerald, Drasgow, Hulin, & Gelfand, 1997; Zweig, Barber, & Eccles, 1997）。

此外，肢體上的性騷擾造成的傷害大於非肢體的性騷擾（Zwig, Crockett, Sayer, & Vicary, 1999），性騷擾的嚴重程度愈高，造成的負面影響就愈大（Cartar, Hicks, & Slane, 1996; Lees-Haley, Lees-Haley, Price, & Wiliams, 1994）。

受害者出現的不良影響，依據受害者受侵害的程度、受害者之前的人格狀態、過去的因應方式、社會資源的多寡而不同。最嚴重的是出現創傷後壓力疾患（posttraumatic stress disorder，簡稱 PTSD），症狀包括：(1)痛苦的回憶反覆闖入心頭，包含影像、思想或知覺等方式，或於夢中反覆夢見此事件；(2)暴露於象徵或類似創傷事件的內在、外在環境時，感受到強烈的心理痛苦；(3)持續地避開與創傷有關連的刺激；(4)努力逃避會引發創傷回憶的活動、地方或人們；(5)不能回想創傷事件的重要部分；(6)對重要活動的興趣顯著降低或減少參與；(7)疏離的感受或與他人疏遠；(8)情感範圍侷限（例如，不能有愛的感受）；(9)對前途悲觀；(10) 有持續提高警覺的狀態（例如，長期的緊張和暴躁），通常伴隨有失眠、無法忍受噪音等反應（孔繁鐘、孔繁錦編譯，民 86）。

性騷擾受害者，尤其是性侵害受害者，如果未經過心理治療，創傷所烙下的陰影，往往長時間跟隨，甚至波及一生。如此慘痛的身心摧殘，除非加害者親眼目睹，否則絕難想像得到。或許，在防治性騷擾的工作中，最簡單、卻也最難的首要工作，就是培養將心比心、人溺己溺的同理心。

第六節
性騷擾事件在舉證與裁定上之難題

要舉證與裁定性騷擾事件是否發生並不容易。性騷擾事件的發生

通常涉及三個因素的互動，包括：加害者、受害者、當時的情境與環境（見圖 17-1）。這三者的互動情形與各因素的重要性，會因為事件之不同而不同，因此舉證與裁定性騷擾是否發生，便出現種種困難。

一、舉證與裁定上之難題

（一）性騷擾事件之舉證

在認定是否發生性騷擾事件時，常發生「公說公有理，婆說婆有理」的問題。加害者說沒有發生，受害者說有發生；或是，加害者說

圖 17-1　性騷擾相關因素之互動過程

是兩情相悅，受害者說是被迫就範。

· 舉證是認定「事件是否發生」的關鍵因素，卻是受害者最難掌握的問題。愈是程度輕微的性騷擾，愈是難以舉證。雖然目前在認定「事件是否發生」，是以受害者的感受為準，可是，單憑感受而沒有證據，案件同樣難以成立。

性侵害的發生，容易在受害者或加害者身體留有痕跡，比較容易採到證據，但是性騷擾，尤其是輕微的性騷擾，就很難舉證。性別歧視言詞、身體碰觸行為、性要脅與性賄賂等騷擾，都無法直接舉證，需要依靠旁人作證，或間接證據。

即使案發當時的確有旁人目擊，旁人願不願意挺身而出，又是另

一樁難題。如果受害者與目擊證人是下屬，而加害者是上司，這又另添一道難題。

（二）性騷擾事件之裁定

即使受害者與加害者之間的確發生一些事，還是無法裁定此事為「性騷擾」，因為其他因素會產生緩衝、翻供的機會，讓嚴重的性騷擾事件被裁定為兩造之間的私怨而已。

加害者與受害者兩人的關係、加害者與受害者當時的互動狀況與原因、加害者與受害者的過去背景等因素，都會直接影響到對事件的裁定。例如，加害者與受害者兩人原本就認識或是情人關係，比兩人是陌生人或是普通朋友，在裁定上更困難。

受害者主動邀約加害者、事件發生在加害者家、受害者過去有不名譽的事或從事不名譽的職業，都會讓事件的裁定增添變數。

二、舉證與裁定難題之處理

雖然性騷擾事件在舉證與裁定上遭遇一些問題，不過 Hurt、Maver 與 Hofmann（1999），Sheets 與 Braver（1999），以及 York（1989）的研究，可以提供給受害者一些重要的提示。以下綜合以上幾位學者的看法：

第一，受害者在事件發生之後，要紀錄事件發生時的所有細節。依據 Hurt、 Maver 與 Hofmann（1999）的研究發現：(1)愈嚴重的敵意行為，愈會被裁定為性騷擾行為；(2)次數發生較多的行為，比次數發生較少的行為，較易被認定為嚴重行為，因此，更可能被裁定為性騷擾。

第二，受害者受到性騷擾後，要立即反應。依據 Hurt、Maver 與 Hofmann（1999），以及 York（1989）的研究發現：受害者受到性騷擾之後立即反應與否，會影響外人對性騷擾事件是否發生的知覺。間隔時間愈久，外人對事件的發生會有愈多的質疑。此外，受害者的反應愈是負面，被認為性騷擾的可能性會愈大。

　　第三，將事件發生之後造成的影響坦誠表達，有助於對事件的裁定。York（1989）發現有三個因素影響法官的判定，其中之一就是事件發生後對受害者工作上造成的影響。如果受害者願意讓別人知道自己發生的事，以及事件對工作的負面作用，對事件的裁定上會有相當助益。此外，一些身心反應出現時，應該就醫，並且請醫生開立證明，或許對事件的裁定也有助益。

　　第四，蒐集受到脅迫的證據。法官對事件裁定的重要依據之一，就是受害者受脅迫的證據（York, 1989）。受害者受到脅迫的證據可能包括：出勤紀錄、調職紀錄、加班紀錄、升遷紀錄、工作表現紀錄、受脅迫時是否有旁人在場、曾將受騷擾的內容告訴哪些人、加害者如何威脅受害者（包括時間、地點、當時所處的情境）等。

　　第五，避免受到加害者本身條件的影響。Sheets 與 Braver（1999）的研究顯示：同樣的行為，會因加害者的特質，而給受害者不同的感受。如果加害者是單身、結婚的好對象、具有吸引力的話，這些人的行為較不會被界定為性騷擾。反之，若加害者已婚、不具有吸引力，同樣的行為可能會被界定為性騷擾。因此，受害者不要被加害者的條件所蒙蔽。

　　第六，如果處理性騷擾與性侵害的相關人員能夠具備一些基本的素養，將有助於跳脫舉證與裁定困難之問題。這些素養包括：(1)性別平等意識；(2)兩性心理；(3)傳統觀念對兩性認知、情感與行為之影響；(4)性騷擾之相關知識；(5)傳統兩性信念與性騷擾行為之關係；(6)性騷擾受害者之反應與因應方式；(7)一般人對性騷擾之迷思。

第十八章

性騷擾與性侵害：
實務篇

在性騷擾（以下以性騷擾含括性騷擾與性侵害）案件中，最常見的是校園性騷擾、職場性騷擾與約會強暴。這幾類性騷擾的加害者與受害者可能彼此相識。熟人性騷擾的負面影響可能比陌生人間更嚴重。一方面，社會大眾的焦點往往放在陌生人的性騷擾，以致於對熟人性騷擾的防治沒有受到應有的重視；另一方面，受害者對於熟人的傷害比較難以啟口，容易在猶豫中錯失表達與處理的先機，因此，讓熟人性騷擾的嚴重性無法凸顯出來。

陳若璋（民 82）對九所大學二千一百四十六位大學生的研究發現：25% 的調查對象曾遭受性騷擾，其中，45% 的受害者認識加害者，而 40% 的加害者為受害者的男朋友或同儕。由此可見，熟人性騷擾的防治值得更多的注意與討論。

本章以熟人性騷擾為主，論及校園性騷擾、職場性騷擾、約會強暴，以及性別平等對性騷擾之意涵。

第一節
校園性騷擾

趙諭兩眼無神地望著鏡中的自己，右手無意識地刷著牙，有時候竟忘神地停頓下來，連牙膏泡沫從嘴角流了下來也不知道。

趙諭正考慮要不要上今天早上那門課。她不是不喜歡這課程，而是厭惡教課的那位教授。兩個月之前，那位教授上課時，總是用某種她說不出的眼神上下打量她。教授曾有兩次私下找她，言談之間，總喜歡拉拉她的手，拍拍她的肩膀，然後告訴她，她很美，如果再添點女人味，就更好了——這一點他可以教她。他一再強調，他對她是基於長輩對晚輩的關愛。後來，教授叫她過去時，她總會拉一位同學陪她。這

似乎讓教授的言行收斂了些。

　　上週教授交待她昨晚到他研究室找他，因為他覺得她最近上課老是不專心，有必要「私下」了解，否則她這學期的成績會不理想。教授臨走前還特別交代，要她單獨來。從那天起，趙諭寢食難安，每晚得靠安眠藥才能入睡。昨天，她留一張字條告訴教授，因為突然有事，無法前往。然後，躲到朋友家過夜。她整夜翻來覆去，心緒紛亂雜沓，竟然連安眠藥都失效。今天一大早，她又得面對那位面目可憎的教授。她很想蹺課，可是又擔心成績過不了。一想到教授可能進一步糾纏，以及自己未來的成績可慮，全身竟然不聽使喚地抖動起來，胃部抽搐連連。當教授那張骯髒的嘴臉，舞動的鹹豬手在眼前浮現時，一股嗆鼻的酸氣從胃裡衝了出來，直上咽喉。她作嘔連連，站都站不住地蹲了下來，眼淚也跟著流了下來。

討論與問題

1. 依照性騷擾定義，教授的哪些行為已構成性騷擾？

2. 教授的性騷擾對趙諭造成哪些壓力反應？

3. 對於教授的性騷擾，趙諭該如何處理？可以透過學校哪些管道提出申訴？

4. 學校該如何保護與保障性騷擾受害者的權益？例如，受害者是學生、行政人員、工友，而加害者是教師、上司。

5. 教授可能因為性騷擾學生而受哪些懲處？

6. 學校性騷擾的成因為何？學校該如何防治性騷擾的發生？

　　教師的神聖地位，自古以來與天、地、君、親並列。即使尊師重道的風氣今不如古，教師在社會上的崇高位置，仍為一般人所肯定。社會除了希望教師扮演好「傳道、授業、解惑」的經師角色外，更期

待老師發揮人師的本分,成為學生品德的模範。

　　校園中頻傳的性騷擾案件,不但褻瀆了神聖的講堂,也扯斷了父母與學生對教師諸多的信賴。於是,父母與學生開始帶著質疑的眼神,重新評估教師的「人師」角色,試圖看穿在晶瑩閃亮的羊皮底層下,是否隱藏著醜陋的豺狼花色。

　　即使風聲鶴唳的校園性騷擾事件逐漸轉為沉寂,以往對簿公堂的聳動場面久未躍上媒體,不過,學生口耳相傳的地下新聞卻仍持續不斷。或許,家長、學校、社會都須重新檢討,為何這些被騷擾的學生,沒有勇氣撕裂豺狼欺矇大眾的羊皮,而選擇獨自吞噬恐懼、害怕、憤怒的無奈。

　　在校園中,性騷擾可能發生在教職員工和學生間。依據八十八年三月五日公布的「大專校院及國立中小學校園性騷擾及性侵犯處理原則」第二條之規定,所謂校園性騷擾、性侵犯,除依刑法、民法及性侵害犯罪防治之規定外,凡學校教職員工生相互間(含同性或異性間)發生下列行為時,均屬之:「⑴以明示或暗示之方式,從事不受歡迎之性接近、性要求,或其他具有性意味之言語或肢體行為者,或意圖以屈服或拒絕上開行為,影響他人學習機會、雇用條件、學術表現或教育環境者。⑵以脅迫、恫嚇、暴力強迫、藥劑或催眠等方法,使他人不能抗拒而遂行其性接觸意圖或行為者。」

　　因此,性騷擾的受害者不只是學生,教師或行政人員也可能是受害的一員。事實上,教師或行政人員受到同事或上司的性騷擾已是不爭之事實。因為教師與學生之間的性騷擾為數最多(王麗容、李怡菁,民88),以及雙方地位差距凸顯、社會對教師的殷殷期盼,才使得教師對學生的性騷擾特別引人注目。

一、校園性騷擾之可能成因

　　造成校園性騷擾的可能成因,一直是教育當局急欲探索的主題。雖然對校園性騷擾的可能成因眾說紛紜,不過,仍然異中有同。以下

就前一章提到的相關模式與研究，解釋校園性騷擾的可能成因。

（一）對性騷擾的定義認識不清

　　一般人對性騷擾的認定，通常停留在肢體上的碰觸，對於肢體外的性騷擾認識不清。受害者被性騷擾時，雖然感受不舒服，卻無法肯定自己的感覺；加害者雖無意性騷擾別人，卻渾然不知地持續性騷擾行為。因此，受害者一再成為受害者，而加害者繼續傷害他人。

（二）受性騷擾的羞恥感阻礙適時的反應

　　由於社會風氣使然，被性騷擾被認為是羞恥的事，因此，受害者被性騷擾的當下，往往不知如何反應，事後雖氣憤卻不敢張揚。受害者與加害者雙方的權力如果不均衡，狀況更是如此。

（三）受害者不清楚性騷擾處理流程與個人權益

　　每位性騷擾受害者都想替自己申訴，懲戒加害者。不過，由於某些顧慮而卻步，包括：不清楚自己的權益、不知如何申訴、不知道申訴後的歷程、擔心別人的誤解與質疑、擔心對方的權勢與報復、擔心證據不足、擔心別人瞧不起自己，以及擔心案件不成立時情何以堪。

　　由於以上的種種問題，讓受害者躊躇不前，最後勇氣喪失，不了了之。

（四）權力結構與個人修養的影響

　　依據組織權力模式的觀點，握有權力的上司可能利用下屬滿足自己的性需求（Crocker, 1983; Tangri & Hayes, 1997; Tangri, Burt, & Johnson, 1982）。在學校，教師擁有管教學生、評定學生等第的權力，這種上下關係給予教師一些方便。如果教師心性不良，就可能在教室中口出黃言，在私底下伸出魔爪。

　　同事之間，因為擔任的職務不同，權力也有高低的差異。權力高

者如果修養不夠，定力不足，遇色垂涎，便可能利用權力滿足私慾；權力低者受到性騷擾時，雖然心有不甘，但衡量之下，恐得不償失，於是只得心明口啞。

（五）傳統兩性不平權觀念的作祟

依據社會文化模式的觀點，性騷擾是兩性不平權的結果。這類社會中，男性被塑造成主動、操控、進取、積極、開創的個性，而女性則被期待呈現被動、服從、退縮、攀附的特質。在這種扭曲的思想之下，男性對女性的性騷擾成為合理的行為。

性別平等理念的落實，顯見政府的用心與期盼。不過，過去幾千年來根深柢固的男女不平權觀念，早就透過家庭、學校與社會教育的學習與模仿，成為人格的根基之一。這些被兩性不平權思想所洗禮的教育人員，如果再加上個人的品德不足，自然容易將性騷擾行為視為理所當然。

（六）教育人員忽略心理層面的自我成長

雖然「權力會腐化人心，蒙蔽心智」，可是如果沒有其他因素配合，權力因素不一定能引發性騷擾事件。比較性騷擾加害者與非加害者的特徵，顯現出：加害者人格問題是性騷擾事件的原因之一。因此，教育人員的人格也關係著性騷擾事件的發生與否。

「經師易為，人師難當」，只要肯花時間，下苦功夫，成為一代經師並非難事；但要善為人師，就要有「過太行，渡巫峽」之勇氣與毅力。善為人師的基本條件之一，是教師要不斷自我成長，追求心理健康。這不僅僅需要時間，更有賴勇氣面對自己的不足，以及耐心與毅力修正自己的缺失。為此所投注的心血與時間，將多倍於經師。

提升自己的心理健康是教師的責任與義務，因為成千上萬個學生將在他（她）的手中雕塑成形。不良經師帶給學生學習上的缺陷，可以透過未來的補救來彌補；可是不良人師所留下的陰影，會是學生一

輩子揮之不去的惡夢。孰重孰輕，不言自明。

可惜的是，中等學校講究升學率，大專院校講究研究論文篇數與學術地位，於是，教師們只好挑燈夜戰為升學率、專業知識與學術地位而拚命，提升心理健康的義務便被拋置一旁。教師的賣力雖然有了有形的成就，可是無形的人格成長卻在原地迴旋打轉，或在升學率與學術地位的競爭中益形墮落。

無可諱言，在學校中，有一些不適任的教師，要迫使這些教師接受心理治療或將之隔離，實屬困難。如果教育人員不力求自我成長，那麼，校園性騷擾事件的防治就會打了折扣。

（七）學校處理的態度與運作系統上的問題

「校譽」常是歷經無數人耕耘所建下的名聲。一件性騷擾事件的發生，就如一鍋飯裡的一顆老鼠屎，會毀壞百年的血汗辛勞。為了維護校譽，學校往往秉持著「報喜不報憂」的心態，喜事往上呈，壞事往下壓，因此，性騷擾事件只有在壓不住的狀況下，才被認真對待。

性騷擾事件的處理也常在人情壓力與派系鬥爭之下被延誤。各個學校雖有一套完整的性騷擾處理系統，可是，在運作上，由於加害者策動人脈資源與派系內鬥，讓系統的運作無法順利進行，以致於延誤處理的先機，也讓受害者因為學校的延誤而灰心。

（八）忽略妨礙人身安全的死角

大部分的學校都有容易發生意外的死角。學校是否有適當的防範措施保護學生，實值得檢討。

或許學校對這些死角已有安全措施，不過，每一年級學生的心智成熟度不同，抽象語言的描述與告誡，往往不如親臨現場的具體操作來得清楚易懂。推展的方法有誤，就會產生事倍功半的效果。

■ 二、校園性騷擾事件之預防

校園性騷擾的各種成因環環相扣，要打破這些環節，不但需要長期奮戰，而且得靠全體教職員工學生的努力與智慧。以下從學校與教職員工學生方面說明學校性騷擾事件的預防。

（一）學校方面

第一，透過不同的管道（例如，演講、教師課堂中的提醒、公告、趣味活動、網路宣導、隨機教學），將性騷擾的定義與類型，清楚地傳遞給所有的教職員工生。這樣一來，每個人可以清楚界定自己各方面的界限，肯定自己的感受，防止別人的入侵；避免無意加害者的無心之過；遏止有企圖的加害者採取行動。

第二，將性騷擾的申訴管道、相關法律知識與處理流程，清楚地傳遞給所有的教職員工學生。現在各級學校都有性騷擾的申訴管道與處理流程，不過，是否所有人都知悉，實值得懷疑。此外，性騷擾的相關法律知識、處理過程中受害者可能的處境、對受害者的保護，以及對加害者的懲處等事項，學校似乎未明確說明。這些訊息的模糊不清，將造成性騷擾預防上的漏洞。

第三，利用新聞事件隨機教育。每一次性騷擾的新聞事件，都是一次重要的教育機會。學校可以利用該新聞事件檢驗校內的預防工作，並且透過對該事件的研討，將相關的資訊傳遞給全校的教職員工學生。

第四，訓練所有教職員工學生保護自己的界限。每個人對自己的界限（例如，身體界限與心理界限）都有自主權，這自主權的行使，有賴於當事人肯定自己的權利。

肯定身體自主權者，當身體被騷擾時，就會理直氣壯地主動反擊；相反地，不能肯定者，雖然不舒服、不喜歡加害者的行為，卻不敢抗拒。因此，拒絕性騷擾的第一步，就是要肯定界限的自主權。

當界限被侵犯（例如，肢體的性騷擾是一種身體界限的侵犯），

受害者該如何反應？以肯定的語氣，表達自己的不舒服與負面的情緒。這些反應看似簡單，可是對某些人來說卻相當困難。因此，學校可以運用角色扮演方式讓所有人員練習。

第五，教導所有教職員工學生受到性騷擾時如何蒐集資料。證據可分為直接證據與間接證據，即使沒有直接證據，間接證據也是重要的參考，例如，案發當時是否有旁人在旁、受害者曾寫下的日記、受害者曾告訴過哪些人、受害者是否曾被加害者約到某處，甚至發票、紙條、出缺席紀錄、考試成績……，都是重要的參考佐證。教導教職員工學生蒐集資料，等於鼓勵受害者勇敢挺身而出，相對地，也告誡可能的加害者不要心存不良。

第六，保護權力關係不相等的弱勢團體。弱勢團體受到性騷擾時，往往顧慮到前途，吃了虧後只能默默忍受。如果學校處理性騷擾的過程，是以保護弱勢團體（受害者）為主，就能協助弱勢團體肯定自己的權利，也可以遏止強勢團體的不良企圖。

第七，加強學校死角的安全措施與教育。學校應繪製校內不安全的死角圖，並加以公布與宣導。老師也應定時帶學生至不安全死角的現場，教導學生實際操作逃生措施，並且檢查學生的學習效果。

第八，加強性別平等理念的普及與實踐。當各性別地位平等，沒有強勢與弱勢之分，兩性就會相互尊重，性騷擾事件的發生便會減少。如果男尊女卑的觀念繼續延燒，強勢團體的權力凌駕弱勢團體之上，道德薄弱、抑制力差者，就可能違法犯紀。當然，人與人間的相互尊重，跟權力、地位的高低無關。不過，對某些人來說，地位均等才能抑制其衝動。

第九，加強教育人員的道德教育。權力階層結構是教育體系必然的組織結構。「飽暖思淫慾」，權位高者如果道德薄弱，便容易迷失在權勢中而濫用權勢遂其淫慾。因此，加強道德教育有助於遏止性騷擾事件的發生。

第十，教育人員不斷自我成長，提升心理健康。教育人員提升心

理健康，除了可以增進工作效率，還可以調整跟性騷擾有關的不良心理機制。

第十一，給予加害者適當的教育或諮商。對加害者的懲罰通常只有暫時的遏止效果，加害者再犯的可能性極高。因此，給予加害者適當的矯治教育或諮商，才能矯正其行為，遏止其再犯。

第十二，定期評量預防效果。預防工作須配合人、事、物的變動而調整，沒有定期進行效果評量的話，就容易流於形式化。此外，學校應定期調查校內性騷擾的發生率，作為防治措施的依據，以及修正相關辦法的參考。

（二）教職員工學生方面

教職員工學生須將性騷擾的預防視為個人的責任。性騷擾事件的預防，不能只靠學校機構，每個人必須負起保護自己的責任。在事情未發生之時，個人有預防的責任；在不幸事件發生之後，要有面對問題的勇氣與自處的能力，預防再度受害，防止別人受到類似傷害。這些責任包括：(1)正確的兩性知識；(2)性騷擾的防治知識；(3)清楚的自我界限；(4)肯定保護自我界限的權利；(5)有勇氣拒絕性騷擾；(6)在第一次發生性騷擾事件時，須立即處理；(7)熟悉學校性騷擾申訴管道、相關法令、處理流程；(8)相關的法律知識；(9)善用校內、校外資源。

三、校園性騷擾事件之處理

（一）性騷擾事件的處理流程

目前各校都有一套性騷擾處理流程與危機處理模式，以下歸納可能涉及到的處理事宜包括：

1.通報：性騷擾事件的通報，可以由本人或他人向性別平等委員會或各校自行設定的窗口通報。通報者須填寫一些基本資料，簽名後才會被受理；即使通報者口述通報，也得在工作人員筆錄之後簽名。

2.處理過程的保密：性騷擾的處理過程，從通報到最後的工作檢討，每個過程都須顧到保密的重要性，尤其是受害者的資料。

3.決定案件是否成立：通報後的資料會被送往性別平等委員會，由性別平等委員會開會決議案子是否成立。不管成不成立，都會通知通報者。

4.決定是否通報警政機關：如果性騷擾已達性侵害程度，就必須通報警政機關。這種案件可能涉及刑法處分，因此學校有通報警政機關的責任。

5.決定是否送醫採證：如果是性侵害案件，受害者就必須送醫，由醫院負責採證工作，負責的醫院也會通知警政單位出面處理。

6.通知受害者與加害者的監護人：學校學生都有監護人，尤其未達十八歲的青少年。這時，學校有責任通知受害者與加害者的監護人或家人出面處理。如果受害者與加害者是成年人，經與當事人溝通，可以通知其家人或朋友。在案件審理的過程中，最好有家人或朋友作陪，除了有鼓勵與打氣的作用外，也可減少不必要的意外發生。

7.向受害者與加害者解釋處理流程：受害者與加害者有權利知道案件處理的過程，預先準備將面臨的事宜。

8.受害者決定處理的方式，包括調解或正式申訴：受害者有權利決定採用調解或正式申訴。調解是一種非正式的處理方式，由性別平等委員會進行調解。如果雙方達成協議，案件就可以終了；如果雙方無法達成協議，或是受害者選擇正式申訴，就須採用正式的申訴處理。

9.對受害者與加害者的諮商：從通報一開始，對受害者與加害者的諮商就須立即展開。諮商工作必須持續至受害者的創傷反應消除，以及加害者不會再犯。

10.進行調查：調查委員的組成，可以是外聘委員，或是由性別平等委員會的委員組成，一般約三人，女性委員比例不得少於成員總數之二分之一。外聘委員的優點是可以顧全迴避原則，所做的調查比較不會受到質疑。

11.決定如何保護受害者目前的權益與安全：當案子成立之後，對於受害者目前的權益與安全問題，必須審慎考慮。例如，受害者如果是學生，該如何保障他（她）的受教權與人身安全；受害者與加害者如果在同一單位工作，該如何保障受害者的工作權與人身安全。

12.持續告之加害者與受害者目前的處理進度：案子目前的處理狀況，學校必須定時以書面知會受害者與加害者，以減少受害者與加害者等待的心理壓力，也讓雙方知道學校重視該案件，並且積極處理中。

13.議處：議處權責單位因加害者的身分而不同。如果加害者是教師，就由教評會議處；如果加害者是職員，就由人評會議處；如果加害者是學生，就由學生獎懲委員會議處。

議處權責單位對於性騷擾的事實認定，應依據性別平等委員會調查小組的報告；議處決議若涉及加害者身分之改變，應給予加害者書面陳述意見之機會；議處的權責單位若不採行性別平等委員會之議處建議時，應書面載明不採行之理由，並送達上級權責單位（羅燦煐，民92）。

加害者如果涉及性侵害的話，除了必須接受學校的行政處分外，還必須面對刑法與民法的懲處。

學校性騷擾的懲處，所涉及的律法包括：行政程序法、刑法、民法、教育人員任用條例、兩性工作平等法、社會秩序維護法、勞動基準法、公務人員保障法、學校教師輔導與管教學生辦法、學生獎懲辦法、少年與兒童福利法等（吳榮鎮，民92）。因加害者身分的差異，須引用不同的律法。

14.（向上級主管機關）申訴或訴願階段：加害者或受害者如果不服學校議處的決議，可以向上級主管機關提出申訴或訴願。

15.事後的追蹤輔導：案件結束後，學校有責任追蹤受害者與加害者的狀況，決定是否延續輔導，或進行其他事項的處理。

16.事後的工作檢討：每一次的案件處理都是一種學習，可作為學校預防與處理工作的參考。檢討的事項包括：事件如何發生、學校應

如何預防類似事件的發生、事件處理過程的優缺點、事件對學校預防工作的意義如何等。

魏英珠（民88）認為，學校處理性騷擾事件時，實務上的一些問題，包括：⑴對性騷擾的主觀認定；⑵不熟悉校外其他相關單位的資源；⑶對受害者的質疑而造成受害者的二度傷害與錯失介入時機；⑷處理過程易暴露受害者的隱私。學校檢討性騷擾處理過程時，以上問題都可以作為檢討的要項。

每個學校有各自的性騷擾處理要點與流程，因此，教職員工學生應熟悉校內的相關法規。

（二）性騷擾事件的處理原則

學校處理性騷擾事件時，應遵守以下的原則（台灣省立澎湖高級水產職業學校網站，民 93）：⑴性別平等原則：不因性別而模糊事實。⑵職務平等原則：不因職務高低，或身分不同而扭曲事實。⑶機會公平原則：給予受害者與加害者公平陳述或申訴的機會。⑷專業原則：有關事實的調查，可以尋求專家的協助。⑸保密原則：處理與調查過程，必須嚴守保密原則。⑹不迴避原則：學校負責的單位與人員必須主動積極處理；知道事實的人員必須主動提供線索。⑺迴避原則：相關處理人員若跟加害者與被害者之關係可能妨礙處理的公平與公正性時，應自行迴避。⑻禁止任何報復行為原則：適當的安全措施以保護申訴者、證人，以及其他相關人員。⑼適法性原則：處理與調查過程必須依據相關法令。⑽尊重與諮商輔導當事人原則：尊重與提供雙方當事人的諮商輔導與服務協助。

第二節
職場性騷擾

最近有些事讓李晏覺得好苦惱。他的上司，也就是老闆的妹妹，竟然連連向他示好，甚至動手動腳。他對女上司只有敬意，沒有愛意。

女上司跟他在外洽公時，總是藉故拖延時間，讓兩人有更長的時間在一起。他雖然不舒服，卻不敢反抗，畢竟她是上司，是他的衣食父母。

最近一次，讓他幾乎抓狂。那一次只有他們兩人加班。就在他意興闌珊的當下，女上司突然靠近他，告訴他，他被升調目前工作的原因。她的話讓他心中打了個冷顫。她曖昧地笑了一下之後，突然摟住他的腰，將臉頰貼在他的胸口廝磨。他像受驚的小鳥，一時之間腦筋空白，手腳麻木，不知所措。不知多久，他找回神智，將她推開。整理凌亂的衣物後，告訴她，他已有女朋友，然後離開。

從那一天之後，他跟她碰面時，總覺得心情沉重。今天中午，人事室公布了一份人事調動名單，李晏被調到某一升遷不易的部門。他心有不甘，直接到人事部查明。結果發現，是他的女上司以他無法勝任原工作為由，調他到新部門。

討論與問題

1. 依照性騷擾定義，女上司的哪些行為已構成性騷擾？
2. 女上司的性騷擾行為出現時，李晏應該如何因應？
3. 機構應該如何防治性騷擾？
4. 職場人員應如何保護自己免於性騷擾？

■ 一、職場性騷擾之成因

造成職場性騷擾的原因繁多，大部分跟前一章所提的「性騷擾之成因」有關。以下僅就其重要部分敘述：

(一) 角色波及問題

角色波及問題，請詳見第十七章所述。

(二) 機構內性別不平等的制度

因為受到「男尊女卑」思想的影響，機構內的女性員工往往被視為無益機構發展的非主流人物，因此，女性通常擔任機構內較不重要的職務。即使跟男性同工，也不同酬，升遷機會也不同。此外，在機構內，女性的聲音往往不被重視、不會被聽到。

機構輕視、忽略女性員工的作法，無異鼓勵男性員工不必尊重女性員工，也間接助長性騷擾事件的發生。

(三) 不重視性騷擾的防治

依據民國九十一年三月六日勞委會公布的「工作場所性騷擾防治措施、申訴及懲戒指導準則」第三條之規定：雇主應提供受雇者及求職者免於性騷擾之工作環境，採取適當之預防、糾正、懲戒及處理措施，並確實維護當事人之隱私。

第四條之規定：性騷擾防治措施應包括下列事項：

1.實施防治性騷擾之教育訓練。

2.頒布禁止工作場所性騷擾之書面聲明。

3.頒布處理性騷擾事件之程序，並指定人員或單位負責。

4.以保密方式處理申訴，並使申訴人免於遭受任何報復或其他不利之待遇。

5.對調查屬實行為人之懲戒處理方式。（其他相關條文請自行上

網取得）

換句話說，機構內是否重視性騷擾的防治，是否有完整的性騷擾防治制度，會影響該機構性騷擾事件的發生率。例如，沒有暢通的申訴管道；未訂有性騷擾防治辦法；未定時宣導與講習；對性騷擾事件不處理或處理不公；雖訂有性騷擾防治辦法，但辦法不健全；允許色情照片與海報四處張貼。如此一來，便會間接鼓勵性騷擾事件的發生。

（四）權力結構與私德問題

機構內位高權重者間，若不是彼此有親戚關係，就是為因為業績好而被提拔。這對於性騷擾的防治有幾點不利：(1)如果加害者因為親戚關係而位高權重，便不利性騷擾事件之處理。(2)加害者若因為業績好而被提拔，機構會因為對方是公司的棟樑，在處理上容易輕描淡寫。以上兩種情況，對於性騷擾的防治會增添諸多難題。

三、職場性騷擾之預防

職場上性騷擾的預防，可以從以下幾方面著手：

（一）機構方面

1.建立機構內對性騷擾的共識

每個機構都應該將性騷擾的防治視為業務的一環，包括：清楚界定性騷擾的範圍、有健全的性騷擾防治制度、透過適當管道公布與宣導、鼓勵受害者申訴、定期評量性騷擾防治工作等。

如果機構內每位員工都有共識，將性騷擾的防治視為機構與自己的責任，預防工作就能漸收成效，機構內的性騷擾事件便會逐漸降低。

2.禁止機構內任何地方張貼黃色照片或海報

有一些員工喜歡在個人辦公室張貼喜歡的照片或海報，甚至藝術名畫。個人辦公室也是員工進出的地方，而藝術與色情只有一線之隔，每個人的主觀認定不同，因此，辦公室主人認定的藝術，對其他員工

而言，可能是令人不舒服的色情。

機構內其他地方如果張貼黃色照片或海報，這些照片或海報會造成員工恐慌，形成敵意的工作環境，因此，都應該被禁止。

3.禁止性別歧視的言詞

傳統社會中所蘊含的性別歧視言詞，並未因為性別平等時代的到來，而被修正或消除。相反地，這些性別歧視言詞在每個人成長的過程中，不斷經過各種管道加強，而根深柢固地反映在個人的習慣中。例如，事業是男人的事，重要的職位該由男人擔任；倒茶是女職員的事，接電話的工作應該由女人擔任，女人適合擔任助理或文書工作。雖然性別平等的名詞大家耳熟能詳，但是，性別歧視的言詞也被認為理所當然，因此便間接地被反映到日常行為中。

機構有必要針對這部分訓練員工。首先，先調查員工常出現哪些性別歧視言詞，然後將這些言詞公告，讓所有員工有所警惕。否則，機構內的性騷擾防治工作只能遏止肢體上的侵犯，對於其他形式的性騷擾便效果有限。

4.平等對待性別不同的員工

每個人的重要性不應因性別而不同，在職場上，應給予兩性同工、同酬、同等升遷機會。雖然以往認為職業婦女有家累，無法在下班後繼續貢獻機構；不過，在性別平等的年代，家累是夫妻的共同責任，不是婦女的專責。更何況目前單親家庭漸多，家累不再為婦女所獨有，男人也被迫加入行列。

此外，如果機構內一性別獨大，另一性別被貶抑，不但會讓性騷擾事件增多，更會讓獨大的性別不求長進，故步自封，對機構的成長也沒有幫助。因此，兩性同工、同酬、同等升遷機會可以降低性騷擾事件的發生率外，也可以刺激兩性相互競爭與合作。

如果機構各方面都性別平等，就是身體力行地教導員工性別平等的概念，員工在耳濡目染之下，自然學會尊重另一性別，也間接地降低性騷擾的發生率。

5.尊重每位員工的身體界限與身體距離

基本上，身體是個人自主權的一部分，未經允許，不可以碰觸。有的人未經他人同意，就隨意勾肩搭背這是性騷擾。關係的親疏，會決定身體界限的開放程度，不過，關係親疏的認定，不能任由一方自以為是，必須經過雙方的澄清。異性之間是如此，同性之間也是如此。

身體距離跟性騷擾的關係，最容易被忽略。身體距離跟雙方關係的親疏有關。陌生人間的身體距離較遠，熟人間的身體距離雖然較近，不過，得要看當事人的主觀感受。一方身體過於靠近另一方，而造成另一方心生恐懼，影響工作效率，就會形成敵意的工作環境。因此，保持適當的身體距離，讓雙方在互動過程中，感到安全、放心、舒服，也是避免性騷擾的方法之一。

6.健全的性騷擾處理制度

如果機構內訂有具體的申訴管道、清楚的處理流程、易懂的防治要點，以及成立性騷擾處理小組，員工就願意善用資源。如果機構內性騷擾處理制度模稜兩可、語意不詳，就會增添員工的猜測與不安。

此外，機構訂定的性騷擾處理制度，要具體、容易實施、有效率，才具有預防的效果。

7.有效率且秉公處理性騷擾事件

機構性騷擾處理小組對性騷擾事件的處理態度、效率、公正性，會影響機構內性騷擾的預防效果。如果處理小組的調查態度積極、公正、效率高，並且顧及保密原則，不但可以撫平受害者的恐懼與不平，而且可以鼓勵其他受害員工挺身而出，以遏止未來可能的類似事件。

8.善用外在資源

機構在防治性騷擾事件時，可能出現資源匱乏的問題，這時必須善用社會資源，例如，對員工講習有關性騷擾的知識、在事件發生時提供適時的協助與指導、提供受害者與加害者的諮商輔導，以及提供相關的法律常識。

9.定時進行評量

預防效果必須適時調整與加強，調整與加強的依據，有賴於定時的評量。透過定時的評量，不但反映機構對性騷擾防治工作的重視，也強化員工對性騷擾防治工作的責任。

（二）員工方面

性騷擾的防治不只是機構的責任，也是每位員工的職責，因此每位員工都有該盡的本分：

1.提醒機構對性騷擾問題的重視

基本上，性騷擾的防治工作，可以提供員工免於恐懼的工作環境，保障員工的人格尊嚴、身體界限，以及協助員工發揮應有的潛力，善盡工作本分。因此，每位員工應該重視機構內性騷擾的防治制度。

依據「兩性工作平等法」的規定，機構內性騷擾的防治工作是主管的職責，如果機構主管未能善盡職責，主管須連帶受罰。不過，即使主管疏忽職責，員工為了個人的權益，必須提醒機構善盡責任。

2.了解機構性騷擾的處理制度與相關法律知識

員工掌握機構內性騷擾的處理制度，就是保護自己。事情沒發生，一般人都忽略相關的規定；等到事情發生後，才來尋找處理的辦法。這種亡羊補牢的方式，對性騷擾的防治效果不彰。事先了解機構的制度與相關法律知識，具有保護自己與遏止別人侵犯的效果，對於性騷擾的防治才有幫助。

如果事件不幸發生，因為受害者早有相關知識為依據，就能從容不迫採取行動，以及面對即將到來的考驗。

3.了解社會資源機構

機構內處理性騷擾的過程，未必盡如受害者所願，如果從機構內得不到適當的協助，便可以善用外在資源機構，例如，法律諮商、諮商服務、向主管機關申訴。此外，機構內性騷擾防治工作的宣導未必完善，一些社會機構舉辦的有關性騷擾的演講活動，都值得參加。對

於職場上的工作人員來說，社會資源機構的協助，是防治職場性騷擾的必要資源。

4.肯定自己的身體自主權、人格尊嚴權

每個人的身體自主權與人格尊嚴權，都受到憲法或法律的保障，每個人有權遏止他人的侵犯。「男尊女卑」的思想，讓女性受到侵犯時，不敢肯定自己的感覺。其實，女性具有相當的準確力，可以判斷哪些人是高度的性騷擾傾向者（Driscoll, Kelly, & Henderson, 1998），這項能力讓女人能自信地面對性騷擾情境或告訴他人（Craig, Kelly, & Driscoll, 2001）。因此，女性應該肯定自己的感覺，並且適時遏止他人的侵犯。

男性受到女性性騷擾時，尤其是同性間的性騷擾，通常比女性更不敢聲張，這也是「男尊女卑」的錯誤想法所致。因此，認清身體自主權與人格尊嚴權跟性別無關，肯定身體自主權與人格尊嚴權，對性騷擾的防治才有功效。

5.知道如何掌握證據

對性騷擾的受害者來說，決定要不要提出申訴的重要理由之一，是蒐證的難易。雖然直接證據難以蒐集，不過，間接證據卻可以善加利用。例如，加害者在受害者衣物上留下的指紋（尤其是敏感部位衣物上的指紋）、日記、當時可能的證人、受害者當時轉告過的朋友親人、事件發生時受害者與加害者是否單獨相處、加害者對受害者升遷的評語、受害者被強迫約會的證據、受害者出勤紀錄、加班紀錄、錄音……。

受害者第一次受到性騷擾後，除了要立即反應外，還要開始蒐集證據。如果加害者持續性騷擾，留下的證據就更多。

6.事先演練可能經歷的過程

保護自己的防衛工作，不能只停留在思想上的計畫，必須經過實質上的演練，才能本能反應。例如，遇到性騷擾時，大聲斥責加害者的行為，必須要有實際上的行動練習，否則事到臨頭，會因為驚嚇、

害怕，腦中一片空白而不知所措。

　　一些防身的技術可能也會有所幫助，而這些防身技術必須事先學習與演練。

四、職場性騷擾之處理

　　依據「工作場所性騷擾防治措施、申訴及懲戒指導準則」之規定，將處理流程（見圖 18-1、18-2）說明如下：

（一）受害者蒐集證物

　　受害者受到性騷擾後，不管是否立即提出申訴，都應該進行蒐證的工作。

（二）向申訴委員會提出申訴

　　依據民國九十一年三月六日勞委會公布的「工作場所性騷擾防治措施、申訴及懲戒指導準則」第二條之規定：雇用受雇者三十人以上之雇主，應依本準則訂定性騷擾防治措施、申訴及懲戒辦法，並在工作場所顯著之處公告及印發各受雇者。

　　第五條規定：雇主應設置處理性騷擾申訴之專線電話、傳真、專用信箱或電子信箱，並將相關資訊於工作場所顯著之處公開揭示。

　　如果機構內設有申訴委員會，受害者可以向機構內的申訴委員會提出申訴。如果機構內未設有申訴委員會或相關的處理單位，受害者可以直接向地方主管機構的就業歧視評議委員會申訴。

　　如果加害者是雇主，受害者就直接向地方主管機構申訴，不必向機構內的申訴委員會申訴。

（三）申訴委員會進行調查

　　申訴委員會調查此事實，應顧及加害者與受害者雙方的聲譽與隱私權，因此以不公開方式為之。

受害者向申訴委員會提出申訴
申訴委員會進行調查或調解
申訴委員會附理由之決議與建議的懲處
申訴委員會以書面通知申訴人、被訴人、雇主
懲戒與結案
追蹤、考核與監督
對申訴委員會的決議不服
向地方主管機構申請審議或提起訴願

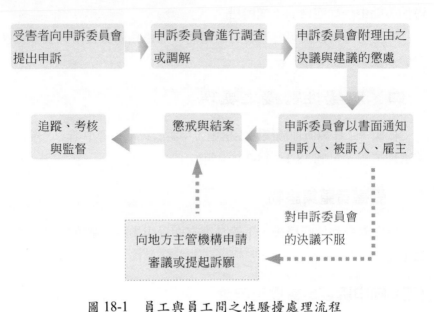

圖 18-1　員工與員工間之性騷擾處理流程

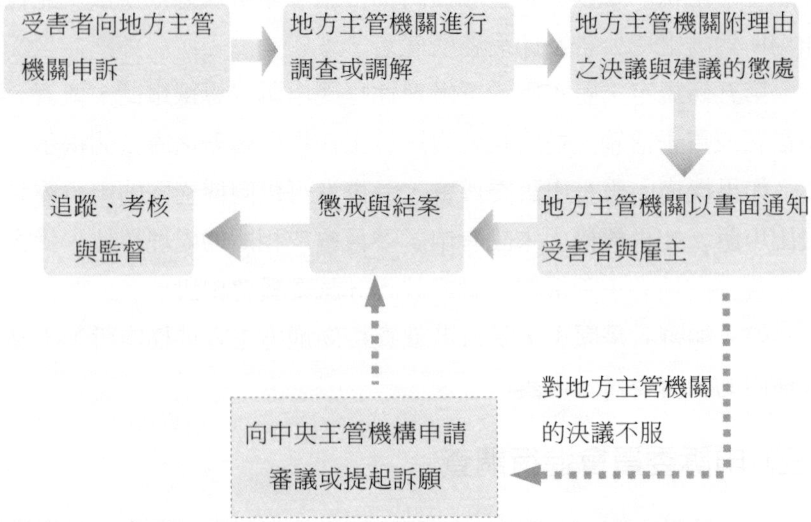

受害者向地方主管機關申訴
地方主管機關進行調查或調解
地方主管機關附理由之決議與建議的懲處
地方主管機關以書面通知受害者與雇主
懲戒與結案
追蹤、考核與監督
對地方主管機關的決議不服
向中央主管機構申請審議或提起訴願

圖 18-2　員工與雇主間之性騷擾處理流程

調查可分為初步與深入調查（焦興鎧，民 93）。在初步調查方面：⑴以嚴肅的態度對待申訴者的控訴；⑵以專業不具壓力的態度跟申訴者面談；⑶蒐集相關事實但不急下判斷；⑷詳問「何人」、「何事」、「何地」、「為何」、「如何」等問題，以及申訴者是否擔心被報復和期望機構如何處理。

如果發現申訴案件屬實，就須進行深入調查。在深入調查方面：⑴向申訴者說明，在任何決定前調查小組會深入調查，並且保證會處理加害者報復之事；⑵說明申訴者的權利，包括相關法律規定、其他正式的申訴管道；⑶立即進行深入調查行動；⑷叮嚀相關人員嚴守保密原則；⑸對調查資料的妥善保管與保密；⑹如果有數個相同的申訴提出，應個別處理；⑺要求相關約談人員嚴守保密原則；⑻避免引用特定事件作為機構內的訓練教材。

（四）申訴委員會之決議與建議之懲處

申訴委員會之調查小組深入調查之後，會將調查的結果、決議、決議之理由，以及建議之懲處，呈報給申訴委員會。

（五）申訴委員會以書面通知申訴人、被訴人與雇主

申訴委員會接獲調查小組的報告後，會以書面通知申訴人（受害者）、被訴人（加害者）與雇主，並且建議雇主依建議對被訴人懲處。

（六）申請審議或提起訴願

如果申訴人或被訴人不服機構內的懲戒處分，可以向當地的主管機構申請審議，或是循民法或刑法請求救濟。

（七）懲戒與結案

當案件的結果塵埃落定，被訴人接受應有的懲處之後，就可以結案。

(八) 追蹤、考核與監督

當案件終結之後，必須對申訴人與被訴人進行追蹤，了解申訴人的身心康復狀況，以及被訴人是否不再重蹈覆轍。在必要時，繼續進行諮商。

此外，機構需依據該事件，進行內部性騷擾防治工作的自我檢討，加強不足的地方，修正不適當的措施，以避免類似的案件發生。

第三節
約會強暴

小克跟小瑩相交已半年，兩人雖然未到論及婚嫁的地步，不過，卻已有性關係。

在情人節那天，小克送給小瑩一束鮮花與一盒巧克力，表示對小瑩的深情依舊。兩人用完晚餐後，小克騎著摩托車載小瑩到山上看夜景。兩人躺在山上隱蔽的草地上，數著天上的星星訴說自己的期望。

當小瑩沉醉在觀望美麗的星光之時，小克卻因為跟小瑩的肢體摩擦而性趣大起。在控制不住之下，轉身壓在小瑩的身上，開始強吻小瑩，並且動手解開小瑩的衣物。小瑩被小克突然其來的動作嚇著，認為在野地做這種事大煞風景，因此，想將小克推開。不過，小克孔武有力，自己又被壓在下面動彈不得⋯⋯。

問題與討論

1. 何謂約會強暴？要件為何？
2. 小克對小瑩的行為，算不算約會強暴？原因為何？

3. 處理約會強暴時，哪些事項對被害人不利？

4. 如果小瑩要提起申訴，該如何處理？

5. 如何防治約會強暴？

一、約會強暴之定義

約會強暴（date rape）泛指約會行為中，一方在違背對方的自由意願／意志下，所從事具有威脅性與傷害性的性愛行為（羅燦煐，民89）。

從以上定義中可知，約會強暴的要件包括：(1)受害者與加害者兩人彼此認識，兩人可能為男女朋友，也可能只是認識而已；(2)事件發生在兩人約會之時；(3)性行為的發生，有一方非出於自願。

故事中的小克與小瑩雖然案發前已有性關係，但是，在案發中，小瑩跟小克的性關係非出於小瑩的自願，因此，小克對小瑩的行為是一種約會強暴。

約會強暴通常發生在熟識的人之間，與發生在陌生人之間的性侵害（稱為典型強暴〔classic rape〕）不同。兩者之差異（羅燦煐，民89；Warshaw, 1988），如表 18-1 所示：

表 18-1　約會強暴與典型強暴之差異比較

相關事項 ＼ 類型	約會強暴	典型強暴
受害者與加害者之關係	彼此認識	彼此不認識
是否使用暴力	不一定（但被脅迫）	是
受害者是否抵抗	不一定	是
是否留下物證	不容易有物證	容易有物證
受害者是否立即報案	不一定，可能延誤	可能立即報案

由於約會強暴與典型強暴之差異，使得約會強暴在認定是否為性侵害時，碰到諸多困難。

■ 二、約會強暴的種類

約會強暴因為受害者與加害者認識時間的長短，而有不同的種類。Shotland（1989）綜合各種有關受害者與加害者的相關研究，將約會強暴分為三類，分別為：開始型約會強暴（beginning date rape）、早期型約會強暴（early date rape）與關係型約會強暴（relational date rape）。以下分別說明這三類型的內涵。

（一）開始型約會強暴

通常發生於關係開始的前幾次約會。加害者有幾個特性：⑴加害者跟受害者約會的目的，在於孤立對方，然後強暴對方。⑵加害者可能具有反社會行為特質，對他人的福祉不敏感，對自己的福祉卻過度敏感。⑶加害者認為別人對他不公平，所以，強暴對方就是為自己找回正義。⑷對性經驗有強烈的需求。⑸加害者可能不止強暴開始型約會的對象，也強暴早期型與關係型的約會對象。

就受害者來說，如果受害者本身對性抱著開放、不在乎的態度，就會加強加害者的強暴意圖。

（二）早期型約會強暴

發生於受害者與加害者幾次約會之後，兩者開始熟悉彼此，但男女朋友關係還在建立中。強暴的產生，最主要是因為錯誤的溝通，可能涉及幾個相關因素：⑴男人通常以濃厚的性色彩來看待外在環境，而加害者更是極端。加害者渴望有更多的性接觸，他認為對方也有同樣的想法，只是不敢明示，假裝沒興趣。⑵加害者通常缺乏性衝動的控制能力，而且具有反社會行為的特質。⑶加害者有錯誤的信念，例如，對「人際暴力」、「脅迫性交」的接受度高。

受害者與加害者在耳鬢廝磨時，如果受害者拒絕加害者的親密舉動，便會讓加害者感到難堪、挫折與憤怒，在以上三個因素的影響下，

加害者不但不會停止自己的舉動，反而性趣大增，繼續前進。

就受害者來說，受害者可能具有社會焦慮，對於加害者的行為無法立即遏止。由於受害者傳遞的拒絕訊息過遲，而且不是肯定有力，因此，對於遏止加害者的強暴，很少發生作用。

（三）關係型約會強暴

發生於受害者與加害者已約會一段時間，雙方對彼此的性觀念有清楚的認識。是因為交換與社會比較的過程，讓強暴行為發生。例如，加害者曾為受害者付出相當多的時間、情感與花費；加害者認為性關係是愛的象徵；加害者將自己目前的關係跟他人比較，而推論他人跟他們的情人已有性關係；加害者比較目前的情人跟先前愛人的關係。

就受害者來說，受害者可能是性觀念保守的人，不過，對於是否應有婚前性關係卻搖擺不定。加害者可能也是性觀念保守者，不過，卻比受害者開放些。因為加害者具有傳統男性角色的概念，相信受害者一開始會反抗，後來會屈服在愛的力量下，因此，准許自己以暴力強暴受害者。

從以上三種強暴類型的內涵來看，強暴案件的發生，似乎跟加害者與被害者的因素有關。不過，再進一步思考，加害者本身才是決定因素。⑴加害者本身若不是人格（反社會行為特質）有問題，就是具有刻板化的性別觀念，因此，對受害者的行為給予自以為是的詮釋。⑵對受害者身體界限與人格尊嚴的不尊重。⑶以個人自身的需要為主，未考慮受害者的期望。

雖然受害者本身一些因素不利強暴事件的預防，但不足以構成強暴的理由。以下就從以上三類強暴類型的內涵、相關理論、相關研究，以及現況，談約會強暴的成因。

三、約會強暴之成因

(一)相關理論

有三種理論用來解釋約會強暴的成因,分別為:(1)女性主義的強暴理論:強暴是性別間權力差異的結果。男人使用強暴來威嚇、削弱女人,以達到操控、保護女人的目的(Brownmiller, 1976,引自陳祖輝,民89);(2)社會學習的強暴理論:強暴是透過模仿與增強而形成的行為(Ellis, 1989);(3)社會生物與演化論的強暴理論:由於某些男性無法透過自然選擇找到伴侶傳遞基因,因此,藉著強暴打破自然選擇的規則,達成基因傳遞後代的目的(Ellis, 1989)。

(二)刻板化的性別角色態度

一些國內外研究顯示:刻板化的性別角色態度與約會強暴有關,例如,過度男性化是約會強暴加害者的基本心理特質(Bourg, 2001);刻板化性別角色態度是約會強暴的重要成因之一(Taylor, 1999);青少年對約會強暴的寬容度,受性別、性別角色態度,以及約會強暴風險意識／經驗的影響(羅燦煐,民88)。

「男尊女卑」是傳統性別角色的核心特質。在這樣的社會中,男性被期望是強者,女性被認為是弱者,應該服從男性的領導、指揮與操控。愈是具有傳統性別角色態度者,愈是認為女人應該順服男人,甚至認同女人有義務滿足男人的需要,尤其在性方面,女人應該配合男人。因此,男人強暴女人,是稀鬆平常的事,不值得大驚小怪。

在這種思想下,甚至衍生出一些不利女性的強暴迷思(rape myth)或稱為強暴支持信念(rape-support belief),而強暴行為與強暴支持信念有關(Sloan, 2003)。例如,女性行為不檢點才會被強暴;女性穿著太暴露,被強暴是活該的;如果女性沒有引誘男性,怎麼會被強暴;男性在女性身上投資太多,強暴是討回公道;遲早都是我的人,早給

晚給，不如現在給；女人說不，就是不好意思說要。

Osman（2003）的研究顯示：具有「女人說不，其實是想要」之信念的男性，強暴的傾向較高。Osman 與 Davis（1999）的研究也有類似的發現：不將女人的抗拒當一回事的男性，對於男性的強暴行為知覺較低。Bourg（2001）的研究除了發現過度男性化是約會強暴加害者的基本心理特質外，還顯示出：男性在約會中強暴女性，跟因憤怒而報復女性、對女性的操控，以及社會的接納等因素有關。Bernat、Wilson 與 Calhoun（1999）進一步發現：具有支持強暴信念的男性，如果約會對象拒絕性行為時，需要更長的時間才能中止強暴行為。

兩性對約會強暴的歸因，也反映出刻板化性別角色態度，例如，男性比女性更容易將約會強暴的責任歸於女性受害者（Workman & Freeburg, 1999）。

種種的強暴支持信念，將男性對女性的強暴視為合理的行為。追根究柢，都是刻板化的性別角色態度惹的禍。

（三）加害者與受害者先前背景的影響

外人對約會強暴的認定，會受到加害者與受害者背景因素的影響，這種影響使得約會強暴不被認為強暴。

羅燦煐（民 88）綜合國外研究，歸納出一些對受害者不利的因素，包括：(1)受害者與加害者熟識，或有約會行為；(2)曾離婚、同居，或從事不正當職業；(3)性行為開放或曾有受暴經驗；(4)穿著暴露、言行輕佻。

就第一類的相關研究來說，如果加害者與受害者兩人熟識，或有約會行為的話，加害者對受害者的強暴，通常不容易被認定為「約會強暴」。例如，如果加害者與受害者在約會強暴發生之前，兩人已有性關係，外人通常不將約會強暴視為強暴（Monson, Langhinrichsen-Rohling, & Binderup, 2000）。如果受害者穿短裙，受害者會被認定該負較多的責任（Workman & Freeburg, 1999）。男女約會時，如果女生允許

男生愛撫（例如，撫摸胸部、下體），大半以上的人會寬容男性對女性的強暴（羅燦煐，民88）。

熟人、男女朋友關係，以及親密的愛撫行為，並不表示一方有權利強迫另一方遂其淫慾。同樣地，其他三類的受害者對性行為有自主權，其自主權應受到尊重，任何人侵犯其自主權，都應該被嚴肅看待。如果社會因為受害者與加害者之間的關係，或受害者之前的背景，而否定其受侵害的事實，就會鼓勵加害者的強暴行為。

（四）心理異常者

某些類別的心理異常者，可能會成為約會強暴的加害者。反社會人格異常者因為缺乏良心，會使用各種不正當的方法滿足自己的私慾，強暴行為是其中之一。Shotland（1989）概念中的開始型約會強暴者，是反社會人格異常者。Sloan（2003）的研究顯示，雖然心理異常與約會強暴沒有直接關係，不過，卻有間接影響，亦即心理異常與強暴支持信念有關，而強暴支持信念與約會強暴有關。

Groth、Burgess與Holmstrom（1977，引自游恆山譯，民90）曾將強暴犯分為四類型，分別為：(1)權力－獨斷型：加害者過度男子氣概，透過脅迫來支配所接觸的女性。(2)權力－保證型：加害者在脆弱自我受到打擊後，才出現強暴行為，強暴是為了補償所受的傷害。(3)憤怒－報復型：強暴是對女性的恨意表達，主要是報復女性對他的輕視。Bourg（2001）的研究也發現，約會強暴與加害者對女性的憤怒有關。(4)憤怒－激動型：加害者從被害者的痛苦中，獲得快感、興奮與戰慄。

以上這四類加害者，從其強暴行為的內在動機來看，可能具有某種程度的心理異常。雖然Groth、Burgess與Holmstrom的研究並非以約會強暴為主，不過，強暴約會可能被包括在範圍內。當然，並非所有的加害者都是心理異常者，只能說，某些加害者可能具有某種程度的心理異常。

（五）強暴藥物的氾濫

以藥物迷姦約會對象，已是稀鬆平常的新聞。一些不法之徒不斷從國外引進不同類型的強暴藥物，國內一些企圖牟取暴利者，也不斷創新製造，使得國內的強暴藥物貨源多、價錢低廉、取得方便。因此，一些有歹念的加害者便迫不及待地採取行動，一些好奇喜歡嘗鮮者，也大膽地加入約會強暴的行列。

四、約會強暴之預防

從以上約會強暴的成因，可以窺見預防約會強暴的幾個途徑：

（一）了解另一性別的特性

男性通常帶著性的色彩看待外在環境，對女性行為與衣著，容易從性的觀點加以詮釋；相反地，女性較少從性的角度詮釋環境中的人、事、物（Shotland, 1989）。所謂「色不迷人，人自迷」，當男性將女性平常的行為解釋成誘惑的舉動後，便容易性趣大起、衝動難禁，在控制不住的情況下，演出亂性的戲碼。

了解另一性別的行為特質，可以保護自己、保護他人。以自己性別的特色詮釋另一性別的行為，便容易引發傷害自己或他人的舉動。這是每個人應有的認知與責任。

（二）清楚討論彼此的性意圖

約會中的兩性之所以誤解彼此的性意圖，是因為沒有開放地討論過彼此的看法（Shotland, 1989）。男性應該了解：女性重感覺，在交往的開始，不想立即跟對方有性關係；女性應該知道：男性重身體滿足，從一開始交往，就想跟對方有性關係。兩性在這方面的差異，彼此要有清楚的認知。

兩性的親密程度雖然跟交往的深度成正比，但是，肌膚親密接觸

的程度是每個人的自主權。因此，兩性須在不同的交往階段中，一再澄清彼此的期望與需求，而不能以自己的需要為主，或是自以為是地行動。

雖然性問題本身令人難以啟齒，不過，為了避免不必要的誤解，兩性得跳脫傳統的覥覥，理性地討論相關問題。

（三）減少兩性對約會強暴認定上的差異

一些研究顯示：不管兩人之前是否已有性關係，或者兩人的交往狀況如何，女性比男性更容易將非自願的性行為視為約會強暴（Monson, Langhinrichsen-Rohling, & Binderup, 2000）；相反地，男生比女生傾向於認為，約會時因親密舉動而造成約會強暴，是可以原諒的（羅燦煐，民88）。這種認定上的差異，會影響兩性行為之前的決定，以及行為之後的責任歸屬。

男性往往認為：(1)兩人相交已久，既然郎有意妹有情，兩人的性行為是天經地義的事；(2)兩人早有性關係，慾火焚身時再來一次也無所謂；(3)既然對方任由自己撫摸身體，接下來，更深度的接觸當然勢在必行；(4)女性突然煞風景的拒絕，其實只是一種掩飾害羞的舉止。

如果再加上其他因素的影響（例如，酒精的催情、刻板化的性別角色），男性就容易誤以為強暴行為只不過是順水推舟、兩情相悅的打情罵俏而已。

對女性而言，即使雙方是男女朋友，即使雙方的親密程度已突破最後一道防線，沒有被尊重的脅迫性行為，就是一種強暴。事實上，約會強暴的定義也是如此。

因此，兩性有義務正確理解約會強暴的內涵，學習尊重彼此身體的自主權，才是防止約會強暴之道。

（四）去除刻板化的性別角色態度與強暴迷思

國家、社會賦予每個人相等的地位與權力，這權力、地位跟性別

無關。男人沒有權利駕馭女人，而女人沒有義務服從男人；男人不一定比女人強，女人不一定比男人弱；男人不一定開放大方，女人不一定含蓄保守；男人不一定需要保護女人，女人不一定需要男人的保護；男人沒有權利強迫女人滿足其需要，女人沒有義務強迫自己滿足男人的需要；男人不一定得主動，女人不一定得被動；男人不一定是主角，女人不一定是配角……。

只有兩性學習尊重彼此的權利，平等看待彼此，才不會讓一方自以為有權利強迫另一方滿足其需要。

此外，去除一些強暴迷思也是預防約會強暴之道，例如，強暴容易發生在一些迷思的約會情境：因為男方情不自禁，無法控制情慾；女方一開始誘惑男性，啟動男方情慾之後才說不；女人穿得太暴露；女人同意前往男人的住處過夜；男人飲了酒；男人花費大把鈔票在女人身上；女人沒有強力反抗……。

強暴迷思給予加害者推卸責任的藉口，增加約會強暴的發生。如果家庭、學校與社會教育能夠破除強暴迷思，讓每個人了解約會強暴與強暴迷思之間的關連，對於預防約會強暴必有一些助益。

（五）熟悉相關法律條文

刑法第十六章「妨害性自主罪」之相關條文，明確界定強制性交與強制猥褻行為，以及懲處規範；「兒童與少年福利法」也明確規範對兒童與青少年不當之性侵害行為。熟悉這些條文，可以警戒自己避免誤觸法網。

（六）約會時減少酒精的影響

情人約會時，一方或雙方飲酒助興，是常見的事。不過，「水能載舟亦能覆舟」，酒精能夠鬆弛人的警戒與防衛，讓自制力降低，讓內在的性慾望直接引爆。因此，約會時是否需要飲酒作樂，值得考慮。

此外，約會強暴最容易發生在節慶時候，這時候全國上下一片歡

騰，喝酒狂歡往往是慶祝的方式之一，酒能亂「性」，往往成為節慶約會的最後註解。

（七）慎選約會地方

情人約會時，總希望到不被干擾的隱密處，尤其是沒有其他人同住，或是家人都不在的雙方住所。如果一方存心不良，這些地方最容易讓強暴發生。

如果雙方只是初識階段，約會之處最好是人多但不複雜的地方。如果雙方已是男女朋友，但未到長久承諾地步，最好也少到人跡稀少或複雜地方。如果雙方已互定終身，即使在隱密處約會，也得小心防備約會強暴。如果雙方感情深厚，已有性關係，或已租屋同居，雙方仍保有自己的性自主權。

（八）小心觀察約會對象的舉止，預防對方下藥

即使到人煙稠密處約會，也不保證不會出現約會強暴的事，因為下藥可能發生在任何地方。預防之道，唯有靠自己慎選交往對象、仔細觀察對方的舉止，以及約會時小心自己的飲食與飲料。

（九）學習尊重每個人的背景經驗

社會大眾在看待約會強暴時，有時會受到加害者與受害者先前關係，以及受害者先前背景的影響，而產生錯誤的擴散效應，讓不相關的先前事件模糊了約會強暴的真實狀況。

妓女如果控訴被男朋友強暴，可能被嗤之以鼻；已訂婚男女，如果一方控訴被另一方強暴，可能被當成茶餘飯後的笑話；性行為開放的女人，如果控訴被約會者強暴，可能被認為強暴有理。如果社會大眾因為受到加害者與受害者先前關係，以及受害者先前背景的影響，而出現如此偏頗的反應，無異協助加害者逃脫責任，也助長約會強暴的發生。

每個人都應該學會尊重他人的背景經驗，跳脫先入為主的看法，才能讓真相重現，讓加害者無所遁形，讓約會強暴的發生率降低。

（十）加強警政、司法單位的執法

消弭強暴藥物的瀰漫，有待警政單位在以下方面努力：鐵腕的防堵策略，以避免國外強暴藥物偷渡進口；加強取締國內工廠製造不法藥物；加強掃除目前已流入毒販手中的藥物。

在司法單位方面，司法人員必須具備性別平等意識，破除強暴迷思，跳脫加害者與受害者背景關係模糊焦點的弊端，才能給予加害者適當的懲處，以及降低約會強暴的發生。

五、約會強暴之處理

受害者被強暴後，一方面身體與情感上受到創傷，因此，需要立即處理。另一方面，由於受害者與加害者認識，在決定是否投訴時，通常猶豫不決。猶豫不決的程度，往往因為兩人的關係狀態而不同。即使還未決定是否投訴，最好還是做一些適當的處理，以備將來之需。處理原則如以下：

（一）受害者

1.告訴親人或親近朋友發生的事，請他們立即過來陪伴與協助。

2.保留證據，包括：現場資料（如果決定投訴時，可以請警察蒐證）；由親人、朋友或社工人員陪同到醫院檢查、蒐集證據，並開立證明；進行避孕處理，以及性病檢驗。做好醫療處理後再淋浴沖洗。

3.進行諮商，以及決定是否申訴。

4.尋求社會資源機構的協助：了解相關的法律問題、案件審理的流程、應有的心理準備、自己的權益問題。

（二）受害者親友方面

如果受害者通知親人、好友前來幫忙，這些親人與朋友就成為重要的支援。以下整理台灣婦女資訊網（民93）提供的建議：

1.陪伴、提醒受害者處理以上所列的項目。

2.相信受害者所說的話，不要質疑或責備，不要做任何「如果當時你（妳）怎麼做就不會被強暴」之類的意見明示或暗示。

3.肯定受害者當時的處理已是最佳的反應。

4.尊重受害者的隱私權。

5.鼓勵受害者尋求諮商協助，以及善用社會資源。

6.協助受害者重新生活。

7.協助受害者面對可能出現的創傷後壓力症候群。

9.在司法單位處理的過程中，陪伴受害者。

受害者所需要的陪伴者可能不只一位，如果受害者願意知會的家人或朋友極少，這時可以善用社會資源。

第四節
性別平等對性騷擾之意涵

性別平等對性騷擾之意涵如下：

一、各性別間需相互尊重、平等

解決性騷擾問題最關鍵的因素，在於各性別間的相互尊重。性別原本無強弱、尊卑之分，偏偏幾千年來的傳統硬將性別區別化、強弱化與尊卑化，並且借助一些混亂、不實的迷思，讓男性操縱、奴隸女性。於是，性騷擾女性的男人自覺有理而理直氣壯，受到性騷擾的女性自覺理虧而無言見人。換句話說，這種混亂事實的性別區別化、強弱化與尊卑化，是性騷擾的罪魁禍首。

要消除性別區別化、強弱化與尊卑化，就需要讓各性別間相互尊重、平等對待。如果性別之間無法相互尊重、平等對待，任何性騷擾的防治方法都將只是治標不治本的暫時性策略而已。

當性別平等後，性別間因此學會相互尊重，性騷擾的迷思因而被破除，加害者就再也無法逃避責任，受害者與證人也會挺身而出，影響所及，性騷擾的發生率必然降低。

二、打破權力結構中，男性獨攬大權的不平等

在權力結構中，男人往往是權力操控者，而女人是服從者。這種不平等的權力結構，讓女人容易成為男人性騷擾的對象，也讓女性受害者在事後得不到同理的回應與正義的論斷。相對地，這種「權力核心人物必定是男人」的權力結構，也直接鼓勵了男人性騷擾女人。

性別平等破除了「權力結構性別化」的偏頗作為，讓不同性別者各依才能、本事，各適其位。因為性別跟權力的高低無關，各性別間學會相互尊重，自然就沒有「受害者性別化」的問題，性騷擾的發生率也會降低。

三、破除性別職業區隔化

非傳統從業人員遭受性騷擾的比例高於傳統從業人員，問題之一，是因為性別職業區隔化，造成不同職場上出現性別比例懸殊的問題。

一直以來「男理工、女人文」是男女選擇職業的指標。如果女性從事理工職業，男性進入人文職場，這些不遵守傳統指標的人便成為工作場遇中的弱勢團體。這些弱勢團體容易成為大家揶揄、排擠的對象，也容易成為性騷擾的受害者。

在性別平等的時代，職業不再有性別的區分，是個人依其能力、志願的選擇。當所有職場的性別比例均衡，便沒有所謂弱勢性別與強勢性別之分，性騷擾的事件自然會減少。

四、去除性別角色模糊職業角色的問題

因為性別角色模糊職業角色，使得性騷擾的事件增加。性別角色之所以模糊職業角色，是因為職場的工作人員受制於性別刻板化印象的影響。

在性別平等的年代，每個人的性別行為不再受制於性別，而是依情境的需要而表現，或甚至沒有所謂的性別角色。因為沒有了性別刻板化印象，自然就不會有性別角色模糊職業角色的問題。

五、打破男性不是受害者的迷思

一般人誤以為男人不會受到性騷擾，男人也不願意承認自己曾受過性騷擾。不過，事實上，男人有時候也像女人一樣，成為性騷擾的受害者。

性別平等後，男人不需要因為強者的形象，而恥於披露被性騷擾的事實，或恥於申訴與申請保護。當社會大眾願意承認性騷擾的受害者跟性別無關，當受害者都願意挺身為自己爭取正義公道後，對於加害者的行為自然有遏止的效果。

六、重視婦女的人身安全

由於傳統「男尊女卑」思想的作祟，家庭、學校與社會各方面傳遞的教育與措施，甚至過去國家政策，都以男性為尊，女性為卑。影響所及，女性各方面的福利與權利都不受重視，包括人身安全。

由於性別平等，每個性別的人身安全都同等重要，尤其是長久以來受忽視的婦女人身安全。因此，任何跟性騷擾有關的防治措施，都會顧慮到不同性別的需要。

參 考 文 獻

丁興祥（民 77）：人際吸引與溝通。載於丁興祥、李美枝、陳皎眉（編著），社會心理學，91-149頁。台北：空大。

王以仁、林淑玲、駱芳美（民 86）：心理衛生與適應。台北：心理。

王任賢（民 91）：性病的定義與特性。台北市立性病防治所性病資料室。民國 91 年 7 月 9 日。

王沂釗（民 89）：婚姻衝突的敘述性研究。國立彰化師範大學輔導與諮商研究所博士論文。

王美惠（民 76）：已婚職業婦女之家務分工、性別、角色態度和社會支援與婚姻滿意的研究。中國文化大學家政學研究所碩士論文。

王桂花（民 80）：社會應如何看待同性戀——讓他們活得更坦然。載於莊慧秋等，中國人的同性戀，196-204頁。台北：張老師。

王淑芳、宋惠娟、林夷真、林祝軍、胡月娟、張美娟、張美雲、張淑敏（民 89）：人類發展學。台北：高立。

王翊涵（民 91）：女性特質國中男生其校園人際處境之研究。國立高雄師範大學輔導與諮商研究所碩士論文。

王慧鈴（民 91）：國民小學低年級兒童性別角色認同及其行為表現之研究。國立新竹師範學院課程與教學研究所碩士論文。

王麗容、李怡菁（民 88）：校園性別歧視和性騷擾的檢視。兩性平等教育季刊，8 期，16-29頁。

王麗斐、張蕊苓、藍瑞霓、洪若和、謝明昆、許維素譯（民 80）：諮商與心理治療的理論與實施。台北：心理。

文慶譯（民 84）：婚外情——無法抗拒的誘惑。台北：展承。

內政部全球資訊網（民 90）：婦女社會參與之成長情況分析。民國 91 年 8 月 20 日。

內政部內政統計資訊網（民 93）：性別統計資料——性侵害被害人統

計。民國 93 年 2 月 9 日。

內政部性侵害防治委員會網站（民 91）：性侵害知多少——工作職場性騷擾。民國 91 年 7 月 29 日。

尹美琪（民 84）：同性戀的坎坷路。諮商與輔導，114 期，46-48 頁。

中時電子報（民 88a）：少女婚前性行為十年增三倍。民國 88 年 1 月 9 日。

中時電子報（民 88b）：全球青少年「性」事調查——台灣五項第一。民國 89 年 10 月 20 日。

孔繁鐘、孔繁錦編譯（民 86）：DSM-IV 精神疾病診斷準則手冊。台北：合記。

台北市性病防治所網站新聞稿（民 91）：保險套知識愈好，第一次性行為就更會使用保險套。91 年 3 月 7 日。

台灣省立澎湖高級水產職業學校網站（民 93）：校園性騷擾與性侵害防治法。民國 93 年 2 月 13 日。

台灣婦女資訊網站（民 91）：台灣婦女的處境（婦女人身安全）。民國 91 年 7 月 12 日。

台灣婦女資訊網站（民 93）：女性人身安全——如何幫助被強暴者。民國 93 年 2 月 2 日。

自由時報（民 92）：老公捉姦，越來越多。民國 92 年 12 月 13 日，社會萬象版。

朱惠瓊（民 91）：與已婚男性交往之未婚女性其心理歷程研究。國立高雄師範大學輔導與諮商研究所碩士論文。

朱蘭蕙（民 91）：男性性別角色刻板印象形成與鬆動之研究。國立台灣師範大學家政教育研究所碩士論文。

吳知賢（民 88）：電視卡通影片中兩性知識的內容分析。發表於「邁向二十一世紀兩性平等教育國內學術研討會」，高雄醫學院兩性研究中心承辦。民國 88 年 4 月 23 日。

吳昱廷（民 89）：同居伴侶家庭的生活與空間——異性戀 V.S.男同性

戀同居伴侶的比較分析。國立台灣大學建築與城鄉研究所碩士論文。

吳姝倩（民 85）：電腦中介傳播人際情感親密關係之研究——探訪電子布告欄（BBS）中的「虛擬人際關係」。國立政治大學新聞研究所碩士論文。

吳翠松（民 86）：報紙中的同志十五年來同性戀議題報導的解析。文化大學新聞研究所碩士論文。

吳榮鎮（民 92）：學校處理校園性騷擾之基本法規（二）。教育部校園性騷擾／性侵害事件調查專業核心人員之進階培訓班手冊，92-102 頁。民國 92 年 12 月 8 日至 12 月 20 日。

李文瑄（民 89）：婚姻暴力的客體關係觀（七）。諮商與輔導，175 期，24-28 頁。

李光國（民 85）：口服避孕藥的認識。馬偕院訊，16(9)期，6-8 頁。

李良哲（民 86）：婚姻衝突因應行為歷程模式之驗證研究。國立政治大學學報，74 期，53-94 頁。

李卓夫（民 89）：大學生性別角色刻板印象與兩性平權態度關係之研究。國立成功大學教育研究所碩士論文。

李孟智、李啟澤（民 85）：青少年同性戀。健康世界，129 期，6-10 頁。

李俊賢、馮國華（民 89）：論台灣兩性平權教育之發展（上）。高雄律師會訊，5(3)期，30-40 頁。

李郁芬譯（民 90）：誰會有婚外情。台北：新苗文化。

李姿瑢（民 93）：職業性別刻板對女性的影響。教育資料與研究，56 期，102-109 頁。

李開敏、林方皓、張玉仕、葛書倫譯（民 83）：悲傷輔導與悲傷治療。台北：心理。

李雅惠（民 89）：單親婦女離婚歷程之探討。東吳大學社會工作研究所碩士論文。

李嘉莉（民90）：高雄縣市離婚婦女生活適應及其復原現狀之研究。國立高雄師範大學成人教育研究所碩士論文。

何嘉雯（民86）：台北縣市大學生親子關係、婚姻態度對婚前性行為影響之研究。中國文化大學生活應用科學研究所碩士論文。

沈慧聲譯（民87）：人際傳播。台北：揚智。

呂寶靜（民84）：工作場所性騷擾之研究：台灣地區案例探討。國立政治大學學報，70期，131-158頁。

呂興忠（民88）：土地、性別、教科書——高中國文課本的再檢討。發表於「邁向二十一世紀兩性平等教育國內學術研討會」，高雄醫學院兩性研究中心承辦。民國88年4月23日。

余憶鳳（91）：網住e世情——網路戀情發展歷程及其影響因素之理論建構。國立台灣師範大學教育心理與輔導研究所碩士論文。

苗延威譯（民85）：人際關係剖析。台北：巨流。

卓紋君、林芸欣（民92）：單戀者單戀歷程分析研究。中華輔導學報，13期，45-88頁。

周月清（民90）：受暴婦女與專業人員對婚暴認知探討研究。社區發展季刊，94期，107-133頁。

周華山（民86）：後殖民同志。香港：香港同志研究社。

周麗端、吳明燁、唐先梅、李淑娟（民88）：婚姻與家人關係。台北：空大。

柯淑敏（民90）：兩性關係學。台北：揚智。

林文琪（民79）：你接不接受同性戀。婦女雜誌，11期，114-128頁。

林文斌、廖月娟譯（民88）：改變世界的藥丸。台北：天下文化。

林松齡（民89）：臺灣社會的婚姻與家庭——社會學的實證研究。台北：五南。

林佳玲（民89）：夫妻依附風格、衝突因應策略與婚姻滿意度之相關研究。國立台灣師範大學教育心理與輔導研究所碩士論文。

林宜旻、陳皎眉（民84）：愛情類型、嫉妒與關係滿意度之相關研

究。教育與心理研究，18 期，287-311 頁。

林莉菁（民 89）：單親父親的男性角色和親職角色之研究。國立台灣大學社會學研究所碩士論文。

林滄崧（民 87）：不幸少女從事性交易相關因素之研究。國立中央警察大學犯罪防治研究所碩士論文。

林蕙瑛（民 84）：台灣地區離婚婦女的離婚後調適與諮商效果研究。中華心理衛生學刊，2(2)期，63-77 頁。

林麗雲（民 80）：揭開同性戀的神秘面紗。載於莊慧秋等，中國人的同性戀，1-11 頁。台北：張老師。

邱秋雲（民 92）：網路戀情者個人特質與其網戀經驗之初探。國立交通大學傳播研究所碩士論文。

邱麗文（民 90）：情變驗孕筆——拒絕「最後一個知道」。張老師月刊，287 期，29-32 頁。

社團法人台灣省婦幼協會網站（民 91）：婦幼真愛宣言婦女篇——婚前如何預防暴力。民國 91 年 7 月 9 日。

唐文慧（民 90）：從「不鼓勵、也不反對」談起——在校園籌組「同志社團」。兩性平等教育季刊，15 期，109-111 頁。

唐秀麗（民 92）：少女網路援助交際行為與生活經驗相關性之研究。國立中正大學犯罪防治研究所碩士論文。

洪妙晶譯（民 86）：自我人生評量學。台北：大村。

祈家威（民 85）：我是不是？怎麼辦？載於莊慧秋等，中國人的同性戀，21-30 頁。台北：張老師。

侯鳳珠（民 91）：高屏地區國小學童職業自我概念與職業刻板印象之研究。屏東師範學院國民教育研究所碩士論文。

侯靜里（民 90）：台北地區大學生自我概念對愛情關係適應與婚前性行為影響之研究。中國文化大學生活應用科學研究所碩士論文。

徐西森（民 92）：兩性關係與教育。台北：心理。

家庭暴力暨性侵害防治中心網站（民 91）：家庭暴力防治中心服務業

務統計表八十八年六月一日至九十一年三月三十一日。民國91年7月12日。

修慧蘭、孫頌賢（民91）：大學生愛情關係分手歷程之研究。中華心理衛生學刊，15(4)期，71-92頁。

翁樹澍、王大維譯（民88）：家族治療──理論與技術。台北：揚智。

財團法人台北市勵馨社會福利事業基金會網站（民90）：網路使用者之「援助交際」、「情色工作」態度及行為調查報告。民國92年7月24日。

孫蒨如（民86）：妳／你到底想說什麼──淺談兩性溝通。學生輔導雙月刊，48期，82-87頁。

茗　溪（民75）：同性戀。諮商與輔導，2期，2-12頁。

梁竹記（民92）：中年離婚男性生活經驗之研究。國立嘉義大學家庭教育研究所碩士論文。

曹中瑋（民73）：自我狀態、夫妻溝通型態與婚姻滿意度之相關研究。台灣師範大學教育心理與輔導研究所碩士論文。

教育部（民92）：校園性騷擾／性侵害案例調查處理實務手冊（草案）。教育部兩性平等教育委員會。

張青惠（民85）：八位離婚女性離婚歷程之分析研究──由依賴婚姻走向獨立生活。國立台灣師範大學教育心理與輔導研究所碩士論文。

張英熙（民79）：蜘蛛女之吻──談同性戀問題。學生輔導通訊，9期，39-42頁。

張春興（民78）：張氏心理學辭典。台北：東華。

張春興（民84）：教育心理學──三元取向的理論與實踐。台北：東華。

張純吉（民86）：婚前性行為對男女情侶關係的影響。國立台灣大學心理學研究所碩士論文。

張銘峰（民90）：彩虹國度情慾之研究──以中年男同志為例。國立

高雄師範大學成人教育研究所碩士論文。

張德聰（民 82）：如何透過溝通建立師生關係。學生輔導通訊，25期，36-44 頁.

張錦麗（民 88）：性騷擾對被害人之傷害與防治之道。社區發展季刊，86 期，216-225 頁。

張瓊玲、薛承泰、林慧芬（民 90）：e 世代女性權益之研究。國家政策論壇，1(8)期，215-223 頁。

黃有志（民 89）：青少年如何面對「性要求」。杏陵天地，6 期，40-42頁。

黃俊傑（民 85）：離婚原因與預防。輔仁學誌，27 期，37-60 頁。

黃婉君（民 87）：國小新版國語教科書性別意識型態之內容分析研究。兩性平等教育季刊，5 期，26-37 頁。

黃堅厚（民 88）：人格心理學。台北：心理。

黃維仁（民 85）：婚姻的藍圖——敵對的共生。載於李志航（主編），科技與人文，107-115 頁。台北：歌雅。

黃進南（民 88）：兩性教育。高雄：復文。

黃富源、張錦麗（民 84）：工作場所性騷擾預防手冊。台北：現代婦女基金會。

黃羨斐（民 89）：婚前性行為內在衝突之分析研究——以大學校園女生為例。國立台灣師範大學教育心理與輔導研究所碩士論文。

淺野八郎（民 78）：心理測驗（愛情篇）。台北：專業文化。

彭淑華、張英陣、韋淑娟、游美貴、蘇慧雯譯（民 88）：家庭暴力。台北：洪葉。

彭懷真（民 84）：同性戀。載於江漢聲、晏涵文（主編），性教育，253-274 頁。台北：性林文化。

彭懷真（民 90）：婚姻與家庭。台北：三民。

清大小紅帽工作群（民 91）：校園反性騷擾行動手冊。台北；張老師。

陳文卿（民 90）：從網路一夜情談現代兩性交往。諮商與輔導，182

期，16-19頁。

陳月靜（民90）：大學生愛情關係分手的研究。通識教育年刊，3期，29-42頁。

陳志中、趙光漢、楊友仕（民86）：緊急避孕法。台灣醫學，1(2)期，256-259頁。

陳怡如（民90）：婚姻暴力目睹兒童處遇現況之探討。社區發展季刊，49期，252-267頁。

陳怡樺（民87）：避孕法。藥學雜誌，14(3)期，18-30頁。

陳金定（民90）：大學生的愛情觀。未發表。

陳金定（民93a）：大專與大學生對一夜情態度之探討。準備發表中。

陳金定（民93b）：大專男女學生援助交際態度差異之比較。國立體育學院論叢，15(1)期，247-262頁。

陳若璋（民81a）：台灣婚姻暴力高危險因子之探討。國立台灣大學社會學刊，21期，123-160頁。

陳若璋（民81b）：台灣婚姻暴力之本質、歷程與影響。婦女與兩性學刊，3期，117-147頁。

陳若璋（民81c）：家暴防治手冊。台北：張老師。

陳若璋（民82）：大學生性騷擾、侵害經驗特性之研究。中華心理衛生學刊，7(1)期，77-96頁。

陳祖輝（民89）：性別文化之社會建構──青少年「約會強暴」問題初探。社區發展季刊，89期，215-225頁。

陳皎眉、鍾思嘉（民85）：人際關係。台北：幼獅。

陳淑華（民92）：高雄市國中學生性知識、性態度、性行為之研究。國立高雄師範大學輔導與諮商研究所碩士論文。

陳婷蕙（民86）：婚姻暴力中阻礙受虐婦女脫離受虐關係的影響因素之探討。社會福利，130期，42-48頁。

陳靜琪（民92）：女性主義教育學之實踐──以「破除性別刻板印象」的統整課程設計為例。國立新竹師範學院職業繼續教育研究

所碩士論文。

陳麗如（民 89）：她們的故事——七個女同志的認同過程。國立屏東師範學院教育心理與輔導研究所碩士論文。

傅岳邦（民 89）：女性的工作權益——就業、待遇與性騷擾問題。人事月刊，31(5)期，21-28 頁。

游恆山譯（民 90）：變態心理學。台北：五南。

游美惠（民 88）：閱讀羅曼史——關乎性別平權教育。發表於「邁向二十一世紀兩性平等教育國內學術研討會」，高雄醫學院兩性研究中心承辦。民國 88 年 4 月 23 日。

游康婷（民 90）：網路友誼的形成與維繫——電子布告欄使用者交友行為研究。國立台灣師範大學大眾傳播研究所碩士論文。

曾寶玲、周麗端（民 88）：父母婚姻暴力對兒童問題行為影響研究。家政教育學報，2 期，66-89 頁。

葉光輝（民 88）：家庭中的循環性衝突。家庭心理學——系統思維觀點的探討與應用，2 期，41-82 頁。台北：五南。

焦興鎧（民 90）：兩性平權——維護婦女人身安全。國家政策論壇，1(2)期，125-127 頁。

焦興鎧（民 93）：工作場所性騷擾答客問集。婦女權益促進發展基金會網站。民國 93 年 2 月 3 日。

塗沅澂（民 91）：個體對同性戀所持態度之外顯測量與內隱測量比較。輔仁大學心理學研究所碩士論文。

楊孝濚、孫秀蕙、吳嫦娥、曾貴苓（民 90）：台北市少年網路交友行為之研究。犯罪學期刊，7 期，37-98 頁。

楊育英（民 92）：特殊家庭青少女婚前性行為及其相關經驗之質性研究。高雄醫學大學行為科學研究所碩士論文。

楊錦蘭（民 90）：成人基本教育教材性別意識型態之分析。國立中正大學成人及繼續教育研究所碩士論文。

蔡如珮（民 91）：台東師院男女生的價值觀、性別角色態度與生涯選

擇的差異之關連性。台東師範學院教育研究所碩士論文。

蔡怡眞（民89）：十八歲前發生性行為，日後得子宮頸癌危險性高出六倍。載自崴達健康天地網站。民國92年7月21日。

蔡雅惠（民91）：國中小學生職業性別刻板印象與職業興趣之研究。台南師範學院國民教育研究所碩士輪文。

蔡群瑞（民91）：復原力對離婚後個人適應之影響研究。彰化師範大學輔導與諮商研究所碩士論文。

蔡詩薏（民90）：家庭生命週期、性別角色、自我開放程度與夫妻婚姻滿意度及其差異之研究。國立成功大學行為醫學研究所碩士論文。

蔡端（民92）：國民小學教師對學生性別角色的刻板印象與兩性平等教育實施態度之研究。國立新竹師範學院課程與教學研究所碩士論文。

蔡鋒博（民89）：拒絕九月墮胎潮。自由時報，轉載自 http://www.lofaa.org.tw/group/septabort.html 網站。民國89年7月7日。

廖克玲譯著（民71）：社會學習巨匠──班度拉。台北：允晨。

鄭淑麗（民87）：分手十年心理比較。張老師月刊，251期，66-74頁。

鄭瑞榮、許維倫（民88）：遭受婚姻暴力婦女因應方式之研究。犯罪學期刊，4期，25-272頁。

壹週刊（民90）：學生援交狂潮。壹週刊，9期，26-31頁。

衛生署疾病管制局（民91）：世紀愛滋全球感染人數超過六千萬，非洲南部感染趨緩，東亞、亞太地區成為明日之星。轉載自台北市性病防治所愛滋資料室網站。民國91年7月9日。

衛生署疾病管制局網站新聞稿（民91a）：台灣感染人數將破四千，去年超六百宗。91年7月9日。

衛生署疾病管制局網站新聞稿（民91b）：民無「性」不立，誰說三十而立，愛滋感染族群年輕化。民國91年7月9日。

衛生署疾病管理局網站（民92）：愛滋病統計資料。民國92年11月

22 日。

劉滌昭譯（民 87）：援助交際——中學女生放學後的危險遊戲。台北：商業週刊。

劉安貞（民 89）：對同性戀輔導的反思。諮商與輔導，171 期，23-27 頁。

劉安真（民 90）：「女同志」性認同形成歷程與污名處理之分析研究。國立彰化師範大學輔導與諮商研究所博士論文。

劉秀娟編著（民 87）：兩性教育。台北：揚智。

劉宗輝（民 86）：國內電視廣告性別角色描繪之研究。國立雲林科技大學企業管理研究所碩士論文。

劉彥君（民 86）：離婚男性生活適應之研究。東吳大學社會工作研究所碩士論文。

劉家儀（民 90）：以人際關係論與計畫行為論探討網路交友現象。國立中山大學資訊管理研究所碩士論文。

賴憶真（民 91）：高雄市國中已婚音樂教師婚姻美滿度及其相關因素之調查研究。國立台灣師範大學音樂教育研究所碩士論文。

謝孟潔（民 92）：妻子面對丈夫外遇後的心理歷程之研究。國立高雄師範大學輔導與諮商研究所碩士論文。

謝臥龍、莊勝發、駱慧文（民 86）：各級學校諮商員對女性案主性別角色與特質認知之比較研究。諮商輔導文粹，2 期，13-40 頁。

謝淑芬（民 83）：兩性文化差異與女性文化——以台中市生活風格研究為例。東海大學社會學研究所碩士論文。

謝豐存（民 90）：虛擬世界擇偶——以配對網站的異性交往為例。國立台灣師範大學家政教育研究所碩士論文。

戴靜文（民 91）：走過婚姻風暴——談夫妻關係與離婚。諮商與輔導，202 期，29-36 頁。

魏英珠（民 88）：校園性騷擾及性侵害事件之辨識及處理。兩性平等教育季刊，9 期，50-53 頁。

簡春安（民80）：外遇的分析與處置。台北：張老師。

韓國柱（民88）：性病防治講座。台北：大河。

蘇倩雪（民91）：屏東地區高職學生性別角色態度、家庭價值觀與婚姻態度之研究。國立屏東師範學院國民教育研究所碩士論文。

蘇稚盈（民86）：同性戀形成的生理基礎。科學月刊，28(6)期，500-506頁。

羅燦煐（民88）：事出有因，情有可原？——台灣青少年對約會強暴之寬容性研究。中華心理衛生學刊，12(1)期，57-91頁。

羅燦煐（民89）：變調的約會?青少年約會強暴的防治。高中教育，9期，12-15頁。

羅燦煐（民92）：教育部校園性騷擾及性侵害處理核心人員培訓班行政處理講綱。教育部校園性騷擾／性侵害事件調查專業核心人員之進階培訓班手冊，42-47頁。民國92年12月8日至12月20日。

顧瑜君（民76）：分手時的傷痛和抑鬱——階前雨聲心難寧。余德慧（策畫），中國人的愛情觀——情感與抉擇，202-211頁。台北：張老師。

蕭英玲（民92）：女性外遇：動機、發展歷程與態度。中華心理衛生學刊，15(4)期，1-29頁。

Adamson, L. (1998). Predicting attachment and violence in relationships: An investigation across three generations. *Dissertation Abstracts International, A (humanities and Social Science), 58*(8-A), 3318. US: Univ. Microfilms International. PsycINFO Database Record.

Alalu, R. (2000). The effects on the relationship between marital violence and functional adaptation in children: A meta-analysis. *Dissertation Abstracts International: Section B: the Sciences & Engineering, 61*(5-B), 2743. US: Univ. Microfilms International. PsycINFO Database Record.

Anderssen, N. (2002). Does contact with lesbians and gays lead to friendlier attitudes? A two year longitudinal study. *Journal of Community & Ap-*

plied Social Psychology, 12, 124-136.

Anson, O., & Sagy, S. (1995). Marital violence: Comparing women in violent and nonviolent unions. *Human Relations, 48*, 385-305.

Aronson, E., & Linder, D. (1965). Gain and loss of self esteem as determinants of interpersonal attractiveness. *Journal of Experimental and Social Psychology, 1*, 156-171.

Avakame, E. F. (1998). Intergenerational transmission of violence, self-control, and conjugal violence: A comparative analysis of physical violence and psychological aggression. *Violence & Victims, 13*, 301-316.

Axinn, W. G, & Thornton, A. (1992). The relationship between cohabitation and divorce: Selectivity or causal influence. *Demography, 29*, 357-374.

Babcock, J. C. (1997). Attachment and the function of marital violence: Using the adult attachment interview to typologize batterers and organize their behavior. *Dissertation Abstracts International: Section B: the Sciences & Engineering, 58* (6-B), 3308. US: Univ. Microfilms International. PsycINFO Database Record.

Babcock, J. C., Jacobson, N. S., Gottman, J. M., & Yerington, T. P. (2000). Attachment, emotional regulation, and the function of marital violence: Differences between secure, preoccupied, and dismissing violent and nonviolent husbands. *Journal of Family Violence, 15*, 391-409.

Baker, M. (2000). The long-term psychological effects of childhood exposure to interparental violence. *Dissertation Abstracts International: Section B: the Sciences & Engineering, 61*(5-B), 2774. US: Univ. Microfilms International. PsycINFO Database Record.

Bargh, J. A., Raymon, P., Pryor, J. B., & Strack, F. (1995). Attractiveness of the underling: A automatic powerRsex association and its consequences for sexual harassment and aggression. *Journal of Personality and Social Psychology, 68*, 768-781.

Baumeister, R. F., & Wotman, S. R. (1992). *Breaking hearts: The two sides of unrequited love.* New York: Guilford Press.

Baumeister, R. F., & Wotman, S. R., & Stillwell, A. M. (1993). Unrequited love: On heartbreak, anger, guilt, scriptlessness, and humiliation. *Journal of Personality and Social Psychology, 64*, 377-394.

Beal, C. R., & Lockhart, M. E. (1989). The effect of proper name and appearance change on children's reasoning about gender constancy. *International Journal of Behavioral Development, 12*, 195-205.

Behrens, B. C., & Sanders, M. R. (1994). Prevention of marital distress: Current issues in programming and research. *Behaviour Change, 11*, 82-93.

Bem, S. L. (1974). The measurement of psychological androgyny. *Journal of Consulting and Clinical Psychology, 42*, 155-162.

Bem, S. L. (1989). Genital knowledge and gender constancy in preschool children. *Child Development, 60(3)*, 649-662.

Bennett, N. G., Blanc, A. K., & Bloom, D. E. (1988). Commitment and the modern union: Assessing the link between premarital cohabitation and subsequent marital stability. *American Sociological Review, 53*, 127-138.

Berdahl, J. L., Magley, V. J., & Waldo, C. R. (1996). The sexual harassment of men? *Psychology of Women Quarterly, 20*, 527-547.

Berkowitz, L. (1990). On the formation and regulation of anger and aggression: A cognitive-neoassociationistic analysis. *American Psychologist, 45*, 494-503.

Bernat, J. A., Wilson, A. E., & Calhoun, K. S. (1999). Sexual coercion history, calloused sexual beliefs and judgments of sexual coercion in a date rape analogue. *Violence & Victims, 14*, 147-160.

Berscheid, E. (1983). Emotion. In H. H. Kelly, E. Berscheid, A. Christensen, J. H. Harvey, T. L. Huston, G. Levinger, E. McClintock, L. A. Pepln, &

D. R. Peterson (Eds.), *Close relationships* (pp. 110-168). New York: Freemon.

Bhogle, S., & Seethalakshim, R. (1992). Development of gender constancy in Indian Children. *Journal of the Indian Academy of Applied Psychology, 18*, 49-56.

Black, L. E., & Sprenkle, D. H. (1991). Gender differences in college students' attitudes toward divorce and their willingness to marry. *Journal of Divorce & Remarriage, 14*, 47-60.

Black, K. N., & Stevenson, M. R. (1984). The relationship of self-reported sex-role characteristics and attitudes toward homosexuality. *Journal of Homosexuality, 10*, 83-93.

Birren, J. E., Kinney, D. K., Schaie, K. W. & Woodruff, D. S. (1981). *Developmental Psychology: A life-span approach.* Hoppewell, New Jersey: Houghton Mifflin.

Boan, C. H. (1999). An investigation of differences in global self-concept and specific domains of self-concept based on age group, gender, and gender role type. *Dissertation Abstracts International: Section B: the Sciences & Engineering, 591 (9-B), 5149. US: Univ. Microfilms International. PsycINFO Database Record.*

Bourg, S. N. (2001). Sexual and physical aggression within a dating/acquaintance relationship: Testing models of perpetrator characteristics. *Dissertation Abstracts International: Section B: the Sciences & Engineering, 62* (1-B), 537. US: Univ. Microfilms International. PsycINFO Database Record.

Bowlby, J. (1973). *Attachment and loss: Vol. 2. Separation.* New York: Basic Books.

Bowlby, J. (1980). *Attachment and Loss: Vol. 3. Loss, sadness and depression*, New York: Basic Books.

Bowlby, J. (1982). *Attachment and loss: Vol. 3. Attachment* (2d). New York: Basic Books, Inc. (Original work published in 1969).

Bowlby, J. (1988). *A secure base: Parent-child attachment and healthy human development.* New York: Basic Books.

Bowman, M. L. (1990). Coping efforts and marital satisfaction: Measuring marital coping and its correlates. *Journal of Marriage and the Family, 52*, 463-474.

Branden, N. (1988). A vision of romantic love. In R. J. Sternberg & M. L. Barnes (Eds.), *The psychology of love* (pp. 219-231). New Haven: Yale University Press.

Brenner, L. M. (1996). The adult patterns of men and women who were sexually abused as children: Is there risk of becoming a victim or perpetrator? *Dissertation Abstracts International, A* (Humanities and Social Science), 56(11-B), 6382, US: Univ. Microfilms International. PsycINFO Database Record.

Brennom, J. M. (2001). Cohabitation versus marriage as a first union: A developmental approach. *Dissertation Abstracts International, A* (Humanities and Social Science), *62* (2-A), 789, US: Univ. Microfilms International. PsycINFO Database Record.

Briere, J., Malamuth, N., & Check, J. V. (1985). Sexuality and rape-supportive beliefs. *International Journal of Women's Studies, 8*, 398-403.

Brown, E. M. (1991). *Patterns of infidelity and their treatment.* New York: Brunner/Mazel.

Brown, K. K. (2001). Androgyny and coping with prejudice among lesbian and bisexual women. *Dissertation Abstracts International: Section B: the Science & Engineering, 61* (8-B), 4393, US: Univ. Microfilms International. PsycINFO Database Record.

Bumpass, L., & Sweet, J. (1989). National estimates of cohabitation. *Demog-*

raphy, 26, 615-625.

Burgess, D., & Borgida, E. (1997). Sexual harassment: An experimental test of sex-role spillover theory. *Personality & Social Psychology Bulletin, 23*, 63-75.

Bussey, K, & Bandura, A. (1992). Self-regulatory mechanisms governing gender development. *Child Development, 63*, 1236-1250.

Butler, R., Walker, W. R., Skowronski, J. J., & Shannon, L. (1995). Age and responses to the love attitudes scale: Consistency in structure, differences in scores. *International Journal of Aging & Human Development, 40*, 281-296.

Buunk, B. P., & Mutsaers, W. (1999). Equity perceptions and marital satisfaction in former and current marriage: A study among the remarried. *Journal of Social & Personal Relationships, 16*, 123-132.

Byrne, D. & Murnen, S. K. (1988). Maintaining love relationship. In R. J. Sternberg & M. L. Barnes (Eds.), *The Psychology of love* (pp. 293-310). New Haven: Yale University Press.

Cameron, P., & Cameron, K. (2002). Children of homosexual parents report childhood difficulties. *Psychological Reports, 90*, 71-82.

Cano, A., & Vivian, D. (2001). Life stressors and husband-to-wife. *Aggression & Violent Behavior, 6*, 459-480.

Cappell, C., & Heiner, R. B. (1990). The intergenerational transmission of family aggression. *Journal of Family Violence, 5*, 135-152.

Cartar, L., Hicks, M., & Slane, S. (1996). Women's reactions to hypothetical male sexual touch as a function of initiator attractiveness and level of coercion. *Sex Roles, 35*, 737-750.

Carter, D. B., & Levy, G. D. (1988). Cognitive aspects of early sex-role development: The influence of gender schema on preschoolers' memories and preferences for sex-typed toys and activities. *Child Development,*

59, 782-792.

Cass, V. C. (1979). Homosexual identity formation: A theoretical model. *Journal of Homosexuality, 4*, 219-235.

Chan, D, K-S, & Cheung, S. F. (1998). An examination of premarital sexual behavior among college students in Hong Kong. *Psychology and Health, 13*, 805-821.

Chang, J. (1996). What do education and work mean? Education, nonfamilial work/living experience and premarital sex for women in Taiwan. *Journal of Comparative Family Studies, 27*, 13-40.

Charny, I. W. & Parnass, S. (1995). The impact of extramarital relationships on the continuation of marriages. *Journal of Sex & Marital Therapy, 21*, 100-115.

Chohan, C. L., & Kleinbaum, S. (2002). Toward a greater understanding of the cohabitation effect: Premarital cohabitation and marital communication. *Journal of Marriage & the Family, 64*, 180-192.

Choice, P., Lamke, L. K., & Pittman, J. F. (1995). Conflict resolution strategies and marital distress as mediating factors in link between witnessing interparental violence and wife battering. *Violence & Victims, 10*, 107-119.

Clements, R., & Swensen, C. H. (2000). Commitment to one's spouse as a predictor of marital quality among older couples. *Current Psychology: Development, Learning, Personality, Social, 19*, 110-119.

Cornwell, B., & Lindgren, D. C. (2001). Love on the internet: Involvement and misrepresentation in romantic relationships in cyberspace vs. real space. *Computer in Human Behavior, 17*, 197-211.

Corr, P. J., & Jackson, C. J. (2001). Dimensions of perceived sexual harassment: Effects of gender, and status/liking of protagonist. *Personality & Individual differences, 30*, 525-539.

Craig, T. Y., Kelly, J. R., & Driscoll, D. (2001). Participant perceptions of potential employers. *Sex Roles, 44,* 7/8, 389-400.

Crocker, P. L. (1983). An analysis of university definitions of sexual harassment. *Journal of College Student Personnel, 24,* 219-224.

de Lisi, R., & Gallagher, A. M. (1991). Understanding of gender stability and constancy in Argentinean Children. *Merrill-Palmer Quarterly, 37,* 483-502.

DeMaris, A., & Leslie, G. R. (1984). Cohabitation with the future spouse: Its influence upon marital satisfaction and communication. *Journal of Marriage & the Family, 46,* 77-84.

DeMaris, A., & Rao, V. (1992). Premarital cohabitation and subsequent marital stability in the United States: A reassessment. *Journal of Marriage & the Family, 54,* 178-190.

Dijkstra, P., Groothof, H, K., Poel, G. A., Laverman, T. G., Schrier, M., & Buunk, B. P. (2001). Sex differences in the events that elicit jealousy among homosexuals. *Personal Relationships, 8,* 41-54.

Dotson, D. R. (1996). His and her violence: Resource theory and the feminist alternative. *Dissertation Abstracts International, A (Humanities and Social Science), 56* (10-A), 4160. US: Univ. Microfilms International. PsycINFO Database Record.

Doums, D., Margolin, G., & John, R. S. (1994). The intergenerational transmission of aggression across three generations. *Journal of Family Violence, 9,* 157-175.

Drigotas, S. M., Safstrom, C. A., & Gentilia, T. (1999). An investment model prediction of dating infidelity. *Journal of Personality and Social Psychology, 77,* 509-524.

Driscoll, D. M., Kelly, J. R., & Henderson, W. L. (1998). Can perceivers identity likelihood to sexually harass. *Sex Roles, 38,* 557-588.

Duggan, E. S. B. (1998). Young adults' reaction to intimate-relationship conflict and conflict resolution strategies: Implication for the intergenerational transmission of violence. *Dissertation Abstracts International: Section B: the Sciences & Engineering, 59* (4-B), 2348. US: Univ. Microfilms International. PsycINFO Database Record.

East, P. L., Felice, M. E., & Morgan, M. C. (1993). Sisters' and girlfriends' sexual and childbearing behavior: Effects on early adolescent girls' sexual outcomes. *Journal of Marriage & the Family, 55*, 953-963.

Eaton, W. O. (1983). Gender understanding and sex-role stereotyping in preschoolers: Implications for caregivers. *Child Care Quarterly, 12*, 28-35.

Eaton, W., O., & von Bargen, D. (1981). Asynchronous development of gender understanding in preschool children. *Child Development, 52*, 1020-1027.

Eckhardt, C. I. (1995). Articulated irrational thoughts in martially violent men. *Dissertation Abstracts International: Section B: the Sciences & Engineering, 55* (7-B), 3010. US: Univ. Microfilms International. PsycINFO Database Record.

Eckhardt, C. I., & Kassinove, H. (1998). Articulated cognitive distortions and cognitive deficiencies in martially violent men. *Journal of Cognitive Psychotherapy, 12*, 231-250.

Elise, D. (1986). Lesbian couples: The implications of sex differences in separation-individuation. *Psychotherapy, 23*, 305-310.

Ellis, L. (1989). *Theories of rape: Inquires into the causes of sexual aggression.* New York: Hemisphere.

Emmerich, W., & Shepard, K. (1984). Cognitive factors in the development of sex-typed preferences. *Sex Roles, 11*, 997-1007.

Ernulf, K. E., & Innala, S. M. (1998). Masculinity, femininity, and sexual attractiveness: A cross-national perspective. *Scandinavian Journal of Sexology, 1*, 107-120.

Fiebert, M. S., & Tucci, L. M. (1998). Sexual coercion: Men victimized by women. *Journal of Men's Studies, 6*, 127-133.

Fine, L. M., Shepherd, C. D., & Josephs, S. L. (1999). Insights into sexual harassment of salespeople by customers: The role of gender and customer power. *Journal of Personal Selling & Sales Management, 19*, 19-34.

Fisher, B., & Akman, J. S. (2002). Normal development in sexual minority youth. In Jones, Billy E. (Ed.), Mental health issues in lesbian, gay, bisexual, and transgender communities. *Review of Psychiatry, 21*, 1-16. Washington, DC: American Psychiatric.

Fitzgerald, L. F. (1993). Sexual harassment: Violence against women in the workplace. *American Psychologist, 48*, 1070-1076.

Fitzgerald, L. F., Drasgow, F., Hulin, C. F., & Gelfand, M. J. (1997). Antecedentsand consequences of sexual harassment in organizations: A test of integrated model. *Journal of Applied Psychology, 82*, 578-589.

Fitzgerald, L. F., Shullman, S. L., Bailey, N., Richards, M., Swecker, J., Gold, Y., Ormerod, M., & Weitzman, L. (1988). The incidence and dimensions of sexual harassment in academia and the workplace. *Journal of Vocational Behavior, 32*, 152-175.

Fitzgerald, L. F., & Swan, S. (1995). Why didn't she just report him? The psychological and legal implications of women's responses to sexual harassment. *Journal of Social Issues, 51*, 117-138.

Folkes, V. S. (1982). Communicating the reasons for social rejection. *Journal of Experimental Social Psychology, 18*, 235-252.

Frzaier, P. A., Cochran, C. C. & Olson, A. M. (1995). Social science research on lay definitions of sexual harassment. *Journal of Social Issues, 51*, 21-37.

Garrett-Gooding, J., & Senter, R., Jr. (1987). Attitudes and acts of sexual aggression on a university campus. *Sociological Inquiry, 57*, 348-371.

Gerrity, D. A. (2000). Male university employees' experiences of sexual harassment-related behaviors. *Psychology of Men & Masculinity, 1*, 140-151.

Gianakos, I. (2000). Gender roles and coping with work stress. *Sex Roles, 42*, 1059-1079.

Gottman, J. (1994). *Why marriages succeed or fail.* New York: Simon & Schuster.

Grant, S. M. (2000). Incidence and risk factors of sexual harassment among working women: Implications for counseling psychology and the workplace. *Dissertation Abstracts International, A (Humanities and Social Sciences), 60* (7-A), 2384. US: Univ. Microfilms International. PsycINFO Database Record.

Gutek, B. A. (1985). *Sex and the workplace.* San Francisco: Jossey-Bass.

Gutek, B. A., & Morasch, B. (1982). Sex-ratios, sex-role spillover, and sexual-harassment of women at work. *Journal of Social Issues, 38*, 55-74.

Haj-Yahia, M. M. (1998). A patriarchal perspective of beliefs about wife beating among Palestinian men from the West Bank and the Gaza Strip. *Journal of Family Issue, 19*, 595-621.

Hall, D. R., & Zhao, J. Z. (1995). Cohabitation and divorce in Canada: Testing the selectivity hypothesis. *Journal of Marriage & the Family, 57*, 421-427.

Hamburger, M. E. (1995). Assessing the validity of a multidimensional model of sexual coercion in college men. *Dissertation Abstracts International: Section B: the Sciences & Engineering, 56* (5-B), 2940. US: Univ. Microfilms International. PsycINFO Database Record.

Hatfield, E. (1988). Passionate and companionate love. In R. J. Sternberg & M. L. Barnes (Eds.), *The psychology of love* (pp. 191-217). New Haven:

Yale University Press.

Haworth-Hoeppner, S. (1998). What's gender got to do with it: Perceptions of sexual coercion in a university community. *Sex Roles, 38*, 757-779.

Hazen, C., & Shaver, P. (1987). Romantic love conceptualized as an attachment process. *Journal of Personality and Social Psychology, 52*, 511-524.

Hebl, M. R., Foster, J. B., Mannix, L. M., & Dovidio, J. F. (2002). Formal and interpersonal discrimination: A field study of bias toward homosexual applicants. *Personality & Social Psychology Bulletin, 28*, 815-825.

Hendrick, S. S., & Hendrick, C. (1997). Love and satisfaction. In R. J. Sternberg & M. Hojjat (Eds.), *Satisfaction in close relationships* (pp. 56-78). New York: The Guilford Press.

Hindy, C. G., & Schwartz, J. C. (1994). Anxious romantic attachment in adult relationships. In M. B. Sperling & W. H. Berman (Eds.), *Attachment in adults: Clinical and developmental perspectives* (pp. 179-203). New York: The Guilford Press.

Hirokawa, K., Yamada, F., Dohi, I., & Miyata, Y. (2001). Effect of gender-types on interpersonal stress measured by blink rate and questionnaires: Focusing on stereotypically and androgynous types. *Social Behavior & Personality, 29*, 375-384.

Hite, S. (1987). *Women and love: A cultural revolution in progress.* New York: Knopf.

Holmes, T. H., & Rahe, R. H. (1967). The social readjustment rating scale. *Journal of Psychosomatic Research, 11*, 213-218.

Holtzworth-Munroe, A., Bates, L., Smutzler, N., & Sandin, E. (1997). A brief review of the research on husband violence: I. Mari tally violent versus nonviolent men. *Aggression & Violent Behavior, 2*, 65-99.

Holtzworth-Munroe, A., & Stuart, G. L. (1994). Typologies of male batterers: Three subtypes and the differences among them. *Psychological Bulletin,*

116, 476-497.

Horowitz, J. L., & Newcomb, M. D. (2001). A multidimensional approach to homosexual identity. *Journal of Homosexuality, 42*, 1-19.

Hughes, T. L., Johnson, T., & Wilsnack, S. C. (2001). Sexual assault and alcohol abuse: A comparison of lesbians and heterosexual women. *Journal of Substance Abuse, 13*, 515-532.

Hurt, H., Maver, J. A., & Hofmann, D. (1999). Situational and individual influences on judgments of hostile environment sexual harassment. *Journal of Applied Social Psychology, 29*, 1395-1415.

Hynie, M., Lydon, J. E., & Taradash, A. (1997). Commitment, intimacy, and women's perceptions of premarital sex and contraceptive readiness. *Psychology of Women Quarterly, 21*, 447-464.

Jankowski, M. K., Leitenberg, H., Henning, K., & Coffey, P. (1999). Intergenerational transmission of dating aggression as a function of witnessing only same sex parents vs. opposite sex parents vs. both parents as perpetrator of domestic. *Journal of Family Violence, 14*, 267-279.

Joensson, P., & Carlsson, I. (2000). Androgyny and creativity: A study of the relationship between a balanced sex-role and creative functioning. *Scandinavian Journal of Psychology, 41*, 269-274.

Jorm, A. F., Korten, A. E., Rodgers, B., Jacomb, P. A., & Christensen, H. (2002). Sexual orientation and mental health: Results from a community survey of young and middle-aged adults. *British Journal of Psychiatry, 180*, 423-427.

Kalmus, D. (1984). The intergeneration transmission of marital aggression. *Journal of Marriage & the Family, 46*, 11-19.

Kalof, L., Eby, K. K., Matheson, J. L., & Kroska, R. J. (2001). The influence of race and gender on student self-reports on sexual harassment by college professors. *Gender & Society, 15*, 282-302.

Kaufman, G., Poston, D. L. Jr., Hirshl, T. A., & Stycos, J. M. (1996). Teenage sexual attitudes in China. *Social Biology, 43*, 141-154.

Kessler, R. C., Molnar, B. E., Feurer, I. D., & Appelbaum, M. (2001). Patterns and mental health predictors of domestic violence in the United States: Results from the National Comorbidity Survey. *International Journal of Law & Psychiatry, 24*, 487-508.

Kim, S. M., Gordon, C. N. H., Armber, H. P., Marian, F. E. G., & Lynette, M. (2003). Gender differences in sexual harassment and coercion in college students: Developmental , individual, and situational determinants. *Journal of Interpersonal Violence, 18*, 1222-1239.

Kitson, G. C., & Holmes, W. M. (1992). *Portrait of divorce: Adjustment to marital breakdown.* New York: The Guilford Press.

Klinbeil, K. S., & Boyd, V. D. (1984). Emergency room intervention: Detection, assessment and treatment. In A. R. Robert, (Ed.), *Battered Women and their families intervention strategies and treatment programs* (pp. 7-32). New York: Sage.

Knapp, D. E., Faley, R. H., Ekeberg, S. E., & Dubois, C. L. Z. (1997). Determinants of target responses to sexual harassment: A conceptual framework. *Academy of Management Review, 22*, 687-729.

Kohlberg, L. (1966). A cognitive-developmental analysis of children's sexrole concepts and attitudes. In E. E. Maccoby (Ed.), *The development of sex differences* (pp. 82-172). Stanford, CA: Stanford University Press.

Krishnan, V. (1998). Premarital cohabitation and marital disruption. *Journal of Divorce & Remarriage, 28*, 157-170.

Kunz, J., & Kunz, P. R. (1995). Social support during the process of divorce: It does make a difference. *Journal of Divorce & Remarriage, 24*, 111-119.

Kurdek, L. A. (1988). Perceived social support in gays and lesbians in cohabitating relationships. *Journal of Personality and Social Psychology, 54*,

504-509.

Kurdek, L. A. (1991). Relationship quality of gay and lesbian cohabiting couples. *Journal of Homosexuality, 15*, 93-118.

Kurdek, L. A., & Schmitt, J. P. (1986a). Interaction of sex role self-concept with relationship quality and relationship beliefs in married, heterosexual cohabitating, gay, and lesbian relationships. *Journal of Personality and Social Psychology, 51*, 365-370.

Kurdek, L. A., & Schmitt, J. P. (1986b). Perceived emotional support from family and friends in members of gay, lesbian, and heterosexual cohabitation couples. *Journal of Homosexuality, 15*, 57-68.

Lalumiere, M. L. (1996). The sexual interests of sexually coercive men. *Dissertation Abstracts International: Section B: the Sciences & Engineering, 57* (2-B), 1503. US: Univ. Microfilms International. PsycINFO Database Record.

Lauer, J., & Lauer, R. (1985). Marriages made to last. *Psychology Today, 19*, 22-26.

Layton-Tholl, D. (1999). Extramarital affairs: The link between thought suppression and level of arousal. *Dissertation Abstracts International: Section B:the Sciences & Engineering, 60* (5-B), 2348. US: Univ. Microfilms International. PsycINFO Database Record.

Lee, J. A. (1973). The colors of love: An exploration of the ways of loving, Toronto: New Press

Lee, J. A. (1976) The colors of love. Englewood Cliffs: Prentice-Hall.

Lee, J. A. (1988). Love-styles. In R. J. Sternberg, & M. L. Barnes (Eds.), *The psychology of love* (pp. 38-67). New Haven, CT: Yale University Press.

Lees-Haley, P. R., Lees-Haley, C. E., Price, J. R., & Wiliams, C. W. (1994). A sexual harassment-emotional distress rating scale. *American Journal of Forensic Psychology, 12*, 39-54.

Leonard, S. P., & Archer, J. (1989). A naturalistic investigation of gender constancy in three-to four-year-old children. *British Journal of Developmental Psychology, 7,* 341-346.

Leonard, K. E., & Quigley, B. M. (1999). Drinking and marital aggression in newlyweds: An event-based analysis of drinking and the occurrence of husband marital aggression. *Journal of Studies on Alcohol, 60,* 537-545.

Lesliann, K. (2001). The role of resiliency, interpersonal relationship restoration, and quality of life for persons in the process of divorce. *Dissertation Abstracts International, A (Humanities and Social Sciences), 61* (9-A), 3474. US: Univ. Microfilms International. PsycINFO Database Record.

Lester, D. (1996). Trends in divorce and marriage around the world. *Journal of Divorce & Remarriage, 25,* 169-171.

Levy, G. D., & Carter, D. B. (1989). Gender schema, gender constancy, and gender-role knowledge: The role of cognitive factors in preschoolers' gender-role stereotype attributions. *Developmental Psychology, 25,* 444-449.

Lillard, L. A., Brien, M. J., & Waite, L. J. (1995). Premarital cohabitation and subsequent marital dissolution: A matter of self-selection? *Demography, 32,* 437-547.

Lobel, T. E., & Menashri, J. (1993). Relations of conceptions of gender-role transgressions and gender constancy to gender-typed toy preferences. *Developmental Psychology, 29,* 150-155.

Long, E. C. (1996). Maintaining a stable marriage: Perspective taking as a predictor of a propensity to divorce. *Journal of Divorce & Remarriage, 21,* 121-138.

Lottes, I. L., & Kuriloff, P. J. (1992). The effects of gender, race, religion, and political orientation on the sex role attitudes of college freshman. *Adolescence, 27,* 657-688.

Mackey, R. A., O'Brien, B. A., & Mackey, E. F. (1997). *Gay and lesbian couples: Voices from lasting relationships.* Westport, CT: Praeger.

Madanes, C., Keim, J. P., & Smelser, D. (1995). *The violence of men: New techniques for working with abusive families: A therapy of social action.* San Francisco, CA: Jossey-Bass.

Magely, V. J. (2002). Coping with sexual harassment: Reconceptualizing women's resistance. *Journal of Personality and Social Psychology, 83,* 930-946.

Marcus, D. E., & Overton, W. F. (1978). The development of cognitive gender constancy and sex role preferences. *Child Development, 49,* 434-444.

Markman, H. J., Renick, M. J., Flody, F. J., Stanley, S. C., & Clements, M. (1993). Preventing marital distress through communication and conflict management training: A 4-and 5-year follow-up. *Journal of Consulting & Clinical Psychology, 61,* 70-77.

Markowitz, F. E. (2001). Attitudes and family violence: Linking intergenerational and cultural theories. *Journal of Family Violence, 16,* 205-218.

Martin, C. L., & Halverson, C. F. (1981). A schematic processing model of sex-typing and stereotyping in children. *Child Development, 52,* 1119-1134.

Martin, C. L., & Halverson, C. F. (1983). The effects of sex-typing schema on young children's memory. *Child Development, 54,* 563-574.

Martin, C. L., & Little, J. K. (1990). The relation of gender understanding to children's sex-typed preferences and gender stereotypes. *Child Development, 61,* 1427-1439.

Mercy, N. (1999). Adjustment to divorce in women: Self-esteem and locus of control. *Dissertation Abstracts International: Section B: the Sciences & Engineering, 60* (5-B), 2337. US: Univ. Microfilms International. PsycINFO Database Record.

Merkle, E. R., & Richardson, R. A. (2000). Digital dating and virtual relating: Conceptualizing computer mediated romantic relationships. *Family Relations, 49*, 187-192.

Mihalic, S. W., & Elliott, D. (1997). A social learning theory model of marital violence. *Journal of Family Violence, 12*, 21-47.

Miller, A. C. (1982). A traditional phase in gender constancy and its relationship to cognitive level and sex identification. *Child Study Journal, 13*, 259-275.

Monson, C. M., Langhinrichsen-Rohling, J., & Binderup, T. (2000). Does "no" really mean "no "after you say "yes" ? Attribution about date and marital rape. *Journal of Interpersonal Violence, 15*, 1156-1174.

Moody, R. A. (1997). Severity of male spousal violence among convicted offenders: The role of problem-solving skills. *Dissertation Abstracts International: Section B: the Sciences & Engineering, 57* (8-B), 5337. US: Univ. Microfilms International. PsycINFO Database Record.

Morrison, T. G., McLeod, L. D., Morrison, M. A., Anderson, D., & O'Connor, W. E. (1997). Gender stereotyping, homonegativity, and misconceptions about sexually coercive behavior among adolescents. *Youth & Society, 28*, 351-382.

Muehlenhard , C. L., & Hollabaugh, L. C. (1988). Do women sometimes say no when they mean yes? The prevalence and correlates of women's token resistance to sex. *Journal of Personality and Social Psychology, 54*, 872-879.

Murphy, C. M., & O'Farrell, T. J. (1997). Couple communication patterns of martially aggressive and nonaggressive male alcoholics. *Journal of Studies on Alcohol, 58*, 83-90.

Nass, G. D., Libby, R. W., & Fisher, M. P. (1981). *Sexual choices.* Belmont, CA: Wadsworth.

Newcomb, M. D. (1987). Cohabitation and marriage: A quest for independence and relatedness. *Applied Social Psychology Annual, 7*, 128-156.

Newman, L. S., Cooper, J., & Ruble, D. N. (1995). Gender and computer II: Interactiveeffects of knowledge and constancy on gender-stereotyped. *Sex Roles, 33*, 325-351.

O'Connell, C. E., & Korabik, K. (2000). Sexual harassment: The relationship of personal vulnerability, work context, perpetrator status, and type of harassment to outcomes. *Journal of Vocational Behavior, 56*, 299-329.

O'Keefe, E. S., & Hyde, J. S. (1983). The development of occupational sex-role stereotypes: The effects of gender stability and age. *Sex Roles, 9*, 481-492.

Osman, S. L. (2003). Predicting men's rape perception based on the belief that"No" really means "Yes". *Journal of Applied Social Psychology, 33*, 683-693.

Osman, S. L., & Davis, C. M. (1999). Belief in token resistance and type of resistance as predictors of men's perceptions of data rape. *Journal of Sex Education & Therapy, 24*, 189-196.

Palfai, J. H. (2000). The intergenerational transmission of dating violence: Social support as a moderator. *Dissertation Abstracts International: Section B: The Sciences & Engineering, 61* (3-B), 1647. US: Univ. Microfilms International. PsycINFO Database Record.

Parks, M. R., & Floyd, K. (1996). Making friends in cyberspace. *Journal of Communication, 46*, 80-97.

Parrott, D. J., Adams, H. E., & Zeichner, A. (2002). Homophobia: Personality and attitudinal correlates. *Personality & Individual Differences, 32*, 1269-1278.

Piotrkowski, C. S. (1998). Gender harassment, job satisfaction, and distress among employed White and minority women. *Journal of Occupational*

Health Psychology, 3, 33-43.

Pittman III, F. S., & Wagers, T. P. (1995). Crises of infidelity. In N. S. Jacobson & A. S. Gurman (Eds.), *Clinical handbook of couple therapy.* (pp. 295-316). New York: The Guilford Press.

Pluhar, E., Frongillo, E. A. Jr., Stycos, J. M., & Dempster-McClain, D. (1998). Understanding the relationships between religion and the sexual attitudes and behaviors of college students. *Journal of Sex Education & Therapy, 23*, 288-296.

Powell, G. N. (1999). Introduction: Examining the intersection of gender and work. In G. N. Powell (Ed.), *Handbook of gender & work* (pp. 3-36). New Delhi, India: Sage.

Pryor, J. B. (1992). The social psychology of sexual harassment: Personal and-situation factors which give rise to sexual harassment. In Northwest Women's Law Center (Ed.), *Sex and power issues in the workplace: An interdisciplinary approach to understanding, preventing, and resolving harassment? Conference proceedings* (pp. 89-105). Seattle, Washington: Northwest Women's Law Center.

Pryor, J. B., LaVite, C. M., & Stoller, L. M. (1993). A social psychological analysis of sexual harassment: The person/situation interaction. *Journal of Vocational Behavior, 42*, 68-83.

Pryor, J. B., & Stoller, L. M. (1994). Sexual cognition processes in men who are high in the likelihood to sexuality harass. *Personality and Social Psychology Bulletin, 20*, 163-169.

Rigers, S. (1991). Gender dilemmas in sexual harassment policies and procedures, *American Psychologist, 46*, 497-505.

Roche, J. P. (1986). Premarital sex: Attitudes and behavior by dating stage. *Adolescence, 21*, 107-121.

Roche, J. P., & Ramsbey, T. W. (1993). Premarital sexuality: A five-years follow-up study of attitudes and behavior by dating stage. *Adolescence, 28,* 67-80.

Rosenberg, B. G., & Sutton-Smith, B. (1968). Family interaction effects on masculinity-femininity. *Journal of Personality and Social Psychology, 8,* 117-120.

Rubin, Z. (1970). Measurement of Romantic love. *Journal of Personality and Social Psychology, 16,* 265-273.

Ruble, D. N., Balaban, T., & Cooper, J. (1981). Gender constancy and the effects of sex-typed televised toy commercials. *Child Development, 52,* 667-673.

Ruble, D. N., & Martin, C. L. (1998). Gender development. In N. Eisenberg (Ed.), *Handbook of child psychology: Social, emotional, and personality development, 3,* 933-1016. New York: J. Wiley.

Rusbult, C. E. (1987). Responses to dissatisfaction in close relationship. In D. Perlman & S. Duck (Eds.), *Intimate relationships: Development, dynamics, and deterioration* (pp. 207-237). New bury Park, CA: Sage

Russell, B. L., & Oswald, D. L. (2001). Strategies and dispositional correlates of sexual coercion perpetrated by women: A exploratory investigation. *Sex Roles, 45,* 103-115.

Sadd, D. L. (1997). Response to sexual coercion: A comparison of traditional and non-traditional female. *Dissertation Abstracts International: Section B: the Sciences & Engineering, 57* (7-B), 4723. US: Univ. Microfilms International. PsycINFO Database Record.

Schmitt, D. P., & Buss, D. M. (2001). Human mate poaching: Tactics and temptations for infiltrating existing mateships. *Journal of Personality and Social Psychology, 80,* 894-917.

Schnartz, L. L., & Kaslow, F. W. (1997). *Painful partings: Divorce and its aftermath.* New York: John Wiley & Sons.

Schuetz, A. (1999). It was your fault! Self-serving biases in autobiographical accounts of conflicts in married couples. *Journal of Social & Personal Relationships, 16*, 193-208.

Seal, D. W., Agostinelli, G., & Hannett, C. A. (1994). Extradyadic romantic involvement: Moderating effects of sociosexuality and gender. *Sex Roles, 31*, 1-22.

Sheets, V. L., & Braver, S. L. (1999). Organizational status and perceived sexual harassment: Detecting the mediators of a null effect. *Personality and Social Psychology Bulletin, 25*, 1159-1171.

Sheppard, V. J., Nelson, E. S. & Andreoli-Mathie, V. (1995). Dating relationships and infidelity: Attitudes and behaviors. *Journal of Sex & Marital Therapy, 21*, 202-212.

Shiw, P. B. (1999). Resource power, ideology, and violent behaviour: Modeling gender differences in marital violence. *Dissertation Abstracts International, A (Humanities and Social Sciences), 60* (3-4), 0897. US: Univ. Microfilms International. PsycINFO Database Record.

Shotland，R. L. (1989). A model of the causes of date rape in developing and closerelationships. In C. Hendrick (Ed.), *Close relationship* (pp. 247-270). New Delhi: Sage.

Silberman, S. W. (1995). The relationships among love, marital satisfaction and duration of marriage. *Dissertation Abstracts International: Section B: the Science & Engineering, 56* (4-B), 2341. US: Univ. Microfilms International. PsycINFO Database Record.

Simons, R. L., & Johnson, C. (1998). An examination of competing explanations for the intergenerational transmission of domestic violence. In D. Yael (Ed.), *International handbook of multigenerational legacies of trauma. The Plenum series on stress and coping* (pp. 553-570). New York: Plenum.

Simpson, J. A. (1990). Influence of attachment styles on romantic relationships. *Journal of Personality & Social Psychology, 59*, 971-980.

Singh, D. (1993). Adaptive significance of female physical attractiveness: Roleof waist-to-hip ratio. *Journal of Personality and Social Psychology, 65*, 293-307.

Slaby, R. G., & Frey, K. S. (1975). Development of gender constancy and selective attention to same-sex models. *Child Development, 46*, 849-856.

Sloan, L. G. Jr. (2003). Sexual aggression and psychopathy : An examination of psychopathy as a moderating variable in sexual aggression. *Dissertation Abstracts International : Section B :the Sciences & Engineering, 63* (11-B), 553. PsycINFO Database Record.

Smith, A. D., Resick, P. H., & Kilpatrick, D. G. (1981). Relationships among gender, sex-role attitudes, sexual attitudes, thoughts, and behaviors. *Psychological Reports, 46*, 359-367.

Spitzberg, B. H. (1999). An analysis of empirical estimates of sexual aggression victimization and perpetration. *Violence & Victims, 14*, 241-260.

Sprecher, S., & Hatfield, E. (1997). Premarital sexual standards among U. S. college students: Comparison with Russian and Japanese students. *Archives of Sexual Behavior, 25*, 261-288.

Sprecher, S., Regan, P. C., & McKinney, K. (1998). Beliefs about the outcomes of extramarital sexual relationships as a function of the gender of the "cheating spouse". *Sex Roles, 38*, 301-311.

Spriggs, B. L. (2000). The interaction of relationship duration and behavioral strategies in acquaintance rape situational definitions. *Dissertation Abstracts International, A (Humanities and Social Sciences), 60* (12-A), 4615. US: Univ. Microfilms International. PsycINFO Database Record.

Stangor, C., & Ruble, D. N. (1989). Differential influences of gender schema and gender constancy on children's information processing and behavior.

Social Cognition, 7, 353-372.

Sternberg, R. J. (1988). Love-styles. In R. J. Sternberg, & M. L. Barnes (Eds.), *The psychology of love* (pp. 119-138). New Haven, CT: Yale University Press.

Sternberg, R. J., & Grajek, S. (1984). *The nature of love. Journal of Personality and Social Psychology, 47*, 312-329.

Stith, S. M., & Farley, S. C. (1993). A predictive model of male spousal violence. *Journal of Family Violence, 8*, 183-201.

Stith, S. M., Rosen, K. H., Middleton, K. A., Busch, A. L., Lundeberg, K., & Carlton, R. P. (2000). The intergeneration transmission of spouse abuse: A meta-analysis. *Journal of Marriage & the Family, 62*, 640-654.

Struckman-Johnson, C., & Struckman-Johnson, D. (1992). Acceptance of male rape myths among college men and women. *Sex Roles, 27*, 85-100.

Stuart, G. L. (1998). Impulsivity as a predictor of marital violence: Testing a mediational model. *Dissertation Abstracts International: Section B: the Sciences & Engineering, 59* (2-B), 0889. US: Univ. Microfilms International. PsycINFO Database Record.

Swenson, D. (1996). A logistic model of the probability of divorce. *Journal of Divorce & Remarriage, 25*, 173-194.

Szinovacz, M. E., & Egley, L. C. (1995). Comparing one-partner and couple data on sensitive marital behaviors: The case of Marital violence. *Journal of Marriage & the Family, 57*, 995-1010.

Tangri, S. S., Burt, M. R., & Johnson, L. B. (1982). Sexual harassment at work: Three explanatory models. *Journal of Social Issues, 38*, 33-54.

Tangri, S. S., & Hayes, S. M. (1997). Theories of sexual harassment. In W. O'donohue (Ed.), *Sexual harassment: Theory, research, and treatment* (pp. 112-128). Needham Heights, MA: Allyn & Bacon.

Taylor, R. D., & Carter, D. B. (1987). The association between children's gender understanding, sex-role knowledge, and sex-role preferences. *Child Study Journal, 17*, 185-196.

Taylor, Y. O. (1999). The effects of gender stereotyping, and reported experiences of sexual victimization on perception of blame in date scenarios. *Dissertation Abstracts International: Section B: the Sciences & Engineering, 60* (5-B), 2413. US: Univ. Microfilms International. PsycINFO Database Record.

Temeo, M. E., Templer, D. I., Anderson, S., & Kotler, D. (2001). Comparative data of childhood and adolescence molestation in heterosexual and homosexual persons. *Archives of Sexual Behavior, 30*, 535-541.

Tesser, A., & Rosen, S. (1975). The reluctance to communicate bad news. In L. Berkowitz (Ed.), *Advances in experimental social psychology, 8*, 193-232, New York: Academic Press.

Textor, P. M. R. (1994). The divorce transition. In M. Textor (Ed.), *The divorceand divorce therapy handbook* (pp. 3-44). New Jersey: Jason Aronson.

Thomson, E., & Colella, U. (1992). Cohabitation and marital stability: Quality or commitment? *Journal of Marriage & the Family, 54*, 259-267.

Treas, J., & Giesen, D. (2000). Sexual infidelity among married and cohabiting American. *Journal of Marriage & the Family, 62*, 48-60.

Troiden, R. R. (1984). The formation of homosexual identities. *Journal of homosexuality, 17*, 43-73.

Troiden, R. R. (1984/1985). Self, self-concept, identity, and homosexual identity: Construct is in need of definition and differentiation. *Journal of Homosexuality, 10*, 97-109.

Truman, D. M., Tokar, D. M., & Fischer, A. R. (1996). Dimensions of masculinity: Relations to date rape supportive attitudes and sexual aggression in dating situations. *Journal of Counseling & Development, 74*, 555-562.

Tzeng, O. C. S. (1992). Introduction. In O. C. S. Tzeng (Ed.), *Theories of love development, maintenance, and Dissolution: Octagonal cycle and differential perspectives* (pp. 3-22). New York: Praeger .

Tzeng, O. C. S., Yoo, S., & Chataignier, C. (1992). In O. C. S. Tzeng (Ed.), *Theories of love development, maintenance, and Dissolution: Octagonal cycle and differential perspectives* (pp. 212-242). New York: Praeger .

Unger, R. K. (1979). Toward a redefinition of sex and gender. *American Psychologist, 34,* 1085-1094.

Van Lange, P. M., Rusbult, C. E., Drigotas, S. M., Arriaga, B., Witcher, B. S., & Cox, C. L. (1997). Willingness to sacrifice in close relationships. *Journal of Personality and Social Psychology, 72,* 1373-1395.

Van Roosmalen, E., & McDaniel, S. A. (1998). Sexual harassment in academia: A harzard to women's health. *Women & Health, 28,* 33-54.

Vito, D. (1999). Affective self-disclosure, conflict resolution and marital quality. *Dissertation Abstracts International: Section B: the Science & Engineering, 60(3-B)* , 1319. US: Univ. Microfilms International. PsycINFO Database Record.

Vivan, D., & Malone, J. (1997). Relationship factors and depressive symptomatology associated with mild and severe husband-to-wife physical aggression. *Violence & Victims, 12,* 3-18.

Walk, C. L. (2000). Gender role identification and its relation on social competence with adolescent sex offenders compared to their on-offending peers. *Dissertation Abstracts International: Section B: the Science & Engineering, 60* (11-B), 5797. US: Univ. Microfilms International. PsycINFO Database Record.

Walker, L. E. (1979). *The Battered women.* New York: Harper & Row.

Warin, J. (2000). The attainment of self-consistency through gender in young children. *Sex Roles, 42,* 209-231.

Warshaw, R. (1988). I never called it rape. New York: Harper & Row.

Wehren, A., & de Lisi, R. (1983). The development of gender understanding: Judgments and explanations. *Child Development, 54*, 1568-1578.

Werner-Wilson, R. J. (1998). Gender differences in adolescent sexual attitudes: The influence of individual and family factors. *Adolescence, 33*, 519-531.

White, R., Cleland, J., & Carael, M. (2000). Links between premarital sexual behaviour and extramarital intercourse: A multi-site analysis. *AIDS, 14*, 313-1331.

Whitley, B. E. (1988). The relation of gender-role orientation to sexual experience among college students. *Sex Roles, 19*, 619-638.

Wiederman, M. W. (1997). Extramarital sex: Prevalence and correlates in a national survey. *Journal of Sex Research, 34*, 167-174.

Wiederman, M. W. & Allgeier, E. R. (1996). Expectations and attributions regarding extramarital sex among young married individuals. *Journal of Psychology &Human Sexuality, 8*, 21-35.

Williams, J. E., Bennett, S. M., & Best, D. L. (1975). Awareness of expression of sex stereotypes in young children. *Developmental Psychology, 11*, 635-642.

Winstead, B. A., Derlega, V. J., & Rose, S. (1997). *Gender and close relationships.* New Delhi: Sage.

Wislar, J. S., Richman, J. A., Fendrich, M., & Flaherty, J. A. (2002). Sexual harassment, generalized workplace abuse and drinking outcomes: The role of personality vulnerability. *Journal of Drug Issues, 32*, 1071-1088.

Workman, J. E., & Freeburg, E. W. (1999). An examination of date rape, victim dress, and perceiver variables within the context of attribution theory. *Sex Roles, 41*, 261-277.

Wu, Z. (1995). Premarital cohabitation and postmarital cohabiting union formation. *Journal of Family Issues, 16*, 212-232.

Wu, Z. (1999). Premarital cohabitation and the timing of first marriage. *Canadian Review of Sociology & Anthropology, 36*, 109-127.

Yee, M., & Brown, R. (1994). The development of gender differentiation in young children. *British Journal of Social Psychology, 33*, 183-196.

York, K. M. (1989). Defining sexual harassment in workplaces: A policy capturing approach. *Academy of Management Journal, 32*, 830-850.

Yoshioka, M. R., Dinoia, J., & Ullah, K. (2001). Attitudes toward marital violence. *Violence Against Women, 7*, 900-926.

Zeanah, C. H., & Zeanah, P. D. (1989). Intergenerational transmission of altreatment: Insights from attachment theory and research. *Psychiatry: Journal for the Study of Interpersonal Processes, 52*, 177-196.

Zweig, R. (2000). The relationship among psychological androgyny and the well-being of adult children of traditional and nontraditional families-of-origin. *Dissertation Abstracts International: Section B: the Science & Engineering, 60* (7-B), 3600. US: Univ. Microfilms International. PsycINFO Database Record.

Zweig, J. M., Barber, B. L. & Eccles, J. S. (1997). Sexual coercion and well-being in young adulthood: Comparisons by gender and college status. *Journal of Interpersonal Violence, 12*, 291-308.

Zwig, J. M., Crockett, L. J., Sayer, A., & Vicary, J. R. (1999). A longitudinal examination of the consequences of sexual victimization for rural young adult women. *Journal of Sex Research, 36*, 396-409.

國家圖書館出版品預行編目資料

兩性關係與教育／陳金定著.--初版.--臺北市：
心理，2004（民 93）
面；　公分.--（通識教育；18）

ISBN 978-957-702-709-2（平裝）

1.兩性關係　2.性—教育

544.7　　　　　　　　　　　　93015429

通識教育 18　**兩性關係與教育**

作　　　者：陳金定
責任編輯：許經緯
執行編輯：李　晶
總　編　輯：林敬堯
發　行　人：洪有義
出　版　者：心理出版社股份有限公司
社　　　址：台北市和平東路一段 180 號 7 樓
總　　　機：(02) 23671490　　傳　　真：(02) 23671457
郵　　　撥：19293172　心理出版社股份有限公司
電子信箱：psychoco@ms15.hinet.net
網　　　址：www.psy.com.tw
駐美代表：Lisa Wu　　tel: 973 546-5845　　fax: 973 546-7651
登　記　證：局版北市業字第 1372 號
電腦排版：辰皓國際出版製作有限公司
印　刷　者：辰皓國際出版製作有限公司
初版一刷：2004 年 10 月
初版三刷：2008 年 9 月

ISBN 978-957-702-709-2

讀者意見回函卡

No. _____   填寫日期：　年　月　日

感謝您購買本公司出版品。為提升我們的服務品質，請惠填以下資料寄
回本社【或傳真(02)2367-1457】提供我們出書、修訂及辦活動之參考。
您將不定期收到本公司最新出版及活動訊息。謝謝您！

姓名：_____　性別：1□男　2□女
職業：1□教師 2□學生 3□上班族 4□家庭主婦 5□自由業 6□其他____
學歷：1□博士 2□碩士 3□大學 4□專科 5□高中 6□國中 7□國中以下
服務單位：_____　部門：_____　職稱：_____
服務地址：_____　電話：_____　傳真：_____
住家地址：_____　電話：_____　傳真：_____
電子郵件地址：_____

　書名：_____
一、您認為本書的優點：（可複選）
　　❶□內容 ❷□文筆 ❸□校對 ❹□編排 ❺□封面 ❻□其他____
二、您認為本書需再加強的地方：（可複選）
　　❶□內容 ❷□文筆 ❸□校對 ❹□編排 ❺□封面 ❻□其他____
三、您購買本書的消息來源：（請單選）
　　❶□本公司 ❷□逛書局⇨_____書局 ❸□老師或親友介紹
　　❹□書展⇨____書展 ❺□心理心雜誌 ❻□書評 ❼其他_____
四、您希望我們舉辦何種活動：（可複選）
　　❶□作者演講 ❷□研習會 ❸□研討會 ❹□書展 ❺□其他____
五、您購買本書的原因：（可複選）
　　❶□對主題感興趣 ❷□上課教材⇨課程名稱_____
　　❸□舉辦活動　❹□其他_____　（請翻頁繼續）

| 廣 告 回 信 |
| 台 北 郵 局 登 記 證 |
| 台 北 廣 字 第 940 號 |

（免貼郵票）

 心理出版社 股份有限公司

台北市 106 和平東路一段 180 號 7 樓

TEL: (02) 2367-1490
FAX: (02) 2367-1457
EMAIL:psychoco@ms15.hinet.net

沿線對折訂好後寄回

六、您希望我們多出版何種類型的書籍

❶□心理 ❷□輔導 ❸□教育 ❹□社工 ❺□測驗 ❻□其他

七、如果您是老師，是否有撰寫教科書的計劃：□有□無

書名／課程：＿＿＿＿＿＿＿＿＿＿＿＿＿＿＿＿＿

八、您教授／修習的課程：

上學期：＿＿＿＿＿＿＿＿＿＿＿＿＿＿＿＿＿＿

下學期：＿＿＿＿＿＿＿＿＿＿＿＿＿＿＿＿＿＿

進修班：＿＿＿＿＿＿＿＿＿＿＿＿＿＿＿＿＿＿

暑　假：＿＿＿＿＿＿＿＿＿＿＿＿＿＿＿＿＿＿

寒　假：＿＿＿＿＿＿＿＿＿＿＿＿＿＿＿＿＿＿

學分班：＿＿＿＿＿＿＿＿＿＿＿＿＿＿＿＿＿＿

九、您的其他意見

＿＿＿＿＿＿＿＿＿＿＿＿＿＿＿＿＿＿＿＿＿＿＿

謝謝您的指教！　　　　　　　　　　33018